中国石油集团长城钻探工程有限公司年鉴

YEARBOOK OF CNPC GREATWALL DRILLING COMPANY

2023

中国石油集团长城钻探工程有限公司 编

石油工业出版社

图书在版编目（CIP）数据

中国石油集团长城钻探工程有限公司年鉴.2023 / 中国石油集团长城钻探工程有限公司编. -- 北京：石油工业出版社, 2024.12
ISBN 978-7-5183-6704-7

Ⅰ.①中… Ⅱ.①中… Ⅲ.①油气钻井—工业企业—中国—2023—年鉴 Ⅳ.①F426.22-54

中国国家版本馆CIP数据核字（2024）第096919号

中国石油集团长城钻探工程有限公司年鉴2023
CNPC GREATWALL DRILLING COMPANY YEARBOOK 2023

出版发行：石油工业出版社
　　　　　（北京安定门外安华里2区1号 100011）
　　网　址：www.petropub.com
　　　　　编辑部：（010）64250213　图书营销中心：（010）64523731
经　销：全国新华书店
印　刷：北京晨旭印刷厂

2024年12月第1版　2024年12月第1次印刷
787×1092毫米　开本：1/16　印张：22.25　插页：16
字数：600千字

定　价：228.00元
（如出现印装质量问题，我社图书营销中心负责调换）
版权所有，侵权必究

中国石油集团长城钻探工程有限公司
史志编纂委员会

主　　任：潘　登　周　丰
副 主 任：方　武　张　宏　韩　敏　罗　凯　纪宏博
　　　　　彭春耀　孟庆华
委　　员：易发新　阎卫军　张洪印　骆小虎　黄生松
　　　　　郭宝民　牟少敏　尹家峰　王华东　张　伟
　　　　　冯　光　王志红　王　洋　苑久志　赵洪波
　　　　　王小权　鹿旭东　陈　成　钟　伟　夏泊泖
　　　　　赵伟红　曾　涛　黄继福　邓凤义　邱新江
　　　　　王国勇

史志编纂委员会办公室

主　　任：罗　凯
副 主 任：王华东
成　　员：孙启宏　任　晶　杨晓峰　王　兵　严　玲
　　　　　李冬梅

《中国石油集团长城钻探工程有限公司年鉴 2023》
编 辑 部

主　　编：孙启宏
副 主 编：任　晶　杨晓峰
编　　辑：王　兵　严　玲　李冬梅
责任校对：杨晓峰
英文目录：杨晓峰　严　玲

编 辑 说 明

一、《中国石油集团长城钻探工程有限公司年鉴》（简称《年鉴》）为编年体资料性工具书，是中国石油集团长城钻探工程有限公司组织编纂的企业年鉴。《年鉴》编辑工作始终坚持以马克思列宁主义、毛泽东思想、邓小平理论、"三个代表"重要思想、科学发展观、习近平新时代中国特色社会主义思想为指导，遵循实事求是的原则，力求做到思想性、资料性、准确性和科学性的统一。

二、本卷《年鉴》记述中国石油集团长城钻探工程有限公司2022年党的建设、生产经营、企业管理以及改革创新等方面的基本情况和重要事项，向广大读者展示公司建设世界一流工程技术总承包商所做出的努力和取得的成就。

三、本卷《年鉴》采用分类编排法，除特载、大事记等综合性栏目单列外，年鉴的主体内容均按照类目、分目、条目三个层次分类编排，以文字叙述为主，辅以照片、图表。

四、本卷《年鉴》设总述、大事记、市场开发、工程技术、油气风险作业、科技与信息、质量健康安全环保、企业管理与监督、党群工作、光荣榜、机构与人物、所属企业概览、附录13个类目。

五、本卷《年鉴》所引用的数据和资料截至2021年底，个别内容略有延伸。资料稿件主要由中国石油集团长城钻探工程有限公司本部部门和所属单位提供。

六、为行文简洁，本卷《年鉴》中的机构名称一般在首次出现时使用全称，随后出现时使用简称。"中国石油天然气集团有限公司"简称"集团公司"，"中国石油天然气股份有限公司"简称"股份公司"，两者统称"中国石油"；"中国石油集团油田技术服务有限公司"简称"中油技服"；"中国石油集团长城钻探工程有限公司"简称"长城钻探工程公司"或"长城钻探"，不引起歧义时，可使用"公司"。领导讲话、报告以及制度索引、文摘中的机构名称原文保留。

七、遵照年鉴编纂规范要求，《年鉴》编辑部对各供稿单位提供的稿件进行必要的编辑加工。主要是依据编写大纲与撰稿要求，统一全书体例，规范专业名词术语，删除明显重复，补充部分资料，修改语言文字，力求做到资料翔实、叙述简洁、数据准确。

上级关怀

2022年2月9日,集团公司总经理、党组副书记侯启军(前排左三)一行到长城钻探工程公司调研指导工作,听取工作汇报,就学习贯彻集团公司工作会议精神、做好下一步工作、创造新的业绩提出要求(张明昭 摄)

2022年7月20日,集团公司党组成员、纪检监察组组长钱朝阳(前排左二)一行到长城钻探工程公司四川页岩气项目部威202H84平台压裂现场进行调研(杨龙 摄)

重大事件

2022年12月13日,集团公司通过视频会议方式召开部分企业干部大会,集中宣布集团公司党组关于大港油田、华北油田、冀东油田、浙江油田、长城钻探、渤海钻探、东方物探领导班子调整的决定。集团公司党组成员、副总经理焦方正出席会议并讲话。集团公司人力资源部副总经理、党组组织部副部长吴云宣读相关任免决定,马永峰(前排左四)到龄退休,刘光木(前排左五)任长城钻探工程公司执行董事、党委书记(张明昭 摄)

重要会议

2022年1月12日,长城钻探工程公司第三届五次职代会暨2022年工作会议以视频形式召开。会议听取并审议题为《坚持稳中求进,提升规模效益,坚定不移推动公司高质量发展》的工作报告和《财务工作报告》。公司党委书记、执行董事马永峰(主席台左四)主持会议并讲话(张明昭 摄)

2022年12月22日,长城钻探工程公司以视频形式召开工作务虚汇报会,听取各部门2022年工作汇报,谋划2023年工作思路。公司执行董事、党委书记刘光木(主席台左四)出席会议(张明昭 摄)

钻修井

2022年，钻井一公司在内蒙古巴彦淖尔河套盆地施工的队伍，坚持绿色清洁钻井施工，每年减少二氧化碳排放量超千吨。图为钻井一公司 GW70102 队施工现场（吴　丹　提供）

2022年7月4日，由钻井二公司承钻、钻井技术服务公司提供旋转导向服务的足 203H8-2 井完钻，完钻井深 7020 米，是长城钻探工程公司国内首次完成 7000 米以上钻井，刷新重庆页岩区块最长水平段和上倾井完钻井最深两项纪录。7月20日，固井公司安全完成该井完井固井施工，刷新公司最深井固井纪录（苏　航　提供）

钻修井

　　2022年12月30日，由钻井三公司承钻的北京市副中心0701街区保障房（D、F地块）地热供暖试点示范项目地热井开钻。公司副总经理纪宏博（前排右三）、华北油田公司副总经理李海涛（前排左三）到钻井现场进行检查指导（高重阳　摄）

　　2022年初以来，西部钻井公司以"提升规模和效益"为导向，不断凝聚攻坚合力，年累开钻290口，进尺76.1万米，同比增加29.5万米。2022年8月1日，西部钻井公司当日进尺1.03万米，成立以来首次突破单日进尺万米大关（吴　晓　提供）

国际市场

2022年9月25日,随着最后2台1800型修井机缓缓放入货船,长城钻探工程公司伊拉克鲁迈拉15批次修井项目配套物资货船顺利离港,正式进入海运阶段。该项目是公司年度重点工作,也是公司海外首个油电双驱修井机项目(庞 博 提供)

2022年1月20日,科威特项目部2支新启动的队伍GW301和GW302队同一天提前开钻,为长城钻探工程公司赢得海外生产开门红。10月,公司成功中标科威特国家石油公司3部钻机和4部修井机5+1年期合同,取得科威特市场规模化发展重大突破。图为科威特项目部全体中外员工在南部油区GW302井场合影(种 磊 提供)

2022年4月28日,四川页岩气项目部威204H19平台下半支3口井测试日产达到104.9万立方米,成为该项目部2022年收获的首个百万立方米平台,也是该项目部进入威远区块深层页岩气领域以来斩获的第三个百万立方米高产平台(杨 龙 摄)

截至2022年3月30日13时57分,苏里格气田分公司累计天然气产量达到400亿立方米,为奉献清洁能源、建设美丽中国,保障长城钻探工程公司稳健、可持续发展贡献苏里格力量(尉晓文 提供)

科技创新

2022年6月10日，长城钻探工程公司首届青年科技论坛落幕。公司总经理、党委副书记周丰（主席台左四）、副总经理罗凯（主席台右四）出席会议，首席专家易发新（主席台左三）主持会议。与会专家评委现场打分，评出一等奖2名，二等奖3名，三等奖5名（张明昭 摄）

2022年9月7日，"中国石油天然气集团有限公司录井技术研发中心"揭牌仪式在录井公司举行。辽河油田公司总地质师胡英杰（左五）、长城钻探工程公司副总经理罗凯（右五）出席揭牌仪式并揭牌。集团公司录井技术研发中心定位为集团公司录井技术发展参谋部、录井高新技术研发中心、技术引进转化中心、技术交流与人才培养中心（孟 洁 提供）

科技创新

2022年9月1日,压裂公司中国石油首套全电驱6万水马力压裂机组,在长城钻探工程公司威202H85平台完成首段压裂(李鹏飞 提供)

2022年,工程技术研究院自主研发的高承压膨胀管补贴修套技术在川渝页岩气、大港页岩油和中油煤层气等多个油田成功应用,创造威204H19-1井套管补贴密封承压97.8兆帕的国内外最高纪录。12月23日,中油技服为此向长城钻探工程公司发来贺信(杨元明 提供)

科技创新

2022年12月20日，昆山京昆油田化学科技有限公司获评2022年度江苏省专精特新中小企业（滕 琴 提供）

2022年，长城钻探工程公司数智化建设扎实推进，协同推进国内外EISC平台建设，国内远程支持和监控重点井896井次，国外完成数字化采集107口井，促进生产优化和管理模式变革（鲁 萌 提供）

国内合作

2022年7月15日，长城钻探工程公司与石油工业出版社签订战略合作框架协议。公司党委书记、执行董事马永峰（后排右五），石油工业出版社党委书记、执行董事雷平（后排左五）出席签字仪式并致辞。公司总经理周丰（前排右一）和石油工业出版社总经理李俊军（前排左一）分别代表双方单位在协议上签字（张明昭　摄）

2022年1月24日，长城钻探工程公司总经理、党委副书记周丰（从上往下，右四）在辽河宾馆与辽河油田执行董事、党委书记李忠兴（从上往下，左起第二排第四），总经理、党委副书记孟卫工（从上往下，左起第二排第三）等油田公司领导开展座谈，双方就加强合作、推进高质量发展等事宜进行深入交流（刘青贺　提供）

2022年3月30日，长城钻探工程公司与辽河油田公司以视频方式举行战略合作框架协议签约仪式。公司副总经理韩敏（前排左二）和辽河油田公司副总经理王海生代表双方在协议文件上签字（张明昭　摄）

国际交流合作

2022年,长城钻探工程公司组织参加多个国际展会。3月20—23日,参加阿曼首都马斯喀特举办的国际石油和天然气展览会;9月21—23日,参加在印度尼西亚雅加达举办的第46届印尼石油协会展会;11月14—18日,参加在秘鲁首都利马举行的拉美和加勒比国家石油企业峰会以及拉美和加勒比石油天然气及新能源技术研讨会。参会人员与斯伦贝谢、哈里伯顿等油服公司广泛交流,寻求合作机会。图为第46届印尼石油协会展会现场(李尔卓 提供)

2022年12月10日,古巴国家石油公司总裁内斯特·佩雷斯·佛朗哥(第二排右七)到古巴项目部GW91队调研指导。在作业现场,内斯特听取GW91队生产组织、QHSE管理情况汇报,对现场施工情况进行检查(罗庆成 提供)

2022年6月30日,长城钻探工程公司与辽河油田公司联合举办井喷突发事件应急演练,检验甲乙双方井喷突发事件应急联动预案的有效性、适应性及可操作性,提高各单位井喷突发事件的应急联动处理能力(王 建 提供)

2022年7月15日,在辽宁省2022年度质量管理小组代表会议及成果发布会上,长城钻探工程公司8项成果获辽宁省优秀QC成果奖一等奖,公司被授予"辽宁省质量管理小组活动优秀企业"称号,这是公司连续12年获此荣誉(张明昭 提供)

党建

2022年9月28日上午,中国石油在京单位党建工作协作区启动会在京召开。集团公司党群工作部主任、直属党委常务副书记李家民致辞。长城钻探工程公司党委书记、执行董事马永峰(主席台左二)代表协作区领导小组提出工作倡议,党委副书记、工会主席刘绪全(主席台右一)主持会议。勘探开发研究院党委副书记郭三林(主席台右二)宣读协作区运行方案,北京销售公司党委委员、纪委书记姜卫华(主席台左一)宣读协作区2022年重点工作安排(高重阳 摄)

2022年6月21日,长城钻探工程公司与辽河油田、锦州石化、锦西石化、辽河石化等中国石油驻辽西地区企业,以党建联盟为载体,共同举办"喜迎党的二十大,绿色低碳向未来"中国石油开放日活动。图为新闻媒体相关领导和记者前往钻井二公司50013队、50696队施工的双229块CCUS先导试验区钻井现场参观(曹晓旭 提供)

先进典型

2022年7月22日，长城钻探工程公司在四川威远威204H20平台施工现场召开"奋进新征程、喜迎二十大"主题劳动竞赛表彰暨劳模故事宣讲会（王占伟 提供）

2022年6月30日，长城钻探工程公司新媒体作品《谁说女子不如男！中国石油有支女子定向队》在中宣部"中央企业学习平台"发布（张明昭 提供）

2022年12月20日，中国能源化学地质工会全国委员会公布"大国工匠——能源化学地质篇"（第八季）名单，国际钻井公司泰国项目GW80队平台经理、党支部书记苏飞（左一）上榜，成为获得该项荣誉的中国石油海外员工"第一人"（罗伟强 提供）

精神文明建设

2022年1月28日,长城钻探工程公司以"云直播"形式举办公司迎新春主题晚会。晚会以"砥砺奋进筑辉煌 凝心聚力谱华章"为主题,为奋战在一线的员工奉献优秀节目(刘 浩 提供)

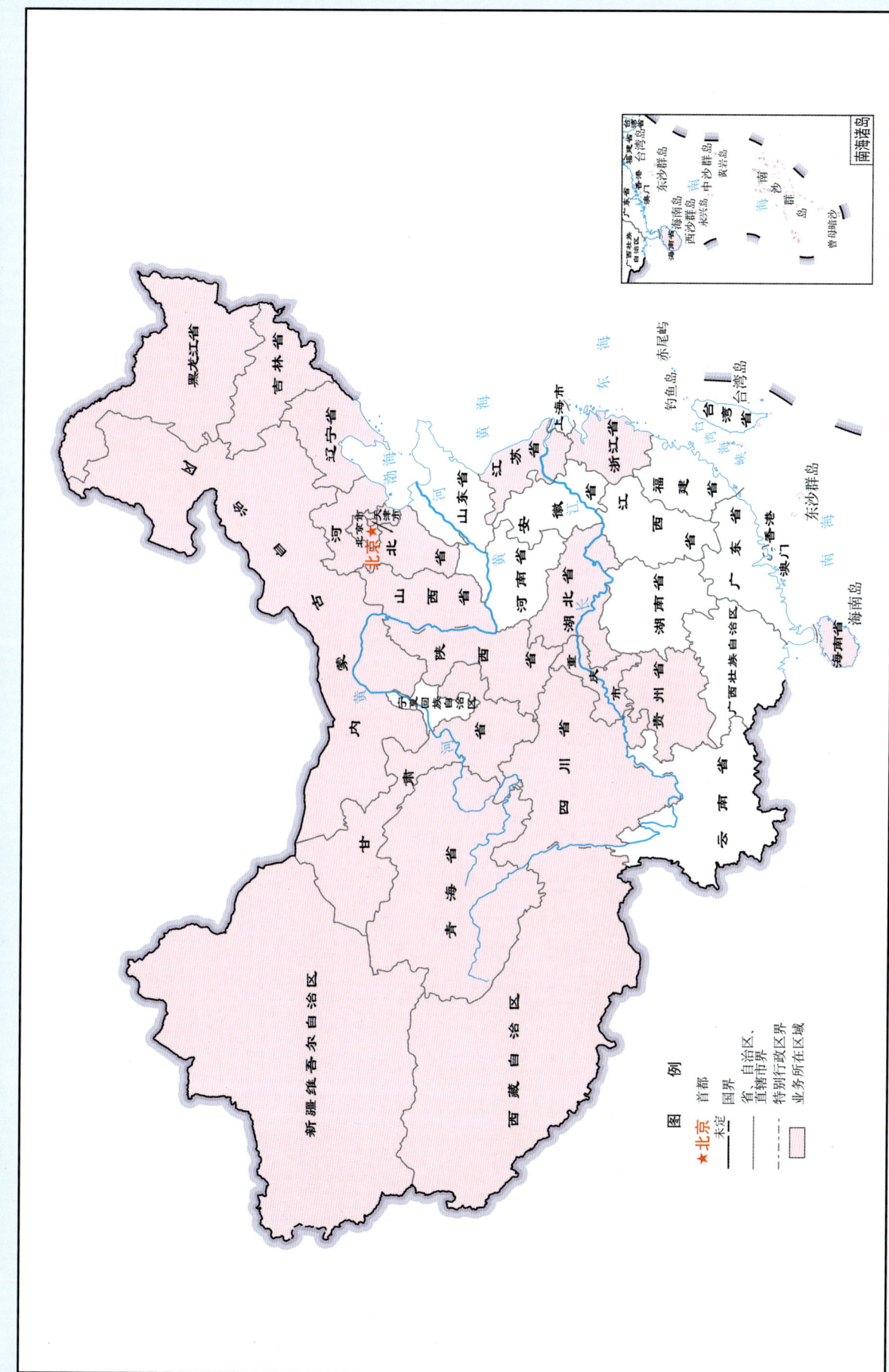

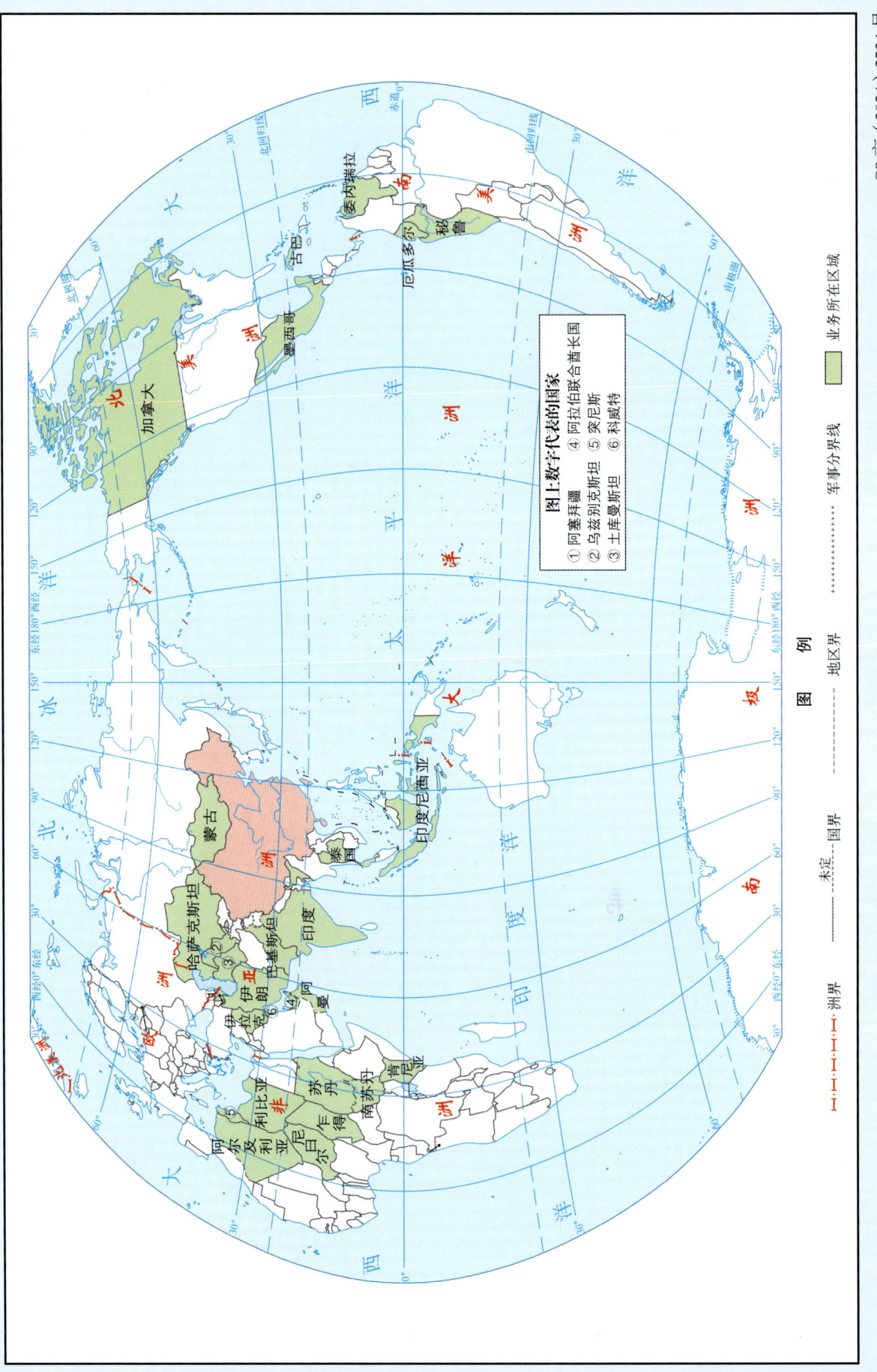

要 目

第一篇　　总　　述

第二篇　　大　事　记

第三篇　　市场开发

第四篇　　工程技术

第五篇　　油气风险作业

第六篇　　科技与信息

第七篇　　质量健康安全环保

第八篇　　企业管理与监督

第九篇　　党群工作

第十篇　　光　荣　榜

第十一篇　　机构与人物

第十二篇　　所属企业概览

第十三篇　　附　　录

目　录

第一篇　总　述

综　述

中国石油集团长城钻探工程有限公司
　基本情况……………………………（3）
中国石油集团长城钻探工程有限公司
　2022年工作情况……………………（5）

特　载

执行董事、党委书记在公司三届五次
　职代会暨2022年工作会议上的
　讲话（摘要）…………………………（8）
总经理在公司三届五次职代会暨2022年
　工作会议上的报告（摘要）…………（16）

专　文

长城钻探工程公司中标中油煤层气50
　口套管修复井项目…………………（29）
"强封堵恒流变油基钻井液及其性能
　自动化监测技术"成果达国际先进
　水平……………………………………（29）
长城钻探工程公司连续轻烃录井仪
　跻身国际先进…………………………（30）
长城钻探工程公司封堵国内首口无
　轨迹双"落鱼"井……………………（30）
长城钻探工程公司研发集团公司
　重大专项现场应用成功……………（31）
长城钻探工程公司自主研发热响应
　水泥浆体系在辽河油田热采井
　首次成功应用………………………（31）
长城钻探工程公司自主研发压裂液
　体系在华北油田首次成功应用……（32）
长城钻探工程公司膨胀管补贴修套
　技术创密封承压世界纪录…………（33）
长城钻探工程公司中标科威特国家
　石油公司26亿元超级大单…………（33）

第二篇　大事记

2022年长城钻探工程公司大事记……（37）

第三篇　市场开发

国内市场

概述………………………………………（49）
扩大市场规模……………………………（49）
市场布局…………………………………（49）
市场导向…………………………………（49）

国际市场

概述………………………………………（50）

工作亮点 ················(50)
市场管理 ················(50)
市场格局 ················(50)
市场资源 ················(51)
市场营销 ················(51)

第四篇　工程技术

钻修井业务

概述 ····················(55)
海外工作 ················(56)
油气增产 ················(56)
服务保障 ················(57)
事故管控 ················(57)
技术管理 ················(58)
风险管控 ················(58)

井下作业业务

概述 ····················(58)
生产指标 ················(59)
技术亮点 ················(59)

技术服务业务

工程设计 ················(60)
钻井液技术 ··············(60)
固井技术 ················(61)
录井技术 ················(61)

第五篇　油气风险作业

综　述

概述 ····················(65)

产能建设

苏里格风险作业区 ········(66)
威远风险作业区 ··········(66)

老区精细管理

苏里格致密气 ············(66)
威远风险作业区 ··········(66)

资源评价及井位部署

苏里格致密气 ············(67)
威远风险作业区 ··········(67)

方案编制研究

苏里格风险作业区 ········(67)
四川页岩气 ··············(67)

技术创新

苏里格致密气 ············(69)
四川页岩气 ··············(69)

提质增效

苏里格致密气 ············(69)
四川页岩气 ··············(69)

第六篇　科技与信息

科技发展

概述 ····················(73)
钻井项目 ················(73)
固井完井项目 ············(75)
复杂老井治理与修井项目 ··(75)
储层改造项目 ············(76)

标准化工作

概述 ………………………………(76)
主要工作 …………………………(77)

信息化工作

概述 ………………………………(77)
应用系统建设 ……………………(77)
信息化基础设施建设 ……………(78)

第七篇　质量健康安全环保

疫情防控

概述 ………………………………(81)
名人大厦疫情防控 ………………(81)

安全生产

概述 ………………………………(82)
健康管理 …………………………(82)

HSE 体系管理

HSE 体系管理 ……………………(83)
风险防控 …………………………(83)

环境保护与节能节水

概述 ………………………………(84)
持续推进清洁生产 ………………(84)
加强节能管理 ……………………(84)

质量管理与监督

质量管理 …………………………(84)

计量工作

计量器具管理 ……………………(85)
技术机构建设 ……………………(85)
计量人员管理 ……………………(85)

第八篇　企业管理与监督

生产运行

概述 ………………………………(89)
生产运行管理 ……………………(89)
应急管理 …………………………(90)
土地公路管理 ……………………(90)

组织人事管理

员工总量控制 ……………………(91)
人力资源优化配置 ………………(91)
人员分流安置 ……………………(91)
薪酬管理 …………………………(91)
人才强企工程落地实施 …………(92)
专家管理工作机制 ………………(93)
专家队伍及考核管理 ……………(93)
"双序列"改革推进 ………………(93)
高层次人才引进与培养 …………(93)
优化晋级评审工作 ………………(93)
职称线上和涉外考试 ……………(93)
专业技术职务任职资格管理 ……(93)

员工培训与技能鉴定

培训管理 …………………………(94)
人才培育 …………………………(94)
创新培训方法 ……………………(95)
完善培训机构 ……………………(95)

技能等级认定 ………………………… (95)
题库建设 ……………………………… (96)
认定服务 ……………………………… (96)

规划计划

规划管理 ……………………………… (96)
计划管理 ……………………………… (96)
综合统计 ……………………………… (97)
工程建设 ……………………………… (97)
投资后评价 …………………………… (97)
工程造价管理 ………………………… (97)

财务资产

概述 …………………………………… (98)
提质增效 ……………………………… (98)
资金管理 ……………………………… (98)
预算管理 ……………………………… (98)
成本管控 ……………………………… (99)
会计核算 ……………………………… (99)
资产管理 …………………………… (100)
税收管理 …………………………… (100)
财会队伍建设 ……………………… (100)

设备管理

概述 ………………………………… (100)
设备基础管理 ……………………… (101)
设备提档升级 ……………………… (101)
设备运行管理 ……………………… (101)
设备安全管理 ……………………… (102)
境外项目设备管理 ………………… (102)
设备精益管理 ……………………… (102)

外事工作

外事管理与服务 …………………… (103)

内部审计

概述 ………………………………… (103)
审计管理 …………………………… (104)
审计监督与服务 …………………… (104)
审计整改 …………………………… (105)
责任追究工作 ……………………… (105)
迎审工作 …………………………… (105)
审计理论研究 ……………………… (105)
审计队伍建设 ……………………… (105)

企管法规管理

经营管理 …………………………… (106)
合同管理 …………………………… (106)
法律事务 …………………………… (107)
法治建设 …………………………… (107)
合规管理 …………………………… (107)
规章制度 …………………………… (108)
管理创新 …………………………… (108)
承包商管理 ………………………… (109)
内控体系建设 ……………………… (109)
风险管理 …………………………… (109)

纪检巡察

概述 ………………………………… (110)
政治监督 …………………………… (110)
监督防控 …………………………… (110)
执纪问责 …………………………… (111)
巡视巡察 …………………………… (111)

物资管理

概述 ·············· (111)
物资采购管理 ·············· (111)
物资库存及质量管理 ·············· (112)
招标管理 ·············· (112)
信息化管理 ·············· (112)
基础管理 ·············· (112)

行政事务

秘书工作 ·············· (113)
民主决策 ·············· (113)
督办信息 ·············· (114)
文书工作 ·············· (114)
计划生育 ·············· (114)
会议管理 ·············· (115)
办公室用品采购 ·············· (115)
后勤管理 ·············· (115)

档案志鉴

概述 ·············· (116)
档案规范化管理 ·············· (116)
档案归档和保管 ·············· (117)
档案资源利用 ·············· (117)
档案宣教培训 ·············· (117)
档案安全保密 ·············· (118)

第九篇　党群工作

党建工作

党建工作质量提升 ·············· (121)
加强"三基本"建设 ·············· (121)
推进党建深度融合 ·············· (121)
党建新课题 ·············· (122)

文化宣传工作

思想政治工作 ·············· (122)
企业文化建设 ·············· (123)

新闻宣传工作

概述 ·············· (124)
外宣 ·············· (124)
内宣 ·············· (124)

信访维稳工作

概述 ·············· (125)
重点时段保障工作 ·············· (125)
维稳信访服务提升 ·············· (125)
安保工作管理质效提升 ·············· (126)

机要保密

保密管理 ·············· (127)
机要文件管理 ·············· (128)

机关工委

机关党建 ·············· (128)
干部管理 ·············· (128)

工会工作

思想政治工作 ·············· (129)
职工素质提升 ·············· (129)
惠民服务 ·············· (130)
民主管理 ·············· (130)
系统建设 ·············· (131)

共青团工作

概述 ……………………………………(131)
政治引领 ………………………………(132)
岗位建功 ………………………………(132)
青年服务 ………………………………(132)
团组织建设 ……………………………(132)
选树和宣传青年典型 …………………(133)

第十篇 光荣榜

2022 年获国家级表彰 ………………(137)
2022 年获省部级表彰 ………………(137)
2022 年获集团公司级表彰 …………(138)
2022 年获行业协会表彰 ……………(139)
2022 年获公司党委和公司表彰 ……(139)

第十一篇 机构与人物

2022 年长城钻探工程公司组织
　机构 …………………………………(149)
2022 年长城钻探工程公司领导 ……(151)
2022 年长城钻探工程公司总经理
　助理、副总师 ………………………(152)
2022 年长城钻探工程公司机关
　职能部门领导 ………………………(152)
2022 年长城钻探工程公司直属
　机构领导 ……………………………(154)
2022 年长城钻探工程公司机关
　附属机构领导 ………………………(156)
2022 年长城钻探工程公司二级
　单位领导 ……………………………(156)
2022 年长城钻探工程公司境外
　项目部领导 …………………………(161)
2022 年长城钻探工程公司技术
　专家 …………………………………(163)
2022 年长城钻探工程公司高级
　职称任职资格人员 …………………(164)

第十二篇 所属企业概览

钻井一公司 ……………………………(169)
钻井二公司 ……………………………(174)
钻井三公司 ……………………………(179)
长庆石油工程监督公司（西部钻井
　有限公司）……………………………(184)
国际钻井公司 …………………………(191)
井下作业公司 …………………………(195)
压裂公司 ………………………………(200)
钻井液公司 ……………………………(203)
固井公司 ………………………………(206)
钻具公司 ………………………………(213)
钻井技术服务公司 ……………………(216)
顶驱技术分公司 ………………………(222)
录井公司 ………………………………(228)
测试分公司 ……………………………(232)
苏里格气田分公司 ……………………(236)
四川页岩气项目部 ……………………(239)
工程技术研究院 ………………………(242)
地质研究院 ……………………………(245)
物资公司（招标中心）………………(249)
昆山公司 ………………………………(253)

工程服务公司（长庆工程技术
　　项目部）……………………(257)
委内瑞拉项目部………………(263)
古巴项目部……………………(265)
加拿大项目部…………………(267)
厄瓜多尔和秘鲁项目部………(268)
阿尔及利亚项目部……………(274)
乍得项目部……………………(276)
尼日尔项目部…………………(278)
苏丹项目部……………………(285)
突尼斯项目部…………………(287)
伊拉克项目部…………………(289)
伊朗项目部……………………(291)
阿曼项目部……………………(295)
巴基斯坦项目部………………(296)
阿联酋项目部…………………(297)
科威特项目部…………………(300)
哈萨克斯坦项目部……………(303)
泰国项目部……………………(305)
印尼项目部……………………(313)
土库曼和乌兹别克项目部……(317)
阿塞拜疆项目部………………(324)

第十三篇　附　录

规章制度索引 ……………(329)
报刊文摘选录 ……………(332)
长城钻探古巴项目加强质量管控…(332)
长城钻探乍得旱季首口井完工
　　告捷……………………………(333)
长城钻探压裂公司打出低碳
　　节能组合拳……………………(334)
长城钻探钻井一公司延伸市场
　　战线提质提效…………………(335)
长城钻探人在毛乌素沙漠17年
　　坚守结硕果……………………(335)
长城钻探尼日尔项目一季度累计
　　进尺同比增长315%……………(337)
长城钻探首口储气库大尺寸水平井
　　完井……………………………(337)
长城钻探密闭取心刷新3项纪录…(338)
长城钻探工程院一项科研成果达
　　国际先进水平…………………(339)
长城钻探统一思想聚合力　管理
　　强企　推进效率效益双提升……(339)

CONTENTS

Chapter 1　Overview

Roundup ···(3)
Special Articles ··(8)
Features ···(29)

Chapter 2　Main Events

Main Events of GWDC in 2022 ··(37)

Chapter 3　Marketing Development

Domestic Market ···(49)
International Market ··(50)

Chapter 4　Engineering Technology

Drilling and Workover Operation ···(55)
Down-Hole Operation ··(58)
Technological Service ··(60)

Chapter 5　Oil & Gas Risk Operation

Roundup ···(65)
Productivity Construction ··(66)
Precision Management of the Old Operation Area ···(66)
Resource Assessment and Well-Site Deployment ···(67)
Programme Preparation and Research ···(67)

Technological Innovation ··(69)
Improving Quality and Enhancing Efficiency ······································(69)

Chapter 6　Technology and Information

Technological Development··(73)
Standardization Work ··(76)
Informatization Work··(77)

Chapter 7　Quality and Health, Safety, Environmental Protection

Prevention and Control of the Novel Coronavirus Pneumonia ···············(81)
Work Safety ··(82)
HSE Management System ··(83)
Environment Protection & Energy and Water Saving ··························(84)
Quality Control and Supervision··(84)
Measurement Work··(85)

Chapter 8　Corporate Management and Supervision

Production and Operation··(89)
Management of Personnel ··(91)
Training and Professional Skills Identification ···································(94)
Planning ··(96)
Financial Asset··(98)
Equipment Management··(100)
Foreign Affairs··(103)
Internal Audit··(103)
Legal Work Management ··(106)
Discipline Inspection and Supervision··(110)
Materials Management ··(111)
Administrative Affairs ··(113)
Archives Management··(116)

Chapter 9　Work of the Communist Party and the Masses

Development of the Communist Party ··(121)
Cultural Propaganda ··(122)
News Propaganda ··(124)
Maintenance of Stability···(125)
Security Work ···(127)
Working Committee···(128)
Work of Labor Union ··(129)
Work of the Communist Youth League ···(131)

Chapter 10　Honor Rolls

The Awards at National Level in 2022··(137)
The Awards at Provincial and Ministerial Level in 2022 ····································(137)
Awarded by CNPC in 2022 ··(138)
Awarded by the Industry Associations in 2022··(139)
Awarded by GWDC Party Committee and GWDC in 2022 ·································(139)

Chapter 11　Organization and People

Organization···(149)
List of GWDC Leading Group Members ··(151)
List of Assistant General Manager and Deputy Chief Engineers······················(152)
Chief and Deputy Directors List of Functional Departments····························(152)
Chief and Deputy Directors List of Directly Subordinate Departments ·········(154)
Chief and Deputy Directors List of Affiliated Departments ······························(156)
List of the Leading Group Members of Affiliated Enterprises···························(156)
Leaders List of Overseas Project Departments ··(161)
List of GWDC Technical Experts ··(163)
List of Senior Professional Title Holders··(164)

Chapte12 Overview of Affiliated Enterprises

GWDC NO.1 Drilling Company ....(169)
GWDC NO.2 Drilling Company ....(174)
GWDC NO.3 Drilling Company ....(179)
GWDC Western Drilling Company ....(184)
GWDC International Drilling Company ....(191)
GWDC Downhole Service Company ....(195)
GWDC Fracturing Service Company ....(200)
GWDC Drilling Fluids Company ....(203)
GWDC Cementing Service Company ....(206)
GWDC Drilling Tools Company ....(213)
GWDC Drilling Technology Service Company ....(216)
GWDC Top-Drive Technology Company ....(222)
GWDC Mud Logging Company ....(228)
GWDC Well Testing Company ....(232)
GWDC Sulige Natural Gas Exploration Company ....(236)
GWDC Sichuan Shale Gas Project Department ....(239)
GWDC Drilling Engineering and Technology Research Institute ....(242)
GWDC Geology Research Institute ....(245)
GWDC Materials Company ....(249)
GWDC Kunshan Company ....(253)
GWDC Engineering Service Company ....(257)
GWDC Project in Venezuela ....(263)
GWDC Project in Cuba ....(265)
GWDC Project in Canada ....(267)
GWDC Project in Ecuador and Peru ....(268)
GWDC Project in Algeria ....(274)
GWDC Project in Chad ....(276)
GWDC Project in Niger ....(278)
GWDC Project in Sudan ....(285)
GWDC Project in Tunis ....(287)
GWDC Project in Iraq ....(289)
GWDC Project in Iran ....(291)
GWDC Project in Oman ....(295)
GWDC Project in Pakistan ....(296)
GWDC Project in the United Arab Emirates ....(297)
GWDC Project in Kuwait ....(300)

GWDC Project in Kazakhstan··(303)
GWDC Project in Thailand··(305)
GWDC Project in Indonesia···(313)
GWDC Project in Turkmenistan and Uzbekistan ···(317)
GWDC Project in Azerbaijan··(324)

Chapter 13　Appendixes

Rules and Regulations Index ··(329)
Selected Press Digests ··(332)

中国石油集团长城钻探工程有限公司年鉴 2023

第一篇
总 述

综 述

中国石油集团长城钻探工程有限公司基本情况

中国石油集团长城钻探工程有限公司（简称长城钻探工程公司，英文名CNPC Greatwall Drilling Company，英文缩写GWDC）是中国石油天然气集团有限公司（简称集团公司）所属专业化石油工程技术服务公司。成立于2008年，由原辽河石油勘探局钻探系统与中油长城钻井公司重组而成。随着企业发展，先后经历与中油测井、东方物探、中国石油化学公司等多次业务划转与整合。

一、历史沿革

"十一五"期间（2008—2010年）

2008年2月，为进一步理顺管理体制，推进钻探业务专业化、集约化管理，优化钻探资源，促进技术进步和业务发展，集团公司整合辽河石油勘探局、中油长城钻井有限责任公司的钻井、测井、地质录井、物探力量，组建中国石油集团公司天然气集团公司长城钻探工程分公司。

2008年6月，公司名称变更为中国石油集团长城钻探工程有限公司，在北京办理工商注册。公司按集团公司独资设立一人有限责任公司注册，内部按分公司管理。公司不设董事会，设执行董事一名，兼任公司总经理；不设监事会，设监事二名。公司机关部门及所属单位全部更名。

2009年1月，中国石油集团测井有限公司北京分公司整建制划入长城钻探工程公司。中国石油测井有限公司北京分公司所属中油测井技术服务有限责任公司（CNLC）旗下子公司、分公司全部划入长城钻探工程公司。

2009年5月，公司所属物探公司整建制划入中国石油集团东方地球物理勘探有限责任公司。

2008—2010年，是"十一五"后三年，也是公司持续重组、不断融合的三年。公司充分发挥国际化能力较强的优势，大力推行以全能项目部为市场主体和利润中心的一线强势决策体制，建立总部机关全面管理，2个分部靠前指挥，4个大区综合协调，16个二级单位提供人才、装备、技术支持和队伍托管、双向考核的机制。形成3个研究院支撑三大板块发展的业务格局。

"十二五"期间（2011—2015）

2011年2月，中国华油集团公司所属的中国石油化学公司划入长城钻探工程公司。重组后保留"中国石油化学公司"牌子。

2011年12月，辽河石油勘探局井

下作业公司，兴隆台工程技术处大修、侧钻、试油、连续油管、对外服务的带压作业等业务、资产和人员划入长城钻探工程公司。

公司在市场变幻的考验中前行，保持定力，力求突破，谱写可持续发展的新篇章。在国际市场，业务拓展到33个国家，比"十一五"末增加7个国家。在国内市场，切实把辽河油田作为高端市场维护，全力保障作业需求。同时，凭借自身实力，在长庆、新疆、青海、大庆等市场站稳脚跟。油气风险作业发展成为公司主营业务重要组成部分，累计完成天然气商品量168亿立方米，成为公司重要的利润来源。

"十三五"期间（2016—2020）

2017年12月，集团公司组建中国石油集团油田技术服务有限公司，将长城钻探工程公司等7个公司划入中油油服，作为其子公司管理，列集团公司专业公司成员企业序列。深化物探、测井、工程建设业务重组，将公司所属测井公司、测井技术研究院资产和人员整体划入中国石油集团测井有限公司。

2020年12月，公司所属国际测井公司的业务和机构整建制划入中油测井有限公司，"中油测井技术服务有限责任公司（CNLC）"牌子一并划转。

"十三五"期间，公司在面对国际油价复苏艰难、工程技术服务价格低迷、企业内部结构性矛盾问题交织、改革调整攻坚爬坡的复杂局面下，坚持稳中求进，以建设"六个典范"新目标为企业定向领航，致力于转型升级，着力推进企业再造，高质量发展的活力彰显，努力提高质量效益，市场结构持续优化，技术服务能力不断提升，合作开发成效显著，为公司加快建设国际一流石油工程技术总承包商奠定坚实基础。2019年公司营业收入达到197亿元，2020年受疫情和低油价双重冲击，公司突出以效益为中心，加快收缩低端低效市场，着力转变发展方式，突出质量效益，营业收入降至175亿元，但全员劳动生产率由2016年24万元／人增至2020年57万元／人。

"十四五"期间（2021年）

2021年1月13日，公司所属国际测井公司11个海外子公司或分公司机构全部移交中油测井有限公司。

二、发展现状

公司是集团公司的直属专业化石油工程技术服务公司。主营业务包括工程技术服务和油气风险作业两大业务板块，业务领域涵盖地质勘探、钻修井、井下作业、录井、固井、钻井液、油田化学业务等石油工程技术服务，并向油气田前期地质研究、勘探开发方案设计、天然气（煤层气、页岩气）开发、地热开发、油田生产管理等领域延伸。有较高的市场化国际化水平，国内市场范围涉及近20个省、市自治区、直辖市，主要服务于辽河、长庆、中油煤等油区，以及川南页岩气等中国石油重点增储上产区域和中国石化等外部市场；海外业务遍及非洲、美洲、中东、中亚等区域28个国家和地区，累计服务全球130多个客户，打造GWDC品牌，在国际油服市场具有较高知名度。围绕业务发展实际和市场格局，建立总部机关统一管控，国内东部、西部、西南3个生产指挥中心靠前支持，国际事业部统筹负责国际业务的新型矩阵式管理架构,在国内设有21家二级单位,在海外设有22个项目部。

公司现有用工总量18000余人,包含外籍员工3000余人,拥有各类工程技术服务队伍1500多支,主要工程技术装备7000余台套,资产总额362亿元,集成完整的石油工程技术装备能力,先后引进和研发全液压钻机、系列自动化钻机、旋转导向、LWD、连续油管、电驱压裂机组、高功率水泥车、综合录井仪、自动化固井设备、带压作业装置等高端设备,提高各业务板块装备技术水平,能够适应全球范围内各种复杂条件下进行油气勘探开发需要。

中国石油集团长城钻探工程有限公司2022年工作情况

2022年,面对复杂严峻的形势变化和疫情反复的重大考验,长城钻探工程公司党委团结带领全体干部员工,坚持以习近平新时代中国特色社会主义思想为指导,深入学习贯彻党的十九大精神和二十大精神,认真落实集团公司和中油技服工作部署,坚持稳中求进工作总基调,以提升规模效益为主线,凝聚全员力量投身到高质量发展实践中,各项工作取得新成效。全年完成钻井进尺553万米、压裂4092层段,生产天然气43.2亿立方米,实现收入189.7亿元,超额完成集团公司下达的经营指标。

主营业务稳健发展。国际市场:2022年深化国际业务改革,统筹强化市场营销和项目运营,推进"二次创业"实现新突破,全年新签合同额18亿美元,同比增长26%。乍得、尼日尔、伊拉克、古巴"四大支柱市场"保持硬稳定;高端市场成功中标墨西哥4部3000马力钻机、泰国66口井钻井总包等一批具有突破性意义的新项目,斩获4个超过1亿美元的大合同;新签阿曼和苏丹稠油热采、哈法亚酸化等多个合同,业务转型见到实效。国内工程技术服务市场:2022年国内市场完成进尺476万米,同比增长20.6%,在中油技服钻探企业中工作量增幅排名第一。辽河关联交易市场首次实现钻井和压裂市场同时100%占有,大修业务份额提升11.8%。吉林流转、冀东流转、中油煤、华北巴彦市场增项扩容成效突出;成功培育吉林流转、中油煤两个长线规模市场,增加钻机20部。集团外部新增利雅得、郑州地热、洛克石油等5个市场,合同额增长超过4倍。

全面践行技术立企。工程提速效果突出。以"示范工程"为抓手,发挥区域专班的技术引领作用,5000米以上深井钻井提速18.6%。新创立技术指标132项,特别是雷72平台刷新辽河油田11项施工纪录;古巴CMN-100RE井刷新陆上钻井等5项纪录,获得"创古巴国家纪录"证书。事故复杂持续下降。发挥工程作业智能支持中心(EISC)平台数字信息集成功能,依托专家远程技术支持,事故复杂损失同比减少435天，其中集团公司"五类重点井"事故复杂率同比下降13%。服务质量稳步提升。落实井筒主体责任，强化施工过程监管，井身质量合格率98.2%、固井质量合格率94.9%、压裂丢段率0.17%，均优于集团公司下达的考核指标。倾力保障国内勘探开发，高效施工各类探井155口。特别是在国内辽河深化"四个一"（一家人，一条心，一股劲，一起干）理念，与油田公司建立良好的对接机制，打造储气库、双229CCUS先导试验区等一批精品工程，助力汛后上产攻坚战取得全面胜利；在海外精准保障集团投资项目，助力甲方在尼日尔毕尔玛、乍得多赛欧坳陷落实2个亿吨级规模储量区带，收到集团公司内外部表扬信253封，创历史新高。

全年承担国家、集团公司重大项目20项，获省部级以上科技奖励11项，首次获得孙越崎青年科技奖。科技创新成果丰硕。制修订行业标准6项，保压取心、油基钻井液2项标准入选集团公司国际标准培育计划。有机质页岩评价方法等2项专利首次获评集团公司专利金奖与银奖。昆山公司获评江苏省"专精特新"中小高新技术企业。集团公司录井技术研发中心成功落户公司，参与中国石油"地热能技术研发中心"联合建设，构建以"两院为核心、四个技术研发中心为支撑"（"两院"：工程技术研究院、地质研究院；"四个技术研发中心"：集团公司录井技术研发中心、中油技服大修侧钻中心、中油技服压裂液分中心、非常规油气藏工程技术中心）的科研条件平台。项目攻关与成果推广见到实效。加大科研投入力度，落实科研经费同比增长2.5倍。成功研制国内首台ZJ30车载超级单根自动化钻机，打造80兆帕保压取心等8种新工具、页岩气高承压膨胀管井筒修复技术等3项利器，抗高温耐酸解瓜尔胶压裂液体系填补国内空白。高性能钻井液等特色技术成果规模化应用创收7.9亿元。数智化建设扎实推进。制定实施公司数字化转型发展方案，持续深化信息化平台建设，信息"孤岛"治理集成关闭系统2个。协同推进国内外EISC平台建设，国内远程支持和监控重点井896井次，国外完成数字化采集107口井，促进生产优化和管理模式变革。高端智能装备加速发展，中石油首套全电驱6万水马力压裂机组投入使用，改造深井钻机等高端装备25台套，应用二层台机械手等自动化装备42台套。

严格落实国家安全生产"十五条"硬措施，升级特殊敏感时期安全管理，未发生较大及以上安全生产事故。将安全环保作为不可逾越的底线。压实各级安全生产主体责任，创新一体化监管模式，狠抓安全生产大检查等工作，处罚问责495人次，提升现场安全水平。开展体系审核和诊断评估，完善安全管理制度19个、操作规程80项。加大环保节能力度，顺利通过第二轮第六批中央环保督查。将井控管理作为安全生产的核心。严格执行集团公司"三评估、三分级"，评估各类队伍390支，实现队伍能力与施工风险精准匹配。建立"2小时应急圈"共享平台，新配井控应急集装箱22套，井控应急体系更加完善。实施井控专家、EISC系统、坐岗软件的多元监管，成功处置井控复杂22次，井控险情处置时间同比缩短78.5%。将疫情防控作为贯穿全年的重点。严格落实科学防控要求，狠抓重点时期、重点地区的人员流动管理，发放防疫物资30余万件，完成海外超期倒班人员清零目标。在员工基数大、流动性高的情况下，实现疫情防控与生产经营"两手抓、两不误"。

稳准实施改革调整，改革三年行动圆满收官，通过集团公司督导检查，改革经验案例获得集团公司通报表扬。组织体系持续优化，压减三级机构52个、基层领导人员职数246人。推进区域一体化统筹，国内精简长庆、川渝地区基层管理机构40%以上，海外牵头和配合中油技服组建秘鲁等7个联合项目部。中层级经理层成员任期制和契约化管理全面实施，新型经营责任制基本建立。治理体系更加完善。落实"合规管理强化年"部署，党委前置研究讨论决策制度更加健全，纳入应建范围的两户子企业均设立董事会。"两化一升"（管理流程简化、优化、提升）成果靠实落地，新版内控管理手册正式发布实施，制修订配套制度75项，实现与各业务系统全面承接。精益管理持续深化。打造提质增效升级版，全面实施增效工程31项措施，累计增效2.85亿元，经济增加值同比改善3亿元。强化财务价值创造，加大合同资产清理和应收账款清收力度，2021年以前合同资产全部清零。物资管理更加精细，第三方电商采购全面推广，工业品电商平台试点运行效果显著，海外物资系统2.0正式上线，境外物资库存下降39.7%。抓实人力资源管理，用工总量压减625人，调剂盘活2045人，新聘高级专家和技术专家8人，成功引进1名海外高层次人才并入选国家级人才计划，11人入选集团公司"青年科技人才培养计划"。

坚持"第一议题"制度，深入学习贯彻习近平总书记最新重要讲话和指示批示精神，捍卫"两个确立"、践行"两个维护"更加坚定。紧扣迎接和学习宣传贯彻党的二十大精神主线，开展专题宣讲、党课讲授等系列活动，凝聚团结奋进的磅礴力量。完善公司党建工作制度9个，552名党组织书记完成述职评议，评选三星示范党支部63个。加强干部队伍建设，健全意识形态工作责任制，开展"转观念、勇担当、强管理、创一流"主题教育宣讲1220场次。牵头启动中国石油在京单位党建工作协作区建设，获得集团公司肯定。党风廉政建设深入推进，做细日常监督，境外项目、基层"微腐败"、合规经营等专项监督有序推进，圆满完成集团公司纪检监察组交办的3个课题研究。群团作用充分发挥，"惠民安心工程"项目高效推进，精准帮扶慰问14000余人次。广泛开展主题劳动竞赛，涌现各类指标纪录253项。启动"青马工程"，举办公司首届青年科技论坛。全年公司"可燃冰试采录井数据采集技术"获得中国能源化学地质工会创新成果奖一等奖；涌现出中华全国总工会"大国工匠"GW80队平台经理苏飞等一批先进典型。

特 载

执行董事、党委书记在公司三届五次职代会暨2022年工作会议上的讲话（摘要）

（2022年1月12日）

今年受新冠疫情影响，职代会首次采用线上的形式召开。会前，公司的《工作报告》《财务工作报告》已提前下发至各代表团，各位代表充分行使民主权利，对两个报告进行了讨论和审议；会上，宣读了两个报告以及立案的三个决议，对公司领导班子进行了民主测评。对于各代表团提出的相关意见和建议，一部分已经纳入公司工作报告之中，其他意见公司将组织有关部门认真研究、制定措施，不断改进推动。

过去一年，面对严峻复杂的形势变化，公司上下以习近平新时代中国特色社会主义思想为指导，深入贯彻党的十九大及十九届历次全会精神，牢固树立新发展理念，聚焦"管理水平提升年"，推动企业由"生产型"向"经营型"转变取得了一定效果，超额完成了集团公司下达的业绩指标，"十四五"迈出了坚实的第一步。成绩来之不易！这是各单位、各部门、各级组织坚决落实公司党委部署，科学分解、统筹推进、狠抓落实的结果；这是各级领导干部率先垂范、攻坚啃硬，在急难险重面前冲得上、豁得出、敢打敢战的结果；这是每一个长城人发光发热，特别是广大一线将士冒着新冠疫情的巨大风险，扛着繁重的生产经营任务，坚守岗位、无私奉献的结果。

2021年不平凡的经历，可以说是公司近几年发展的一个缩影。回顾党的十九大以来我们走过的极不寻常的发展历程，公司党委团结带领广大干部员工，经受住了前所未有的疫情考验、严峻形势和经营压力，攻克了一个又一个难关，战胜了一个又一个挑战，取得了一个又一个胜利。公司"典范企业"建设的发展战略方向更加清晰，企业政治生态和队伍面貌焕然一新，深化改革系列举措显著激发了企业活力动力，"以员工为中心"的理念得到全面践行，公司综合实力和竞争力进一步增强，展现出高质量发展的新态势。几年来的砥砺前行，深化了我们对企业高质量发展的认识，更坚定了我们对未来发展的信心。

在"十四五"发展的道路上，我们要巩固发展成果，进一步统一思想，坚持抓好六个方面工作不动摇。

一、坚持党的全面领导不动摇

习近平总书记强调"中国共产党的领导是中国特色社会主义最本质的特征；坚持中国共产党这一坚强领导核心，是中华民族的命运所系"。长城钻探作为国有企业，必须坚持把党对国有企业的各项指示要求作为做好工作的科学引领和行动指南，必须坚持把学习贯彻总书记关于国有企业、能源行业和中国石油改革发展一系列重要论述和指示批示精神作为践行"两个维护"的具体体现，深化部署、狠抓执行，确保公司始终沿着正确方向前进，确保公司是党的企业、人民的企业。

坚持加强党的建设。各级党组织和党员干部要旗帜鲜明讲政治，深刻认识"两个确立"的决定性意义，坚定政治方向、站稳政治立场，坚决打造"两个维护"的长城钻探铁军；要自觉坚守理想信念，大力弘扬伟大建党精神，跟进学习习近平总书记的最新重要讲话精神，执行好学习贯彻习近平总书记重要指示批示精神落实机制，以实际行动巩固深化党史学习教育成果；要提高政治站位，重视从讲政治的高度抓好企业改革发展各项工作，不断提高政治判断力、政治领悟力、政治执行力。

坚持党建与生产经营深度融合。要系统总结党的十九大以来公司党的建设工作，进一步补短板、强弱项、促提升，强化党建工作理念创新、机制创新，推动党建与生产经营融合拓展；要压实党建责任，不断完善党建责任体系，强化党建责任考核，推动党组织书记述职评议走深走实；要树立大抓基层的鲜明导向，全面深化基层党建"三基本"建设，把党建工作的重心放到基层，持续巩固党建基础；要大力弘扬石油精神和大庆精神铁人精神，特别是各级领导干部要更好地发挥"关键少数"的示范引领作用，各级基层党组织和广大党员要在推动高质量发展中更好地发挥战斗堡垒和先锋模范作用。

坚持贯彻新时代党的组织路线。要坚持把政治标准作为第一标准，教育引导各级领导干部提升政治素质，着力提高把握新发展阶段、贯彻新发展理念、构建新发展格局的能力。要坚持正确选人用人导向，在政治合格的前提下，更加注重才干，大力使用专业技术水平高的干部；更加注重担当，大力使用奋战在基层一线、改革发展前沿的干部；更加注重公认，大力使用群众认可的干部，使组织放心、群众满意、员工服气。要聚焦新时代好干部标准，进一步增强"八大本领"、提高"七种能力"，着力提升领导干部专业能力，使领导干部成为新时代治企兴企的行家里手。

坚持巩固良好政治生态。要深刻认识党风廉政建设和反腐败斗争的长期性、艰巨性和复杂性，突出惩防并举、标本兼治；要刚性落实民主集中制，特别是主要领导要带头发扬民主、善于集中智慧，不搞独断专行、不搞"一言堂"，既要当断敢断，又要耐心细致，鼓励大家把想法说出来讨论；要坚决防止"七个有之"，坚决抵制关系学、官场术和"小圈子",倡导清清爽爽的同志关系;要坚持发挥好两级纪委监督职能,综合运用监督执纪"四种形态",聚焦"两个维护"强化政治监督,纵深推进全面从严治党。

二、坚持高质量发展不动摇

高质量发展,是以习近平同志为核心的党中央对我国经济作出的一项重大战略性规划,也为新时代企业发展提供了根本遵循。坚定不移继续推动长城钻探高质量发展,不仅是这几年公司党委做出的总体安排,也是今后几年我们必须坚持的工作方向。公司在"十四五"发展规划中,已经就高质量发展明确了一系列任务目标,从现阶段公司发展的实际看,在"十四五"时期,我们要注重从以下三个方面发力,确保各项任务目标如期实现。

第一,要更加突出对规模效益的追求。实现规模与效益的不断增长,既是企业发展的根本属性和基本规律,也是实现高质量发展的必然要求。2019年,考虑各方面原因,从年底报表看公司规模达到了197亿元,但实际已经超过了200亿元。之后受疫情持续、低油价以及测井业务划出等因素影响,公司去年的规模保持在近170亿元。剖析数据背后的本质,我们必须客观地看到,这样的发展实际,是在公司国际业务遭受国际疫情不受控的巨大冲击下实现的。我们既要看到形势的严峻性,也要看到问题的本质性,更要看到企业内在的成长性。公司针对近两年遇到的特殊情况及时调整经营管控模式,沉着应对由于疫情和低油价双重冲击所带来的困局,落实了一系列提质增效措施,使企业总体保持了较好的效益水平。但与2017、2018年相比,由于失去了海外市场7亿元左右的利润空间,公司每年完成经营指标并不轻松,在2021年我们用当年的利润完成了集团公司下达的指标,同时还消化了页岩气3.5亿元左右的投资,切实保证了员工的切身利益,企业经营的"底子"也得到了持续夯实。可以说,这印证了各级领导干部和广大干部员工为企业发展所付出的努力。但规模没有突破性进展的局面,也是我们必须直面的。如果不能保持一定规模效益的增长,就不能保持企业的可持续发展,也不能保证员工的切身利益,也就是说我们在短期内可以通过内涵式发展解决生存问题,但从长远看大家还是要一起努力实现规模增长。

当前及今后一个时期的首要任务,就是要加快恢复到疫情之前的规模和效益水平,尽快突破200亿元。这是公司党委对近一个时期工作的核心要求。公司上下必须把思想和行动统一到公司党委的部署上来,特别是各级领导干部,要主动适应疫情和市场变化趋势,心中有担当、脑中有思路,从公司层面成立市场开发专班,跑市场、抓机遇、谋发展。

第二,要更加突出做好市场开发工作。戴厚良董事长指出"市场营销是事关高质量发展的战略性、全局性工作。"公司党委多次强调,市场是工程技术服务企业的"生命线"。特别是对于我们这样一个关联交易份额小、外部市场占比大的企业,市场开发尤为重要。从客观情况看,近年来市场开发局面已经发生了根本性的转变,过去一些传统的市场开发方式已不再适用；从主观因素上看，个别领导干部市场观念不强，计划经济的思维根深蒂固，重生产轻市场的现象还在一定范围内存在，不愿跑、不会跑、不能跑，盯不住具体目标，市场信息不灵，体现出来就是有的领导干部对市场开发的敏感性不够，同一个地区别人知道我们不知道。不愿跑是懒政，就只抓手头工作，满足一般性的号召、一般性的要求；不会跑是长期不研究市场工作，不理解二级单位的难处，不了解甲方在想什么，也不知道会见甲方时说什么；不能跑是自己负责的市场也不去跑，特别是一些二级单位的领导对自身负责的几个市场漠不关心、一年连一次都不去。

公司党委对市场开发工作的总要求，就是要从各级领导做起，直面市场挑战，走出办公室，多跑甲方、多抓机遇，多层面建立起市场开发的新格局。机关部门要承担起市场开发顶层设计的责任。主动研究谋划，着力推进市场开发体制机制创新，加强中长期市场分析研究，加快形成国内国外市场互促、钻井与工程技术服务并进、各产业链整体协同联动的市场开发格局；各区域生产指挥中心和区域协调组要承担起市场开发区域统筹的责任。全力打通区域内市场开发的所有链条，深化与集团公司内外部甲方对应层面的沟通，着力做好甲方需求对接，着力做好整体资源协调，着力做好生产组织和技术支持与推介等工作，确保技术、队伍、装备等核心资源配置集中在效益市场。各单位、各项目要承担起市场开发主体的责任。要把全员市场开发理念贯穿到各项工作始终，坚持客户至上，加快实现从重生产向重市场转变。特别是局处两级干部、海外项目经理，必须带头由"坐商"向"行商"转变，对行业动态和市场变化保持高度敏感，实现新市场信息提前获取，低效无效市场及时撤出，做到"收放自如"。

第三，要更加突出国际业务的特色优势。国际业务是长城钻探最独特的"基因"，长城钻探的高质量发展，离不开国际业务的高质量发展。尽管近两年受疫情和低油价的叠加影响，国际业务的发展不尽如人意。但我们要看到全球市场具有广阔的发展空间，要看到国家"一带一路"倡议和集团公司坚定不移推行国际化战略的导向，要看到公司国际业务拥有其他钻探企业不可比拟的 20 多年发展的积淀和优势。近两年，特别是受世纪疫情影响，给国际业务发展带来了巨大困难，海外员工倒班也十分不易，途中要经历多次隔离，员工既辛苦，又大幅增加了成本，加之集团公司对管理人员出国跑市场基本都不予批准，我们靠的就是仍在项目的员工支撑海外项目运转。尽管当前遇到了这些困难，但我们还是要看到海外业务的成长性，在经历 2020 年亏损后，2021 年大家按照公司统一安排，实实在在抓效益、抓市场、抓改革，实现了盈利，相信随着疫情的消失和国际石油工程技术服务市场的复苏，国际业务还会迎来新的发展高峰。

当前及今后一个时期，一是要继续坚持眼睛向内，持续转变固有思维，加快改革调整步伐，加快健全完善新形势下国际业务创新发展的体制机制。二是要持续加强对国际业务发展的顶层设计，要客观认识即使疫情过去，市场竞争态势也发生了很大变化，加之地缘政治等因素影响，我们必须对未来国际业务的市场布局、业务架构、资源统筹有全新的考量，特别是要发挥好市场专班的作用，对目标市场长线跟进，牢牢把握住发展的主动权。三是要坚持走开放合作的道路，在激烈的市场竞争下，"一家独大"的情况难以再现。必须以全新的思维看待国际市场的竞争，通过产业链上下游合作，实现优势互补、互利共赢。特别是要与所在国国家石油公司的工程技术队伍进行合作，全力保障好集团公司内部勘探开发项目；要发挥好GWDC品牌优势，着力加强与国内外同行、兄弟单位合作，联合突破一批重点项目；要进一步创新商务模式，灵活采用各种方式，千方百计巩固扩大市场份额。

三、坚持依靠管理提高效益不动摇

管理出效率、管理出效益是经过实践检验的科学做法，这也是高质量发展的本来之意。在未来几年里，我们要始终坚持问题导向，牢牢盯住薄弱环节，一步一个脚印抓到底，逐年改善，推动企业发展实现质的全面提升。

在技术管理方面。近两年，公司党委组织相关部门狠抓技术管理，公司各区域市场的工程技术水平都取得了一定进步。但是，相比于兄弟单位，我们仍体现不出优势；自身提速提效仍不均衡，队伍两极分化的现象在相当范围内存在；低级事故时有发生，效益"出血点"没有完全堵住。在每个区域，有"一枝独秀"的情况，但是没有呈现"春色满园"，整体水平还在学习路上。工程技术管理人员、各二级单位，尤其是西南区域的各单位、项目部，要清楚地认识到这个问题。要坚持抓科技创新。这是破解自身技术短板和机制障碍的根本途径，重点要在攻关超深井钻完井等核心技术、完善科技条件平台体系、强化产学研用协同等方面抓提升，不断增强支撑当前、引领未来的能力。要坚持抓事故管理。如果这个"出血点"堵不住，高质量发展就无从谈起。要从源头管控、制度完善、责任落实等方面持续加强，大力营造"事故可耻、有责必究"的氛围，把到手的工作量干出实实在在的效益。

在经营管理方面。各级干部要不折不扣地落实集团公司要求，牢牢把握推动企业由"生产型"向"经营型"转变的根本要求，深刻理解经营和效益两个关键词内涵，既要有专业技术的水准，又要有经营企业的财务本领。要坚持"边际贡献"底线。据了解，目前有些二级单位的市场没有边际，如果见活就干、不进行商业评价、没有效益，那么干得越多亏得也就越多，这不是高质量发展，这是损害大家的利益。2022年，所有涉及的二级单位都要开展市场评价，领导班子要带头，把每一个项目算一算，看究竟有没有"边际贡献"，上半年必须完成，具体工作由各单位经理和总会计师负责。同样是钻探企业，为什么别人干有边际，自己干没有边际，这些情况都要认真分析，查找原因。要坚持严考核硬兑现。这是国资委和集团公司党组关于全员绩效考核的一个核心要求。必须坚持落实"干好干坏不一样、干多干少不一样",瞄准效益导向,增强效益意识,不断地提高员工的承受能力,打破用急难险重和艰苦作为分配的重要理由。大家要深刻认识到,公司在2018年以前建立的分配体系是"平均主义",不符合集团公司要求;近年来,我们坚持"以效益为中心,兼顾公平",这是按照国资委和集团公司要求设立的分配原则和分配办法,体现了"干多干少不一样,干好干坏不一样",体现了以效益为中心同时兼顾公平,兼顾就不是突出,突出的就是效益。海外亏损项目和国内亏损单位的领导班子都要高度重视,认真对待严考核硬兑现,在"十四五"期间的经营管理上必须坚持,这也是企业发展的必由之路。要坚持提质增效。对于我们这种管理相对粗放的企业,在疫情和低油价的严峻形势下,必须牢固树立过"紧日子"的思想,坚持问题导向和目标导向,认真落实好集团公司的"四精"要求,持续打造低成本竞争优势。要坚持防范经营风险。始终对经营上的苗头性、倾向性问题保持高度的警觉,全力控制住"两金"高企、税收风险、汇兑损失、法律风险等关键点。特别对亏损治理,要常抓不懈,层层传递压力,逐级落实到人。

在深化改革方面。近几年,公司通过改革,破解了许多制约企业发展的难题,办成了一些影响深远的大事。按照集团公司党组最新部署,今年还要进行一系列深化改革的调整,包括海外业务改革、物资系统改革,等等,我们要推进思想再解放,改革再深入。要转观念,坚决摒弃"抱残守缺"、求稳怕乱、等待观望等落后想法,推动思想再解放、机制再创新、措施再升级。要重谋划,认真落实集团公司最新改革部署,及时研究找准着力点和突破口,确保方向不偏、贴合实际、聚焦重点。

四、坚持安全发展不动摇

在刚刚结束的集团公司质量安全环保工作会议上,戴厚良董事长指出"制约安全发展的突出矛盾还没有根本解决,颠覆性的重大风险还没有彻底消除,安全生产仍处于必须严格监管阶段的特征,没有发生改变。"对此,各级领导干部要有清醒认识,特别是近几年,公司安全生产形势始终处于紧张态势。公司上下要全面落实新的安全生产法和法律法规要求,坚守"发展不能以牺牲安全为代价"的红线意识,坚定"一切事故都是可以避免"和"防范胜于救灾"的理念,时刻绷紧安全生产这根弦,以高度的思想自觉、政治自觉和行动自觉,抓好安全工作。

一是必须压实安全责任。任何一起事故的发生,问题出在现场、根源在管理、关键在领导,归根结底是责任落实不到位造成的。安全管理水平要提高,必须从全面落实安全生产责任制抓起。各级领导干部要以上率下,深入学习贯彻习近平生态文明思想和关于安全生产的重要论述,坚决扛起做好安全工作的责任担当。刚性落实"三管三必须"的责任,进一步健全完善安全生产责任清单,突出抓好重要敏感时段、重点关键部位以及井控等重点领域的管理。特别是要严格执行集团公司事故单位先免后查等问责制度,以铁面无私的问责追责促进全员履职尽责。

二是必须加强监管。基于公司安全管理依然处在从严监管阶段的特征，我们必须注重识别大风险、消除大隐患、杜绝大事故。特别是对于井控这个工程技术服务企业的最大风险，要践行积极井控理念，紧盯源头治理、风险评估、过程管控等关键环节，确保万无一失；要坚持抓早抓小、防患于未然，进一步加大隐患排查治理力度，确保高质量完成安全生产专项整治三年行动；要充分发挥各级监督作用，运用现代化信息手段，不断提升风险事故预警预判水平和安全监管效能。今年，公司对监督体制进行了调整，各二级单位要结合调整情况实行异体监督，特别要加强队伍管理，打造好监督队伍，落实好监督责任，确保监管到位。

三是必须注重基层。制度在基层得不到有效执行，抓安全就是一句空话。从公司近几年的事故案例分析看，均反映出现场违章作业屡禁不止、变更管理随心所欲等问题。在"十四五"期间，要坚持"严"字当头，通过抓牢重点岗位、重点工况、关键环节管控，不断提高基层执行力；要坚持加强生产现场标准化建设，加快推动基层队伍安全生产能力提升；要坚持加强基层员工日常安全教育和安全技能培训，不断提升全员主动安全意识。

五、坚持抓干部队伍作风建设不动摇

对于企业来说，能否把发展蓝图变为现实，关键在干部。党的十九大以来，公司推进高质量发展取得的一系列成果，可以说，首先是源于干部队伍作风和执行力的转变。在新的发展阶段，我们还面临着推进企业改革发展等艰巨的任务，各级领导干部作为各项决策部署贯彻落实的执行者和团结带领广大员工完成各项生产任务的推进者，责任重大。要坚持抓干部队伍作风建设不动摇，以此为推动各项部署落实提供强大动力。

一是要锤炼一抓到底的工作作风。各级领导干部要始终牢记"政贵有恒"的道理，对待工作要多一些"较真"精神，敢于动真碰硬，敢于严肃执纪问责，做到真管真严、敢管敢严、长管长严。特别是要保持工作的稳定性和连续性，不达目标不罢休，以钉钉子精神一锤接着一锤钉下去，善作善成、久久为功，切实把公司党委的各项决策部署落实到位、抓出成效。

二是要强化干事创业的责任担当。领导干部不担当，就是不称职；只想干事、不想担事，好事抢着上、责任躲着走，这都是不称职的表现。敢于担当、有所作为，体现的是领导干部的胸怀、勇气和格调。面对推进高质量发展的繁重任务，各级领导干部必须坚定必胜信念，时刻保持强烈的事业心和责任心，大力弘扬担当精神，积极主动作为，以"等不起"的紧迫感、"慢不得"的危机感和"争一流"的使命感去工作，切实把公司的事业不断推向前进。

三是要在严于律己、清正廉洁上发挥带头作用。近几年企业政治生态持续好转，正气在不断上扬，但是各级领导干部对拒腐防变形势的严峻性和复杂性一点也不能低估，反腐永远在路上。必须做到警钟长鸣，牢固树立清正廉洁的意识，做到常修为政之德、常怀律己之心、常思贪欲之害。公司推进管理流程"两化一升"，目的是缩短流程、激发活力、提高效率，有利于各基层单位开展生产经营活动，这是开展此项工作重点所在。但有的单位存在拆分合同、违规投资的现象，外部市场租基地时出现一些怪现象，这些都是腐败的苗头，海外有的财务人员也存在一些问题，这些现象都说明中央的判断和指示是正确的。反腐永远在路上，各级领导干部一刻也不能掉以轻心。必须讲党性、重品行，带头执行廉洁从业的各项规定，把好用权"方向盘"，系好廉洁"安全带"，将正能量一级一级传递下去；必须遵循党纪国法，不逾底线、不碰红线，稳得住心神、管得住行为、抵得住诱惑、经得起考验。同时要切实履行好党风廉政建设职责，看好自己的门、管好自己的人，不断巩固反腐败斗争的压倒性胜利。

六、坚持以员工为中心的发展理念不动摇

我们要始终牢记，高质量发展是以人民为中心的发展，广大干部员工对美好生活的向往就是我们奋斗的目标，企业发展一定不能让"发展为了人民、发展依靠人民、发展成果由人民共享"成为一句空话。要始终坚持发展成果由广大员工共享。把实现好、维护好、发展好广大员工根本利益作为一切工作的出发点和落脚点，凝聚起全员干事创业的精气神，创造更大的企业发展红利，更多更公平地惠及广大员工。要始终坚持关心基层冷暖。工作重心下移，深入基层调查研究，倾听员工心声，持续改善基层基础设施，增强员工的获得感和幸福指数。要始终坚持为员工群众办实事。深入推进"我为员工群众办实事"实践活动，尤其要关爱特殊困难群体，扎实开展扶贫帮困等工作，把好事办实、实事办好，让员工切身感受到组织的关怀与温暖。

年终岁末，我们还有大批干部员工仍然奋战在国内外生产一线。近期全球疫情防控的形势呈现复杂多变的态势，很多国家的疫情仍在高位流行，国内疫情也呈现多点散发，防控压力巨大，要认真落实地方政府和集团公司新冠疫情防控要求，坚决守牢疫情防控底线。特别是春节临近，很多员工无法回家过年，各级组织要对这些员工特别是超期工作的员工进行全面摸排统计，相关单位党委要逐一做好春节前家访慰问工作，及时传递组织的关心和温暖，让他们安心放心。

各位代表、同志们。推动公司高质量发展，任务艰巨、责任重大、使命光荣。大家要咬定青山不放松，努力创造新的更大业绩。春节快要到了。我代表公司党委向在座的各位，并通过你们向全体干部员工，致以新春的祝福！

总经理在公司三届五次职代会暨 2022 年工作会议上的报告（摘要）

（2022 年 1 月 12 日）

各位代表，同志们：

下面，我代表公司领导班子向大会作报告，主题是：坚持稳中求进，提升规模效益，坚定不移推动公司高质量发展。

一、2021 年主要工作成果

2021 年是公司"管理水平提升年"。一年来，围绕这一主题，公司党委团结带领全体干部员工，以习近平新时代中国特色社会主义思想为指导，贯彻落实集团公司决策部署，以三届四次职代会确定的"六个提升"为抓手，大力推动公司由"生产型"向"经营型"转变，实现了"十四五"良好开局。全年收入 169.8 亿元，超额完成集团公司下达的业绩指标。钻井进尺 465.32 万米，增长 4.17%；天然气生产首次突破"40 亿立方米"，达到 42.6 亿立方米，增长 7%；技术服务各专业体现出良好成长性。

通过精准施策，"管理水平提升年"主要取得了以下成果。

（一）主营业务稳健发展

国际市场：全年签订及中标待签合同额 14.2 亿美元，重回盈利正轨。将巩固核心业务作为重中之重，大力推进一体化总包项目，完修井与油田生产服务协同发展，尼日尔、古巴、科威特、伊拉克、阿曼等重点项目签约额超过 5 亿美元。同时，多个项目深挖甲方需求，创新开展国际贸易，合同额同比增长 19%。油田管理、地质研究、油田化学、废弃物处理等多个领域实现不同程度突破。国内工程技术市场：新增和扩容市场 9 个，完成减亏目标。坚决履行辽河油田服务保障责任，创新"台长制"等措施，打造了一批精品工程，用"一体两面"的服务意识、出色的施工能力和良好的沟通协同，巩固了主体地位。特别是压裂业务扭转了近年来的萎缩局面，市场份额提高 35%。同时，着力扩大规模，新增新疆准东页岩油、重庆页岩气、吉林流转、冀东流转、华北煤层气 5 个钻井工程总包市场，华北巴彦、辽河流转、吐哈油田、大庆油田 4 个市场扩容，长庆市场总包工作量同比增长 59.6%。油气风险作业：全年创效增幅达到 20% 以上，效益"压舱石"的作用有效发挥。在苏里格致密气，采取"大规模"作战方式，实现了"低投、高产、效益增"。在四川页岩气，坚持"1+X"模式，强化钻前平台建设，多钻机并行、多专业协同，产建水平不断提升。特别是在威远新增动用储量200亿立方米，科学效益开发持续向好。

（二）技术立企全面践行

搭建了"总部总管、区域主战、专业主建"的技术管理构架，构建了EISC平台，国内外技术支持实现一体化，专家的作用充分发挥，助推技术能力明显提升。钻井技术方面：应用精细控压技术，有效解决辽河马探1井窄密度窗口小间隙高温深井尾管固井难题，化解了威远长兴组圈闭气诱发的井控和井下安全风险；应用无源磁导向技术，成功完成了吉林坨1井老井找眼和封堵，消除了储气库地下泄漏隐患；推广低粘低切强封堵油基钻井液体系和顺层复合钻井技术，实现威远页岩气钻井周期缩短7.48%、川渝页岩气和吉木萨尔页岩油造斜段＋水平段"一趟钻"。在中油技服"四提"竞赛中，公司川渝地区旋导进尺达到64260米，排名第一。利用工程作业智能化系统，助力伊拉克格拉芙总包项目提速36.87%。储层改造方面：推广压裂2.0工艺，威远页岩气平均加砂强度同比提高19.2%，推广应用变黏滑溜水105.3万立方米，与常规滑溜水相比，最高加砂强度提高20.1%，成功打造两个百万立方米平台；推广水平井套管压裂技术，苏里格致密气单井裂缝数增加38.1%，单井平均产量提高17.2%；推广自主研发全可溶桥塞597只，坐封丢手成功率100%。试油测试方面：使用APR+Navi泵测试技术，解决了尼日尔项目稠油井筒内流动性差的难题，创单层产油400米^3/日、原油黏度15000厘泊两项纪录；利用高温高压防硫测试技术，助力塔里木果勒302H井获得日产气13万立方米、日产油703吨重大发现。

（三）体制机制健全完善

科学开展"两化一升"。强化流程框架顶层设计，重新梳理业务价值链，从根本上解决职责错位、缺位、重叠、越位等问题。按照"3+N"改革方向，以市场、"两气"、采购为重点，重新设计公司层面全部管理流程，累计优化流程296个、删除流程200个，修订发布规章制度52项，打造了公司第一套同时覆盖国内外业务、体系完整的管理流程。着力完善管理机制。领导人员任期制和契约化管理改革全面完成，建立健全了短期目标与长远发展有机统一的新型经营责任制。制定完善《外部市场开发激励办法》《业绩考核管理办法》等制度，考核管理体系更加完善。"双序列"改革促进形成"生聚理用"的人才发展机制，技术专家工作室相继建立，高层次科技创新领军人才有序引进，特别是专业技术人才队伍由25人扩大到203人。设立国际业务区域协调组和海外咨询中心，完善海外项目分级管控和市场开发机制，适应新形势的国际业务管控模式加速建立。持续精简组织机构。进一步强化机构编制总量管控，公司部门人员编制压减8%，三级机构压减12个，国内二级单位助理、副总师职数精简21%。深入推进用工方式转型，累计调剂盘活1448人、分流安置157人。

（四）管理效能不断提高

着力打造提质增效"升级版"。全

年增效6.1亿元，有力助推了公司经营态势企稳向好。投资规模有效控制；百元收入营业成本同比降低1.17元，边际贡献率同比提高1个百分点；物资集采价格平均下降11.3%，库存总额下降15%以上；资金管理创效1.48亿元；全年盘活闲置设备63台套；国内资金回笼同比增长25.8%；亏损治理和法人压减超额完成集团公司下达的年度任务；积极推进单井安全提速创效工程，"两挂钩一否决"的考评机制覆盖国内所有钻井和压裂队伍。着力强化风险防控。深刻汲取"7.8"事故教训，深入开展安全生产专项整治三年行动，从严从细抓好安全生产"大反思、大排查、大整治"，修订公司安全管理制度13项，整改隐患问题14675项，制止人员违章870起，重复问题出现率下降8.2%，危废全部合规处置。通过实施"专家近点巡检、EISS远程支持、软件风险预警"等多元井控过程管理措施，全年井控安全平稳，特别是应用远程系统、升级处级干部驻井管理，实现了对"五新"井、高含硫井的严格把控，全年14起井控险情全部成功处置。着力提升培训能力。国内首家配套70D电动钻机培训基地建成启用，整体教学硬件国内领先。公司具备了开展司钻取证、井控、岗位技能提升等实操培训的条件，以及组织员工技能等级鉴定、职业技能竞赛的能力，为提高基层整体素质奠定了坚实基础。

（五）科技创新成果丰硕

全年承担国家、集团公司级科技项目14项，获得省部级科技成果奖励10项，4项科技成果通过专家鉴定，整体达到国际先进水平。科技攻关和成果推广见效显著。《绿色清洁自动化井下作业技术及装备研究》通过论证，公司成为集团公司钻探企业中唯一一家牵头"十四五"上游领域前瞻性基础性研究项目的单位。GW-LWD随钻测量仪完全自主研发，成本降低50%以上；非常规试油气录井技术在威远页岩气自营区块成功应用，实现国内首创；气井带压作业等特色技术推广应用创收5亿元。科技平台建设取得新突破。持续向"两院"倾斜科技资源，全力打造公司技术权威和技术高点，"两院"定位更加明确。中国石油录井技术研发中心，以及中油技服大修侧钻技术中心、压裂液分中心成功"落户"长城钻探，中国沙特"一带一路"联合实验室国际合作平台建设稳步推进，为提高公司特色技术能力提供了全新平台。数字化优势加速形成。整合成立信息技术服务中心，信息化业务实现"管建分离、管运分开"；建成EISC 11个，"1+3+X"格局基本形成；EISS实现国内全面应用和海外试点，工业视频监控系统平台搭建完成，海外作业管理系统持续升级，传统产业向数字化转型、智能化发展迈出坚实一步。

（六）党的建设全面加强

党史学习教育走深走实，32项重点任务高质量完成，两级中心组开展学习研讨423场次，组织专题宣讲和专题党课1583场次，充分利用红色资源开展党员教育5000余人次，广大干部员工"两个维护"思想自觉和政治自觉更加坚定。庆祝建党100周年系列活动蓬勃开展，近万名员工参与"石油工人心向党"等主题活动,隆重表彰"两优一先",两个基层党组织分别荣获中央企业先进基层党组织、集团公司基层党建"百面红旗"称号。两级党委班子开展"第一议题"学习241次,组织新一轮党组织书记抓基层党建述职评议考核,党建责任压紧压实。基层党建工作稳步推进,150个党组织按期换届。开展主题教育宣讲1965场次,宣传思想文化阵地更加牢固。年轻干部占比持续增加,干部队伍结构不断优化。坚持做好执纪审查"后半篇"文章,排查堵塞廉洁风险点源288项,风清气正的政治生态持续巩固。保密、维稳等工作扎实推进。

践行"以员工为中心"理念,启动"百千万民生工程",推动"我为员工群众办实事"见到突出成效。广泛开展群众性经济技术活动和主题劳动竞赛,69支基层队创纪录、9个优秀施工项目获嘉奖,《GW-OLS连续轻烃录井仪》《优化页岩气气层领浆配方》分获中国能源地质化学工会优秀职工创新技术成果奖、集团公司优秀合理化建议奖一等奖;201项民生工程高效推进;持续深化群团服务,开展各类帮扶慰问7000余人次,员工获得感、归属感、幸福感进一步增强,大局和谐稳定。

自疫情暴发以来,公司党委始终把员工生命安全和身心健康放在首位。过去一年,我们针对疫情不断变化的新形势,国内突出加强对重点地区人员的流动管理,常态化做好人员摸排等工作;海外严格落实防控"九项规定",推行"人、物、环境"同防,完善"四位一体"医疗保障体系,全力以赴协调回国包机资源,尽最大努力保障员工健康,守住了疫情防控底线。

各位代表,同志们!回顾过去一年,我们走过的路很不寻常。受疫情的持续影响,我们不仅要面对国内市场量增价不增的挑战,作为集团公司钻探企业中国际化程度最高的单位,我们遭受来自国际市场整体下行的冲击,更为直接、更为广泛、更为猛烈,公司国际业务规模一度缩减近30亿元。在这种情况下,生产经营能够稳住很不容易,全体干部员工用智慧和能力战胜了这些困难挑战,我们不仅超额完成了集团公司下达的业绩指标,同时还消化了页岩气投资3.55亿元、进一步解决了在途物资等历史遗留问题、夯实了资产质量,并实现员工工资总额增长4.7%。

"管理水平提升年"成效显著!靠的是我们坚决贯彻"市场为王"的理念,一体化统筹发力,大力推动企业由"生产型"向"经营型"转变见到了实效;靠的是我们坚决贯彻"技术立企"的理念,从顶层设计入手、从管理模式上发力,推动了整体竞争能力进步;靠的是我们坚决贯彻"管理强企"的理念,以问题为导向,抓改革、补短板、降成本、强管控,精准施策、靶向攻关,大幅提升了企业内在素质。归根结底,是党的坚强领导和高质量发展的目标要求,给我们指明了方向。全体长城人拼搏奋斗、勇创一流,干出了高水平、干出了新局面、更干出了精气神。在此,我代表公司领导班子,向全体干部员工,向所有关心和支持长城钻探发展的领导和同志们,致以崇高的敬意和衷心的感谢!

二、2022年的形势和任务

党的十九大做出"我国经济已转向高质量发展阶段"的重大论断。十九届六中全会明确指出,中国特色社会主义进入了新时代,赋予了发展新的内涵,全面贯彻新发展理念,加快构建新发展格局,着力推动高质量发展,这是新时代的硬道理。近期,中央经济工作会议再次明确,推动高质量发展是我国实现第二个百年奋斗目标的根本途径,要贯穿经济社会发展的各个方面。集团公司将推动高质量发展作为"十四五"最重要的任务来抓,明确提出到2025年要基本实现高质量发展,完成从"生产型"向"经营型"转变。这些部署和要求,为公司下一步发展指明了方向。

富有竞争力的企业是国家高质量发展的微观基础,长城钻探作为国有企业,坚定不移推动高质量发展是我们胸怀"国之大者""集团公司之大者"的责任与担当,是我们突破世纪疫情影响,以及需求收缩、供给冲击和预期转弱等多重约束的最优解,更是我们维护全体干部员工利益福祉的根本保证。近年来,公司积极践行新发展理念,严格按照中央和集团公司部署扎实推动高质量发展,"六个典范"企业建设逐年迈上新台阶。但我们要深刻认识到,高质量发展是有序演化的动态过程,公司仍然处在转变发展方式、优化结构布局、转换增长动力的攻坚期,必须保持战略定力和实践耐心,应对"新挑战"、抓住"新机遇"、破除"不适应",坚定不移推动公司高质量发展。

关于推动高质量发展必须深刻认识的"新挑战"。一是国际政治经济环境持续发生显著而深刻的变化,海关、税收等政策不稳定因素明显增多,特别是疫情的走势仍不明朗,公司海外员工至今无法正常倒班,疫情对国际业务的影响将是我们在未来一个时期必须直面的最大挑战。二是集团公司出台新的市场管理办法,提出了属地主导原则,公司关联交易市场规模小,外闯市场难度进一步加大。三是国内市场整体服务价格持续下降,大宗材料价格持续上涨,创效空间压缩,发展压力增加。

关于推动高质量发展需要紧紧抓住的"新机遇"。一是国家构建以国内大循环为主体、国内国际双循环双促进的新发展格局,随着供给侧改革的持续发力,带动增储上产进度进一步加快。二是集团公司大打勘探开发进攻战,长庆、西南等油气田作为重要战略资源区,"气大庆"等规划相继启动,上游投资保持稳定。三是集团公司以GWDC品牌统一中油技服海外钻探业务,为我们紧跟"一带一路"沿线热点国家需求创新发展,提供了新平台。

关于推动高质量发展需要加快破除的"不适应"。一是资产规模大与盈利能力不强的矛盾没有本质缓解。低效无效资产占比大、运行效率不高,境外物资库存高,净资产收益率、全员劳动生产率还有很大提升空间。二是技术和装备水平与高效勘探开发需求不匹配的问题解决还不到位。技术力量相对分散,不能完全满足高端市场要求,现有装备老化严重,条件亟待改善。三是市场覆盖面广与管控能力不足的情况仍在持续。队伍资源分散,作业能力、人员素质参差不齐,安全环保等各类风险突出，制约了效率效益提升。

各位代表，同志们！2022年，是公司持续落实"十四五"规划，推动高质量发展的重要一年，把准全年工作方向至关重要。

2022年的工作思路是：以习近平新时代中国特色社会主义思想为指导，全面贯彻党的十九大和十九届历次全会精神，深入落实集团公司工作部署，完整、准确、全面贯彻新发展理念，坚持稳中求进总基调，锁定高质量发展主题，以提升规模效益为主线，着力打好市场进攻战，稳准推进科技创新、提质增效、深化改革、信息赋能、风险防控、全面从严治党等工作，坚定不移推动公司高质量发展。

2022年的主要生产经营目标是：完成钻井进尺510万米，同比增长9.6%；实现收入185亿元，同比增长8.9%，努力冲击200亿元大关，完成集团公司下达的经营业绩指标和控制类指标。

做好2022年的工作，推动高质量发展，要牢牢把握稳中求进总基调。中央经济工作会议通稿25次提及"稳"，着力强调要先立后破、稳扎稳打，在推动高质量发展的过程中，不搞急于求成，不追求一蹴而就。目前整体市场环境不确定性、复杂性持续增加，在不利的形势下，保持公司稳健发展是我们开展一切工作的基础，公司上下要牢牢把握稳中求进的总基调，将其准确贯穿到改革发展的全过程，确保公司发展稳中有为、稳健向好。

做好2022年的工作，推动高质量发展，要千方百计扩大业务规模。发展是解决一切问题的"总钥匙"，规模的合理增长是企业发展的基本规律，是我们增强市场话语权、积蓄发展后劲的重要手段，更是当前推动公司高质量发展破局的关键所在。各单位、各部门要进一步提高站位，积极进取、奋发有为，千方百计扩大业务规模，特别是不能满足于仅是完成任务，而要努力追求更高目标，将发展的主动权牢牢握在自己手中。

做好2022年的工作，推动高质量发展，要更加注重提高企业效益。效益是衡量企业高质量发展的"硬指标"。扩大业务规模，必须是有效益的规模。只有不断提高盈利水平，对外才能有效地应对各种挑战，对内才能维护员工切身利益。要始终牢记集团公司提出的由"生产型"向"经营型"转变的目标要求，坚守"边际贡献"底线，着力提高净资产收益率、全员劳动生产率、投资回报率等核心指标，推动公司高质量发展凸显效益特征。

三、2022年重点工作安排

工程技术企业"市场为王"，提升规模效益关键在市场、取决于市场。要全力打好市场进攻战，特别是着眼打造长线创效阵地，抢占新兴领域制高点，为推动公司高质量发展夯实资源基础。

国际市场：坚定实现恢复性增长的信心，下定"二次创业"的决心，发挥公司作为技服钻探企业国际市场开发主力军的优势，着力维护、巩固、做强集团公司内部市场，确保收入效益；着力创新商务模式，走开放、合作、共赢的道路；着力开发新业务市场，推动转型发展，延伸产业布局。全年新签合同

16亿美元，收入45亿元，力争达到50亿元以上。巩固核心市场：深耕尼日尔、乍得、伊拉克、古巴"四大支柱市场"，抢抓油田增产、钻井总包等新市场机遇，率先建成一批收入上10亿元、利润上亿元的规模项目，夯实盈利"基本盘"。培育效益市场：全力扩大科威特、阿曼的市场规模，做精做特苏丹、印尼的特色业务，构建盈利"增长极"。开发新市场：重点把握"一带一路"沿线市场机遇。非洲地区抢占苏丹地质研究、尼日尔油泥砂处理等油田生产服务市场，力争战略重启利比亚项目，巩固集团公司牵头企业主导地位；中东地区扩大伊拉克总包、完井、修井、酸化压裂等措施增产一体化市场规模；东南亚地区深化与国电、中油海产融合作，加快开拓地热、海上和增产业务；美洲地区加快在墨西哥、古巴和加拿大产建总包与一体化市场取得突破；中亚地区延伸土—乌、巴基斯坦市场服务链。优化布局：积极探索委内瑞拉、伊朗和阿联酋等项目重启；扩大哈萨克斯坦化学助剂业务规模，加速退出低效无效市场；瞄准泰国国家石油公司总包一体化项目，探索中信印尼总包服务，着力开辟泰国、印尼、阿塞拜疆、加拿大等项目新的创效空间。

国内工程技术市场：坚持"市场规模适度、管理幅度适当、风险运行可控、效益贡献明显"的总原则，着力扩大总包业务规模，着力将优势资源向规模效益的长线市场集中，坚决确保资金安全回笼，实现"市场聚焦、规模聚焦、管理聚焦、保障聚焦"。全年收入119.3亿元，其中：东部地区38亿元、西部地区46.5亿元、西南地区31.5亿元。整体力争达到123亿元，进一步扭亏增效。保障辽河市场：聚焦储气库群、套损套变综合治理、沈采页岩油等重点项目，强化甲乙方联动，持续创新项目运作模式，集中优势资源打造精品工程，确保整体市场主导、规模稳中有升、价格总体稳定。深挖传统市场：东部地区在保证吉林、大庆市场工作量连续基础上，全力拓展特色技术服务市场；西部地区重点巩固长庆采气二厂和区域勘探市场一体化总包项目，引领侧钻、录井等业务发展，维护辽河流转属地市场主导地位；西南地区抢抓"量增"机遇，拓展四川页岩气和重庆页岩气公司等现有市场空间，扩大压裂、旋转导向、特色录井等业务规模。同时，调整吉林、吐哈、中油煤、道达尔等市场结构，提高集中度，力争形成"一个市场、一个施工主体"的格局。培育新进市场：西部长庆页岩油、冀东流转区块，以及西南长宁公司、浙江海坝页岩气等新项目要高标准起步、高效率施工、高水平管控，打造示范工程；深化与集团内部企业横向合作，进一步拓展华北、吐哈、大庆等非属地市场空间。拓展全新市场：紧跟集团公司投资方向，充分发挥特色技术优势，着力开发大庆地热、长庆储气库、吉林西南流转深层页岩气等潜力市场。在风险可控的前提下，积极探索平台总包、区域地质工程风险总包等新模式，加大中海油、中石化等风险可控的外部市场开发力度。

油气风险作业：以科学开发为抓手，以效益开发为目标，充分发挥"两气"业务的"压舱石"和"稳定器"作用，全年新建产能16亿立方米，实现天然气产量45亿立方米，同比增长5%。苏里格致密气：完成产量27.8亿立方米。瞄准三大难题，实现三项突破。一是瞄准资源品质劣质化难题，强化精细地质研究，苏里格老区挖潜新增优质储量50亿立方米以上，夯实气田持续稳产基础。二是瞄准低饱和度气藏效益开发难题，强化工程与地质融合，完善识水、避水、控水、排水等系列配套开发技术，提高二级储量动用程度。三是瞄准水平井钻井和压裂施工技术难题，解决水平段泥岩坍塌顽疾；全面提升压裂施工的精准度和改造效果，为气田效益开发提供保障。四川页岩气：完成产量17.2亿立方米。科学谋划、超前布局，重点实施三大工程。一是钻井和压裂提速提效工程。钻井以年度示范工程为引领，攻克技术瓶颈，并肩西南地区先进水平；压裂全面推广单平台双机组作业模式，施工效率跻身西南地区前列。二是平台全面提产开发工程。投产6个平台，确保建成5个百万方平台，单井平均提产15%以上，超过开发方案指标要求。三是降本增效工程。作业综合成本降低5%，在可预期的时间内将油气单位完全成本控制在0.84元以内，达到甲方硬性要求。"两气"新区勘探评价：完成苏39区块整体评价，落实有利区带，为下一步三维勘探提前做好准备；页岩气自207区块在产能评价基础上，稳步推进开发方案编制，为产能接替奠定基础。

在抓好传统业务发展的同时，要持续创新合作模式，完善相关配套机制，优化内部供应链条，加快拓展支撑剂、液体化学剂、井下工具等制造业务链，努力成为推动公司高质量发展新的"增长极"。特别是要坚决贯彻习近平生态文明思想，紧跟全球能源消费向绿色低碳转型的大势，主动融入国家"双碳"战略和集团公司新能源转型布局，积极创建绿色企业，构建绿色产业结构和低碳能源供应体系。重点要在做好顶层设计上下功夫，科学制定完善绿色低碳产业发展规划；充分发挥公司特色技术优势，积极开发碳捕集利用、干热岩、地热等新能源领域市场；加快推进清洁生产和绿色环保产业发展，积极探索新的低碳商业模式，形成绿色竞争优势，大力推动绿色低碳转型。

要稳准实施配套措施，为提升规模效益、推动公司高质量发展提供更强劲的动力、更全面的保障、更有力的助推。

（一）着力科技创新，提升核心竞争能力。全面贯彻集团公司科技与信息化创新大会精神，坚持技术立企，着力提升自主创新能力，为推动公司高质量发展提供强力支撑

加强科技创新。落实公司"13468"科技发展思路。一是加快关键核心技术攻关。突出重点业务支撑，设立非常规油气效益开发、国内重点区块技术支持和海外重点作业区支持专项；突出技术中心能力提升，以集团公司、中油技服和公司技术中心为依托，设立大修侧钻、压裂液、录井技术研发专项；突出科研平台水平提升，重点做好"一带一路"国际合作实验室、试验条件平台建设和优势特色技术推广，构建科技创新国际生态圈，进一步扩大科技影响力。二是狠抓科技创新制度建设，优化科技工作流程，重点开展"两院"科技创新制度改革和实践，加大科技人员创新和成果转化的激励力度。三是加快培育形成一批重大标志性科技创新成果，获得省部级以上科技成果奖励4项，申请国家专利100件，其中发明专利超过80%，制修订国家、行业标准2项，科技成果转化实现收入超过5亿元。

加快技术进步。进一步厘清管理架构，明确"作业属地主导、专业公司保障"的责任界面，通过压实各级管理责任，增强上下协作合力。全面做强技术支撑。构建三级EISC平台，完善专家支持、部门管控流程，推行部门、专家、技术骨干"1+1+N"区域支持方式，做到技术支持与管理相互融合；抓实方案优化、现场交底、过程跟踪、疑难会诊，确保地质工程一体化落实到位；加强储气库井承压堵漏、超高温高压小井眼测试、页岩气压裂套变压窜机理等瓶颈技术研究，促进特色技术水平上台阶。突出区域精细管理。统筹优化工艺技术和装备配套，分区域打造"技术示范工程"，重点在辽河开展深井探井和储气库大提速，在西部实施事故复杂和井筒质量大整治，在西南开展钻井和压裂技术模板大优化，在海外开展总包项目和特色技术大支持。狠抓事故复杂管控。修订工程技术责任事故追究管理办法，强化"事故可耻、有责必究"的高压态势；严格把控入井材料、工具和仪器质量，在辽河全面推行钻具分级定队管理；落实"基层及时汇报，专家分级处置"的事故复杂管控和处置原则。全年深井钻井提速6%以上，压裂提效10%以上，事故复杂控制在2.8%以内，固井质量合格率和井身质量合格率实现"双提升"。

（二）着力提质增效，提高精益管理水平。坚持走管理强企之路，为推动公司高质量发展增添软实力

精益生产组织。落实"五统一、六共享"要求，推进国内区域化统筹，制定区域精简实施方案，在有条件的区域，组建联合项目部或项目组，实施区域集中办公、集中调配、集中管理；统筹调配国内富余、海外回运以及租赁钻机，进一步提升设备整体利用率；加强区域运行统筹管理，优先保障自营钻机工作量；推广"固定+机动""平台长制"、大井丛工厂化等施工模式，组建区域专业化服务队伍，持续提升单队单机作业能力。力争8支钻井队伍进入中油技服劳动竞赛前30名，3支压裂队伍进入前15名。强化境外项目生产作业全过程管控，聚焦生产运行关键环节，强化各方资源保障，全力提升满日费率和作业效率；狠抓重点项目运行管理，加快新项目启动和等停项目复工复产。

精益经营管理。坚持业务主导、技术支持、计划统筹，立足全局做好地质工程、投资计划、生产施工、合同管理的有序衔接和刚性约束，建立投资效益评价体系和评价标准，发挥投资的联动和保障作用；健全预算管理机制，加强过程管控，眼睛向内深挖潜力；全方位精益成本管控，不断打造低成本竞争优势，努力改善"两利四率"等高质量发展指标；坚持"现金为王"的理念，狠抓资金结算和陈欠清收，强化资金保障和运营创效；推进资产轻量化，提高资产整体创效水平；持续深化亏损企业治理，坚决止住效益"出血点"；深入推进单井安全提速创效工程，建立覆盖全区域、全业务的单井成本数据体系，强化"事前算赢"，突出"事中干赢"，实现单井考核与井队绩效全面挂钩。

精益要素支持。做好设备保障。加大设备投入和更新升级力度，加快设备"四化"建设进程，重点组织做好自动化钻机等设备的制造和采购；升级改造在役车载钻机、顶驱等设备；抓好新型自动化钻修井机、压裂设备的更新和自动化设备、二层台机械手推广；定期开展钻修井机年检，强化境外设备技术状况评估；积极开展动力总包业务，大力推广电代油、气代油等技术装备，减少设备运行成本。做精物资保障。坚持质量与效率并重，统筹推进物资集采、当地采购和第三国采购，推广应用海外2.0系统，分步推进移动条码系统建设；坚持增量与存量并重，持续压减"三类物资"，严控增量，确保库存再降8%以上；科学评估国内仓储架构，持续优化仓储布局。做实培训保障。细化调研和对标，加快形成具有长城特色的差异化培训优势；加强国内实训基地建设，整合内部培训资源，提高培训管理集中度；分级分类抓好关键岗位人才和技能人才培训，着力抓好劳务用工素质提升；加强技能专家培养和选拔，完善管理制度；探索海外培训新模式，突出加强项目关键岗位员工能力培养，推进项目管理人员国际化、操作人员当地化，努力将中方人员比例降低至20%以下。

（三）着力深化改革，激发内生动力活力。坚决落实集团公司改革总体部署，全面推进公司改革三年行动圆满收官，为推动公司高质量发展提供强大牵引

确保管理流程"两化一升"改革成果落地。启用新版管理流程，同步开展运行测试评价，持续对管理流程进行优化。加快制修订配套制度，完善部门职责，实现界面清晰，权责归位。

推进国际业务和物资系统改革见到实效。持续深化国际业务改革。完善区域市场开发协调机制和重点市场开发工作专班制度，着力提升市场营销能力；升级GWDC品牌宣传，拓宽市场信息渠道，打造海外市场开放合作平台；强化经营管控，提升经营分析的深度，突出项目规模效益与资源动态匹配。持续深化物资系统改革。坚持依法合规、价值创造、效率提升"三位一体"原则，建立完善监督机制，规避廉洁风险；坚持效率与规范并重，完善电商采购流程和监督监管机制，试点电商采购。

全面落实公司《人才强企工程实施方案》。重点是：提升人才价值。健全人力资源价值评价指标体系，完善高技能人才等管理办法；坚持严考核硬兑现，大力推进全员绩效考核，引导二线人员重返一线，发挥好薪酬分配的导向作用。锻造"三强"干部队伍。坚持好干部标准和正确选人用人导向，选优配强"一把手"，大力选拔"三强"干部进班子，继续加强年轻干部培养选拔，优化班子结构。推进二级单位任期制改革。开展首个经理层任期制考核，强化考核结果运用；抓好第二个任期的目标制定、契约签订工作，落实经营责任制。加强科技人才引进培养。加大高层次人才引进力度，重点在压裂工艺工具、随钻仪器研发、高性能钻井液等领域引进领军人才；创新技术专家管理体系，健全企业首席专家负责制；持续深化"双序列"改革，完善选聘程序、畅通转换通道。优化组织体系。深化二三级机构改革，修订《机构编制管理办法》，确保完成集团公司组织机构压减指标。

（四）着力信息赋能，打造数字化新优势。坚持"价值导向、战略引领、创新驱动、平台支撑"原则，强化信息技术与业务深度融合，为推动公司高质量发展增添新动能

优化顶层设计。围绕数字化作业现场、生产运行管控、经营管理决策、技术装备升级、勘探开发协同等重点方向，明确数字化转型重点任务，健全体制机制，做实资源和技术保障，融入公司发展战略，推动业务模式重构、管理模式变革、商业模式创新。

加强平台建设。打造国内生产指挥、技术支持、安全管控一体化平台，持续推进EISS应用集成，实现作业现场过程监控、风险预警、违章识别等功能；打造国际业务综合管理平台，升级整合现有海外系统，为甲方提供数字化增值服务；打造"两气"生产管理平台，加快集气站数字化改造，实现"井、站、区、厂"四级信息共享、多级监管和智能控制；打造国内单井成本管控信息平台，实现数据自动读取、对标分析和动态过程管控；打造资源服务和网络安全平台，对网络、计算和存储资源统一监控和调度，提升网络、信息系统、工控系统网络安全防护能力。

完善共享体系。加强数据治理，建立公司"数据湖"，汇聚生产和管理数据，形成数据资产，实现业务系统数据共享，为数据深度挖掘利用奠定基础；强化新建项目立项方案审查，从源头避免重复建设；按照"一个平台、多路共享"方向，开展已有信息"孤岛"专项整治，统一软件开发平台，实现自建系统与集团公司统建系统集成；从管理保障、技术保障和安全监管三个方面构建网络安全防护体系，推进自建信息系统测评等工作。

（五）着力风险防控，提高本质安全水平。牢固树立底线思维，坚持标本兼治、严抓细管，全面抵御和化解各类风险，为推动公司高质量发展筑牢坚实基础

提高井控管理水平。深化"井喷失控就在身边"的危机意识，应用"三评估、三分级"结果，逐一完善防范措施；抓好新区域首井管理和井控管理薄弱队伍帮扶，落实井控专家区域监管制度，实现重点区域、重点井、关键工序全过程监管；持续构建专家30分钟应急圈，落实区域全专业联合应急制度，完善西南区域应急处置技术模板，提高井控险情应急处置效率和安全性；加强基层实操培训，提高基层员工井控应急能力。

提高QHSE管理水平。坚持"安全为天"理念，严格落实"四全""四查"管理要求，以基层风险防控为导向，深化标准化示范队建设，突出示范引领，夯实基层基础。狠抓责任落实。

按照"管行业必须管安全,管业务必须管安全,管生产经营必须管安全"和"各单位落实主体责任"的原则压实各级责任,建立安全环保工作会议制度,持续改进提升。压实质量主体责任,推进质量管理体系高效运行。狠抓隐患治理。聚焦重点领域、高危风险作业等重大风险,扎实推进安全生产专项整治三年行动;着力优化监督模式,落实监督主体责任,狠抓过程监管,加大区域巡查和监督互查力度,提高隐患治理实效。狠抓专项管理。严把承包商队伍和关键岗位资质关,加强施工前安全准入能力评估和专项培训;加大违法转包分包行为查处,坚决落实末位强制淘汰机制;突出承包商施工现场监管,推行作业区域网格化安全监管模式,着力压实安全片区长责任。持续强化社会安全体系建设,加强动态监督,开展新国家市场和极高风险项目社会安全咨询、评估、审计;严格落实属地责任,加强远程视频、现场实地检查和应急演练。开展危废专项整治工作,严控排放指标,确保环保风险受控。大力推广应用钻机电代油、气代油和电能优化技术。实施员工健康干预,分专业推进健康企业创建。紧跟疫情形势变化和政策要求,持续完善防控措施,突出做好海外疫情风险动态评估,抓好项目远程医疗、防疫物资保障等工作,高质量推进海外项目医务室和急救站标准化建设,筑牢疫情防控防线。

防范各类经营风险。加强境外税收政策研究,防范和化解涉税风险;加大境外陈欠清收力度,缩小汇率风险敞口,防范资金风险;健全合规风险管控机制,大力开展违规采购专项治理,防范采购和招投标潜在风险;按照集团公司部署,滚动开展三年合同管理和事后合同专项治理,防范合同纠纷;加强市场开发经营风险评估,防范工程款结算风险;加强基层法治教育,宣贯法治思想,提高全员依法合规意识。

(六)全面从严治党,提高党的建设质量。坚决贯彻新时代党的建设总要求,推进党的建设"提档升级",为推动公司高质量发展领航定向

强化党建责任落实。深入学习贯彻党的十九届六中全会精神,持续深化党史学习教育,大力弘扬伟大建党精神,坚持用习近平新时代中国特色社会主义思想武装头脑;落实两级党委"第一议题"制度和党委理论中心组学习制度,不断增强"两个维护"的思想自觉和行动自觉;落实全面从严治党主体责任,完善党建责任制考核制度,持续开展党组织书记述职评议,推动党建与生产经营深度融合;扎实开展星级标准化党支部创建,试行星级党员评比等活动,推动基层党建全面进步;广泛开展形势任务教育,加强各类媒体综合管理、风险隐患动态排查、网络舆情实时监控等工作,守牢意识形态阵地;刚性落实党管保密原则,杜绝失泄密事件发生;全面落实习近平总书记对档案工作的重要批示,加强党对档案工作领导,用活用好档案资源;加强重点敏感时段维稳信访工作,确保大局稳定。

狠抓正风肃纪反腐。健全完善监督体系,落实监督责任,充分发挥纪委再监督职责,探索建立联合监督机制,着力构建"大监督"工作格局;聚焦管党治党责任，突出对"一把手"和领导班子监督，加强对上级重大决策部署贯彻落实情况的监督检查，确保执行有力；做实日常监督，持续加大违规违纪问题整治力度，一体推进"三不"机制建设，开展常态化警示教育，筑牢拒腐防变防线；充分发挥政治巡察"利剑"作用，探索"巡察+"工作模式，落实问题整改责任，巩固风清气正的良好政治生态；探索海外监督方式方法，深入开展提质增效、合同管理等重点领域专项治理，提升监督针对性和实效性。

凝聚全员发展合力。将群团工作全面融合融入党委中心任务，与公司改革发展深度相融相嵌，充分发挥桥梁纽带作用，全面推进工会"五大工程"，进一步提高政治站位，突出思想引领，大力弘扬劳模精神、劳动精神和工匠精神，教育引领广大员工当好主人翁，建功"十四五"；把握"发展就是最大民生"的正确方向，以主题劳动竞赛为载体，深入开展岗位练兵、革新创造等群众性经济技术活动，助推企业发展；秉持"以员工为中心"的发展理念，以惠民安心工程为主线，推进"我为员工群众办实事"实践活动走深走实，凝聚发展力量；健全以职工代表大会为主要形式的民主管理机制，调动广大员工积极性，汇聚民智民慧，提升管理水平；坚持"群众路线就是党的生命线"基本路线，切实转变队伍作风，履行维护职能，竭诚服务员工，努力将发展成果实实在在惠及员工群众，不断提升员工幸福指数；推动全面从严治团向基层延伸，着力打造"五强"团组织，深化"青"字号工程建设，助力团员青年成才成长。团结带领广大干部员工，凝心、聚力、铸魂，营造和谐稳定的内生环境，汇聚全员合力，为推动公司高质量发展贡献力量。

各位代表，同志们！推动高质量发展是时代赋予我们的使命，推动高质量发展需要我们每一个人不懈的努力，征程就在脚下，风光还在险峰，让我们认真贯彻党和国家的路线方针政策，落实集团公司战略部署，在长城钻探高质量发展的道路上，中流击水，奋楫扬帆，以优异的成绩，回报集团公司和广大干部员工厚爱，迎接党的二十大胜利召开！

专　文

长城钻探工程公司中标中油煤层气 50 口套管修复井项目

2022 年 5 月 31 日，长城钻探工程公司从国内 10 多家知名的膨胀管技术服务公司竞争中脱颖而出，以总分第一名的成绩，中标中油煤层气公司 2022—2024 年井下套管修复技术服务项目，预计 50 口井，100 段左右的膨胀管补贴工作量。

油井漏失、套损治理一直是制约钻修井安全、质量和效率的油田生产难题。长城钻探工程公司成立研究团队，围绕膨胀管技术进行专项攻关，经过多年研究，相继攻克膨胀管补贴修套技术等诸多瓶颈技术难题。2022 年 3 月，完成中油煤层气公司第一口补贴井郝 7 井膨胀管补贴施工，并持续跟踪该井后续压裂投产措施，主动加强技术推介，利用特色技术优势，参与甲方后续老井改造措施方案制定，对不同井况补贴施工难度和工艺措施按照单井单策原则，全方位服务，多次协助甲方完成区块老井改造技术规划方案，坚定甲方使用膨胀管技术的决心和信心。

"强封堵恒流变油基钻井液及其性能自动化监测技术"成果达国际先进水平

2022 年 6 月 15 日，长城钻探工程公司牵头完成的"强封堵恒流变油基钻井液及其性能自动化监测技术"通过中国石油和化学工业联合会科技成果鉴定。孙金声院士等 9 名知名专家组成的鉴定委员会认为：该成果总体达到国际先进水平，油基交联封堵剂和油基低温流变性改进剂性能指标处于国际领先水平。

长城钻探工程公司潜心研究新型抗高温油基钻井液核心处理剂等多项技术，提升深井超深井钻井液技术及管理水平。2022 年，形成四大技术创新点：一是通过对带正电荷 Al-Fe-Mg 纳米材料表面改性修饰，发明油基交联封堵剂；二是发明油基低温流变性改进剂，改善有机土的分散及与其他处理剂的相互作用；三是研发高温高密度强封堵恒流变油基钻井液体系，推动国产化替代；四是研制油基钻井液性能自动化监测系统，实现钻井液性能的实时监测与优化调整。

此项成果在塔里木和辽河等油田现场应用96口井。塔里木博孜8井完钻井深达8235米，创国内油基钻井液完钻井深纪录；在气温达零下25摄氏度的辽河油田沈页1井成功应用，经济和社会效益显著，推广应用前景广阔。

长城钻探工程公司连续轻烃录井仪跻身国际先进

2022年6月22日，由长城钻探工程公司自主研发的GW-OLS连续轻烃录井仪成功应用60余井次。标志着中国石油掌握随钻地层流体实时检测的一项关键技术，打破国外公司技术垄断，提高参与国际高端录井市场的竞争力。

长城钻探工程公司历时5年，全面研究改进气体采集和分析单元，创新钻井液恒温定量脱气等多项技术，全球首次实现60秒钟周期在线检测C1—C8烷烃、环烷烃、芳香烃15种组分，采用轻烃谱图数字化分析技术，建立组分特征—形态因子等一系列解释方法，研制成功GW-OLS连续轻烃录井仪。该录井仪具有定量程度高、脱气效率高等特点，可满足陆地和海洋录井作业需求，将探井解释评价符合率从75%提升至85%以上，避免大量无效试油，节约投资约500万元，总体指标达到国际先进水平，其中色谱快速检测技术达到国际领先水平。

长城钻探工程公司封堵国内首口无轨迹双"落鱼"井

2022年10月17日，由长城钻探工程公司施工的辽河油区马215老井封堵任务顺利完成。这是国内首口无轨迹双"落鱼"井实现成功封堵。

马215井于1979年完钻。老井钻穿马19储气库盖层，钻井过程中多次卡钻造成井下两个井眼内各有一条"落鱼"，同时井眼轨迹数据缺失，邻井井况不明。作为国内储气库较为复杂的封堵井，其封堵效果直接影响辽河油田百亿立方米储气库整体建设。

针对马215井无轨迹多"落鱼"的技术难题，长城钻探工程公司精细控制井眼轨迹，克服伴行过程中小井斜方位变化大、近距离MWD仪器磁干扰严重等难题，实现救援井与老井的长井段、近距离伴行钻进。施工过程中，首次应用磨料射流水力喷砂技术，实现"落鱼"钻具开孔，通过挤注水泥工艺，对"落鱼"内水眼进行有效封堵；首次应用钻杆传输定向射孔技术，实现与老井眼环空的有效连通，完成"落鱼"井眼环空在盖层上部、中部、下部的有效封堵。

长城钻探工程公司研发集团公司重大专项现场应用成功

2022年10月24日，长城钻探工程公司依托集团公司重大专项《油田井筒工作液关键化学材料的开发与应用》自主研发的低成本高效封堵油基钻井液体系成功在辽河油区沈273平台三口井三开应用，取得满意效果。科研人员通过调整油水比及核心处理剂的加量配比，并补充自主研发油基交联封堵剂，密度达2.60克/厘米^3，抗温可达240摄氏度，其单方成本较常规可降低10%。

集团公司重大专项《油田井筒工作液关键化学材料的开发与应用》主要目的是攻克井筒关键化学材料研制和配套井筒流体开发等关键技术，实现国产化，降低使用成本。长城钻探工程公司在研选出低成本油基基础液的前提下，通过原材料优选、加量配比优化、合成工艺制定，自主研发出油基交联封堵剂和油基低温流变改进剂两种功能性处理剂，并对油水比及乳化剂等核心处理剂的加量进行调整优化，最终研发出低成本高效封堵油基钻井液体系，解决常规油基钻井液封堵性能不足、低温流变性差和成本高导致推广应用规模受限等问题。

沈273平台共部署6口井，均设计为三维井眼，三开井段较长，造斜段、水平段约600—1800米，完井水平位移达2500米以上。前期完钻的3口井三开使用氯化钾聚合物钻井液体系，施工过程中塌、漏问题突出，施工周期过长，严重影响沈采产能建设进度。经反复论证，决定沈273-H205井、沈273-H202井和沈273-H206井三开施工均使用工程院自主研发的低成本高效封堵油基钻井液体系，一次应用成功。

该钻井液体系对比前期在同等条件下施工的水基钻井液井，平均机械钻速提高41.5%，钻井周期降低41.8天，完井周期节约66天，单井平均节约512万元，综合成本降低39.6%，为辽河油田致密砂岩油藏规模建产提供技术借鉴，为实现"沈273平台10月底整体交付"目标奠定基础。

长城钻探工程公司自主研发热响应水泥浆体系在辽河油田热采井首次成功应用

2022年12月4日，长城钻探工程公司自主研发的热响应水泥浆体系在辽河油田稠油热采井现场首次成功应用，施工顺利完成。根据固井质量评定标准，热响应水泥封固段声幅均在10%以下，质量达到优质水平。该技术的成功应用，标志着热响应水泥浆技术获得重要突破，打破国外公司对该项技术的垄断。

热采井的钻完井施工在常温下进行，温度范围一般在30—100摄氏度，注蒸汽生产阶段井温最高可达300—350摄氏度，且存在井温高低交替的周期性变化。在此过程中，套管交替受热冷却，产生热应力，一旦超过其屈服强度或疲劳作用及应力集中等就会发生套损，影响井的安全运行，造成蒸汽浪费，需要进行修井作业，严重情况下甚至可能弃井停产。以往使用的耐高温水泥浆体系，只能保证水泥石高温下强度缓慢衰减，但难以解决水泥环在高温高压循环载荷下长期完整性的问题，导致水泥石无法持续封固井筒以及对套管的保护作用，最终造成井筒密封完整性失效，造成整口井报废。

为解决此技术难题，长城钻探工程公司以国内外稠油热采井的市场技术需求为导向，历时6年时间进行国内外行业调研10余次，行业技术交流20余次，查阅行业相关国内外学术文献1000余篇，通过上千次的室内实验，结合水泥石力学和热学性能，自主开发形成具有自主知识产权的长期力学热学水泥环完整性特性的热响应水泥浆体系。该热响应水泥浆技术可以耐350摄氏度高温，在该温度条件下，水泥石强度不衰减，高温后渗透率仍保持较低水平、抗拉抗折抗冲击强度良好，且具有良好的保温特性；在多轮次350摄氏度温度和高压载荷后仍具有良好的水泥环完整性特征。

该技术获得2项发明专利授权，形成5项配套的固井外加剂产品。热响应水泥浆体系的自主研发成功，可为辽河油区稠油热采井蒸汽吞吐、蒸汽驱等作业提供一种更高质量的固井新方法，为辽河油田稠油热采井的长期稳定开采增添一项利器，具有广阔的应用前景。

长城钻探工程公司自主研发压裂液体系在华北油田首次成功应用

2022年12月15日，由长城钻探工程公司自主研制的GW-CF低残渣压裂液体系在华北油田苏75、苏43区块首次成功应用，以优异的产品性能和施工表现，获得甲方书面表扬。

GW-CF低残渣压裂液体系于2012年设计完成，具有残渣低、摩阻低、使用浓度低、耐温剪切性能好、携砂能力强等优点，为国内首创，2012年12月获集团公司科技进步奖二等奖，产品性能经鉴定达到国际先进水平，被评为国家高新技术产品。2022年，该产品成功应用于苏75、苏43区块41口井的施工中，过程压力曲线平稳，按设计完成加砂，压后产气量超过预期，实现储层改造的效果，以专业高效的技术服务树立优质的品牌形象。

长城钻探工程公司膨胀管补贴修套技术创密封承压世界纪录

2022年12月23日，中油技服发来贺信，对长城钻探工程公司自主研发的高承压膨胀管补贴修套技术在川渝页岩气、大港页岩油和中油煤层气等多个油田成功应用，创造威204H19-1井套管补贴密封承压97.8兆帕的国内外最高纪录表示祝贺。此前，国外密封承压最高66.9兆帕，威204H19-1井密封承压比该纪录提升46%。

作为工程技术研发与技术服务单位，近年来，长城钻探工程公司紧密结合现场生产需求，以"为高效低成本钻完井提供最优解决方案"为目标，攻关形成"膨胀管补贴修套""膨胀式尾管悬挂器""膨胀管裸眼封堵"等系列特色技术。面对川渝深层页岩气套损井补贴修复后密封承压高、通径大和耐高温等技术难点，长城钻探工程公司开展技术升级改造，重点突破高性能膨胀管材、金属复合密封、高强度液压膨胀工具、无台阶抗冲蚀端口处理和底堵免钻胀捞一体化等关键技术，达到密封承压大于90兆帕、耐温超过150摄氏度、内通径大于90毫米和锚定力大于80吨的补贴加固能力，满足页岩气大规模体积压裂井筒完整性要求。

长城钻探工程公司在威204H19-1井成功完成2处套损补贴修复，创造密封承压97.8兆帕国内外最高纪录，为后续顺利实施16段桥射联作体积压裂提供井筒保障。

长城钻探工程公司中标科威特国家石油公司26亿元超级大单

2023年10月18日，长城钻探工程公司收到科威特国家石油公司（KOC）的3钻4修授标函，合同期5+1年，合同额约26亿元。标志着公司在科威特高端市场取得重大突破，同时创下近10年来海外市场合同额最高纪录。

在疫情肆虐和国际形势复杂的背景下，面对10余家国际公司的激烈竞争，长城钻探工程公司经过近8个月的不懈努力，通过精心调研，提前谋划，夯实经营成本，凭借此前良好作业表现，在此次投标中脱颖而出，成功中标。

该项目的中标，对于扩大长城钻探工程公司市场份额，培育新增市场创造有利条件，为进一步拓展海外市场业务奠定坚实基础。

（雷春荣　马清峰）

第二篇

大 事 记

2022年长城钻探工程公司大事记

1 月

12日 长城钻探工程公司第三届职工代表大会第五次全体会议暨2022年工作会议召开。会议提出2022年工作指导思想：以习近平新时代中国特色社会主义思想为指导，全面贯彻党的十九大和十九届历次全会精神，深入落实集团公司工作部署，完整、准确、全面贯彻新发展理念，坚持稳中求进总基调，锁定高质量发展主题，以提升规模效益为主线，着力打好市场进攻战，稳准推进科技创新、提质增效、深化改革、信息赋能、风险防控、全面从严治党等工作，坚定不移推动公司高质量发展。

17日 测试公司中标阿尔及利亚国家石油公司综合测试项目，合同期3年，这是公司在阿尔及利亚首次中标此类项目。

同日 钻井三公司在吉林油田新立16号平台设计77口井，实际施工72口井，创造亚洲陆地最大钻井平台等多项施工纪录。

19日 川渝地区石油企业协调组组长，西南油气田公司执行董事、党委书记姜鹏飞到长城钻探工程公司威远自营区块重点产建平台威202H35平台、70251队、吉林流转区块重点评价井自302井、70260队施工现场调研慰问，给一线员工带去慰问品和节日祝福。

24日 长城钻探工程公司总经理、党委副书记周丰在辽河宾馆与辽河油田执行董事、党委书记李忠兴，总经理、党委副书记孟卫工等油田公司领导开展座谈，双方就加强合作、推进高质量发展等事宜进行深入交流。

26日 集团公司公布2021年度科学技术奖名单，长城钻探工程公司5个项目获科技进步奖。其中，钻井液公司牵头的"广谱封堵油基钻井液成套技术"获二等奖，工程技术研究院自主研发的"保温保压密闭取心技术研究与应用""稠油水平井分段热采技术研究与应用""连续管钻井工具系统在老井侧钻中的研究与应用"3个项目获三等奖，固井公司参与的"基于anycem系统的自动化固井技术与装备"获一等奖。

28日 中国驻古巴大使马辉一行6人到古巴项目部GW91队走访慰问，为古巴项目部员工送去新春祝福。

2 月

9日 集团公司总经理、党组副书记侯启军一行到长城钻探工程公司调研指导工作，听取工作汇报，就学习贯彻集团公司工作会议精神、做好下一步工作、创造新的业绩提出要求。调研期间，侯启军参观公司工程作业智能支持中心（EISC），听取系统建设及应用情况汇报，对公司EISC建设取得的成果表示肯定，要求公司充分发挥技术、专家优势，进一步优化流程，提高效率。同时通过EISC系统，为公司一线员工送上节日祝福。

同日　钻井二公司70260队施工的吉林油田公司流转区块首井自302井完钻。吉林油田公司发来3封表扬信，对钻井二公司在自302井搬迁、施工中展示出的服务水平给予高度肯定。

23日　辽河油田公司执行董事、党委书记李忠兴到钻井三公司承钻的雷72块大平台施工现场进行调研。李忠兴听取关于雷72块平台基本情况、平台实施规划等工作介绍，了解钻井运行情况。

同日　长城钻探工程公司总经理、党委副书记周丰到辽河油田，与辽河油田公司总经理、党委副书记孟卫工进行座谈交流。

25日　中石油煤层气有限责任公司总经理、党委副书记、安全总监任文军到西部钻井公司40625钻井队承钻的吉深14-7*井现场进行调研。任文军与现场干部员工进行沟通交流，了解该井生产进度，对施工风险进行安全提示，对40625队的工作作风和队伍士气给予充分肯定。

3 月

11日　钻井一公司50008钻井队承钻的兴华1-123X井钻进至4988米时，钻井年进尺10037米，成为公司率先突破万米的第一支钻井队，实现一线生产"开门红"。

20日　钻井三公司30001队承钻的奈1-63-153井实现单日进尺606米，超过同区块最快纪录21%，刷新了奈1区块单日进尺最高纪录。

21日　长城钻探工程公司召开新冠肺炎疫情防控工作专题会议，研究部署疫情防控工作。公司党委书记、执行董事马永峰主持会议并强调，要深入学习贯彻习近平总书记在中央政治局常委会上关于新冠肺炎疫情防控工作的重要讲话精神，落实集团公司党组决策部署，认识疫情防控的严峻形势，毫不松懈地落实落细疫情防控措施，确保公司各项工作平稳有序进行。

28日　长城钻探工程公司党委理论学习中心组组织专题学习研讨，学习全国"两会"精神，解读《中国共产党纪律检查委员会工作条例》，观看保密宣传片《莫让微信成为"危信"》，并就贯彻落实全国"两会"精神，推动公司高质量发展进行交流研讨。公司党委书记马永峰主持学习并讲话。

同日　长城钻探工程公司自主研发的第二代控压钻井数字化远程控制系统在苏里格自营区域苏10-48-25CH井进行400小时的现场连续应用，该系统完成14次控压接立柱，累计实现2765米控压起下钻作业，液压系统稳定维持在10—12兆帕，井口套压控制在6—7兆帕，井口压力波动控制在±0.5兆帕，实现控压钻井设备控制远程化、数字化、精确化、便捷化，标志着该装置迭代升级改造取得成功。

30日　苏里格气田分公司累计天然气产量达到400亿立方米，为奉献清洁能源、建设美丽中国，保障公司稳健、可持续发展贡献苏里格力量。

同日　长城钻探工程公司与辽河油田公司以视频方式举行战略合作框架协议签约仪式。公司副总经理韩敏和辽河油田公司副总经理王海生代表双方在协议文件上签字。

4 月

8 日　长城钻探工程公司召开安全生产大检查启动会暨疫情防控工作部署视频会。公司党委书记、执行董事马永峰主持会议并强调，要深入学习习近平总书记关于安全生产重要指示精神和李克强总理重要批示，贯彻全国安全生产电视电话会议、中央企业安全生产工作视频会议，以及集团公司安全生产大检查暨疫情防控工作部署会议精神，确保公司安全生产和疫情防控工作稳定向好，以实际行动迎接党的二十大胜利召开。

11 日　钻井一公司承钻的辽河油田储气库首口大尺寸水平井双6-H4331 井完井。该井是公司运用储气库大尺寸井技术完工的首口井，揭开辽河油田储气库大尺寸水平井勘探开发的序幕。

15 日　国际钻井公司乍得 GW156 队自 3 月 4 日开钻以来，开钻 2 口，完钻 1 口，其中 3 月 26 日完井的第一口定向井创造 Doba 区块机械钻速新纪录。该队第二口井二开钻进至 1515 米，全面开启复工复产加速度。

20 日　钻井三公司承钻的辽河油田首个大平台项目暨 2022 年重点项目——雷 72 大平台完井。该项目累计完井 11 口，进尺 22814 米，为辽河油田打造大平台工厂化开发的"样板工程"发挥积极作用。

25 日　壳牌 2022 年一季度全球陆地钻机 HSE 业绩考核出炉，钻井一公司 70236 队以总分第一摘冠，同时获得壳牌"GoalZero 零事故两周年奖"。

27 日　吉林油田执行董事、党委书记王峰一行到钻井二公司施工的庙西 2 号平台钻井现场进行调研。在施工现场，王峰详细询问队伍编制、配套设备情况，了解属地防疫、安全井控的管理情况。

28 日　四川页岩气项目部威 204H19 平台下半支 3 口井测试日产达到 104.9 万立方米，成为该项目部今年收获的首个百万立方米平台，也是该项目部进入威远区块深层页岩气领域以来斩获的第三个百万立方米高产平台。

5 月

12 日　华北油田公司执行董事、党委书记修景涛一行来到巴彦兴华 3X 井钻井一公司 70039 队现场调研，鼓励大家克服困难，坚定信心，贯彻地质工程一体化措施，全面完成勘探任务，同时代表华北油田公司对一线干部员工进行慰问。在兴华 3X 井现场，修景涛听取 70039 队施工情况汇报，详细了解该井地层构造和前期施工情况，肯定下步施工方案。

同日　工程技术研究院"双射孔段"补贴实体膨胀管技术首次应用在中

油煤郝7井现场，两段施工一次性完成，为煤层气老井改造提供新的技术手段。

23日　随着中油煤层气大吉3-1向1井井口闸门关闭，工程技术研究院作为技术总包的中油煤层气难动用储层CO_2准干法压裂先导试验取得成功。

31日　工程技术研究院钻井技术研究所膨胀管技术项目团队从国内10多家知名的膨胀管技术服务公司竞争中脱颖而出，以总分第一名的成绩，成功中标2022—2024年井下套管修复技术服务项目，预计50口井，100段左右的膨胀管补贴工作量。

6月

6日　长城钻探工程公司国内钻井进尺分别达50.02万米和50.15万米，连续2个月突破50万米，创国内单月进尺历史纪录。

10日　长城钻探工程公司首届青年科技论坛落幕。公司总经理、党委副书记周丰出席会议并强调，要贯彻习近平总书记重要指示精神，站在战略和全局高度，把科技创新摆在更加重要的位置，把人才培养重心放在青年人才身上，为公司发展提供强有力的技术支撑和人才保障。

15日　工程技术研究院牵头完成的"强封堵恒流变油基钻井液及其性能自动化监测技术"通过中国石油和化学工业联合会科技成果鉴定。孙金声院士等9名知名专家组成的鉴定委员会认为：该成果总体达到国际先进水平，油基交联封堵剂和油基低温流变性改进剂性能指标处于国际领先水平。

15—16日　勘探与生产分公司副总经理郑新权、中油技服副总经理唐晓明一行到公司施工的浙江油田海坝区块YS137H18平台、西南油气田泸州区块阳101H65平台调研。

21日　长城钻探工程公司与辽河油田、锦州石化、锦西石化、辽河石化等中国石油驻辽西地区企业，以党建联盟为载体，共同举办"喜迎党的二十大，绿色低碳向未来"中国石油开放日活动，展示绿色低碳战略实践，为保障国家能源安全、推进中国石油建设基业长青世界一流企业贡献力量，以优异成绩向党的二十大献礼。

22日　长城钻探工程公司西部市场开井411口，交井318口，完成钻井进尺100.02万米，同比增长42.05%，比原计划提前22天突破100万米进尺大关。这是继6月15日东部市场突破100万米进尺之后公司生产业绩的又一个里程碑。

同日　由录井公司自主研发的GW-OLS连续轻烃录井仪成功应用60余井次。这标志着中国石油掌握随钻地层流体实时检测的一项关键技术，打破国外公司技术垄断，提高参与国际高端录井市场的竞争力。

24日　钻井一公司与盘锦市应急局在钻井一公司东部基地联合举办盘锦市2022年消防防汛应急演练。辽宁省交通运输厅副厅长、消防防汛督查小组组长曲向进及督查小组人员到现场督查。

30日　长城钻探工程公司与辽河油田联合举办井喷突发事件应急演练，

检验甲乙双方井喷突发事件应急联动预案的有效性、适应性及可操作性，提高各单位井喷突发事件的应急联动处理能力。

7月

4日，按照集团公司党组组织部安排，长城钻探工程公司召开党委（扩大）会议。公司党委书记、执行董事马永峰主持会议并讲话。公司总经理、党委副书记周丰宣读集团公司党组对公司领导班子调整的有关决定。因工作需要，刘绪全任公司党委副书记、工会主席，纪宏博任公司党委委员、副总经理。

同日 由钻井二公司承钻、钻井技术服务公司提供旋转导向服务的足203H8-2井完钻，完钻井深7020米，是公司国内首次完成7000米以上钻井。该井垂深4253米，水平段长2570米，优质页岩钻遇率92.5%，刷新重庆页岩区块最长水平段和上倾井完钻井最深2项纪录。

同日 中油技服副总经理李国顺一行到长城钻探工程公司调研指导，就物资装备和招标业务管理工作进行交流。

7日 长城钻探工程公司召开2022年中工作会议。公司党委书记、执行董事马永峰出席会议强调，要团结带领全体员工坚定信心、保持定力，奋发进取、苦干实干，以稳增长的出色业绩为公司高质量发展做出新的贡献，以更加主动的姿态迎接党的二十大胜利召开。

7—8日 集团公司党组成员、副总经理焦方正一行到辽河调研。7日下午，焦方正一行先后到辽河油田双6储气库与金海采油厂海南2号站参观调研。8日上午，在辽河油田机关楼四楼组织召开工作汇报会。焦方正对公司践行"一体两面"责任，奉行"成就甲方就是成就自己"理念，围绕辽河油田"三篇文章""六项战略工程"开展工作，保障辽河油田高效勘探和效益开发给予肯定和表扬。

12—13日 长城钻探工程公司党委书记、执行董事马永峰到辽河地区调研指导工作，深入一线开展安全生产检查，组织召开公司驻辽单位座谈会，强调要强化经营管理、加快改革进程，高度重视安全环保和信访维稳工作，为党的二十大胜利召开创造良好的政治环境。

15日 长城钻探工程公司与石油工业出版社战略合作框架协议签约仪式在名人大厦举行。公司党委书记、执行董事马永峰，石油工业出版社党委书记、执行董事雷平出席签字仪式并致辞。公司总经理周丰和石油工业出版社总经理李俊军分别代表双方单位在协议上签字。

20日 集团公司党组成员、纪检监察组组长钱朝阳一行到四川页岩气项目部威202H84平台压裂现场进行调研。在施工现场，钱朝阳一行参观压裂工艺设备及燃气发电设备，详细了解公司风险作业区开发历程和取得成效，听取该平台钻井压裂施工情况和压裂新工艺及新技术应用情况，并与现场干部员工进行深入沟通交流。

28日 松原市委书记李晓杰，西南油气田公司执行董事、党委书记姜鹏飞一行到公司自215平台施工现场调研，了解吉林油田流转区块施工进展并慰问一线员工。

29日　长城钻探工程公司全力支持辽河油区抗洪抢险。东部生产指挥中心组织各单位召开抢险动员会，通报辽河油田应急支援请求，布置抢险任务。钻一、钻三、压裂、井下、固井、钻技服、钻具、钻井液、录井9个单位，由各单位分管领导带队，备齐抗洪、抗暑物资，参与抗洪抢险工作。

8 月

4日　中国石油西非公司总经理杨涛一行到乍得项目部恩贾梅纳驻地调研指导工作，听取项目部工作汇报，看望慰问驻地员工。

5日　由中油技服和中油国际联合主办、长城钻探工程公司承办的海外钻采工程技术研讨会在中国石油科技交流中心开幕。中油技服总经理胡欣峰致欢迎词。中油国际总经理何文渊、长城钻探工程公司总经理周丰分别致辞。中国工程院院士刘合应邀出席会议。

9日　长城钻探工程公司党委书记、执行董事马永峰到吉林油田，会见吉林油田公司执行董事、党委书记王峰，双方就保障油田产建需求、推进深入合作展开深入交流。

23日　集团公司总经理、党组副书记侯启军到辽河油区慰问调研，听取辽河油田公司和公司工作汇报，了解企业抗洪防汛和生产经营情况，代表集团公司党组看望慰问抗洪防汛一线干部员工。

24日　钻井一公司收到中石油煤层气公司感谢信，信中对该公司50570队高效优质完成页岩气先导试验组部署井吉页—平03-4井表示感谢。该井钻井周期57.29天、完井周期60.83天，井身质量合格率100%，水平段钻遇率100%，突破山西煤层气区块碳质泥岩水平段的危险禁区，刷新中油煤市场页岩气水平段最长、水平段机械钻速最高、钻完井周期最短的纪录。

9 月

2日　由中油技服和中油国际联合主办、长城钻探工程公司承办的2022年度钻采技术国际研讨会在北京落下帷幕。会议收到中油技服、中油国际主要领导的充分肯定，得到成员企业的广泛认可，受到与会领导和各位专家、嘉宾的高度赞赏和评价。

7日　由录井公司牵头组建的"中国石油天然气集团有限公司录井技术研发中心"在录井公司正式揭牌成立。

8日　由钻井二公司70260队承钻、钻井技术服务公司提供旋转导向服务的自215H1-2井完钻。该井一举创下优质储层钻遇率100%，钻井周期最短、机械钻速最高，旋导周期最短、趟数最少，单日、单趟进尺最高等11项施工纪录，吉林油田公司相关部门分别向钻井二公司和钻井技术服务公司发来贺信表示祝贺。

21—23日　长城钻探工程公司派出由首席专家郭宝民带队，国际事业部、印尼项目部等部门和单位专家组成的参展团队，参加在印度尼西亚雅加达举办的第46届印尼石油协会展会（Ipa Convention & Exhibition），获得广泛关注，达成相关市场合作意向。此次参展是新冠肺炎疫情暴发以来，公司第一次由国内派出专家团队出国参展。

23日 中油技服副总经理、安全总监高健一行到钻井二公司50696队调研指导工作，慰问现场员工。在施工现场，高健逐一查看远程控制台、钻台、循环罐等区域的设备设施运行情况，与基层干部员工就落实安全责任和风险防范措施，保障人身安全进行深入沟通交流。高健对现场员工的精神状态、设备设施的维护保养、工作要求的贯彻执行、管理创新工作给予高度肯定，就做好特殊敏感时段的升级管控工作，严格执行7项禁止作业清单进行提示。

30日 经孙越崎科技教育基金委员会评定，夏泊获"孙越崎青年科技奖"，这是长城钻探工程公司重组以来首次获得孙越崎科技教育基金奖励。

10 月

6日 吉林油田公司总经理沈华、副总经理张辉一行到钻井二公司自215H1平台施工现场开展检查调研。在施工现场，沈华听取现场负责人的工作汇报，详细了解口井施工情况和节日期间员工后勤生活保障情况，与参会人员就如何消减施工风险、确保井控安全进行了深入交流。沈华对长城钻探工程公司与吉林油田多年的良好合作给予充分肯定，指出要加强双方的协作交流，利用好承包商业绩考核，做好施工队伍的优化选择，实施特殊敏感时期安全环保、井控工作升级管控，确保万无一失。

11日 中国石油中东公司总经理、中东地区协调组组长王贵海到科威特项目部GW103队调研指导工作，看望公司员工。在GW103队作业现场，王贵海对现场施工情况和设施情况进行检查，和现场员工进行沟通交流，肯定该队整体工作情况，感谢全体干部员工的奉献和坚守。

13日 中油技服向长城钻探工程公司发来贺信，对公司阿尔及利亚项目成功中标并签订阿尔及利亚国家石油天然气公司测试项目合同表示祝贺。

同日 从冀东油田西部市场某区块传来捷报，由长城钻探工程公司提供录井服务的佳南1H井，水平段煤层钻遇率达70.38%，刷新该区块水平段煤层钻遇率历史指标，创该区块同类型井钻遇率新高。

17日 工程技术研究院取心技术研究所成功完成中海油中联煤层气有限责任公司LX1-102评价井设计保压取心技术服务任务，受到甲方高度肯定。此次取心是工程院首次进入中油海保压取心市场。

同日 工程技术研究院施工的辽河油区马215老井封堵任务完成。这是国内首口无轨迹双"落鱼"井实现成功封堵。

21日 中油技服发来贺信，对长城钻探工程公司成功中标科威特国家石油公司26亿元超级大单表示祝贺。科威特项目部在与10余家国际油服公司同台竞争中胜出，标志着公司在科威特高端市场取得重大突破，同时创下近

10年来海外市场合同额最高纪录。

24日 西南油气田公司执行董事、党委书记姜鹏飞一行到长城钻探工程公司施工的日费制试点项目阳101H11平台检查调研,并组织召开现场座谈会。在阳101H11平台,姜鹏飞详细了解现场施工情况,围绕日费制管理模式的优势和不足与现场施工人员进行深入交流,对公司在日费制试点项目取得的阶段成绩表示肯定,鼓舞广大干部员工以党的二十大精神为指引,坚定信心,攻坚克难,争创一流,努力为川渝地区页岩气开发做出新的更大贡献。

24日 工程技术研究院油田化学技术研究依托集团公司重大专项《油田井筒工作关键化学材料的开发与应用》自主研发的低成本高效封堵油基钻井液体系,成功在辽河油区沈273平台三口井三开应用,取得满意效果。科研人员通过调整油水比及核心处理剂的加量配比,并补充自主研发油基交联封堵剂,密度达2.60克/厘米^3,抗温可达240摄氏度,其单方成本较常规可降低10%。

30—31日 压裂公司YS43231队24小时完成沈273-H201、沈273-H204两口井七段拉链式压裂,创造辽河油田区域单车组单日连续压裂最高纪录。

11 月

3日 从中国石油集团标准化委员会勘探与生产专业标准化技术委员会获悉,长城钻探工程公司首批两项国际标准培育项目"页岩油气油基钻井液技术要求和评价方法""陆地起钻保压取心作业规范"通过阶段检查。

6日 钻井二公司吉林项目部承钻的庙西6-1井完井。至此,吉林油田首个水平井大平台开发示范工程——庙西1号、2号平台全部完工。全项目共计20口井,累计进尺6.6万米,工程从搬安到完井总计205天,创下水平井最快钻井周期、水平段施工最多单日进尺等20余项施工纪录。

9日 尼日尔项目部完成尼日尔二期X区块F井气井完井作业。该井是尼日尔项目首口使用钢丝完井工艺和气密封油管作业井,首次使用超深井下安全阀并下深263米,创公司井下安全阀下深最高纪录。

23日 截至上午8时,苏里格气田分公司年生产天然气突破25亿立方米,累计生产天然气25.07亿立方米,较时间进度超产1682万立方米,全力冲刺全年27.9亿立方米天然气产量目标。

12 月

4日 固井公司自主研发的热响应水泥浆体系在辽河油田稠油热采井现场首次成功应用,施工完成。根据固井质量评定标准,热响应水泥封固段声幅均在10%以下,质量达到优质水平。该技术的成功应用,标志着热响应水泥浆技术获得重要突破,打破国外公司对该项技术的垄断。

8日 长城钻探工程公司非常规天然气年产气量突破40亿立方米,连续两年产量突破40亿立方米。

10日　古巴国家石油公司总裁内斯特·佩雷斯·佛朗哥到古巴项目部GW91队调研指导。在作业现场，内斯特听取GW91队生产组织、QHSE管理情况汇报，对现场施工情况进行检查。内斯特指出，长城钻探工程公司多年来在古巴石油勘探开发领域提供优质服务，成功解决古巴大斜度、大位移井钻井施工中的诸多难题，展现高效的工作水平和专业精神。内斯特表示，中古两国友谊深厚，古巴石油非常重视与长城钻探的合作，愿意与长城钻探共同克服新的挑战与困难，继续深化交流合作，促进古巴能源事业可持续发展。

11日　在中国质量协会举办的全国优秀QC成果发表赛上，压裂公司工具中心QC小组"金属可溶球座的研制"课题，作为全国石油石化及化工行业以及中国石油集团公司唯一代表，通过线上形式参加会议成果发布交流。在成果发布后，得到中国质量协会学术委员会委员、泰斗级质量专家、北京师范大学教授邢文英的高度评价和指导点评。

13日　集团公司通过视频会议方式召开部分企业干部大会，集中宣布集团公司党组关于大港油田、华北油田、冀东油田、浙江油田、长城钻探、渤海钻探、东方物探领导班子调整的决定。会上宣读相关同志任免决定，马永峰到龄退休，刘光木任长城钻探工程公司执行董事、党委书记。

20日　中国能源化学地质工会全国委员会公布"大国工匠——能源化学地质篇"（第八季）名单，国际钻井公司泰国项目GW80队平台经理、党支部书记苏飞光荣上榜，成为获得该项殊荣的中国石油海外员工"第一人"。

21日　乌审旗南丁社区、巴音温都尔嘎查村干部为苏里格气田分公司送上"不忘初心显担当，疫情防控见真情""驻地企业显担当，助力社区共奋进"锦旗，以感谢苏里格气田分公司对地方防疫工作的支持。

30日　辽河油田公司执行董事、党委书记李忠兴一行到钻井三公司30582队开展节前安全检查，代表油田公司党委慰问基层干部员工，强调长城钻探工程公司要与辽河油田共担使命、共谋发展，进一步提高作业效率，实现单井施工成本下降，开创双方优势互补、互利双赢的良好局面。

中国石油集团长城钻探工程有限公司年鉴 2023

第三篇
市场开发

国内市场

【概述】 2022年,长城钻探工程公司落实集团公司和中油技服的工作部署,坚持稳中求进的工作总基调,以提升规模效益为主线,国内市场坚守边际贡献底线,拓展与优化并举,全年实现收入124.6亿元,同比增长14%。辽河关联交易市场首次实现钻井和压裂市场同时100%占有率,大修业务份额提升11.8%。吉林流转、冀东流转、中油煤、华北巴彦市场增项扩容成效突出,收入增长9.5亿元;成功培育吉林流转、中油煤2个长线规模市场;集团外部新增利雅得、郑州地热、洛克石油等5个市场,合同额增长超4倍。2022年,长城钻探工程公司国内市场区域进一步扩充,分布于辽宁、黑龙江、吉林、内蒙古、河北、北京、天津、山西、陕西、新疆、西藏、甘肃、青海、河南、四川、重庆、贵州、浙江、江苏、海南等20个省市和蒙古国塔木察格地区。

【扩大市场规模】 2022年,长城钻探工程公司通过强化交流对接和服务保障,妥善解决奈曼、开鲁等外围区块社会化运作问题,保持关联交易市场钻井业务100%占有率。同时,压裂业务与鸿海公司合作,全力维护市场主导地位,首次实现市场占有率100%。西部新增冀东流转市场,扩容巴彦、辽河流转市场,形成3个新的规模市场。拓展长庆市场业务,新增长庆苏里格产建、储气库和页岩油钻井工程总包;扩大新疆吉木萨尔页岩油市场规模,钻机规模由2部增加到5部,成功引进录井业务。西南着力培育长宁公司、四川页岩气、吉林流转三大长线规模市场,长宁市场钻机由4部增加6部,四川页岩气由5部增加到7部,吉林流转由1部增加到11部,同时旋导、特色录井,压裂、地面测试、带压作业井下业务等专业技术服务业务全面开花,拓展业务规模。

【市场布局】 长城钻探工程公司遵循"市场聚焦、规模聚焦、管理聚焦、保障聚焦"的工作思路,强化市场布局,优化资源配置,规避内部同质化竞争,不断提升市场集中度。2022年,东部地区钻井一公司、钻井三公司撤离吉林油田市场,管理业务全部移交钻井二公司;西部地区钻井二公司撤离道达尔和中油煤市场,管理业务全部移交钻井一公司。基本形成钻井一公司主导西部中油煤市场、反承包项目市场、华北巴彦流转、西南自营市场,钻井二公司主导东部的吉林和大庆、西部准东、西南吉林流转、四川页岩气市场;钻井三公司负责浅钻和侧钻市场,西部钻井公司主导长庆、冀东流转和辽河流转市场的局面,基本实现"一个市场、一家施工主体"的新格局。

【市场导向】 2022年,长城钻探工程公司利用中油技服企业区域"五统一、六共享"平台，创新竞合共赢的合作模式，和油田公司、兄弟企业开展多种形式的合作。推进与油田公司多种形式总包管理，包括中油煤、吉林流转市场的钻压一体化总包，长宁市场的平台总包、日费总包等合作新模式，带动公司整体产业链条发展；深化技服内部钻探企业间的业务合作，与4家钻探企业全部建立合作关系，破解中油技服关联交易市场限制，扩大集团公司关联交易市场业务规模，全年与各大钻探公司签订合同40个，总额13.11亿元，同比增幅183%。探索民营公司代管合作，通过技术和服务管理输出，打造民企合作平台，吸引优质民营队伍合作，在长庆、吉林、冀东流转、辽河流转等市场扩大队伍规模。

（周　游）

国际市场

【概述】　2022年，长城钻探工程公司境外业务涉及4个大区（非洲、美洲、中东和中亚）28个国家：苏丹、南苏丹、阿尔及利亚、突尼斯、尼日尔、乍得、肯尼亚、利比亚、科威特、哈萨克斯坦、印度尼西亚、印度、蒙古、阿塞拜疆、泰国、土库曼斯坦、乌兹别克斯坦、阿曼、伊拉克、伊朗、巴基斯坦、阿联酋、加拿大、委内瑞拉、古巴、厄瓜多尔、秘鲁、墨西哥。国际事业部在公司授权及总部机关统一协调指导下，对公司境外业务实施全面业务管理，履行市场开发、生产运行、质量安全环保、社会安全管理及HSE监督、技术支持与管理、经营管控等主体职责部门。

【工作亮点】　2022年，长城钻探工程公司国际市场海外市场全年中标及签订合同额18.29亿美元，完成全年预算16亿美元的114.3%，较2021年同期14.2亿美元增长28.8%。落实《加强国际业务管理　提升市场竞争力工作实施方案》，合同签约额保持上扬态势，高质量发展市场格局持续呈现。

【市场管理】　2022年，长城钻探工程公司构建区域市场开发负责制，实行区域市场的"一对一"管理。建立重点项目领域专班制，组建3个市场专班和3个新业务专班。完善市场开发管理制度，下发《境外佣金管理实施细则（试行）》《开展海外油气田产能建设项目的指导意见》等制度文件。优化市场开发人才梯队和区域布局，选拔10名年富力强、专业结构合理的国际市场开发人员并充实到海外10个项目部。

【市场格局】　做好保障，集团业务有效巩固。顺利续签中国石油尼日尔石油公司2部修井机作业合同，修井机市场占有率达100%。乍得钻机、修井机、钻井液、固井等服务通过优秀作业业绩和良好客户关系，风险转移能力和高质量发展能力有望迈上新台阶。阿曼精细测算，成功中标 DALEEL 钻机项目。伊拉克中标钻机项目。伊拉克鲁迈拉市场中标修井机多年期项目。多台修井机多年期项目在政府审批中。伊拉克彻底破局分标模式，中标哈法亚多套录井服务。南苏丹中标 DPOC 项目。厄瓜多尔续签安第斯多年期定向井服务项目。

精准施策，外部市场持续扩容。科威特超前谋划，中标钻井机和修井机服务，取得规模效益发展的重大突破。阿联酋顺势而为，签订沙漠修井机项目，为井下增产业务转型奠定平台基础。伊拉克着力布局鲁迈拉、祖拜尔等测试市场，有望获得合同额。印度尼西亚精细对标，中标国家石油公司钻机项目，首次进入印尼长线主流市场。泰国升级市场策略，有效盘活阿尔及利亚钻机，实现国家石油公司陆上钻机市场 100% 占有率。土库曼斯坦久久为功，首次进入 ENI 市场，中标一体化增产服务合同，也是 2022 年中油技服企业首次进入全球高端市场。印度尼西亚发挥渠道作用，中标马哈图固井和钻井液服务，实现新业主新业务新突破，客户布局持续优化。阿塞拜疆中标钻机服务合同额，拉动乍得长期闲置资产。阿尔及利亚整合资源，实现测试合同落地。

超前谋划，网络布局有新进展。墨西哥成功中标多台钻机多年期项目，并在钻机、压裂等市场开发中不断取得新进展。利比亚中标钻杆贸易项目，目前钻机、修井机项目稳步推进。孟加拉国钻修井一体化项目、文莱壳牌钻机项目、约旦总包项目运作顺畅有序。

发挥优势，总包市场有序开拓。泰国竞合策略积极有效，历史首次中标钻井总包合同。加拿大发挥国内外一体化优势，历史首次中标钻井总包合同，哈萨克斯坦签订扎纳诺尔和北特鲁瓦大包合同。

勇于创新，业务转型走深走实。厄瓜多尔紧跟资源国政策趋势，发挥公司产业链全和一体化优势，改变长期市场开发被动局面。乌兹别克斯坦精准技术推介，整合西部钻探修井机资源，主动引导甲方，成功获得新丝路两口老井增产总包项目，第三口井合同有望近期落地。加拿大和古巴持续推动小区块产能建设总包项目。尼日尔地面运维项目中标，二期运维项目投标有序推进。苏丹发挥两院优势，控水筛管、打捞、地质研究、井下电加热、稠油热采等服务不断落地。中亚三国油田增产、井下作业等业务转型扎实推进，首席专家领衔的出国技术专班以甲方痛点为市场方向，不断完善解决方案，有望彻底打破市场瓶颈，塑造业务发展新格局。国际贸易项目市场签约额同比增长 16.7%，乍得、阿联酋、厄秘、苏丹、尼日尔、古巴等市场不断实现新突破。

【市场资源】 2022 年，长城钻探工程公司坚持竞合共赢，增强市场竞争力。伊拉克与 CNLC 合作中标测井服务项目。尼日尔与大港油田合作中标油田地面维护项目。乌兹别克斯坦中标 2 口老井复产项目，与西部钻探合作开发当地市场。与辽河油田更新框架协议共同开发国际市场，践行集团公司"一体两面"的工作要求。

【市场营销】 2022 年，长城钻探工程公司重点加强 GWDC 品牌建设，全年在阿布扎比、阿曼、印度尼西亚、泰国、秘鲁开展会5次，品牌影响力不断提升，对客户需求、供应链形势等市场态势感知能力与时俱进。公司品牌辨识度和认可度获不断提升，英文网站正式启动内测，公司业务范围、营销网络、作业业绩等实力得以与市场畅联，其中《长城钻探中英文技术服务手册（第一版）》上线。重点提升重点客户技术认同，举办与中油国际海外中心、集团迪拜研究院中东市场技术交流会、海外井下作业与油田生产技术服务交流会、海外钻采工程技术研讨会等6场技术对接会，发掘甲方技术需求78项，针对性推介65项，完成推介20项，正在实施合同2项。各项目部充分发挥市场营销主体责任，向新老客户开展技术推介，围绕公司传统优势业务开展推介30次，业务转型推介10次。两院市场转型营销引领作用不断提升。地质院完成加拿大延长石油总包、印尼地热区块、厄瓜多尔老井资源评估、古巴小区块地质评价4项，技术推介7次。工程院完成鲁迈拉、孟加拉国、印度尼西亚及506项目钻井方案设计26份；完成加拿大钾矿钻采方案编制、巴基斯坦页岩气钻完井技术咨询、大包取心投标咨询7次；完成上级和客户技术推介12次。

（齐　欣）

中国石油集团长城钻探工程有限公司年鉴 2023

第四篇

工程技术

钻修井业务

【概述】 2022年，长城钻探工程公司在国内外市场开钻1549口，完井1501口，钻井进尺407.88万米，同比增加40.76万米，增幅11.1%。其中在国内集团内部市场开钻1204口，完井1156口，钻井进尺288.69万米，同比增加33.59万米，增幅11.64%；在国内集团外部市场开钻21口，完井20口，钻井进尺8.14万米。在国外市场开钻324口，完井325口，钻井进尺77.46万米。

5000米以上深井开钻94口，完井85口，进尺51.67万米，同比增加15.02万米；平均井深5722米，同比增加116米；钻井周期76.02天，同比缩短7.65%；钻完井周期88.36天，同比缩短10.13%。6000米以上深井开钻28口，完井28口，进尺19.3万米，平均井深6227米，钻机月速1510米/（台·月），机械钻速7.37米/时，钻井周期96.78天，钻完井周期109.37天。

西部区域。纳林1H井，长庆油田集团重点探井，井深5062米，水平段长1500米，钻完井周期79.62天，刷新国内煤层气水平井最深纪录。棋探10井，在乌拉力克组试气时喜获10.2万米^3/日的高产工业气流，实现长庆油田棋盘井地区页岩气勘探战略性突破。兴华1-131X井，井深5095米，钻完井周期27.79天，创造巴彦淖尔区块钻完井周期最短纪录；兴华1-15X井，完钻井深5092米，钻井周期18.17天，钻完井周期24.25天，再次刷新区块钻井、钻完井周期最短纪录。

西南区域。威204H21-5实现水平段旋导一趟钻，进尺2264米。威202H35-5井完钻井深5850米，水平段长2120米，钻完井周期45.33天，继威202H87-5井之后年内第二次刷新2000米以上水平段钻完井周期最短纪录。自215H1-2井，井深6320米，水平段长1980米，钻井周期67.12天，创区块钻井、钻完井、日进尺最高、"一趟钻"等11项纪录。泸203H75-4井，井深5930米，钻井周期67.1天，创造泸州深层页岩气全井及四开钻井周期最短纪录。阳101H65-6井实现"造斜＋水平段"一趟钻，单趟进尺2821米，水平段长2320米，刷新区块最长水平段、四开单趟钻最高进尺2项纪录。泸州深层页岩气完井12口，平均井深6056米，钻井周期、钻完井周期同比分别提速38.68%、40.02%。

东部区域。成功试验储气库大井眼水平井，打破所有井眼、配套工具尺寸纪录，固井质量全部合格；后续完成4口井，口井周期由150天大幅缩减至85天以内，缩减43.33%。配套无源磁导向、射流水力喷砂等工艺，完成辽河马 215 井 2 组无资料"落鱼"的找眼、封堵作业，填补国内该项技术的空白。创新采用"工程机跟管空气钻"模式，解决海坝区块喀斯特地貌引发的表层钻进恶性井漏、井塌、卡钻等问题。推广应用 27 井次，对比常规钻进缩减周期 45.8%。

【海外工作】 哈萨克斯坦项目年累计开钻 9 口，完井 12 口，累计进尺 38186 米，平均井深 3182.16 米，平均机械钻速 6.42 米/时，提高 22.3%；平均钻井周期 49.78 天，缩短 14.8%；平均建井周期 59.48 天，缩短 19.1%。井身质量、固井质量合格率 100%，油层电测成功率 100%，事故复杂率 2.61%。通过推广区块技术模板以及口井专层"一井一策"措施，较兄弟单位平均钻井周期缩短 8.04 天，完井周期缩短 9.67 天，分别缩短 13.9% 和 14%。5154 井，井深 3736 米，钻井周期 41.69 日、完井周期 49.38 日，实现三开一趟钻，创造同区块、同井型的最快施工纪录。

乍得项目年累计开钻 49 口，完井 51 口，累计进尺 87158 米。虽然由于乍得柴油短缺、钻机停等所致非生产时间增加 103.84%，但采用"一趟钻"钻井技术，应用个性化设计 PDC 钻头+螺杆+MWD 一次性完成二开钻塞及钻进至完钻井深，钻井月速同比增加 2.51%。

OPIC 总包项目开钻 3 口，完井 3 口，总进尺 7040 米，钻井月速提高 18.68%，钻井周期缩短 34.34%，完井周期缩短 28.03%，无事故无污染，安全高效。Kapok E3 井，平均机械钻速达到 21.9 米/时，刷新该区块的记录。Raphia S11-5 井临时调整的取芯作业任务，取芯进尺 15.6 米，收获岩芯 15.6 米，取芯收获率 100%，多项数据刷新独立取芯作业新纪录。

尼日尔项目年累计开钻 54 口，完井 53 口，总进尺 112374 米。平均钻、完井周期缩短 22.53%、17.36%；平均起下钻时间降低 11.5%，平均扩划眼时间降低 28.7%，完井耗时下降 2.48%，总包井平均机械钻速提高 7.11%，井下事故复杂率下降至 0.75%。

尼日尔项目 2022 年首次实施水平井，累计完井 6 口，进尺 11972 米，水平段进尺 2168 米，最大井斜 94.64 度，均一次成功着陆，平均油层钻遇率 92.2%。

古巴项目的 CMN-100RE 井，完钻井深 7580 米，水平位移 6794 米，水垂比 4.17，难度系数 DDI 高达 7.4，使用螺杆动力钻具在 7280 米成功定向，刷新一体化服务承钻陆上最深、水平位移最大、水垂比最大、DDI 难度系数最高、螺杆常规动力工具定向施工最深 5 项纪录。

【油气增产】 严肃技术模板执行纪律。严格落实中油技服《国内重点区域技术模板汇编》要求，强化 EISC 远程监管及抽查，确保川渝页岩气、吉木萨尔等重点区域模板执行率 100%，助力威远等 8 个区块中，5 个区块实现提速，4 个区块提速超过 20%，整体提速 24.43%。

推进"一趟钻"技术。推广旋导应用，旋导单趟钻进尺超过千米的 31 趟，单趟平均进尺 1386 米，威 204H21-5、泸 203H75-4 分别以单趟钻 2264 米、2821 米创造区块"一趟钻"进尺纪录；总结形成水平段"顺层复合钻进"技术,提升常规导向"单趟钻"进尺数,超过千米的8趟,单趟平均进尺1393米,4井次实现常规导向"一趟钻",最高进尺1685米。全年实现重点区域"一趟钻"19井次(川渝18次,吉木萨尔1次),占比30.65%,同比提升11个百分点。

加强深井技术保障。针对勘探开发向"深高非"发展的趋势,强化深井高温技术攻关与配套,形成以"精细控压+高温旋导+降温设备"为代表的深井优快钻井技术,助力公司5000米以上深井整体提速26.47%,足203H8-2井井深7020米创公司钻井最深纪录,集团风险探井纳林1H井以井深5062米刷新国内煤层气水平井井深最深纪录。

【服务保障】 攻关川渝页岩气卡钻防治和防漏堵漏技术。通过大数据分析,深刻认识页岩气水平井致密岩屑床卡钻症结,采取高转速携砂、规范操作、专家支持等措施,2021—2022年无旋导埋井事故,区块卡钻事故时率大幅下降20%;开展页岩井壁稳定机理研究,研制了纳米胶液封堵剂和纳微米柔性封堵剂,完善不同孔缝封堵方案,形成油基钻井液广谱封堵技术,封堵能力提高6.5兆帕以上。

完善川渝页岩气优快钻井技术系列。研发井下随钻工程参数测量仪、个性化PDC钻头、随钻井眼清洁监测系统,完善"高性能油基钻井液+耐高温旋导+降温设备+精细控压"技术配套,形成页岩气优快钻井技术,2022年,威远区块完井26口,在平均井深增加1027米、垂深增加597米、水平段长增加251米的情况下,同比2018年实现提速15.41%;泸州深层页岩气完井12口,周期缩减40.02%;流转区块自贡完井2口,创造钻井/钻完井周期最短、日进尺最高、"一趟钻"等11项纪录。

提升储气库服务保障能力。针对辽河枯竭油藏储气库承压能力低,而建库固井质量要求高的实际,完善堵漏工艺与配方,形成5种不同区块堵漏技术模板,创新动态承压模式,承压堵漏周期大幅缩减85%,一次承压成功率62.22%,助力储气库水平井周期缩减29.17%(同比2018年),定向井周期缩减42.16%(同比2018年);攻关形成以井眼清洁技术、大尺寸固井工艺等为主的大井眼水平井优快钻完井技术,首次成功实施4口井,打破所有井眼、配套工具尺寸纪录,固井质量全部合格,口井周期大幅缩减至85天以内,比甲方计划提前43.33%;形成储气库老井封堵工艺,配套无源磁导向、射流水力喷砂等工艺,完成辽河4口老井封堵作业,为双6、马19、双30等储气库建设与运行消除隐患。特别是马215井完成2组无资料"落鱼"的找眼、封堵作业,填补国内该项技术的空白。

【事故管控】 创新采用"工程机跟管空气钻"模式,有效解决海坝区块喀斯特地貌引发的表层钻进恶性井漏、井塌、卡钻等问题。推广应用27井次,对比常规钻进缩减周期45.8%。形成川渝地区防漏堵漏技术配套,针对川渝地区上塌下漏难题,总结形成"空气钻井+跟管钻井+清水强钻"等技术系列,通过优化套管封隔、承压堵漏工艺,应用广谱封堵技术,提高防漏堵漏时效。

2022年威远区块井漏2井次，频次与周期同比分别降低67%、53.3%。建立区域专班开展技术支持，按照"1名高级专家+1名副处长+各专业技术骨干"（1+1+N）的原则，建立东部、西部、西南3个区域工程技术专班工作组，加大重点探井、页岩油气井事故复杂管控力度。通过EISC远程监控、重点井段专家驻井指导，坚持"发现异常、立即汇报，事故复杂、专家处置"的原则，开展事故复杂的预防与高效处置。2022年，长城钻探工程公司"五类井"事故复杂时率为4.14%，同比降低17.5%，井漏复杂率1.99%，同比降低22.27%。

【技术管理】 开展风险监控预警。组建局级、区域、处级三级EISC管理平台，建立EISC日例会，"7天×24小时"全天候远程监控模式，通过开展大数据分析，并及时预警参数异常，实现全井全过程风险把控。2022年，进行工程和井控风险预警1573井次，开展远程视频检查68井次，有力保障工程和井控安全。

组织专家远程会诊。依托EISC信息平台，建立专家值班及会诊制度，结合口井分级，对应进行局级、区域、处级监管。通过召开每日专班例会进行施工井风险排查，制定并发布日常工程措施896期，提示措施3886条。针对事故复杂井开展远程技术指导266井次，成功解除复杂93起，处理事故315井次。

推进以EISC为基础的信息化发展。根据专业特点组建GWDD-EISC、GWCC-EISC监控平台，强化定向、固井监管，全年井身质量99.3%，固井质量95.5%，同比分别提升2%、12.6%；将LANDMARK等专业软件应用列为技术支持重点，提升技术决策科学性；针对海外项目施工特点，特色开发海外版EISC系统，得到CNODC的肯定，签认工作量63口，并在哈萨克斯坦、厄瓜多尔、古巴等项目推广。

【风险管控】 完善"钻前设计复核、施工联合交底、故障协同决策"的地质工程一体化流程，重点在辽河油田建立月度联席会议、周工作对接会等制度，着力强化对工程、地质设计的复核工作，从设计源头管控施工风险。集团公司风险探井居探1井经过近2个月、11轮的设计复核研讨，修正包括井身结构、钻井液密度、封井器型号等核心设计内容。2022年，辽河油区完成对包括所有探井、水平井的34口重点井、11个区块的设计复核工作，区域事故复杂时率2.82%，同比下降1.94%。

井下作业业务

【概述】 2022年，长城钻探工程公司井下作业累计完成工作量8034井次，同比增加1105井次，增幅15.9%，主要为国内压裂、修井作业工作量增加。

其中压裂完成 1077 井次／4111 层，井次同比增加 32.64%，层数同比增加 33.69%，主要是东部辽河油区、西部苏里格工厂化压裂规模扩大；酸化完成 177 井次／66 层，同比增加 113 井次，增幅 176.6%；试油测试完成 4507 井次／5222 层，同比增加 137 井次，增幅 1.51%；小修完成 1779 井次，同比增加 729 井次，增幅 69.43%，大修完成 527 井次，同比增加 158 井次，增幅 42.82%，主要是辽河油区修井作业量增多。

【生产指标】 2022 年，长城钻探工程公司井下作业专业加强生产组织，加快新工艺新技术的引进和推广，注重过程质量控制，提高施工速度和效率，在施工能力、生产周期及质量指标等方面取得较好效果。

国内生产周期。试油 14.5 日／口井，小修 16.03 日／口，大修 31.8 日／口井，侧钻 20.3 日／口井。

国外生产周期。试油 3.48 日／口井，小修 12.55 日／口，大修 11.13 日／口井，侧钻 62 日／口井。

试油生产时效。平均生产时效 87.1%，同比降低 1.6%。

质量指标。施工一次合格率 99.70%，优质井率 98.83%，执行设计符合率 97.25%，资料全准率 99.86%。

【技术亮点】 完成首个全电驱压裂平台施工。采用投建运模式，建设 5 千米 35 千伏网电专线，配套中石油首套自有全电驱压裂设备，在威 202H85 平台采用"全电驱机组＋电动砂囤＋电动供液＋电动射孔"的模式，完成 6 口井 125 段压裂施工。平台压裂施工效率提升 33.6%，节约柴油 1445 吨，减少碳排放 4501 吨，设计符合率、施工一次合格率均达到 100%。

开展燃气轮机发电现场试验。积极探索新型电驱压裂模式，在威 202H84 平台首次应用大功率燃气发电机组，部署 2 套 5800 型燃气轮机，为 5 台 5000 型电驱压裂泵、1 套电动输砂装置等电驱压裂设备供电，累计压裂 63 段，综合能耗降低 20%，节约费用约 100 万元。

煤层气压裂施工规模创纪录。针对大吉 55 井黄土塬地貌超大规模压裂施工难题，通过反复精准研讨多阶段施工方案，提高单层大液量连续供水与供砂保障，单层泵注压裂液 1.53 万立方米、加砂 1801.6 立方米，打破中油技服井下作业直井单层用液量、加砂量纪录。

拉链式压裂助力砂岩改造大幅提速。雷 72 大平台作为辽河油田首个党建联盟重点项目，在辽河油田直丛式井中，首次采用拉链式压裂施工模式，历时 12 天完成 11 口井 33 层压裂施工，压裂效率 3.3 层／日，单日最高压裂 6 层，创造辽河油田直井桥塞分段层数、单日泵注液量及加砂量等多项纪录。

膨胀管补贴技术助力套损井修复。在川渝页岩气威 204H19-1、阳 101H91-1 和大港页岩油官页 2-3-2H 等井完成 PZG102 型高承压膨胀管补贴作业，创造套管补贴密封承压 97.8 兆帕的国内外最高纪录。

技术服务业务

【工程设计】 2022年，长城钻探工程公司钻井设计工作，相对往年，面临点多、面广、设计难度大等挑战。单井设计工作主要集中在苏里格、威远、南方公司、自贡吉林流转区块及贵州页岩气等，方案编制工作较多，包括《Gumry油田 FFR 研究（钻井工程）》《EL-TOOR FULL FIELD REVIEW(FFR) STUDY（钻井方案）》《乍得2.2期油田开发调整方案》以及《威远页岩气田自207井区试采方案》《威远页岩气田威213西区1.0亿方开发方案》《莫里青油田2023—2024部署方案（钻井工程）》。完成苏里格钻井设计82井次，威远页岩气钻井设计16井次，贵州页岩气钻井设计2井次，自贡吉林流转区块页岩气钻井设计5井次并完成设计审批或补充设计23井次，南方公司钻井设计41井次。

【钻井液技术】 提升模板实战效果，加强现场技术服务质量。组织技术骨干召开多轮次"技术复盘"专题会议，对好的做法、钻井液性能、事故复杂等开展客观翔实分析，进而查缺补漏，优化维护处理工艺，细化防漏堵漏、润滑防卡、井壁稳定等技术措施，固化成熟的技术方案，形成一批优质的技术模板，如：威202块水平井钻井液技术模板、苏里格水平井钻井液技术模板、中油煤层气深8煤水平井钻井液技术模板、双51储气库钻井液技术模板、双229块钻井液技术模板等。

优化配方与性能，保障钻井顺利施工。东部区域，继续优化高性能复合盐钻井液配方与性能，在后河页岩油水平井、兴古7块深定向井、双北1井、曙古210井、沈376井、沈378井、居探1井等现场施工中，优化维护处理措施与井下风险防控措施，提升服务保障效果，助力钻井顺利施工。西部区域，针对苏里格水平井，制定施工密度曲线、优选防塌封堵材料、提高携岩效率、降低滤液黏度及活度、工艺承压提高地层承压能力、优化工程措施、控制井底压力等措施；针对苏里格侧钻水平井，严格控制固相含量，利用工业盐提密度，形成薄而致密的滤饼，缓解环空间隙小的难题。西南区域，优化406毫米井段技术措施，采取低粘、低切、低固相、强抑制性，强化井眼清洁，使用合理的密度平衡井筒压力，见到一定效果；在311.1毫米井段，采取控流型、控失水、控污染，强抑制封堵、强护胶、强润滑，实现低粘切高密度水基钻井液施工；在215.9毫米井段，将低粘低切广谱封堵高密度油基钻井液与地质工程有机结合，共同保障页岩气水平井顺利施工。

优化承压堵漏工艺，做好储气库施工保障。针对储气库地质特性，公司充分总结储气库完钻井成熟经验，优化储气库钻井液技术模板，加强钻井液随钻封堵能力，采取"控时控速随钻封堵技术"，引入公司自主研发的GW-QC系列堵漏剂，助力双31储气库、双51储气库、马19储气库多口井中完一次承压合格率100%，得到建设方的充分肯定。复合盐钻井液，保障马215井超高难度封堵工作成功。

攻关技术瓶颈，研发新工艺技术。针对不同区域地层易漏情况，开展配方优化及同类产品对比评价实验，自主研发GW-QC系列一袋式堵漏剂，有4种型号，其自固结能力强，加量少，配制简单，在室内实验承压能力达到10—17兆帕。在辽河油区杜84-兴H66-1、荣72-18-42、奈1块等多口井现场试验，均见到良好效果；在储气库、沈北、兴古承压堵漏均一次成功，大幅缩短承压施工周期。

【固井技术】 漏失低返专项治理。针对低压易漏失井固井，开展承压堵漏工作，提高地层层压能力，降低固井漏失风险，在储气库井全面开展，探井、漏失井等结合井身结构部分开展，防漏效果显著；开展1.35克/厘米^{3}系列低密度水泥浆体系的推广应用，在奈1、雷72大平台等成功应用，防漏效果显著，有效保障平台钻井工程体质提速；提前介入，充分发挥区域工程技术专班的桥梁作用，加强与建设方的沟通和协调，提前介入钻井工程设计编制，优化完井工艺，降低施工风险；完善漏失井回灌、插管等补救方案，结合地层条件优化正注量及回灌量、回灌时间等，合理控制空段风险。

界面胶结质量提升专项治理。针对界面胶结质量提升工作，强化固井施工质量管理，从固井施工设计、技术保障措施、方案监督落实、水泥浆体系性能、固井设计执行、施工作业质量等方面进行查漏补缺，施工质量得到提升；强化与钻井沟通协调，保障好井眼条件，尽量减少井径不规则、油气侵、漏失、垮塌、沉砂、严重狗腿等现象，同时提高完钻及下套前的通井质量，改善井眼条件及洗井效果，为固井施工创造更有利条件；强化与钻井液信息共享与专业协作，在平衡好地层压力及维持好井壁稳定的基础上，优化井壁泥饼质量，尤其是针对渗透性较强的地层，避免形成较厚浮泥饼，影响水泥环二界面的胶结强度；强化套管居中方案设计、模拟与下入管理，尽量减少套管偏心对固井质量及测井质量的影响。

油气水层段胶结质量专项治理。针对油气水侵问题，针对油气水层段质量问题突出区块，总结经验，完善区块质量提升模板，强化基层队伍执行；对油层多、跨度大、各层间差异性大问题，协调适当提高钻井液密度0.02克/厘米^{3}左右，压稳油气层；优化短候凝水泥浆性能，缩短尾浆时间在50—60分钟，提高水泥石4小时强度，减少地层活跃流体侵入；开展高密度高稠度水泥浆体系及水不分散水泥浆体系研发，提升水泥浆抗水侵和防窜能力；跟进固井质量检测，针对油气水侵导致声幅起尖子的井，及时沟通协调进行加测双伽马测井，有效控制红线不合格率。

【录井技术】 常规录井与特色录井技术

相结合，准确落实岩性、卡取层位。根据区块地层及油气藏特征，针对性建立不同的录井技术组合。曙古210井在利用自动捞砂机准确采集岩屑的基础上，基于元素录井数据判断地层由沙河街组进入太古界，经取心验证准确无误，在与设计层位相差较大的情况下，敏锐捕捉到了层位变化信息。辽河油区葵探1、居探1、曙古211、双北1等深井实钻较设计偏差较大，录井均准确识别岩性，判断出地层变化。交56井利用元素、地化等录井数据准确卡取目的层良好油气显示，钻井取心见富含油1.35米、油浸1.49米，为该区块储量计算提供重要基础。

数智录井技术为非常规储层精细评价提供了新的手段。针对非常规油气藏勘探开发难题，应用录井资料数字化手段，实现录井解释由"三性"评价向"六性"评价的突破，在储层六性评价的基础上完成压裂分段定簇优化。在辽河、长庆、塔里木等油区推广应用20余口井，为非常规油气低成本高效开发提供支撑。建立基于权重系数的储层综合品质计算模型，完成沈224-H302等7口井储层六性评价，同时首次基于元素、地化、岩矿扫描等录井数据对忠平2井进行储层六性评价，完成压裂分段选簇地质设计，弥补测井资料缺失导致无法完成压裂分段选簇设计的问题。

随钻监测技术日趋完善。井口微流量监测技术，通过研制"电磁+质量流量计"双通道结构的主体装置，满足不同排量及钻井液体系条件下出口微流量监测的需求；搭建基地模拟测试系统，提高潜在问题发现与结构优化的及时性；建立流量热膨胀补偿、钻具提放流量修正与基于滤波算法的信号干扰修正等模型，有效降低溢流、漏失等复杂工况的误报率。随钻井眼清洁监测技术，以岩屑返出率、摩阻、扭矩、水力学分析等数据为基础，将一柱一清调整思路与岩屑返出率门限动态优化相结合，在四川、辽河、长庆等油区现场应用11口井，累计做出岩屑返出异常及卡钻风险预警提示37次，预警及时率100%。

地质导向技术取得多项突破。针对苏里格地区砂体分布不连续的地质难点，创新形成"地质研究+井震河道刻画+地质导向+元素分析+远程协同"的多专业精细导向模式，平均储层钻遇率较2021年提升4%；在新疆吉木萨尔，基于XRD分析数据完成首口页岩油水平井地质导向工作，储层钻遇率达98.1%；在海外尼日尔，首次开展现场地质导向及远程导向跟踪支持服务，累计完成6口井，平均储层钻遇率92.2%，标志着公司地质导向业务正式走出国门。

开发中油技服HSE智能管理平台。立足基层岗位实际，开发以"节点管控、作业许可、能量隔离、综合记录、监督检查"五大功能模块为基础的HSE智能管理平台，实现HSE风险知识库、工序风险信息库及操作规程知识库一体化管理，在5支队伍进行试点运行，为提升工程技术HSE管理水平打下坚实基础。

（李晓蕾）

中国石油集团长城钻探工程有限公司年鉴2023

第五篇

油气风险作业

综　述

【概述】 2022年，长城钻探工程公司在国内苏里格和威远有7个风险作业区块，工区面积4710平方千米，探明天然气地质储量4476.49亿立方米，其中苏10、苏11、苏53区块累计探明天然气地质储量2463.66亿立方米，苏39区块基本探明天然气地质储量487.89亿立方米；威202、威204区块累计探明天然气地质储量1524.94亿立方米。预测天然气储量2376.41亿立方米，其中苏39区块预测天然气储量297.68亿立方米；威202、威204区块累计预测天然气储量698.43亿立方米，自207区块预测天然气储量1380.30亿立方米。

截至2022年12月31日，风险作业区投产气井1925口，开井1415口，日产气1357.84万立方米，累产气494.18亿立方米。其中，苏里格风险作业区投产气井1727口，开井1221口，日产气743.5万立方米，累产气420.91亿立方米；威远风险作业区投产气井198口，开井194口，日产气614.34万立方米，累产气73.27亿立方米。年累计生产天然气43.16亿立方米，其中苏里格风险作业区年累计生产天然气27.95亿立方米；威远风险作业区累计生产天然气15.21亿立方米。

截至2022年12月31日，苏里格致密气采气速度10.57%，采出程度17.08%，剩余经济可采储量587.4亿立方米，储采比21.01，综合递减23.7%。四川页岩气采气速度1.90%，采出程度9.17%，剩余经济可采储量139.78亿立方米，储采比9.19，综合递减34.3%。

截至2022年12月31日，直接从事油气风险作业业务的机关部门及二级单位有能源事业部、苏里格气田分公司、四川页岩气项目部、地质研究院。职工总数784人，其中管理人员256人，专业技术人员179人，操作人员349人；本科及以上学历439人，大专及以下345人；高级及以上技术职称127人，中级技术职称205人，初级及以下技术职称452人。

产能建设

【苏里格风险作业区】 产能建设体现井位部署、钻井实施、地质导向、跟踪调整等多专业技术一体化工作思路。开展侧钻水平井示范工程建设试验，推行钻井技术模板，钻井提速效果显著，产能建设指标得到新提高。侧钻水平井平均砂岩及有效储层钻遇率分别达86.5%和60.2%，预计首年平均单井日产气2.43万立方米。侧钻水平井、水平井平均完井周期分别达42.66天和64.94天，同比分别缩短40.19%和26.18%。创下152毫米及118毫米井眼侧钻水平井钻完井周期最短、水平段最长和钻遇率最高的新纪录。全年钻完井117口，建产能8亿立方米。

【威远风险作业区】 产能建设强化多要素联作，持续强化技术模板执行和地质导向管理，"五个一体化"压裂工作方式持续深入，产能建设指标整体向好。完钻的26口井铂金靶体钻遇率97.2%，同比提高1.3%，其中17口井达100%。首次实施威202H85平台自有全电驱压裂，最高每天压裂5段，创下近3年压裂施工最高纪录。威204H19、威202H84、威202H85平台测试日产量等均达到百万立方米，创下新纪录。

老区精细管理

【苏里格致密气】 精细气田生产维护管理，多措并举，全力保障老区产量稳定。高效开展集气站停产检修、合理调配橇装压缩机等措施减少产量损失2595万立方米；增建阀组与集气站间管线、创新实现区块间转输、强化集输支线清管、增加压缩机及配套装置等组合措施使日外输能力提高70万立方米；建成LNG及CNG供气点，增加供气1842万立方米。开展老井综合治理研究，改善气田开发效果，实施进攻性、维护性、新工艺措施井合计226口，累增气3.1869亿立方米。

【威远风险作业区】 持续老区精细化管理，强化问题井攻关治理和老井措施挖潜，不断完善地面集输系统，确保老井平稳生产。持续优化外排／替喷、正举＋反举、同步降压气举等措施组合，形成压窜井针对性综合治理方案，复产井13口，恢复日产能83万立方米，恢复程度平均50%。实施六大类10小类维护性工艺措施1743井次，全年措施增产2亿立方米以上，综合递减率23.7%。精细组织CC202-6集气增压站建设及CC202-8集气增压站站内改造，实现30个平台集中增压全覆盖，有效降低进气压力。

资源评价及井位部署

【苏里格致密气】 精细地质研究，迭代更新地质模型，持续深化地质认识，探索未动用区气藏富集规律，深入评价资源潜力，增加可动用储量，苏10等3个区块甩开部署评价井9口，新增地质储量62.98亿立方米。加强苏39区块成藏机理基础研究，取得"南富北贫、高富低贫"地质新认识，优化部署评价井位6口。以"老区择优加密、新区滚动扩边、空白区甩开控制"为部署思路，优化部署2023年产建井位104口，其中直丛井32口，侧钻水平井66口，水平井6口。

【威远风险作业区】 开展Ⅱ类储层动用评价研究，探索未动用储量立体开发可行性。开展威202H67平台薄层区资源潜力评价研究，部署评价井1口。自207区块东部125平方千米三维地震采集圆满收官。地震地质一体化论证自208井位，得到西南油气田批复。

方案编制研究

【苏里格风险作业区】 修改完善苏10、苏11、苏53区块调整方案设计，通过长庆油田公司复审。方案设计靠实"十四五"期间合作区块井位设计、开发指标，设计年产量规模27.5亿—28亿立方米，累计产气138.9亿立方米，年钻井121—175口，累计钻井695口。

【四川页岩气】 为确保"十四五"川渝地区天然气有序上产，能源事业部组织完成《威远页岩气田威213井西区开发方案》《威远页岩气田自207井区先导试验方案》编制，通过西南油气田公司审查。

《威远页岩气田威213井西区开发方案》地质与气藏工程要点：

1. 优选埋深3400—3700米、Ⅰ类储层连续厚度大于7米的区域作为建产区，建产面积9.24平方千米，五峰组~龙一$_1$亚段Ⅰ+Ⅱ类储层地质储量55.9亿立方米、储量丰度6.05亿米^3/千米^2。

2. 井区五峰组~龙一$_1$亚段Ⅰ+Ⅱ类储层厚度40—45米，脆性矿物含量68%—70%，有机碳含量2.95%—3.2%，孔隙度5.4%—6.0%，总含气量4.8—5.4米³/吨，压力系数1.85—2.0，保存条件好。

3.采用单排丛式井组布井模式，主体轨迹方位近南北向，垂直最大水平主应力方向，靶体为龙一$_1^1$小层中下部，水平巷道间距350米，水平段长度1600米。

4.采用前3年相对稳产制度，单井首年配产7.0万米³/日，前3年递减率分别为15%、15%、35%；单井EUR 1.12亿立方米，井区采用平台接替方式稳产。

5.部署2个平台13口水平井。建产期1年（2023年），开钻井7口；稳产期8年（2024—2031年），开钻井6口，投产井13口，其中2024年投产7口并达产1亿米³/年；递减期16年（2032—2047年），递减期末累计产气量14.62亿立方米，采出程度26.2%。

《威远页岩气田自207井区先导试验方案》地质与气藏工程方案要点：

1.优选自207井区西北部埋深3620—3900米、Ⅰ类储层连续厚度大于4米、二级断层以北的57平方千米区域作为先导试验区，计算五峰组~龙一$_1$亚段Ⅰ+Ⅱ类储层地质储量278.72亿立方米、储量丰度4.89亿米³/千米²。

2.试验区五峰组~龙一$_1$亚段Ⅰ+Ⅱ类储层厚度26—33米，Ⅰ类储层连续厚度4—6米。Ⅰ+Ⅱ类储层脆性矿物含量55%—63%，有机碳含量2.4%—2.7%，孔隙度4.2%—5.0%，总含气量4.6—5.1米³/吨。目的层地层温度123.5—130.7摄氏度，压力系数2.0，保存条件好。

3.根据Ⅰ类储层连续厚度5米等值线和天然裂缝发育形态，将自207试验区划分为3个试验单元。其中试验单元1的Ⅰ类储层连续厚度4—5米，网状缝为主，埋深3620—3840米，构造中部隆、两侧凹；试验单元2的Ⅰ类储层连续厚度5—6米，网状缝为主，埋深3800—3900米，构造相对平缓；试验单元3的Ⅰ类储层连续厚度5—6米，单一缝为主，埋深3620—3820米，构造相对平缓。

4.采用丛式水平井组，部署2个平台9口水平井。其中利用自207评价井井场扩建平台1个，部署试验井3口，分别为自207H1-1、2、3井，位于试验单元1；新建平台1个，部署试验井6口，其中自207H2-1、2、3井位于试验单元2，自207H2-4、5、6井位于试验单元3。

5.采用丛式水平井组；靶体为龙一$_1^1$小层中下部；开展185—195度水平轨迹方位防套变试验；开展350—400米水平巷道间距试验；开展2100、2200、2500米水平段长试验。

6.采用前3年相对稳产制度，单井首年配产5.8—6.6万米³/日，加权平均6.0万米³/日，前3年递减率分别为15%、15%、35%；单井EUR 0.93亿—1.09亿立方米，加权平均0.97亿立方米。

7.2023年开钻井9口，2024年投产9口井，年产气1.5亿立方米；2025年产气1.6亿立方米，预测递减期末累计产气量8.75亿立方米。

技术创新

【苏里格致密气】 成功开展侧钻水平井套管完井压裂试验9口。开展含气低饱和度区新型压裂液现场试验10口井,初期日产超预期,达1.1万立方米。推广实施优快钻井技术,常规井完井周期同比缩短2.02%。持续开展排水采气新工艺新技术试验,总结出3套增产措施分析方法,储备3项排水采气关键技术。创新丛式井组"拉链式"作业,大幅度缩短了压裂施工周期,二丛水平井、六丛直定向井较常规压裂效率分别提高47.5%和57.69%。

【四川页岩气】 围绕压裂提速提效提质,开展暂堵绳结+暂堵剂复合暂堵试验井2口,日产30万—33万立方米;开展多维度有效浸泡压裂新技术试验1口,日产33.5万立方米。形成基于钻前设计、钻中跟踪和钻后评价相结合的靶体滚动优化技术,钻遇率由96%提高到97.2%。完成威远页岩气风险作业统一共享开发技术模板汇编,实现技术统一共享。

提质增效

【苏里格致密气】 制定增产增效、降本增效、管理增效三大类36项目标,细化保障措施,跟踪实施进展,增收创效3.32亿元。

【四川页岩气】 细化《四川页岩气项目部2022年提质增效价值创造行动工作方案》,制定提升目标8项,保障措施38条。合同价格下浮、压降培训费用、电代油等措施节约资金4153.7万元,减少二氧化碳排放3.03万吨。重复利用返排液70.4万立方米,综合利用率达100%。

(吕世全)

第六篇

科技与信息

科技发展

【概述】 2022年，长城钻探工程公司坚持以技术立企、实现高水平科技自立自强为重点，依靠创新驱动，增强企业核心竞争力。经过多年攻关与实践，形成侧钻水平井等十大优势技术，保压密闭取心等十大特色技术，打造GW—LWD等十大技术利器。构建科技发展委员会统筹规划，特色技术中心支撑产业链多专业融合的科技创新体系。成立集团公司录井技术研发中心、中油技服大修侧钻技术中心2个高水平的研发中心。组建以工程技术研究院和地质研究院为核心，所属单位技术推广中心和研究所、实验室为支撑的技术研发体系。建立了稠油钻完井、钻井取心、随钻仪器、压裂酸化液体4个试验基地，配备钻井液、水泥浆、地质分析化验（获CNAS证书）压裂液（中油技服压裂酸化技术分中心）4个实验室。

2022年，公司承担集团公司级科技项目/课题18项；承担中油技服科技项目/课题5项；下达公司级科技项目19项，投入科研经费8500万元。申报国家专利166件，其中发明专利157件。公司有11项成果获省部级科技奖励（一等奖2项，二等奖6项，三等奖3项），其中牵头申报"川渝页岩气'钻井科技示范工程'技术研究及规模化应用""环渤海地区PDC钻头及提速配套工具研究与规模化推广"获集团公司科技进步奖二等奖，参与申报"胺基钻井液技术及工业化应用""川南页岩气新一代压裂技术及应用"获集团公司科技进步奖一等奖；首次获孙越崎青年科技奖；"膨胀管井筒重构技术研究与应用"等6项成果获中油技服科技奖励；"有机质页岩相模式建立方法及有机质页岩评价方法"获集团公司专利金奖，是钻探企业首次获得该奖项，"水基钻井液用胺基抑制剂水基钻井液体系及制备方法"获银奖；"页岩油气油基钻井液技术要求和评价方法""陆地起钻保压取心作业规范"两项标准首次获批列入集团公司国际标准培育计划，是钻探企业唯一一家获批列入。

【钻井项目】 2022年，长城钻探工程公司侧钻水平井规模部署实施增产显著，成为苏里格气田效益挖潜技术主力。基于砂体构型分析、数模—建模一体化定量评价剩余气分布，明确侧钻水平井部署有利区，规划部署侧钻水平井66口；完钻侧钻水平井27口，水平段长848.9米，砂岩钻遇率87.8%，气层钻遇率59.4%，相比2021年提高10.0%；投产侧钻水平井19口井，平均单井配产3.0万米^3/日，前30天平均日产2.5万米^3/日，其中苏10区块侧钻水平井初期平均日产达2.7万米^3/日。通过气藏地质、钻完井、储层改造和采气生产等多学科技术攻关，集成侧钻水平井致密气挖潜系列开发技术，形成独具长城钻探品牌的侧钻水平井系列技术模板，推动侧钻水平井规模化应用，累计实施74口，增产超9亿立方米。

自主研发的钻井提速工具+井下工程参数测量仪在国内重点区块提速效果显著。研制高频冲击钻井提速工具、全液压随钻震击解卡工具、井下随钻工程参数测量仪3项5种系列仪器工具，攻克多流体场耐冲蚀、高温高压密封、小间隙延时震击、超音速火焰喷涂等关键技术，形成适合辽河油区、威远页岩气311毫米井段钻井提速工具利器。现场试验36井次，其中高频冲击器在沈273-H206井单趟使用210小时，进尺1011米，平均钻时6.55秒/米，同比邻井提高29.9%，实现区块三开一趟钻1011米的进尺最长纪录；在威204H20-4井应用三开提速效果显著，创造威204区块311.1毫米井段最短钻井周期（18.87天）纪录。

落实中油技服差异化发展要求，研制推靠式旋转导向专用PDC钻头助推钻井提速。通过对目标地层的可钻性分析与评价以及PDC钻头使用指标分析，完成高性能复合片优选，2022年优化设计两种型号PDC钻头在安页和辽河推广18只。其中安页区块应用5只，辽河双229区块应用13只，进尺和机械钻速同比邻井旋导钻头提高4.2%和12.85%。安页8-1HF井，单只钻头进尺2172米，实现"三开一趟钻"；229-37-51井二开6.5天完钻，创区块最短周期纪录。

自主研发的低成本油基钻井液辽河页岩及致密油试验应用3口井，成本降幅15%。研发低油水比低土相油基钻井液体系，油水比85：15—70：30范围可调，有机土加量小于2%，适用于零下25摄氏度条件；解决低油水比条件下油基钻井液乳化稳定性及沉降稳定性问题，单方成本较常规油基钻井液降低15%以上。该技术在沈273平台应用，对比同平台水基钻井液平均钻井周期降低了41.8天，平均完井周期节约66天，综合成本平均降低39.6%，为致密油平台降本增效提供技术保障。

环保型强封堵胺基钻井液技术成功应用44口井，助力尼日尔钻井降险提速。通过高性能胺基抑制剂及封堵剂研选，开发环保型强封堵胺基钻井液体系，解决低速泥岩防塌抑制的难题。自2019年底在尼日尔阿加德姆（Agadem）油田试验成功以来，累计推广应用113口井，因井壁失稳、蠕变缩径和井眼清洁等问题造成的井下复杂事故大幅降低。周期连年大幅缩短，2022年完井44口，电测一次成功率提高到95%，完井周期14.4天（同比2021年缩短13.4%）。

升级低粘低切广谱封堵油基钻井液技术，成功开拓西南页岩气外部市场。通过系统研究龙马溪地层孔缝分布特征和失稳机理，开发低黏低切广谱封堵油基钻井液体系，突破页岩气地层不同尺寸孔缝高效封堵技术瓶颈，体系PPA封堵能力提高6.5兆帕以上。自2018年下半年开始试验应用，累计推广应用218口井，逐步解决威远自营区块等页岩气井划眼、掉块及卡钻的难题，万米进尺划眼耗时大幅降低。依托该技术，成功独立开发多个外部市场，2022年贵州页岩气、绵阳致密气等外部市场完井16口，创产值4650万元。

80兆帕保压取心工具成功研制，助力深层页岩油气储层物性和资源量科学评估。研发80兆帕保压取心工具，攻克球阀主动密封、高温高压测量、含气量测试等保压取心关键技术，有效克服页岩气取心过程中油气组分损失，孔渗饱测试数据失真难题，打破数学估算损失气量的传统模式，实现页岩储层含气性定量、准确评价，应用成果支撑大庆古龙页岩油，四川、鄂尔多斯页岩气千亿方储量计算及申报。80兆帕保压取心现场试验4口井，累计取心进尺73米，创最深井深5060米，储层压力最高100兆帕，页岩气保压岩心含气量测试最高11米^3/吨。

【固井完井项目】 2022年，长城钻探工程公司打造复杂水平井固井利器，自主研制旋转套管固井水泥头首次进入川渝现场试验。通过高压旋转密封技术攻关，研发$5\frac{1}{2}$英寸旋转套管固井水泥头，旋转密封工作压力≥70兆帕，抗扭≥30000牛·米，抗拉能力≥280吨，性能指标国内领先。旋转套管固井水泥头可实现固井时套管旋转，提高水平段顶替效率，保证水平段固井质量，显著减少气井环空带压的发生。该型水泥头于2022年12月7日在威204H20-2井气层（5490米）开展首次功能现场试验，旋转及高压密封均达到设计要求，2023年将继续在西南页岩气开展试验完善并推广。

稠油分段完井技术在辽河、新疆等稠油主产区规模推广应用87口井。针对热采水平井动用不均在、蒸汽热效率等开发难题，研发耐高温管外封隔器、"双向机械+自溶"管内注汽封隔器、攻克了高温密封、温控驱动、复合锁紧等技术难题，突破井下350摄氏度高温封堵瓶颈，配套开发热采参数优化软件，拓展研发顶水防窜工具、均衡注汽工具，建立热采完井及注汽一体化服务能力。系列分段完井及注汽技术在辽河、大庆、新疆应用87口井，完成产值近2000万元，创效500万元。

【复杂老井治理与修井项目】 2022年，长城钻探工程公司自主研制高承压膨胀管技术完成国内首口页岩气井井筒修复现场试验。针对页岩气井套变比例高，影响新井产建进度与产量贡献等问题，公司2020年布局开展页岩气水平井井筒修复技术研究，包括页岩气复杂井井筒完整性评价、厚壁套管整形、大通径高承压膨胀管井筒修复等技术。2022年3月，在威204H19-1井首次完成深层页岩气套损井修复试验，修复后内通径大于96毫米，成功压裂16段，测试日产33万米^3/日，预测EUR将达到1.17亿立方米，创密封承压98兆帕等多项国内技术指标与施工纪录。试验成功后，四川页岩气公司委托，在阳101H91-1井首次完成页岩气套管断脱井膨胀管井筒搭桥修复试验。该项技术弥补套损井、严重套变井处理技术的空白，具有广阔的应用前景。

复杂老井封堵系列技术助力辽河、吐哈油田储气库安全高效建设。创新形成裸眼井找眼重入、利用落鱼钻具封堵盖层、绕鱼重入老井眼3项工艺技术，研发封堵材料主剂、固化剂、功能助剂，形成耐温120摄氏度高强度、高密封性封堵体系配方；攻关自愈合水泥浆体系，水泥石自愈合反应可实现80%以上气体渗透率降低，集成应用无源磁导向、水力喷砂射孔等技术，形成储气库复杂老井封堵技术体系。成功封堵国内第一口双井眼、双落鱼老井马215井，试压15.13兆帕，满足储气库安全运行标准。创新包络线三维空间找眼法，实现温气801等无磁导向情况找眼施工。

【储层改造项目】 2022年，长城钻探工程公司升级速溶耐剪切羟丙基瓜尔胶压裂液，在新疆、西南转化推广效益显著。体系解决普通羟丙基瓜尔胶不能快速水化、对矿化度敏感、液体性能不稳定等问题。研发羟丙基瓜尔胶增稠剂（HPG-I以及JK101）满足非常规油气资源开发中现场快速混配作业需求，满足"加快施工速度、降低液体成本"的需要。通过对交联剂重新设计，优化压裂液配方，在成本降低15%的基础上，压裂液更耐剪切，恢复性好。近2年来主要在中石化西南油气田公司、新疆油田渤钻以及华北油田大量应用等区域推广应用，施工效果明显，共计应用超过1500口井，其中水平井超过250口，产生直接经济效益超过4.8亿元。

低残渣、耐剪切压裂液在致密油气领域试验并推广应用。体系解决苏里格致密气藏和大庆致密油藏等低渗透区域植物胶速溶及残渣高导致的伤害问题，形成了低浓度增稠剂分子结构设计、生产工艺技术、低残渣压裂液配方技术，体系具有残渣低、耐剪切性能好、摩阻低、携砂能力强、返排率高等优点，2022年主要在大庆、华北、江苏等油气田推广应用，施工效果明显，应用超过100口井，其中水平井30多口，产生直接经济效益5200多万元。

低温低矿化度可溶桥塞技术首次应用在辽河、中联煤非常规油气储层改造。辽河地区油井井温低，压裂用液多采用清水调配，可溶桥塞性能必须适应低温低矿化度的应用需求。通过增加可溶金属材料溶解速率、改进低温水溶橡胶、优化桥塞结构设计等，研制的低温清水可溶金属桥塞，解决辽河地区非常规油气储层分段改造难题。2022年在辽河、中联煤等应用67支，助力辽河油田雷72大平台日产百吨以上、中联煤LX62-H1井日产6万立方米的深煤层气生产纪录。

标准化工作

【概述】 2022年，长城钻探工程公司标准体系架构日趋完善。结合多年现场施工经验，针对在用标准技术体系不完整的情况，重点做4个方面工作：细化钻井专业超深井、非常规井业务分支及其对应的标准；完善入井液体体系，补充油基、非油基、生物基等分支；增加节能减排、环保回收等关键环节技术

【主要工作】 2022年，长城钻探工程公司及时调整各级标准化组织机构。根据领导分工及时调整公司标准化委员会和各专业标准化委员会成员，将技术过硬、熟悉标准化管理的专家及时推荐到各级标委会中任职，充分发挥专家在顶层设计、决策支持和创新引领等方面的重要作用，为公司高质量推进"六个典范"、提升企业竞争力提供标准体系保障。

开展标准宣贯培训和标准实施监督。公司为各单位、部门订购标准23批次，11400余册，通过网络形式组织GB/T1.1-2020《标准化工作导则 第1部分：标准化文件的结构和起草规则》相关培训1次，超40人取得标准起草人资质证书，为规范标准起草和现场应用推广奠定坚实基础。

标准国际化工作取得阶段性突破。"页岩油气油基钻井液技术要求和评价方法""陆地起钻保压取心作业规范"列入集团公司2022年国际标准培育项目计划，是首批入列培育项目。10月，上述2个项目通过集团公司勘探与生产专标委阶段检查。

（李　苗）

信息化工作

【概述】 2022年，长城钻探工程公司围绕"业务发展、管理变革、技术赋能"三大主线，推进国内外工程作业智能支持系统（EISC）、海外作业管理系统（OMS）、"两气"数字化改造、北斗导航能源安全生产监管系统、门户网站2.0系统等项目建设，促进信息系统深化应用，提升信息技术服务保障能力，助力公司从生产型向经营型转变。

【应用系统建设】 国内EISC。完成新版系统框架搭建，实现实时数据模块升级和生产动态、单井导航、统计分析等功能集成开发；开展钻井一体化采集端定制开发，与多个甲方实现数据共享；重构井控模块，实现井控装备使用的全流程管理；优化一键组会功能，支持专家即时连通作业现场。承担中油技服EISC-HSE智能管理模块项目建设，完成需求调研和技术方案论证；完成节点管控、作业许可、能量隔离、综合记录、监督检查等模块开发；完成系统部署并挂接到集团EISC平台，在3支钻井队开展系统应用试点。

海外EISC。针对中油国际钻完井数字化采传服务协议要求和公司实际需求，在乍得和尼日尔优化数据传输网络，建设基地监控中心，部署DrillingAnyWhere客户端，集成视频监控和一键组会功能，在海外多个项目开展钻井实时参数自动采集和远传，基本满足远程技术支持和井控应急指挥需要；按照甲方需求持续完善客户端，开发各类报表、完井资料和井控模块，定制多语言版本，开展监督审核提升数据质量；组织海外远程支持一体化应用系统建设，完成基础框架搭建，开展钻完井、地质、导向、知识库等模块开发集成。

海外作业管理系统（OMS）。组织物资管理的计划、采购、仓储等功能模块陆续上线应用；完成国际化人才库、工程技术人才库、钻修工作量统计、单井时效分析、物资月报、国际项目周报、HSE事件移动填报、单机单队预算填报等新增需求功能开发。

"两气"数字化改造。组织完成苏里格作业一区监控中心建设、苏11-4集气站数字化改造和站控系统部署，实现数据自动采集、远程实时监控、产能预测分析和开关井控制等功能。

数据仓库建设与大数据单井成本分析。依托集团公司数据仓库，完成区域数据仓库部署工作，汇聚FMIS、EISC、4个钻井公司经营系统数据，以及两年内钻井公司口井成本写实数据，利用大数据应用软件配合财务资产处对单井项目的生产经营数据进行梳理，形成生产类、成本类、收入类、损益类89个分析指标。

北斗导航系统。组织北斗导航能源安全生产综合监管系统项目试点建设，完成741台北斗手持终端和车载终端设备发放和验收，公司所有车辆完成北斗车载终端的安装工作。

门户网站系统。组织信息门户2.0建设，完成主门户、42个处级单位门户和54个专题网站搭建，以及历史数据迁移，并成功切换上线。

【信息化基础设施建设】 2022年，长城钻探工程公司开展自建系统网络安全等级保护测评和定级备案工作，完成11个系统备案；对存在严重安全隐患的苏里格工控生产网开展升级改造方案编制；组织参加国家和集团公司网络安全大赛，并取得优异成绩。

（谢　辉）

中国石油集团长城钻探工程有限公司年鉴2023

第七篇
质量健康安全环保

疫情防控

【概述】 长城钻探工程公司严格落实防控主体责任,压实自身健康第一责任人责任,做到新冠肺炎疫情防控和生产经营两不误。做好防疫物资和药品的储备,加强对员工的关心关爱,坚持以人为本,树立员工身心健康至关重要的理念,利用视频、微信、网站等多种方式开展员工心理健康疏导,缓解因疫情造成的心理压力,以平稳的心态应对疫情。按照集团公司《中国石油天然气集团有限公司第二波新冠病毒感染疫情应急处置预案》要求,公司针对疫情流行期结束,整体实现转段,进入常态化防控阶段,制定《长城钻探工程公司第二波新冠病毒感染疫情应急处置预案》,有效地防止重大传染性疾病流行,宣传普及新型冠状病毒防治知识,建立防控网络,实施长效机制,保证公司正常的生产秩序、保障员工的身体健康。按照中油技服疫情防控工作要求,建立汇报制度,每周日在员工健康帮助小程序疫情防控模块填报公司疫情防控信息,未发生瞒报、迟报等现象,筑牢公司疫情防控安全防线,确保公司生产经营平稳受控。

(李菊平)

【名人大厦疫情防控】 2022年,长城钻探工程公司设置"名人大厦疫情防控专栏",第一时间传递疫情防控各项信息,动态更新政策等信息,提升管理服务效能,履职能做好机关服务工作。通过微信、即时通等网络工具,完善各项疫情防控资料。累计出台疫情防控常态化实施细则、精准化防控措施、应急预案等27项。严密各类重点涉疫地区人员行程轨迹等信息,累计摸排125次,摸排信息26312项,摸排85000人次。准排查公司涉及中高风险地区人员、隔离人员情况,累计提交各项疫防报表111张。持续做好流动人员备案登记工作,备案离京226人,进京230人,严控外来风险,保持办公区域"零疫情""零感染"。扎实做好疫苗接种与核酸检测工作,2022年累计组织21批次10935人次参加核酸检测。积极与朝阳区政府疫苗专班对接,设立长城钻探工程公司临时疫苗接种点,为公司人员接种疫苗。

(李世杰)

安全生产

【概述】 2022年，长城钻探工程公司全年累计总工时75639225小时，同比增加2.03%，总可记录事件率为1.34，同比降低2.8%。发生4起生产安全事故，百万工时损工事件率0.06。在线监控车辆3017台，行驶总公里数59411266公里，同比增加3.5%，未发生道路交通安全事故。

压实领导责任，各级领导率先垂范，深入基层开展安全联系活动1110余人次，通过带头开展大检查、参与QHSE审核、讲授安全课等形式，践行有感领导，提升全体干部员工对安全生产极端重要性的意识。

靠实直线责任。从通用和业务职责两方面细化公司领导和各部门QHSE职责，责任界面更加清晰；修订两级机关管理岗位HSE责任清单1860份，进一步完善"一岗一清单"安全生产责任体系。每月召开安全生产专题例会，每季度召开QHSE委员会办公例会，推进直线责任落实。

夯实主体责任。通过改革监督体制机制，建立以突出各单位监督主体责任为主、机关直线部门督导为辅的监督工作模式；每周召开监督工作例会，每月召开区域总监例会，每季度召开公司QHSE工作例会，曝光典型问题，制定纠正预防措施；定期开展新任总监工作述职，从管理、监督、直线和属地等多维度夯实各单位安全生产主体责任。

推动全员履职尽责。组织全员签订HSE承诺书1.6万余份，对19家单位的622名管理和作业人员记分705分，批评教育、通报处罚等形式问责495人次，增强全员安全生产责任和担当意识。

突出基层队示范引领。优选2支钻井队参评集团级标准化示范队；开展安全里程碑活动，294支钻修井、压裂队伍实现了连续1年安全生产。

规范班组风险管理。组织全员辨识、评价危害因素13070条，制定预防措施35000余项，岗位交接时提示风险并纳入交接班记录，班后会对本班次风险控制情况进行交流总结，增强班组和岗位风险防控意识。

提升岗位能力。开展安全生产培训"走过场"专项检查，整改问题63项；举办HSE管理和监督人员培训班6期，培训HSE专职人员370人，开展HSE取换证培训班15期，培训岗位操作人员940人；录制并下发HSE标准化操作视频160项，实现"短课时、小范围、多形式"的灵活培训。

推进信息化建设。完成HSE管理智能化信息平台建设并试点推广，实现作业过程智能化管理。

【健康管理】 2022年，长城钻探工程公司践行以人为本，全员健康管理逐步走向深入。推进健康企业创建，制定工作方案，明确创建目标和60项工作任务，选择固井公司等3家试点单位全面开展创建工作。建立员工健康管理平台和健康评估标准，收集健康评估问卷15000余份，评估结果纳入健康档案管理，实现员工健康风险因素的分级分类跟踪和干预。践行"以人为本"理念，对3001名特殊作业岗位员工进行健康状况排查，结果纳入健康档案；为国内外部市场和境外员工提供远程医疗诊断、治疗及咨询服务120人次，提供心理健康服务102人次，帮助员工缓解压力，调整身心状态。加强职业健康管理，开展职业病防治法宣传周活动，组织接害岗位员工签订《职业病危害告知书》，职业健康体检和职业病危害因素检测率均实现100%的计划目标。坚持常态化疫情防控，国内单位积极落实"四方"责任，建立日汇报制度，累计审批、排查重点地区人员流动10450余人次。境外单位坚持网格化管理，落实"九项规定"，配合"1026"专项工作，对超期工作半年以上人员建立跟踪制度，统筹商业航班和包机双轨推动倒班轮换，实现885名海外员工顺利回国。推进疫苗加强接种，境外中方、外方人员加强针接种率均达到100%，公司总体接种率超过97%，牢牢守住疫情防控底线。

HSE 体系管理

【HSE 体系管理】 2022年，长城钻探工程公司通过开展审核检查，HSE管理体系运行质量得到有力保障，风险得到有效控制。完善规章制度，开展HSE规章制度适用性、合规性评价，制修订《生产安全风险防控管理办法》等19项HSE规章制度，完善设备安全操作规程45项，梳理HSE工作流程35项，起草《人工搬运风险评价的推荐做法》等4项企业标准，编制境外项目HSE管理体系英文版文件，与国际化HSE管理模式接轨。强化审核指导，迎接中油技服2次QHSE管理体系量化评估审核，分区域组织指导性审核和挪威船级社（DNV）管理体系监督审核，对部分单位开展诊断评估。深入开展检查，落实国家和集团公司安全生产15条硬措施，分2个阶段开展安全生产大检查。组织"大反思、大排查、大整治"活动回头看。以三类队伍、"三新"队伍为重点，开展井控、应急、工具方法应用、变更管理、承包商管理等专项检查督察。累计检查钻修井现场3356队次，专业化队伍4130队次，二线厂点1205厂次，发现并整改各类问题36065项，下发《安全问题整改通知单》458份，《违章处罚通知单》211份，有效遏制作业现场的习惯性违章行为。

【风险防控】 2022年，长城钻探工程公司突出风险隐患防治结合，推进"2个专题+8个专项"的安全生产专项整治三年行动收官，针对梳理出的76项问题隐患，制定105项措施，全部如期完成，形成制度性成果119项，总结典型经验做法43项。全年下达5批HSE专项费用投资计划，投入7367.43万元资金治理隐患217项，提升本质安全水平。

环境保护与节能节水

【概述】 2022年，长城钻探工程公司重视环保节能，依法合规清洁生产不断推进。严控污染物排放指标，开展常规大气排放源达标排放排查，90个排放口均达标排放；加强污染物排放的过程管控，全年公司主要污染物排放量分别为氮氧化物4030吨、氨氮0.16吨、化学需氧量1.12吨、温室气体75.2万吨，全部控制在考核指标范围内。

【持续推进清洁生产】 2022年，长城钻探工程公司执行各级党组织生态环境保护重大事项议事规则，落实冬奥会、冬残奥会空气质量保障措施，确保施工场所空气质量达标；强化"两不落地、两回收、两利用"工作，实现了钻井液、岩屑、压裂返排液等各类废弃物储存、运输、处置过程可控受控，全年合规处置油基岩屑2.2万吨，回收利用钻井液9万立方米，压裂返排液68.4万立方米；办公场所、现场营地生活垃圾严格分类投放，营造良好的工作环境。迎接中央环保督察，开展生态环境保护督察自查自改和建设项目环保专项整治，查改各类问题92项，杜绝突发环境事件和环境违法违规事件，未发生督察通报和环保舆情事件，顺利通过中央第二轮第六批环保督察，实现依法合规。

【加强节能管理】 2022年，长城钻探工程公司加大推广应用电代油钻机和电驱压裂设备力度，全年累计动用电代油钻机82部，电驱压裂设备69台，作业井数276口，实现替代柴油47561.06吨，减少碳排放39475.68吨，节约费用9911.59万元，形成规模效益。

质量管理与监督

【质量管理】 2022年，长城钻探工程公司严格质量管理，助力提质增效和高质量发展，全年未发生一般及以上质量事故，全面完成质量管理目标和集团公司质量业绩考核指标。严格井筒质量专项整治，通过设计与工艺优化、井眼轨迹控制、完井技术措施落实，全年井身质量合格率99.73%，固井质量合格率96.07%，川渝地区压裂丢段率为零，达到集团公司考核指标要求。加强入井材料及流体产品专项整治，组织排查油化剂产品338种，对清查出的无质量认可证的产品及其承包商进行清退处理；组织实施重要入井流体产品质量检验1720批次，对发现的7批次不合格品组织后处理，为井下工程安全提供保障。加强专用计量检测管理，对在用石油专用计量器具使用及校准情况开展全面普查，检定校准计量器具3780余台件、石油专用计量器具3620余台件，保证量值准确。

计量工作

【计量器具管理】 2022年，长城钻探工程公司结合国家计量法规政策变化，研究编制《计量器具分类管理规范》公司企业标准，梳理强制检定及石油专用计量器具目录，实行分级、分类动态管理，做好在用、降级、停用、报废计量器具的标识管理，动态更新维护计量器具台账。依据编制的《2023年强制检定和石油专用计量器具检定校准计划》，组织各单位检定、校准通用计量器具11910余台件、石油专用计量器具10630余台件，强制器具周检率100%，保证量值准确可靠传递。组织对在用的天然气流量计使用及检定校准情况进行全面普查，清查9种、3952台套，掌握在用天然气流量计的配备及量值溯源方式基本情况。围绕井斜仪、电阻率计量校准技术的开发和应用，组织钻技服公司开展"计量测试促进产业创新发展优秀案例"编写工作。

【技术机构建设】 2022年，钻井液质量检验中心信息化建设取得突破性进展，开发的LIM实验室信息管理系统正式上线运行，在满足实验室认可体系要求的同时，实现对实验室的各类资源、样品管理、检验任务、实验结果、质量控制等流程的在线信息化控制。组织钻井液质量检验中心、固井水泥及外加剂质量检验中心开展实验室能力验证和比对检验。通过同步抽样，同步检验、方法数据比对等方式，实施产品的比对检验84批次，比对数据310组，有效提升检验检测能力和技术水平。随钻计量检测中心经过一年的筹备和申报，顺利通过CNAS实验室认可，推进技术机构资质升级。

【计量人员管理】 2022年，严格实施计量检定和质量检验人员登记注册、培训、考核和发证管理，根据业务和人员变化，钻井液公司、钻具公司对93名质量检验及计量检测人员进行理论培训、能力实操验证和取换证考核，确保人员的业务能力满足产品质量检验、检测和计量校准岗位要求。钻井二公司4名人员考取国家注册计量师资格，计量人员的整体专业任职资格能力进一步提升。

（李菊平）

第八篇
企业管理与监督

生产运行

【概述】 2022年,长城钻探工程公司国内外管理钻修井机年平均400部,与2021年同期年均相比增加31部,年平均动用310部,与2021年同期年均相比增加47部;年平均动用率77.44%,与2021年同期年均相比增加6.22%。其中国内年平均管理钻修井机276部,与2021年年均相比增加32部,年平均动用钻机246部,与2021年年均相比增加37部,年平均动用率89.45%,同比2021年增加3.68%。工程技术服务队伍年均1369支,动用882支,动用率64.41%,同比增加7.02%,其中国内932支,动用665支,年均动用率71.32%,同比增加12.05%。

2022年,完成进尺553万米,同比增加88.73万米,增长19.09%,其中国内累计开钻2100口,完钻1990口,进尺476.47万米,同比增加81.56万米,增长20.65%。

【生产运行管理】 2022年,长城钻探工程公司强化疫情防控下的生产组织。面对国内新冠疫情多点散发、大宗物料价格上涨等严峻形势,安全快速高效组织固井资源实施跨省紧急支持保障吉林油田的固井需求,有效化解重大井控风险,以实际行动践行"一体两面",获得中油技服表扬。连创国内单月进尺历史纪录,国内生产始终保持高位运行,进尺工作量同比增幅20.65%。国内年累进尺继2019年以来再次突破400万米大关,公司单机单队效率同比提高8.8%,其中长庆市场、川渝地区单机单队作业效率同比增加24.7%、29.3%。

优化钻机资源布局,市场集中度进一步改善。按照公司"市场聚焦、规模聚焦、管理聚焦、保障聚焦"工作要求,统筹资源配置,优化市场布局,规范同质市场开发秩序,避免公司内部同质化竞争,不断提高市场集中度。根据不同钻井公司资源配置和市场开发优势,明确各钻井公司在各区域的主导市场和属地责任,提高钻井公司市场集中度,聚焦东部地区吉林油田市场、西部地区道达尔和中油煤市场的管理力量,基本实现"一个市场、一家施工主体"的新格局。

强化资源优化调配,突出保障重点项目资源需求。加强辽河外围市场服务保障能力;优化长庆地区的资源配置,将辽河流转、壳牌长北等项目以及苏里格自营区块的自营钻机重新调配,加大长庆页岩油、储气库、区域勘探等市场的保障能力;根据威远自营区块产建计划调整,优化川渝地区钻机部署。及时将威远自营区块富余钻机调整支援西南吉林流转、四川页岩气、长宁公司等项目施工,最大限度减少钻机的等停。全年累计调整48部钻机,国内钻机动用率进一步提升,国内平均钻机动用率

89.64%，较 2021 年同期提高 4.37%。

推动资质办理，有序解决队伍资质瓶颈。加强同集团公司的沟通协调，规范队伍资质管理，完成 32 部自有钻机和 2 部租赁钻机的资质申报，与油田公司完成新增钻机变更和备案，钻机资质及时归位，及时协调解决合作队伍的资质问题，确保队伍资质管理合规化。

强化对重点项目的支持力度，不断提升服务保障能力。保障油气田增储上产任务。结合公司钻机资源的实际情况，组织钻机资源，支援长庆油田区域风险勘探和天然气评价井项目、中油煤上产和辽河流转等区域的钻井施工，保障长庆油田风险勘探钻机需求，率先完成长庆油田划定的 65 万米进尺工作量。与辽河油田公司共同应对辽河油区洪涝险情。动员东部地区各二级单位，迅速集结防汛力量，组织 360 余人次参与辽河油田应急支援和紧急抢险，加高加固河堤，进行 24 小时堤岸巡查，及时组织水泥、复配堵漏剂、重晶石、发电机组等抗洪物资，全力支援辽河油田抗洪抢险。在配合辽河油田防洪抗汛的同时，克服洪灾带来的影响，强化生产物资保障，组织河套区域内的 19 支队伍安全有序撤离。推动辽河油区复产上产。强化与辽河油田公司的对接，摸排井位运行，不讲条件、不计代价，落实钻机资源，汛后高效启动恢复等停钻机 33 部，从吉林、苏里格等项目跨区回撤 4 部钻机支援辽河油田上产。

开展生产组织模式创新。在辽河油田大平台井推广应用"台长制"管理模式，实现资源、技术、物资、安全"四个共享"；首次采用前置二氧化碳蓄能拉链式压裂方式，高质量完成辽河油田首个"拉链式"工厂化压裂平台沈 224 块页岩油先导试验井组 3 口井 28 段压裂施工任务，打破辽河油区压裂液单日入井总量、单段加砂量和液态二氧化碳压裂泵入总量多项纪录；在川渝地区持续开展专业化服务队伍建设，开展探索工程机＋空气钻井技术服务，在浙江海坝区块导管表层批钻施工平均周期 6.6 天，同比缩短 10 天。

（黄　帅）

【应急管理】 2022 年，长城钻探工程公司制定《长城钻探工程公司总部应急工作流程》。6 月 9 日—7 月 22 日，结合防洪防汛检查，组织开展上半年应急管理专项检查。7 月 13 日—8 月 19 日组织开展吊装、高处、挖掘和受限空间作业许可专项整治工作。按照年度应急演练计划，组织开展公司级放射源、危化品突发事件应急演练。

（尤长国）

【土地公路管理】 2022 年，长城钻探工程公司按照集团公司《关于开展 2021 年度土地清查工作的通知》要求，完成公司土地清查工作。截至 2021 年 12 月 31 日，公司有土地 88 宗，总面积 1911045.12 平方米，已全部办理土地使用证。其中划拨土地 61 宗，土地面积 1765159.06 平方米；出让土地 26 宗，土地面积 138513.56 平方米；其他土地 1 宗，土地面积 7372.5 平方米。其中工矿仓储用地 65 宗，土地面积 1905839.19 平方米；住宅用地 1 宗，土地面积 208.13 平方米；商服用地 22 宗，土地面积 4997.8 平方米。办理不动产变更登记的土地 17 宗，不动产证书56个，土地面积616381.07平方米；建筑面积125451.01平方米。

新增土地5宗，总面积26785.92平方米，土地取得费970万元，合24.25万元/亩，全部完成土地证办理。其中新增出让土地4宗，面积26293.62平方米，土地取得费970万元，合24.5万元/亩；新增划拨土地1宗，面积492.3平方米。

完成2022年度各单位土地公路相关费用的审核工作。全年审核费用205项，4475.2万元。其中四川页岩气项目部65项，1811万元；苏里格气田分公司40项，2316.7万元；钻井一公司2项，7.2万元；井下作业公司10项，34.9万元；压裂公司82项，295.1万元；钻井三公司5项，7.4万元；工程服务公司1项，2.8万元。

（骆　意）

组织人事管理

【员工总量控制】　2022年，长城钻探工程公司严格落实员工"进出两条线"管理，继续落实员工总量计划、新增计划双控制，稳步推进用工方式转型，进一步优化人力资源配置，规范劳动关系，强化劳动纪律管理，实现净减员625人，完成集团公司下达的员工总量控制计划。

【人力资源优化配置】　2022年，长城钻探工程公司深入贯彻集团公司持续深化三项制度改革有关精神，围绕规模控制、素质提升、服务发展等要素，对不同业务、不同系统的人员配置统筹规划，合理配置一二线人力资源。公司两级机关管理人员保持只减不增，鼓励机关人员向基层流动，两级机关管理人员较2021年底减少157人。结合生产经营情况和一线人员队伍情况，持续引导人力资源优化盘活，完成216人的跨单位劳务输出，盘活422人支援CCUS等"三新"事业发展。

【人员分流安置】　2022年，长城钻探工程公司按照《关于人员分流安置的实施意见》，根据二级单位员工申请情况，批准153人办理了提前退休、内部退养、离岗歇业等手续。工作中坚持以人为本，实现公司降本增效，维护岗位退出人员的合法权益，同时稳定业务骨干人员。

（陈　幻）

【薪酬管理】　2022年，长城钻探工程公司科学做好工资总额管理。2022年工资总额25.2亿元，与2021年相比增长0.9亿元，员工人均收入增长5.9%，实现工资总额持续增长。

强化薪酬两级管理模式。完善与职能定位相匹配的薪酬两级管理模式，持续优化总量调控与自主分配相结合，公司重点做好工资总额核定、计划执行、人工成本管控等工作，指导各单位完善内部考核分配办法。各单位内部考核分配政策进一步优化，形成调控有效、重点突出、关系协调的分配格局，充分激发员工的动力活力。

提高重点群体精准激励效能。持续加大对关键领域、关键岗位和关键人才的分配倾斜力度，进一步提高对重点群体的精准激励效能。全年公司工资总额增量的80%用于向一线岗位、科研岗位投放；一类一线岗位奖金系数按照2.0确定，同岗位、同层级管理人员收入差异化倍数达到1.4；企业首席专家、高级技术专家的薪酬水平达公司平均水平的3倍，一级工程师的薪酬水平达公司平均水平的2.6倍。

加强专项奖管理。坚持"差异化、可量化、少而精"原则，2022年公司专项奖励设置4项，对与公司改革发展方向相适应，为公司改革发展补齐短板、破解瓶颈问题做出重要贡献的工作进行奖励，科技创新、井控安全、劳动竞赛等重点工作领域的奖励占公司全部专项奖励的78%以上。

落实人工成本峰值管理。制定印发公司《关于落实人工成本峰值管理的意见》，与财务资产处建立联动配合机制，强化人工成本列支管理，建立健全"月跟踪、季分析、年评价"工作机制，组织做好峰值目标和达峰时间预测，重点提高全员劳动生产率、人事费用率、人工成本利润率等投入产出指标。压实人工成本管控责任，分解下达年度人工成本计划，有效传递管控压力。

推进中长期激励工作。全面落实集团公司《中长期激励实施意见》《科技型企业分红激励实施办法》等政策要求，对符合实施条件的京昆公司研究制定岗位分红激励方案，从经营成果、科技创新、转化创效等维度实施针对性考核；同时建立内部岗位价值评价和绩效考核机制，充分体现岗位分红激励的公平公正，推动员工与企业"同频共振"。

实施薪酬管理常态化督导检查。开展薪酬业务专项检查2次，组织业务培训班1期，重点检查与交流薪酬制度的建立与执行、专项奖励管理情况、工资总额的计划与使用、考勤制度的执行、领导人员薪酬管控、人工成本管控、工资列支渠道及分配纪律，全面促进薪酬管理业务依法合规。

（王　忠）

【人才强企工程落地实施】 2022年，长城钻探工程公司以《人才强企工程实施方案》为指导，结合施工运行图，按照工程思维，坚持目标导向，突出抓好组织体系优化、人才价值提升、"三强"干部队伍锻造、高精尖人才引进培养等人才强企专项工程，纵深推进人才强企战略举措。成立长城钻探公司人才强企工程工作领导小组并设立办公室，明确领导小组和办公室职责，全面落实《人才强企工程实施方案》，制定印发《关于强化人才强企工程组织运行的通知》，推进指导二级单位制定人才强企运行方案，构建人才强企工程上下联动整体推进机制；安排部署人才强企推进工作，制定工作计划，逐项分解落实主体责任，编制长城钻探公司《人才强企工程考核细则》，全方位加强工作推进。营造成果交流氛围，聚焦政策宣传、工作展示和经验交流，分"人才强企工程方案落实"和"人才强企工程推进年"两大主题设计制作人才强企工程专题网页，起草印发3期《人才强企工程工作动态》，全面展示人才强企工作进展和成效；制定二级单位《人才强企工程企业动态信息报送计划》，及时总结工作举措和成效。长城钻探工程公司作为10家典型单位之一，在集团公司"人才强企工程推进年"三季度工作例会上进行经验交流。

【专家管理工作机制】 2022年，长城钻探工程公司结合集团公司最新政策要求和公司实际，组织修订《中层级专业技术岗位人员管理办法》，完善选聘管理、强化考核激励、畅通转换通道；健全首席专家负责制，印发《关于调整技术专家工作室成员的通知》，充分发挥首席专家在项目论证、工程把关、决策咨询、人才培养和人才评价等方面的作用。

【专家队伍及考核管理】 2022年，长城钻探工程公司根据科研生产需要，组织开展中层级专业技术岗位选聘工作，新聘3名企业高级专家和4名一级工程师，加快高素质专业技术人才队伍建设；组织完成25名中层级及以上专业技术岗位人员的2021年度考核工作，实现薪酬动态管理，激发专业技术人才创新创造活力；优化专家岗位职责，探索建立专家量化激励约束机制，科学制定40名中层级及以上专业技术岗位人员2022年度绩效合同模板并完成合同签订，促进技术专家更好地履行职责。

【"双序列"改革推进】 2022年，长城钻探工程公司持续深化第三层级专业技术序列制度改革，组织开展"双序列"调研工作，印发《专业技术岗位序列改革调研通知》，收集分析各单位调研报告，总结改革经验，巩固改革成果。

【高层次人才引进与培养】 2022年，长城钻探工程公司按照《"十四五"高层次科技创新人才引进工作方案》要求，开展高层次科技创新人才需求调查，编制2022年度高层次科技创新人才引进需求分析，制定《高层次人才引进后管理使用工作方案》，进一步完善公司高层次科技创新人才引进规划和使用管理。指导昆山公司成功引进一名海外高层次人才并入选国家级人才计划。参与集团公司青年科技人才培养计划，择优推荐，11人入选集团公司"青年科技人才培养计划"。

【优化晋级评审工作】 2022年，长城钻探工程公司优化机关晋级系统和程序，组织召开晋级评审会4场次，40名机关专业管理管人员参与晋级评审，24名晋级通过，以评促晋，持续提升机关专业管理人员履职能力。

【职称线上和涉外考试】 2022年，长城钻探工程公司按照集团公司职称外语和政治理论水平考试首次在线考试要求，制定职称考试工作方案，组织职称考试报名、协调、布置并验收国内外15个考场，完成考务人员培训和考前教育培训3场次，平稳顺利完成277人在线考试；组织完成涉外考试9场180人次。

【专业技术职务任职资格管理】 2022年，长城钻探工程公司按集团公司新印发的职称评审办法，修订印发《职称评审管理办法》《2022年职称评审工作方案》，组织开展办法宣贯和职称评审各项工作，完成18名正高级和160名副高级报名人员的材料审核工作,同步完成评审指标测算及中高级评审组织机构的调整完善等工作,首次使用 VB 语言编程设计基础分量化打分模板,根据参评材料的统计情况自动计算基础分,大幅提升工作效率,实现基础分计算的数字化运行,提高职称评审基础分量化的准度、精度和效率。通过高级职称评审120人,中级职称评审108人。

(张增辉)

员工培训与技能鉴定

【培训管理】 2022年,长城钻探工程公司贯彻落实推进"六个典范"企业建设和人才强企工作部署,以提升人力资源价值为主线,创新工作方式方法,着力做好公司员工素质提升培训工作,为公司高质量发展提供坚实的人才支撑和智力保障。制定《培训管理办法》《网络培训管理办法》《新员工基础培养工作实施方案》《机关管理人员培训晋级实施细则》《关于调整公司培训经费计提和 C 类培训方式的通知》和《关于明确 C 类和部分 D 类培训项目价格的通知》等规章制度,夯实管理基础、理顺工作程序。

【人才培育】 2022年,长城钻探工程公司做好岗位标准化培训建设工作,选派专家参与岗位标准化培训体系建设、教材研发、课件制作等,选派14名物资、巡视巡察、安全环保、财务管理、国际合作和外事管理等业务专家分4批次参加集团公司岗位标准化培训体系建设。选派人员参加管理岗位标准化培训,有12人完成相关培训和集团公司岗位标准化培训师资建设工作,培养集团公司内训师4人。

做好国际化人才培养工作,加强海外培训基地建设,以国际钻井公司培训基地为平台,初步形成独有的国际雇员培训管理体系和培训教材体系,着力推动乍得区域井控培训中心、巴基斯坦和哈萨克斯坦培训基地建设。完成海外项目当地化国际化雇员培训需求调研,制订培训方案,有针对性地培训当地雇员341人,其中苏丹249人,尼日尔92人。针对海外中方员工,聚焦能力提升,围绕国际市场开发、生产管理、境外采购管理和物资保障等方面,完成3期中方员工国际化能力素质提升系列培训,1期国际化后备人才能力提升培训班,共培训241人,为公司海外项目中方管理人员持续赋能。

完善取证类远程培训和考试方式,实施靠前培训、线上线下结合的混合培训方式,有效缓解外部施工队伍取证类培训"工学矛盾"问题。

根据各单位培训需求科学编制2022年培训计划,公司举办各类培训项目4370期,培训67994人次,其中集团公司A、B、中油油服类培训239人次,C类培训3499人次,D类(取证类）培训 11742 人次，E、F 类培训 52514 人次，使用培训经费 2613.72 万元。

持续开展钻修井基层队岗位技能提升轮训工作，完成轮训 6 期，300 人次，同时组织开展轮训复盘活动，对轮训工作进行持续改进，提升培训效果。四是组织基层队开展丰富多样在岗培训。采取"干中学、学中干"的培训模式，充分利用员工碎片化时间开展"微培训"，在工作岗位上实现技能提升。

【创新培训方法】 2022 年，长城钻探工程公司完善培训资源建设，提升数字化培训水平，加强培训课程建设，组织设计公司统一规范的视频课件模板，试点开展培训基地教师进行多媒体课件、动画的创作工作；完成中油 E 学培训课件、视频上传工作，上传课件 92 门，时长 38000 分钟。

加强教师队伍建设。选派公司培训基地专职教师参加集团各类教师业务素质提升和内训师、催化师等取证类培训。成功申报并获批 2 名新增国际 IADC 认证井控培训师，同时联合中国石油大学（北京）完成 18 名预备 IADC 教师的 TTT 取证工作。组织开展 2022 年公司兼职培训教师聘任工作，优选业务骨干、技术技能专家加入兼职培训师队伍。

参与集团统建培训资源项目申报，分析自身海外教材编制优势，组织国际钻井公司和顶驱公司申报集团统建培训资源项目 3 个。加大中油 E 学推广与使用。分级分类完成培训管理员培训及授权工作，其中组织二级单位培训管理员培训及认证考核两期，培训 68 人。

完成长城远程培训系统与中油 E 学功能对接及年度计划编制、培训月报、D 类制证等无法转移功能的完善升级。推进数字化教室建设工作，完成国钻、钻一、钻二和固井 4 培训基地数字化教室的统一建设方案和投资计划申报，投资计划已报集团公司审批。

【完善培训机构】 2022 年，长城钻探工程公司优化改革培训机构设置和管理模式，推进培训业务整合，提升培训规模化、集约化和精细化管理水平。引进外部培训资源，共创精品培训项目，弥补公司培训业务短板。完善培训工作定期沟通反馈和预警机制，推进培训工作与公司业务的深度融合，明晰培训权责清单，督促业务部门做好本专业系统领域培训工作。做好基层队员工技能提升培训，提高能岗匹配度。加强培训资源建设，提升公司数字化培训能力。立足国际业务培训需求，分层分类做好海外中方员工和当地化雇员岗位技能提升培训。

（曾 璐）

【技能等级认定】 2022 年，长城钻探工程公司有 954 人申报参加认定，其中初级工 399 人，中级工 206 人，高级工 239 人，技师 97 人，高级技师 23 人。同时接收辽河油田公司委托认定人员 10 人。全年组织包括初、中、高级职业技能等级认定考试 16 个批次，技师、高级技师职业技能等级认定 1 个批次，涉及 41 个工种，合格率为 44.4%。

组织 7 个批次现场质量督导 69 人次，撰写质量督导报告 69 份，质量督导员评分表 69 份，回收满意度测评表 165 份。认定质量投诉率 0%，顾客意见处理率100%，认定计划完成率100%，技能操作考核评分差错率0%，顾客满意度为99.93%。

【题库建设】 2022年，长城钻探工程公司强化技能人才评价题库建设，组织完成石油钻井工、井下作业工、固井工、采气工、钻井地质工5个工种操作题库修订工作，更新128个技能操作试题（其中新增52个，修订76个）并报集团公司备案。

【认定服务】 2022年，长城钻探工程公司探索建立线上线下结合评价考试方式，有序开展全年技能认定考试工作，将2022年职业技能等级认定理论题库配置到云学帮App，实现随培随测，提高培训效率；采取现场服务与集中认定相结合，批量认定与特殊需求认定相结合的组织形式开展认定考试，完成无纸化考试相关设置及远程监考。

（侯婧雪）

规划计划

【规划管理】 2022年，长城钻探工程公司贯彻集团公司规划计划工作要求和公司决策部署，坚持目标导向、结果导向、问题导向，做好"十四五"规划落地、投资管控、综合统计、工程建设、投资后评价等工作。

正式印发公司"十四五"发展总体规划文本和简明读本。组织完成单位实施保障规划与公司总体规划的全面衔接，国内外40家单位依据总体规划优化调整后，报规划计划处备案。

依据中油技服清洁用能替代、新能源服务和环保产业化三位一体新格局，组织开展辽河东部基地光伏发电项目前期研究，形成公司碳达峰实施方案初稿，推进主力装备清洁用能替代，推动绿色低碳转型，加快培育发展新动能。

按照建立区域市场技术装备和服务能力比较优势的总体思路，分析公司中长期主力装备投资需求，综合谋划2023年投资框架，2022年8月中旬，经公司党委会审议通过后上报中油技服。

【计划管理】 2022年，长城钻探工程公司坚持严谨投资、精资、效益投资，落实"投资计划管理月度例会"决策机制，在集团公司批复投资规模内统筹做好计划安排，2022年完成投资计划36.6亿元，其中工程技术服务10亿元，油气风险作业26.6亿元。

做好工程技术服务提档升级。国际市场全力保障规模效益市场装备需求，完成科威特三钻四修、伊拉克5台修井机项目可行性研究并取得集团公司项目批复，国内市场安排钻机自动化改造4台、钻机盘利改造15台、二层台排管装置8台，保障设备本质安全，加快技术能力提升。

严格抓好油气风险作业投资管控。苏里格致密气，明确全年产建规模，制订结算标准，严控单井计划投资，确保当年产量任务完成；威远页岩气，坚持事前算赢，制定实施《威远页岩气2022年投资管控方案》，实现投资可控、效益可控。

规范月度批次投资计划编报下达。2022年，依据集团公司批复投资计划，全年下达12批投资计划，其中新安排项目在1—11批投资计划下达，12月为调整计划。

强化已下达投资计划执行跟踪。对投资计划下达后实施关键节点实施监控，研究设立8个工程技术服务实施关键环节，定期统计各节点实施情况占比，分析同比实施增加情况，针对异常数据分析原因，与部门间协同配合，推进项目实施。

【综合统计】 2022年，长城钻探工程公司完成集团公司、北京市和辽宁盘锦市地方政府统计定报和年报表600余张；完成《基于综合竞争力评价的长城钻探对标分析》《长城钻探海外业务的工作思考》《国内区域市场专业能力对标分析》《长城钻探公司2021年末合同资产情况分析》等40篇分析报告；推荐至集团公司的《钻井二公司2022年上半年经营活动分析》获优秀分析奖二等奖，《阿曼、泰国、伊拉克项目作业队边际贡献分析》《立足市场经营分析论测试公司海外业务转型必要性》获优秀分析奖三等奖。

【工程建设】 2022年，长城钻探工程公司对工程建设资质范围内的项目，继续配置给工程服务公司施工，全年下达配置计划2批，金额1.2亿元。开展东部基地钻具摆放场地建设、档案室安全管理改造、名人大厦防疫应急公共洗浴间维修改造等工程建设项目。

【投资后评价】 2022年，长城钻探工程公司完成集团公司组织的《长城威远页岩气勘探开发项目自评价报告》编制；组织完成所属9个单位28台套非安装设备简化后评价；完成《2010—2021年后评价资料汇编》，分非安装设备和油气风险作业分册提供给相关部门，为后续项目决策和参考。

（王　博）

【工程造价管理】 2022年，长城钻探工程公司印发《司工程造价管理办法》，主要对管理范围进行了重新界定。按照公司《2020年提质增效专项行动实施方案》的工作部署，推动内部产品和服务逐步按社会市场价格结算，对苏里格气田钻探工程计价标准进行调整，下发《关于调整苏里格气田钻探工程计价标准的通知》。

2022年，完成概算审核7项，审核额5213万元，审减额253万元；预算（控制价）审核154项，审核额91818万元，审减额946万元；结算审核318项，审核额229764万元，审减额303万元。

2022年，组织统计测算509口产能井，按2019年结算水平测算134666万元，按市场化定额测算135987万元，差额1321万元；普通定向井MWD随钻费用争议计341口井，金额1849万元。经过与辽河油田公司协商，按市场化定额增补MWD结算，结算总额137836万元。

（刘宏伟）

财务资产

【概述】 2022年，长城钻探工程公司资产总额362亿元，所有者权益总额236亿元，负债总额126亿元。拥有非法人子企业35户，法人子企业21户。法人企业中三级企业1户，四级法人子企业15户，五级法人子企业5户，境外法人子企业14户。公司实现收入189.80亿元，同比增加19.98亿元，增幅11.8%。其中勘探与生产板块实现收入43.97亿元，同比增长1.35%；工程技术服务板块实现收入144.07亿元，同比增长15.35%；科研板块实现收入1.76亿元，同比增长14.59%。

【提质增效】 2022年，长城钻探工程公司持续推进提质增效"升级版"建设。深入贯彻落实集团公司提质增效工作部署，结合公司实际在"两利四率"、收入和工作量、发展质量等6个方面提出22项量化工作目标，制定31项工作措施，全力打造以"八项增效工程"为抓手的提质增效"升级版"。各单位、各部门分解细化工作措施，明确工作责任，部署重点任务，定期协调督导，实现全流程闭环管理。

深入推进亏损企业治理和法人压减。将16户2021年亏损单位或2022年存在返亏风险的分、子公司纳入亏损治理范围，分类推进，精准治理，"一企一策"制定亏损治理工作方案，按月跟踪督导，努力控减亏损面，降低亏损额。将法人压减与亏损治理紧密结合，完成中油长城钻井有限责任公司阿尔及利亚子公司和长城钻井国际尼日利亚有限责任公司的清算注销，超额完成压减指标。

通过实施提质增效价值创造专项行动，公司规模效益稳步增长，经营质量有效提升：收入规模增长11.7%，钻机动用率提高3.6%，单机单队作业效率提升10.3%，工程事故率降低2.28%，深挖物资采购、设备修理、租赁等降本空间，累计节支2.85亿元，主要成本指标实现硬下降，经济增加值同比改善3亿元，研发投入强度达到2.55%，同比提高1.36%。

【资金管理】 2022年，长城钻探工程公司强化资金紧平衡管理。坚持"总量平衡、量入为出"，从紧安排、从严控制资金使用，有效保障公司正常运营和民企付款的同时，牢牢守住资金不透支的底线。狠抓资金清收。按月下达资金清收计划，多层级与油气田企业加大沟通协调力度，做到早结算、早挂账、早收款，有效压降合同资产。全力清收陈欠款，每月下达清收滚动计划，每日落实回款情况。全年收回资金200.49亿元，同比增加24亿元。强化资金运营创效。通过利用集团公司资金池、综合授信、商信通、高点结汇等措施实现资金运营创效1.3亿元。

【预算管理】 2022年，长城钻探工程公司建立预算目标和提质增效奋斗目标"双轮"驱动机制。按照稳增长的总体要求,公司年度预算着重强化规模效益稳步增长的目标导向,根据所属各单位业务特点和价值创造能力不同,持续优化预算指标体系,坚持"事前算赢",下达科学合理的预算指标,同时设定更加积极的提质增效奋斗目标,"双轮"驱动公司规模效益稳步增长。

强化预算过程控制。坚持"财务预算"与"业务预算"深度融合,实现收入与工作量、收入与成本的严格匹配,不断夯实经营成果。扎实做好月度盈利预测、3个月滚动预算和全年效益滚动预计,深入开展月度、季度、半年经济活动分析及各种专项分析,监控所属单位运营状况,做到以月保季、以季保年。持续开展月度经营情况通报,对所属单位按净利润排名,通报收入、净利润、收入利润率等关键经营业绩指标及亏损治理情况,以便各单位找准定位,精准发力。

【成本管控】 2022年,长城钻探工程公司加强关键成本指标管控。对国内外工程技术服务单位健全以市场为导向的成本倒逼机制,努力消化大宗材料涨价等增支因素,下达百元收入营业成本指标,按月跟踪指标落实情况,分析成本变动因素,督导所属单位强化成本管控,真实反映盈利水平。对风险作业服务单位下达油气风险作业单位完全成本指标,强化对油气风险作业投入产出全过程成本管控。通过各单位全员全过程全方位的成本管控,实现成本管控指标的硬下降。

初步建成大数据单井成本管控平台。按照"四精"管理要求,大数据单井成本管控平台基本完成开发建设,进入系统测试阶段。该平台以单井为抓手,创新性地利用一系列智能化、自动化的大数据采集手段,集成生产、设备、人力、财务等各系统数据,搭建了费用要素统一、核算归集统一、成本标准统一、分析模板统一的大数据单井成本管控平台,实现单井预算、单井核算、单井分析、单井考核、单井对标的单井全过程管控,满足公司总部、区域指挥中心、钻井公司、项目部、钻井队等多层级的管理需求,提高单井成本的管控能力,成为助力公司高质量发展的有力举措。

【会计核算】 2022年,长城钻探工程公司持续优化会计核算工作。在集团公司组织下,结合公司实际,组织整理和完善公司会计科目使用标准和核算规则,推进会计科目使用和核算规则标准化、规范化。全面梳理公司各层级分子公司及独立核算机构情况,为优化会计核算,统一核算组织架构工作打下基础。

推进财务共享系统上线。按照"整体推进、分步实施、分批承接、逐步优化"的总体原则,采用线上、线下相结合的方式,分两批次完成财务共享全业务上线工作。

发挥财务稽核稽查作用。加强常态化财会监督工作,梳理并印发《长城钻探财务稽核要点清单(2022)》,下发稽核通报10期,揭示问题,分析原因,监督整改,规范公司会计业务。发挥集团公司大数据财会监督平台作用,通过大数据财会监督平台完成线上风险核查任务23项,经核查后逐一排除风险。

扎实推进合规管理专项行动。根据集团公司"严肃财经纪律,依法合规经营"综合治理专项行动统一安排，2022年公司先后围绕财务会计信息质量巩固提升、债务风险、国有产权管理、依法纳税、境外项目佣金中介费、境外业务财务资金违规违纪、融资性贸易及保函担保、虚假贸易业务8个方面开展专项治理行动，分别成立领导小组，下发治理方案，通过自查自纠和整改"回头看"等措施，及时稳妥化解风险隐患，保障财务管理安全稳健运行。

【资产管理】 2022年，长城钻探工程公司扎实做好资产分类评价管理和资产清查工作。根据资产价值创造能力和效益贡献程度，将公司280亿元资产进行精准分类，摸清了资产状况。组织开展2次资产清查盘点和抽盘复检，夯实资产底数。持续推进资产结构优化。针对境内外市场变化，盘活各类资产4378项，原值11亿元，报废各类资产2万余项，完成处置事项26批次，取得处置收入2231万元，公司资产质量进一步得到夯实。

【税收管理】 2022年，长城钻探工程公司争取落实国家财税政策。增值税存量留抵退税工作取得新突破，全年取得退税资金3.81亿元，留抵额较年初下降30%；获得出口退税一类企业资质，享受便捷退税政策，全年取得出口退税资金0.12亿元；取得稳岗补贴资金0.15亿元。推进税收筹划工作。研发加计扣除比例同比提高19%，充分落实境外所得综合抵免和高新技术企业享受低税率等政策，保障公司利益。

【财会队伍建设】 2022年，长城钻探工程公司组织财务业务骨干培训，提高财务人员业务素质能力，提升公司财务管理整体水平和依法合规水平。2022年9月下旬，采用线上、线下相结合的方式，组织公司130余名财务、资产业务骨干进行业务培训。通过聘请内外部老师，对新准则解析、税收理论与实践、公司主要生产工艺流程等进行了讲解。本次年度培训进一步强化公司基层财务人员的责任意识和依法合规意识，对日常业务处理中政策把握不准确的情况进行明晰。

夯实境内外财务人员的执业情况。结合公司境外项目中方人员缩编计划，合理调配境外项目财务力量。2022年，财务资产处根据公司对境外项目整合及境外经营环境变化等情况，与人事处配合，对伊拉克项目、古巴项目、墨西哥项目、阿尔及利亚项目等4家境外项目的财务人员进行了调配，较好缓解部分境外项目财务人员短缺的局面。

（王景伟）

设备管理

【概述】 2022年，长城钻探工程公司设备完好率98.97%，超额完成96.5%的年度目标；重大设备驻厂监造率、设备出厂合格率、配套验收合格率均为

100%；较大及以上设备责任事故为零；科技项目 ZJ30C 车载超级单根钻机成功应用，实现自动化钻机单队减少用工 6 人目标；完成集团公司下达的首台套 105 兆帕带压作业机推广应用任务；推广电代油、气代油技术装备，实现替代柴油 5.1 万吨，减少碳排放 4.2 万吨，节省费用 1.08 亿元，完成年度计划的 134%。

【设备基础管理】 2022 年，长城钻探工程公司加强组织机构建设。成立公司设备管理委员会和二级单位设备管理委员会，落实各级领导管理责任；建立公司设备管理专家库，明确工作职责，完善设备管理网络，库内专家已开始履行职责。

加强规章制度建设。完成公司设备修造管理办法、临时用电作业许可等 5 项管理制度的制修订；组织编制钻机、修井机、自动化工具等公司级设备安全操作规程 45 项，强化设备安全操作管理。

加强标准化建设。完成《钻修井机设计制造通用技术要求》《钻井液循环罐技术规范》2 项技术规范的发布和宣贯；完成钻机设备大修、顶驱大修等 7 项公司企业标准编制和修订。

加强培训体系建设。开展自动化设备操作和维护、盘刹修理、用电安全等专业技能培训 3 期，培训人员 92 人；开展设备管理知识培训 1 期，培训人员 156 人；开展上锁挂牌、临时用电等 HSE 培训 3 期，培训人员 132 人。

【设备提档升级】 2022 年，长城钻探工程公司加大装备技术攻关，打造智能化特色装备。成功研制国内首台 ZJ30 车载超级单根自动化钻机和国内首套 7000 米单司钻管柱处理自动化钻机；加快推进集团公司自主创新重大技术装备 105 兆帕带压作业机推广，现场应用 4 部。

推进电动化技术应用，打造绿色低碳装备。完成集团公司首台套 6 万水马力全电驱压裂设备制造及配套，顺利投入川渝页岩气工厂化压裂施工；新造 2 部电动修井机首次赴国际市场中东地区作业；编制 10 部 5000 米机械钻机电动化升级改造技术方案并组织实施。

加快自动化升级改造，实现"五省"（省人、省心、省力、省时、省钱）目标。完成 4 部常规钻机全自动化升级改造；推广应用 8 部二层台机械手；完成剩余 15 部 4000 米机械钻机刹车系统升级改造，实现带式刹车清零目标。

【设备运行管理】 2022 年，长城钻探工程公司强化设备巡检和专项检查。以夯实管理责任为重点，开展公司设备管理自查自改、抽查和检查工作，加大对现场设备监督检查力度，共发现问题 4028 项，所有问题均整改关闭。

强化现场日常维护。严格落实"十字作业"、巡回检查、设备维保、交接班制度等各项制度；强化设备防腐工作，组织完成 14 部钻机专业防腐。

强化设备检维修管理。树立设备健康修理理念，加强设备修造业务计划编制和采购过程管控，全年审核公开招标采购方案 45 单；严格执行修造技术协议和维修标准，加强过程监管和竣工验收，确保维修质量。

强化油水管理。严格审批进口润滑油采购，在确保油品参数满足设备要求的前提下采用国产润滑油替代，全年完成润滑油替代122吨。

【设备安全管理】 2022年，长城钻探工程公司持续开展风险识别。组织开展公司主要设备危害因素再辨识，识别出25大类498项风险，其中高风险31项，中风险206项，低风险261项，同比新增识别风险23项，全部落实防范措施。

强化变更管理。组织开展16项设备重大变更风险识别，严格方案审核，确保防范措施落实到位。

开展安全隐患整治。重点开展设备检维修作业、现场用电安全、老旧设备设施等5次专项风险隐患治理工作，发现问题1842项，完成整改关闭，杜绝设备带病运行。

开展风险升级管控。加强节假日、敏感时段风险管理，完成46期设备运行升级管控，其中防倒井架2082项，设备检维修127项。

持续开展检测评估。国内项目完成105部钻修井机资质评估、87套盘刹及27部钻机井电系统检测工作；境外项目完成21部钻修井机年检，150台套防喷器、顶驱、盘刹、天车等关键设备的检测。

【境外项目设备管理】 2022年，长城钻探工程公司强化装备能力提升。对境外110部钻修井机开展技术能力评估，针对设备技术状况老化问题制定钻修井机设备提升方案和实施计划，提升境外市场装备竞争力。

强化新项目保障。完成科威特、伊拉克、尼日尔3个项目新造6部修井机的配套和现场技术支持；组织墨西哥项目4部钻机配套和调试；完成3部项目间转运钻机的检测及维修技术支持；完成新中标科威特、阿联酋、伊拉克项目共计10部钻修井机技术方案的审核，目前正在开展设备制造。

强化运行保障。组织古巴、乍得、尼日尔等6个项目完成16台关键设备大修和132台设备的自修，保障海外设备安全运行。

强化封存管理。督促指导各单位完成218台套设备标准化封存，建立设备封存台账，加强设备封存期间的维护保养，确保设备始终保持良好的技术状况。

【设备精益管理】 2022年，长城钻探工程公司设备提质增效实现维修费用节约3465.18万元，电代油、气代油节省1.08亿元，共计节省约1.43亿元；调剂盘活闲置设备327台套。

强化修造管控。2022年外委服务价格平均下降9.16%，节约外委修造费用1040.18万元；开展内修服务，节约外委修理费2425万元。

盘活闲置设备。阿曼回运GW193钻机投入到陕北市场；境外回运的4部顶驱完成升级改造后投入国内市场替代租赁顶驱，充分发挥资产创效能力。

推广节能技术。推广钻机、压裂设备应用电代油、气代油技术，累计动用网电钻机82部，电驱压裂设备69台，实现技术增效。

推广内部优势产品。全年实现产值1.62亿元，发挥制造优势增效。

（李淑敏）

外事工作

【外事管理与服务】 2022年，长城钻探工程公司深入贯彻习近平新时代中国特色社会主义外交思想，加强公司党委对外事工作的集中统一领导，强化业务监管和统筹协调，做好新形势下外事管理与服务，落实公司提质增效价值创造行动部署以及公司加强国际业务管理提升市场竞争力工作实施方案，为公司高质量发展提供坚实外事保障。

践行"党管外事"，贯彻落实中央外事工作部署，提高思想认识和政治站位，全力提升公司外事管理水平。在公司党委外事工作领导小组领导下，严格遵守国家敏感时期升级管理要求，落实国资委关于人员出入境安全管理和疫情防控政策，全面统筹协调，为境外项目复工复产和新项目启动提供人员保障。采取灵活措施，有效促成短期专班团组顺利出行，成功推动公司2个重点项目工程技术支持专班到境外开展技术支持和技术推介，促成多个市场开发专班到境外开展市场调研和项目投标。密切关注超期人员动态，做好国内人员派出和境外人员回国计划，向外交部申请境外换发或申请旅行证，避免因证照过期导致的非法滞留，全力推动境外人员倒班动迁。2022年，办理出国立项502个，920人次，办理签证215份，开具出境证明457份，境内办理新护照300本，订购机票985张，境外换领护照或旅行证26人次。推进提质增效，有效压实因公出国经费管控。对外事业务开展合规风险排查，形成专项治理综合报告以及合规风险清单，制定防控和整改措施，促进外事工作有序合规。建立境外项目管理人员出入境登记备案制度，全面提升境外管理人员履职效果。发挥集团公司外事业务排头兵作用，参与集团公司外事管理岗位标准化培训体系建设，首家试用因公出国管理新系统，开展出国管理与外事接待业务培训，助力集团公司国际业务与外事管理人才梯队建设和优化配置。

（鄢小琳）

内部审计

【概述】 2022年，长城钻探工程公司内部审计管理工作主要职责包括负责公司审计业务发展规划、年度审计计划的编制和组织实施；负责公司内部审计规章制度及管理办法的制定和组织实施；组织实施公司审计项目，审定审计工作方案，审理审计报告、下达审计意见及处理书；负责拓展审计服务内容，组织实施风险管理咨询服务；组织督促审计发现问题整改工作，提出整改责任追究意见，检查整改落实情况，协调促进审计成果应用；负责公司审计信息化管理工作及数据仓库推广和应用；负责审计统计分析及上报工作；负责公司违规经营投资责任追究工作；负责配合上级机关部门对公司开展的有关监督检查及责任追究联络工作；负责组织审计理论研究、成果交流工作；组织开展内部审计培训；负责对审计中心的领导，落实集团公司相关工作。

【审计管理】 2022年，长城钻探工程公司贯彻集团公司工作部署和公司职代会要求，以防范化解重大风险和促进合规经营为重点，统筹安排审计工作，依法全面履行审计职责，发挥审计监督与服务职能，为公司高质量发展做出应有贡献。2022年，首次召开境内外单位的审计工作会议，通报审计工作情况、审计发现问题和整改情况，提升各二单位风险防范、合规经营能力；精益求精扎实筑牢质量防线，完善制度体系，制定工作模板，强化全过程质量控制，编制标准化工作模板，制订《工程建设项目审计管理办法》，明确要求、细化举措，拉紧责任链条，提升审计质效；研审结合，探索审计工作新视新视角，针对被审计单位的业务性质和审计事项中的疑难杂症有针对性地开展研究，找准着力点、揭示风险点，力求去伪求真，做到标本根治；融合使用大数据审计，开展审计建模研究，以集团大数据分析平台为核心，设计77个数据模型，涵盖采购、合同、收入成本等六大类26个细分业务，持续优化"远程+现场"的两段式审计的技术手段和方法，规范远程审计工作流程，降低疫情等因素对审计质效的影响。审计监督取得实效，完成集团公司和公司全部审计项目，审计质量管理成果显著，1个审计项目被评为集团公司优秀审计项目二等奖，2个项目被评为三等奖，审计理论研究成果再获佳绩，2篇论文分获集团公司一、三等奖。

【审计监督与服务】 2022年，长城钻探工程公司开展27项审计项目，其中经济责任审计14项（其中境外经济责任审计10项），专项审计6项，基建工程审计7项。发现问题437个（其中披露事项13个），问题涉及金额35313万元，审减金额3407.79万元（其中外部服务商审减238.6万元），挽回损失159.7万元，提出管理建议96条，对潜在风险单位出具审计要情专题汇报2份。

加强对领导干部的履职监督，对14名领导干部开展经济责任审计，开展集团级科研项目结题验收经费审计、三四类投资项目竣工决算审计、所属二级单位建设工程结算审；开展两气工程建设项目跟踪专项审计，派驻专人驻扎现场历时70天，创新事中介入项目建设过程，对现场发现的问题立行立改，从源头上对隐蔽工程、现场变更、签证等深入控制工程造价，提高投资效益和现场管理水平，降低审计风险；完善审计服务体系，探索性开展了经营风险咨询服务，拓展审计服务内容，提升企业合规管理能力，审计工作由监督向监督与服务并重的方向的转变；对发现问题进行横向解剖，共享提质增效管理经验及先进做法，推动被审计单位各项工作落实。探索开展风险管理咨询服务，评估经营管理风险，发现管理问题并提出管理建议，取得良好的咨询成果。

【审计整改】 2022年，长城钻探工程公司坚持两级整改机制，组织召开整改联席会议，通报年度审计发现问题情况，与相关部门共享数据，形成整改督查合力；持续审计整改清单制度和审计整改销号制度，按照立行立改、分阶段整改、持续整改分级管理，建立整改问题清单、督促整改、对账销号，加强审计问题整改的跟踪管理。全年审计发现问题437个，完成整改问题309个，正在整改问题128个；编制2021年审计整改工作报告并提出管理建议；针对突出问题和重点领域，组织部分单位和部门召开审计整改专题会议，督促指导整改落实到位；开展历年审计发现问题整改情况跟踪专项审，整改落实情况"回头看"，对近5年的921个审计发现问题整改情况进行逐一核查跟踪，对长期未整改的重大问题重点督办，对31个单位下发核查清单，出具20个问题底稿，对105个问题形成跟踪督查表，规范3个工作标准，出台2个工作规范，形成2项理论研究成果，1份专项分析报告，形成2篇论文，其中1篇获集团公司三等奖。

【责任追究工作】 2022年，长城钻探工程公司根据国务院国资委要求，完成境外项目监督检查情况自查自纠工作，并形成反馈报告，定期在国有资产监督管理运行系统中维护追责信息，定期上报追责工作情况。同时，强化与纪委办公室的协同配合，组织召开2021年审计发现问题线索分析会，完成1个移交线索的初核工作。

【迎审工作】 2022年，长城钻探工程公司迎接集团公司金融衍生工具、合同资产、侧钻井技术示范与推广3个专项审计项目；完成集团公司能耗管理专项审计自审工作；配合集团开展招投标专项整治工作。协调相关单位和部门，审核和提供相关资料，积极沟通、协调、解释和汇报，确保了审计顺利开展。

【审计理论研究】 2022年，长城钻探工程公司围绕集团公司理论研究工作部署，组织公司审计人员开展审计理论研究，向片区推荐6篇审计论文，有2篇分别获集团公司优秀审计论文一、三等奖。

【审计队伍建设】 2022年，长城钻探工程公司加强党风廉政建设，开展党建活动，强化廉政风险防控，推动党建促业务，严格遵守"审计十不准"工作纪律，按照岗位开展廉洁风险梳理工作并建立相关控制措施，提升审计人员工作作风和职业素养。强化人才梯队建设，启用年轻主审，以老带新、以审代训打好配合。拓展业务知识，开展学习活动1315学时，参加集团公司建模大赛。通过现场培训、网络培训、自主学习等方式，鼓励审计人员参加国际内审师、注册会计师等职业资格考试，促进多元化发展。强化档案管理和保密工作，开展保密自查自纠和保密知识学习，完善保密各项措施。

（彭丽萍）

企管法规管理

【经营管理】 2022年，长城钻探工程公司坚持业绩考核目标导向、问题导向，逐级强化目标责任分解落实。按照集团公司和中油技服年度指标任务，结合职代会工作重点和战略方向，编制《2022年度综合业绩考核方案》。编制《2022年度集团公司业绩考核指标任务分解表》，开展各项指标月度完成情况跟踪、年度预测分析及2021年度对标分析，组织8项重点指标专项分析。签订《公司领导人员副职业绩合同》《国内外单位业绩合同》《部门业绩合同》70份，组织全体机关人员签订《业务管理指标合同》，逐级压实责任，发挥业绩考核导向作用。突出市场开发关键，完善考核指标配套细则，推进业绩考核政策实施。优化业绩考核工作机制，将市场、安全、提质增效等原专项奖励内容纳入业绩考核。突出市场开发关键，以年度预算为目标，以合同为依据，以市场类型和业务特点为抓手，精准及时完成市场开发成效考核兑现，奖励国内合同额159.5亿元，国外合同额6.74亿美元。完善业绩考核配套考核细则，组织修订完善市场开发、提质增效等26项业绩指标配套考核细则。严格落实考核政策，完成二级单位分级分类、年度过程考核，合理拉开收入差距。聚焦权责对等，推进任期制和契约化管理，落实集团公司刚性要求。按最新要求编制各级成员《任期岗位聘（委）任协议书》《任期经营业绩责任书》《年度经营业绩责任书》《权责清单》等契约文件，全面落实"双50""双70""双80"等要求。高效完成343人、180份契约签订，实现户数、人数全覆盖，提前超额完成集团公司指标。实施各级动态管理，根据岗位或分工变化情况及时签订补充协议或重新签约。

（曲　艺）

【合同管理】 2022年，长城钻探工程公司严格合同审查，滚动开展合同专项治理工作。全年签订合同11302份，标的金额约573.4亿元，上线合同严格落实经济、技术、法律三项审查，审查率100%。组织公司重大合同的审核，起草和审核重大战略合作协议，完成公司服务商、供应商的法律主体资格审查工作。修订公司《合同管理办法》《合同申报、订立工作程序》，调整和优化公司合同类别，实现公司业务管理权限与合同审批权限一一对应，持续提升合同精细化管理水平。滚动开展合同管理突出问题专项治理，重点开展违规采购招标行为专项治理，提升所属单位合同管理制度建设工作，动态跟踪事后合同情况并组织整改，巩固事后合同专项治理成果；根据内控、审计发现问题，进一步排查梳理突出问题，强化监督检查并组织整改。加强境外合同管理，编制《境外合同备案工作程序》，定期开展境外合同备案工作；规范公司涉密类境外合同管理机制，明确签约依据和审查审批流程；根据公司职能部门管理权限对13类涉外合同管理权限进行分级管理。提升合同信息系统应用水平，开展合同管理系统与档案管理系统集成应用工作，加强合同数据分析对于公司经营的支持作用，协调解决合同管理系统问题，指导所属单位合同管理工作。配合各类公司内外部检查，根据工作要求梳理提供各类合同数据。

【法律事务】 2022年，长城钻探工程公司加强法律事务管理及纠纷处理，维护合法权益。贯彻控增量减存量的原则，指导案发单位妥善解决纠纷，以协商方式解决钻三工程款纠纷，减少不必要的争讼以减少发案率；加大协调力度解决跨境、跨单位案件的处理难度，组织境内外证据搜集工作，推动乍得降凝剂仲裁案得以迅速结案，获得有利裁决。加大集团督办案件处理力度，组织协调内外部资源，及时制定和调整应诉方案并组织实施，使得巴州案扭转被动局面，同时跟踪阿塞拜疆香港石油欠款案并获得胜诉判决。组织梳理公司各类纠纷案件，加强案件分析工作，维护集团公司法律纠纷案件系统。通过对重大纠纷案件成因分析，梳理管理漏洞，切实维护公司利益维护。完善公司《依法维权奖评审工作程序》，给予公司法律纠纷案件工作正向激励作用。为公司战略合作、境外重大项目等重大事项提供法律支持，为公司劳动人事、知识产权、项目合作、佣金代理等各类涉法事项提供法律咨询和建议，有效提升公司合规治理水平。组织公司党委理论中心组依法合规治企专项学习，征订《领导干部法治知识简明读本》并组织学习，开展国际石油技术服务合同法律风险要点、企业常见法律纠纷及应对处理、境外制裁及出口管制等重点业务法律培训，组织参加集团法律专项法律研讨培训，通过多层级的普法宣传整体提升公司法律意识。加强法律队伍建设，组织公司律师北京司法局年度考核及备案，组织专项法律及合同业务培训，提升法律队伍综合素质能力。

（袁　园）

【法治建设】 2022年，长城钻探工程公司组织领导班子对照检查专题会，聚焦集团公司董事长戴厚良在主题讲话中提出的"五个任重道远"方面突出问题，对照查摆本单位问题的具体表现，剖析问题原因，提出改进措施，增强干部员工坚持依法合规治企和强化管理的思想自觉、政治自觉、行动自觉。强化法治学习和普法宣贯，组织公司党委、理论中心组依法合规治企专题学习（扩大）会议，开展习近平法治思想专题学习辅导，组织"法治在我心中"演讲比赛，实现全员合规培训率100%，营造诚信合规文化氛围。推进公司治理能力现代化。规范公司治理、企业登记、法律授权管理相关事项，坚持优化管理机制和严控经营风险并重，确保国内外近60个法律实体充分满足内部管理需要和外部监管要求。聚焦现代企业制度建设，实现子企业董事会应建尽建、配齐建强、规范运行，持续优化公司法人治理结构，有效提高子企业的改革发展活力和效率。

（曾　涛）

【合规管理】 2022年，长城钻探工程公司落实集团公司要求，按照实施方案，开展"合规管理强化年"各项工作，扎实推进制度建设、组织推动、风险防范、监督问责和合规文化建设等重点任务。开展经营业务合规管理问题专项治理等7个专项工作，组织开展经营业务合规风险全面排查工作，对排查发现问题深入分析原因，制定措施，完成问题整改。组织开展高风险岗位人员全面排查，排查结果真实客观，没有遗漏。加强合规培训和宣贯，组织二级副以上领导干部"依法合规网络专题培训"和"法治知识考试"，通过率100%。组织2022年度全员合规培训等工作，培训完成率均100%，提升全员守法合规意识。强化境外业务合规管理，开展境外项目佣金中介费专项治理、哈萨克斯坦项目合规管理自查、涉俄合同排查等专项合规工作，通过完善制度、优化流程等方法解决排查发现问题，化解风险隐患。参照集团公司合规管理规定和公司新版管理流程，编制合规义务清单与合规风险数据库。组织制定本部各部门合规职责清单，对各部门合规职责、义务和风险点进行了细化和明确。完成中油技服软科学研究课题"工程技术企业合规管理体系建设和有效运行保障机制研究"，系统的研究分析企业建立合规管理体系存在问题和关键举措。

（邓利平）

【规章制度】 2022年，长城钻探工程公司开展规章制度适应性调查和清理评价，对与流程不匹配、暂行5年以上和运行8年以上的制度进行重点清理，发布公司年度制修订计划和失效文件目录，全年废止制度文件42项，完成制度制修订57项，党工纪制度制修订17项，年末制度总数328项，同比减少8%。企管法规处在制度发布过程中承担审核工作，协调沟通各部门之间职责和权限等相关问题，确保公司制度形成机制合法合规。组织开展HSE和节能节水法律法规清单适用性和合规性评价，接受内外部体系审核，确保体系要素有效执行。系统梳理境外业务监管制度建设情况，组织完善佣金管理和境外财务人员管理要求。实现公司和所属单位超过2000项制度全部上线综合管理体系信息平台，提升制度执行的便捷性。

（吴　雪）

【管理创新】 2022年，长城钻探工程公司发布2021年度（第十三届）管理创新优秀成果、优秀论文评奖结果，有9项管理创新成果和9篇管理创新优秀论文分获一、二、三等奖。组织开展公司2022年度（第十四届）管理创新成果、论文和著作申报工作。按照公司评审专家打分结果，对各单位（部门）推荐的37个管理创新成果、47篇管理创新论文进行排序并根据排序择优推荐6个管理创新成果和6篇管理创新论文到石油企协参加评奖，其中6个管理创新成果全部获奖，获奖率由往年的50%提高到100%；6篇管理创新论文5篇获奖。择优推荐3个管理创新成果到中油技服参加评奖，其中"聚焦重点一体发力实现高质量市场开发的管理创新实践"和"以提质增效为目标的全面成本管理有效提升公司经营管理质量"分别获奖。继续加大管理创新典型的挖掘、培育和宣传工作力度，有机融合集团公司、中油技服的要求和公司重点工作，分期向集团公司报送管理创新典型经验材料案例20个，刊用12个，集团公司排名第七，在年度考评中获得加分资格；向中油技服报送8个经验分享典型材料。研究编制《长城钻探工程公司管理创新奖评审工作程序》，完善公司管理创新工作长效机制。

【承包商管理】 2022年，长城钻探工程公司制定《承包商管理办法（试行）》及配套制度，为承包商管理了提供制度依据；组织承包商分管业务部门结合本专业承包商管理需求对13类承包商30项专业资质，完善《承包商选商和使用专业承包资质标准》；针对在资质审查过程中发现的问题，修订优化《HSE管理体系》等4个准入资质模板，修订下发《承包商冻结（中止）状态解除工作程序》以及《承包商市场准入资质审查标准》等相关申请材料模板，完善承包商管理程序和标准。严把承包商资质关，完成准入资质系统审查1035次；其中新增承包商331个，增项172个，供应商新增20个，增项8个；MDM码审核107家，抽查270家承包商的准入资质，审查340家承包商解除冻结（中止）申请材料，查出并纠正资质相关的问题423个，重点治理《企业法人营业执照》更新不及时、资质更新不及时、专业资质不足等问题，资质管理水平进一步提升。组织分管业务部门开展2022年重点承包商定期检查和管理信息备案工作，共检查1332次，发现问题9520个，整改率达99.8%，梳理出典型问题15个，合理化建议8条；开展2022年在用承包商监管信息报送工作，督促所属单位加大对在用承包商日常监管和培训工作力度，监管力度日益增强。年度考评力度加法，修订公司承包商年度考核评分标准，把使用过程监管纳入考核范围，突出使用监管的分值和权重；开展2021年度公司承包商考评工作，共考评12类933家承包商，对不同类型的承包商分别进行了排序分级，按照考评结果清理不合格承包商21家，整顿22家，为2022年各单位科学选商提供依据，启动2022年度公司承包商考评工作。

（姚关久）

【内控体系建设】 2022年，长城钻探工程公司为确保"两化一升"流程改革成果落地，开展跟单测试工作，现场访谈146人、问卷调查706人次、跟单测试流程1277个，全面评估管理流程运行情况，依据测试结果完成《"两化一升"流程改革评价报告》；同时针对新版流程调整新电子公文、海外物采等审批流，落实简化优化的流程步骤。持续有效开展内控监督工作，开展国内外单位线上自我测试，同时对11家单位开展抽查测试，根据测试结果组织整改，完成并公司内部控制自我评价报告并上报。依据上级管理要求对内部控制管理体系框架进行调整，组织编制《长城钻探工程公司内部控制管理手册》，形成以内控手册为纲领，流程文档和权限手册为支撑的体系架构。其中流程文档全面承接各个业务系统，实现296个业务流程与全部风险点、控制措施挂接；权限手册全面梳理经理层人员权责清单，同时挂接相对应的流程和制度。

【风险管理】 2022年，长城钻探工程

公司制定《长城钻探工程公司风险管理办法》，与流程管理办法、内部控制运行评价办法等制度有效衔接、共同支撑内部控制制度体系。组织年度重大风险评估，收集风险综合信息，分析公司内外部环境变化情况，评估影响公司战略目标和经营目标实现的风险因素，编制《2022年度风险管理报告》和《2023年度重大风险评估报告》，全面提升风险管理的科学性和有效性。组织国际业务风险预警和排查，识别所在国国家及交易相对方的信用风险、债务风险，制定风险管控措施；夯实风险事件日常监控工作，加强漏报监督，坚决守住不发生颠覆性问题的底线。

（吴 雪）

纪检巡察

【概述】 2022年，长城钻探工程公司以习近平新时代中国特色社会主义思想为指导，全面贯彻落实党的二十大、中纪委二次全会精神，增强"四个意识"、坚定"四个自信"、做到"两个维护"，落实集团公司党组党风廉政建设和反腐败工作部署、公司党委2022年工作安排，充分发挥监督保障执行、促进完善发展作用，以全局观念、系统思维推进党风廉政建设和反腐败工作，以政治监督统领日常监督，贯通融合"三道防线"监督资源，不断完善一体推进"三不腐"体制机制，把严的基调、严的措施、严的氛围长期坚持下去，全面推进专业化规范化信息化纪检队伍建设，持续营造风清气正的政治生态和良好发展环境，为公司高质量发展提供坚强纪律保障。

【政治监督】 2022年，长城钻探工程公司聚焦做到"国之大者"，紧扣迎接党的二十大这条主线和服务保障"三个环境"这个主题，制定下发《进一步明确2022年重点政治监督工作的通知》，明确8个方面87项重点监督内容；下发《关于加强对"一把手"和领导班子监督的若干措施》，明确29个方面监督重点，两级纪委开展日常提醒谈话71人次，组织93名海外项目和国内所属单位项目经理述职述廉，对"三重一大"、民主生活会等制度执行情况监督检查近50次，全年回复党风廉政意见225人次，做实做细"关键少数"监督；组织逐级签订党风廉政建设责任书3738份，处、科两级签约率100%，关键岗位签约率同比上升20%。

【监督防控】 2022年，长城钻探工程公司把日常监督融入企业治理体系，组织17个职能部门排查监管责任风险，细化114大类147条监管风险，选取4家代表性单位开展廉洁风险排查试点，梳理风险点443个，制定防控措施646项，实现人、财、物、事领域全覆盖；联合财务、审计等专业开展海外资金使用专项检查，发现问题22项，建议整改措施31条；开展基层"微腐败"专项治理，组织21家单位梳理风险岗位31个，排查风险点371个，逐项制定防控措施；督促开展资信审查1890次，组织签订"三商"诚信合作协议书1823份，评估并防控管理流程风险272个；在春节、五一、中秋、国庆等重要时间节点，两级纪委下发廉洁通知74次，通报典型案例45起，"四不两直"检查40余次。

【执纪问责】 2022年，长城钻探工程公司坚持"严"的基调不动摇，全年处置问题线索34件，立案7件，给予党纪政纪处分7人，收缴违纪款近50万元，重复举报同比下降40%，自办件立案数同比提高300%；坚持抓早抓小，防微杜渐，运用"第一种形态"批评教育33人次，占总人次的85%，对被反复举报的领导干部开展谈话函询8人次，增强党员干部廉洁从业意识。

【巡视巡察】 2022年，长城钻探工程公司坚持坚持紧扣问题导向，成立3个专项巡察组和1个招投标及"回头看"巡察组，重点对钻井三公司、压裂公司、西部钻井公司、录井公司、井下作业公司、工程服务公司等6家单位"三重一大"决策制度执行、合规管理经营、基层"微腐败"治理、招投标合同5个方面开展专项巡察，对上一轮5家被巡察单位问题整改情况进行"回头看"，发现问题189项，向所属单位党委提出整改问题建议28条，向管理部门提出完善管理建议8条。

（符 尧）

物资管理

【概述】 2022年，长城钻探工程公司物资管理业务以打造6个典范企业、推动公司由生产型向经营型转变为目标，深入落实两化一升工作成果，持续推动物资业务优化工作方案落地，有效促进公司物资和招标管理"一促二提三降"（促合规；提质量、提效率；降成本、降库存、降风险），完成年度各项重点工作任务，实现物资两级集中采购度99.83%，物资采购资金节约率7.04%，物资上网采购率97.72%，期末库存降低率30.87%，招标率100%，专业化招标率100%，两金压控存货指标完成率141%，所有指标均完成集团公司考核要求。

【物资采购管理】 2022年，长城钻探工程公司按照"有质量、有效益、可持续"发展要求，以推动公司高质量发展为主线，积极应对低成本竞争和资源劣质化带来的挑战，创新集采模式，突出技术引领，强化标准采购，聚力提质增效，深化精细管理，着力提升物资管理水平，全年完成物资采购61.41亿元。完成螺杆钻具等15个一级物资品种定商定价集中采购方案编制工作并通过集团公司组织的集中评审，PDC钻头集采模式实现由定商到定商定价的提升。强力推进二级物资集中采购，严格集采及日常采购方案审核，加强预算控制价管控，形成集采价格目录7806条，集采物资采购资金节约率8.84%。印发《长城钻探工程公司第三方电商采购实施细则（试行）》《长城钻探工程公司工业品电商采购管理实施细则（试行）》，推动第三方电商规范化运行。持续优化第三方电商商品池，按照公司商品池电商品种全面放开的原则在国内单位中全面推广第三方电商采购，第三方电商采购物资总额同比增加21.4%。明确物资公司对工业品电商平台的运营、维护和管理职责，充分发挥2个层面的积极性。制定并发布工业品电商采购目录，组织钻井一公司等4家单位完成工业品电商采购平台的上线。4家试点单位电商平台应用率达到96.37%，电商采购订单下达时效平均为8.57天，较2021年提升42.9%，电商采购效率优势得到有效发挥。

【物资库存及质量管理】 2022年，长城钻探工程公司持续推动物资降库工作，提升公司仓储管理水平。截至2022年底，公司库存总额8.51亿元，较年初减少3.8亿元，降幅30.87%。加大积压物资处置力度，持续优化库存结构和仓储布局，完成闲置物资调剂2716.9万元。持续推动物资公司完成高压平板闸阀、减压阀、氯化钾、降滤失剂等15项物资入库验收标准操作流程的印发。

【招标管理】 2022年，长城钻探工程公司坚持公开招标是常态、邀请招标是例外，严控可不招标的工作要求，切实推进工程、物资和服务的招标管理工作。截至2022年底，完成各类采购项目涉及金额72.30亿元。其中公开招标项目金额59.62亿元，招标转谈判金额8.29亿元，可不招标事项金额4.40亿元。公司招标率100%，专业化招标率100%，均完成集团公司的目标指标。持续推进服务类项目集中采购工作，充分利用规模采购优势，提升服务类招标效率，推进服务类集中采购。加强招标管理从业人员培训工作，组织24家单位226名招标从业人员参加培训和考试。

【信息化管理】 2022年，长城钻探工程公司按照系统功能"成熟一批、上线一批"原则，组织完成公司海外物资管理系统2.0统购业务和当地采购业务模块的建设，22家境内外单位和物资公司完成上线工作，统购业务、入出库业务和当地采购业务信息系统应用率分别达到80%、75%和30%。

【基础管理】 2022年，长城钻探工程公司按照集团工程和物装部统一部署，组织完成公司负责的修井机、压裂车、桥塞、PDC钻头、瓜尔胶5个品种内部优势产品先进性评价课题研究项目，为集团公司内部优势产品动态管理工作提供依据。完成"交易价格合理性研究""基于卡拉杰克模型的物资分类管控研究""物资采购价格影响因素研究"3个物资采购价格管理专题研究。

（苏柯萍）

行政事务

【秘书工作】 2022年，长城钻探工程公司高质量做好大型综合文稿起草工作。扎实推进公司各类文稿材料起草工作，全年起草各类综合材料70余篇，文字工作达到50余万字。完成公司年初职代会、公司年中工作会、管理流程"两化一升"推进会、季度经营分析会等重要会议和活动公司领导材料起草20余份。审核修改把关《关于给予长城钻探公司顾大局保整体考核加分的请示》、公司领导在安全生产大检查启动会暨疫情防控工作部署视频会上的讲话、《保障辽河油田汛后上产工作汇报》等材料20余份，同比大幅增加。围绕年度工作会议、月度生产经营分析会、各类签约仪式等专题会议和活动需求，起草会议主持词、活动致辞等材料近20份，为保障各项活动议程顺利开展提供有力支持。

高效做好纪要通报整理刊发工作。严格遵循有关规范要求，按照"高效、无差错"原则，组织专人负责，在准确理解领导意图和会议精神的基础上，高效完成公司领导工作例会纪要、领导讲话通报等整理工作，并及时刊发，为公司决策部署和指示要求的及时准确传达提供有力支持。全年累计整理刊发《领导工作例会纪要》等各类纪要49期，办公室通报21期。

组织做好领导交办的其他工作。抓好应急工作。根据人员岗位变化情况，及时对大型集会应急预案联系人专家名单进行调整，并安排专人负责应急工作，组织开展大型集会活动突发事件应急和信息报送工作的桌面推演，检验并提升应急处置能力。抓好办公室有关材料起草。完成15期例会纪要整理、7个党群月度和季度总结，以及相关会议材料起草等工作。提升党建研究水平。2022年3月，"党的领导融入公司治理体系"研究成果获集团公司二等奖；9月底，与党委工作处合作完成的《推进党的领导与公司治理有机融合》论文，获"国企党建创新优秀案例"荣誉称号；10月，完成的《党建工作与生产经营深度融合》政研课题报告，获公司政研工作优秀课题研究成果奖二等奖。

（雷春荣）

【民主决策】 2022年，长城钻探工程公司党委严格落实集团党组要求，在完善企业治理中持续加强党的建设。坚决贯彻"两个以一贯以"，坚持党对国有企业领导的重大政治原则不动摇，组织制修订《"三重一大"决策制度实施细则》和《党委前置研究讨论重大经营管理事项清单》，清晰界定个决策主体职责权限，明确党委前置研究讨论重大经营事项的范围和有关要求，为党委发挥"把方向、管大局、保落实"作用提供制度保障。同时，督促指导境内21家所属二级单位党委完善前置研究讨论重大经营管理事项清单，确保各治理主体不缺位、不越位。全年召开党委会100次、集体研究讨论"三重一大"事项58项，其中前置研究讨论重大经营管理事项34项。

【督办信息】 2022年，长城钻探工程公司党委聚焦企业高质量发展主题，将有关推进市场开发、服务保障、生产经营、改革发展、安全环保及党的建设等方面工作上水平、上台阶的思路举措及部署安排，细化分解为8大项49小项重点任务，逐条明确责任部门，压实工作责任，定期跟踪问效，推动公司全年生产经营目标顺利实现，保证集团公司下达的指标任务圆满完成。公司党委始终将政务信息作为上情下达、下请上传的重要渠道，向集团公司综合管理部报送公司重点工作进展情况和典型经验成果，全年累计被采用信息22篇，在中油技服网站刊发信息1500余篇，展示企业生产经营和改革发展良好形象。坚持时效性、准确性原则，多渠道收集整理集团公司咨询要闻、国内外油气行业信息、企业要情动态，为公司领导班子提供一手、有价值参考信息，全年累计刊发《信息摘报》42期，有效发挥信息沟通情况、交流经验、辅助决策功能。

（邵思冲）

【文书工作】 2022年，长城钻探工程公司完善公文制度，明确工作要求。依据集团公司对公文行文方式、格式要求的不断调整，结合公司对电子公文系统的升级改造，修订完成《长城钻探工程公司公文管理办法》，对公文批办、流转、办理、签发、归档等各环节进行梳理，规范公文处理程序，对发文形式、公文格式、行文规则进行了明确，实现公文处理全流程依章运行。

严格公文审核关口，提升公文规范性。严格控制和规范文件文稿简报，提高质量和效率，控制发文数量。严把公文审核关口，确保发文程序规范，公文字体、格式标准，从源头上提升公文质量。共审核、校对、印发公司文件177份；向集团公司报送文件41份，未发生退文情况；印发制度类文件29份；印发办公室（党委办公室）、保密委员会（保密办）文件115份。

提升公文处理时效，确保流转顺畅。做好各类公文的日常接收登记，牢牢把住"收文第一关和首问负责制"，高效快捷的将收到的文件呈报给领导审阅，并把审批意见及时传达到各相关部门。按时间要求、重要程度进行跟踪和督办，紧急和特别重要文件，全程跟进，及时提醒领导批示，督促承办部门尽快办理，催办上报数据材料，并将处理结果按时反馈、及时分类归档。集团来文1923份，二级单位来文15份，外来文件20余份，其中疫情相关公文98份。

（李媛媛　卢　丹）

【计划生育】 2022年，长城钻探工程公司完成集团公司计划生育办公室的工作任务，与辽河油田计生办协商，起草《驻辽单位计划生育服务托管协议》并组织签约。

组织开展各类计划生育服务活动，5月6日母亲节，开展母亲节线上手工展示活动，女职工亲手缝制爱心包，分享平时工作生活中的小经验小窍门。5月29日是中国计生协成立42周年，也是计生协第 24 个"会员活动日",开展以"倡导新型婚育,乐享健康生活"为主题的线上作品征集活动,共有 62 名职工参加活动,评选出一等奖 1 名、二等奖 3 名、三等奖 6 名。暑期开展以"亲子同庆 喜迎端午六一双节"为主题的微视频征集活动,征集作品 97 份,评选出一等奖 1 个、二等奖 3 个、三等奖 8 个。7 月 29 日,开展计生第六小组线上人口和计划生育知识培训,对现行计生政策法规的应用和油区计生业务办理指南进行讲解。各单位为 55 名怀孕职工发放待产包,包括婴儿奶瓶,尿不湿等,受到女职工的广泛好评。10 月 1 日,开展"优生优育进万家 新手爸妈说育儿"的线上微视频征集活动,根据各单位报送的作品数量和质量评选出一等奖 6 人、二等奖 10 人、三等奖 20 人。12 月,组织妇科彩超(环、孕检)甲状腺、乳腺、妇科 HPV 检查等服务项目。

完善基层小队全员人口信息库,及时更新辽河油田计划生育管理信息系统,录入完善职工个人信息、爱人信息、子女信息,随时掌握全员动态,实现信息全覆盖。订阅《新健康》《家庭科学》《人生》等书刊杂志,订购《育儿科普百科全书》《青春期心理健康》《养生食疗》等书籍,丰富育龄群众的业余文化生活,充分满足育龄群众对健康知识、优生优育知识的迫切需求。

(任 晶 王 兵)

【会议管理】 2022 年,长城钻探工程公司编写《视频会议组织工作规范》,梳理会务流程,明确重点节点,推行表单式管理,固化管理标准,形成公司会议标准,提高会议的前瞻性、计划性和规范性。组织公司年中工作会、党群系列会议等公司级会议 219 场次,参会人员达 4364 人次,涉及国内会场 26 处及海外各项目部,确保会议通知、会场布置、组织协调等会务保障工作无差错,有力提升办会效能。

【办公室用品采购】 2022 年,长城钻探工程公司坚持公开透明阳光高效,持续推行"互联网+"采购。贯彻落实公司提质增效部署安排,持续做好互联网采购办公用品工作,兼顾成本管控与多样化需求,防范廉政风险,保障采购质量。全年公司各部门办公用品(含部分物料)采购订单 239 批次,完成费用 279579.62 元。降低采购成本和合规风险,提高采购效率。通过积极沟通与有效谈判,增加"互联网+"办公用品采购平台的货品品种,办公用品平台各类货物已达 18 大类 220 余万种,极大满足员工办公用品多样化需求。

(李世杰)

【后勤管理】 2022 年,长城钻探工程公司后勤管理工作深入践行"以员工为中心"理念,统筹利用现有资源,提供优质服务、创造舒适环境、保障员工权益,以实际行动回应员工的关心和期盼。

防疫安全屏障切实筑牢。刚性执行名人大厦新冠肺炎疫情防控常态化工作要求,严格人员、车辆出入大厦管理,强化"两码"核查和体温检测。全年审批访客入厦 800 余次,组织开展核酸检测 18 次。

办公环境得到有效改善。坚持精细化管理,深入推进办公场所"亮化"、楼内空气"净化"、饮水质量"标准化"，更换 LED 灯具 432 件、绿植 598 株、热水器滤芯 19 套。

员工权益得到有效保证。协调物业方做好疫情期间的餐饮服务保障，维护员工利益。每季度开展驻厦车位变更工作，最大限度解决员工出行车位紧张、停放难问题。

大厦安全得到有效巩固。组织驻厦部门和单位签订消防安全责任书 26 份，规范开展节假日和重要敏感时段的消防安全检查 8 次，排查隐患 44 件，协调物业开展防汛、消防应急演练 2 次，补齐更换应急包缺失及过期物品 269 件，营造了安全的办公环境。

服务保障得到有效提升。督导各物业公司履行物业服务职责，做到精细化管理，提升日常服务质量。全年会议接待 3657 场次，日常维修 2765 件次，门禁卡调整 258 张，保障公务派车 385 次，做到了准确、高效、规范，有力支撑公务活动高质量运行，服务满意度持续提升。

（李　娜）

档案志鉴

【概述】 2022 年，长城钻探工程公司档案工作贯彻落实集团公司档案工作部署，紧扣档案工作要点安排，扎实推进各项工作，公司档案体制机制不断创新，管理能力不断增强，基础工作不断完善，业务水平不断提升。做好各项会议精神、文件要求的落实工作；做好国内外基层单位的业务指导、监督、检查、考核工作；横向，做好公司总部部门档案的管理和利用服务工作，同时加强与集团公司兄弟单位的沟通交流，学习借鉴优秀工作方法。

【档案规范化管理】 2022 年，长城钻探工程公司充实完善《公司档案工作"十四五"计划》，编制《公司 2022 年档案工作要点》，明确量化指标和工作目标，提出具体可操作的工作措施。超前谋划境外档案归档方案，明确归档与不归档界限，简化文件材料归档内容，提高境外档案归档率和归档质量。

完成集团公司 2021 年度档案工作评价自评证据材料系统上传和报送，自评得分达到 119 分。将内部评价工作分二级单位全面评价和机关部门文件资料归档评价，使评价工作更加符合实际；组织好公司和所属单位 2022 年度档案工作评价，发挥评价工作促进、指导作用。

年中统计公司档案业务基本信息。设置 7 个大项 32 个小项统计指标；年底收集分析各单位统计年报。2022 年初，长城钻探工程公司审核 21 家二级单位和 20 个境外单位的档案统计年报，发现问题 216 个，形成公司档案统计分析报告，向集团公司档案馆报送。

审核钻具公司欢喜岭厂区道路及

下水管网改造项目、信息管理部视频会议室升级改造项目档案资料，累计审核10次，提出整改建议98条，均通过档案验收。指导壳牌建井公司关闭后档案归档工作，归档管理类档案1992件、建设项目类21卷、会计档案45卷，全部完成数字化和上传档案管理系统。

深入驻辽单位和在京单位开展综合档案和科研档案管理情况调研、座谈，掌握档案管理全貌，收集存在问题；对集团公司11个兄弟单位进行15个方面的书面调研和理提供决策依据。

【档案归档和保管】 2022年，长城钻探工程公司加强重点档案管理。及时跟进集团公司科研档案管理要注，会同科技处到"两院"和录井公司调研科研档案管理情况，宣贯国家和集团公司科研档案法律法规和规章制度，提出存在问题，现场进行业务指导；联合科技处举办科研档案线上培训，邀请集团公司专家授课，解决科研人员和档案工作人员工作误区，明确各方职责，促进科研档案有序归档。

2022年，公司实施集团公司电子公文系统、合同系统与档案系统的集成，在数据推送过程中，与集团公司项目组、公司业务部门和二级单位沟通、协调，调整程序、路径和表单，及时解决问题，确保系统间运行顺畅。

2022年，为解决档案库房压力，公司决定向集团档案馆移交部分档案。编制进馆档案整理计划，按时间进度进行档案整理、编目、刻盘等工作，完成管理类180卷，6989件，装432盒，刻录电子文件20张光盘；会计类4024卷，装4024盒，刻录目录1张光盘。

2022年，公司有序推进年度文件材料归档工作。24个机关部门完成归档，归档率100%；21家二级单位完成归档范围备案，完成率100%；6家境外单位完成归档范围确认。公司全年新增档案24509卷、35722件。机关档案室新增管理类档案1888件，建设项目类档案：1卷（35件），声像类档案42件。

【档案资源利用】 2022年初，长城钻探工程公司提前下达《公司年鉴（2022）大纲》，保持与集团公司、中油技服同步。同时，向集团公司、中油技服、盘锦市档案馆提供2022卷年鉴高质量稿件和图片资料。组织集团公司档案资源利用试点项目《档案集约化管理助力工程技术服务企业——定导录一体化工程》的研究工作。同时公司也将该项目列入科技计划，作为档案集约集中管理的试点项目进行先导研究，为档案工作数字化转型提供实践参照。印发《关于开展"喜迎二十大 档案颂辉煌"微视频征集活动的通知》，向各单位征集微视频作品，精选4个向集团档案馆报送。严格遵从档案提供利用三级审批制度，通过实体查阅、档案系统阅览、复制、摘录等方式，充分满足利用者使用档案的需求。全公司全年提供档案利用2500余人次，利用档案1.5万卷／件。

【档案宣教培训】 2022年，长城钻探工程公司组织180余人参加国家档案局国际档案日线上专题讲座，按要求参加2期集团公司年度档案史志业务线上培训班；组织参加集团公司档案馆组织的石油档案讲坛、业务在线培训7次，270余人次参加；组织公司档案志业务线上培训班，优化课程安排，邀请集团公司档案馆专家授课，同时设置基层急需的授课内容，力求解决实际问题。组织"6·9国际档案日"和"学习集团公司档案工作'十四五发展'计划"活动，在档案专栏开设专题、制作宣传海报、通过公司微信公众号推送相关知识。组织员工参加国家档案局、中国石油档案馆及公司的档案知识问答活动，共计2902人参加。

设置档案工作网，开设16个栏目，及时更新公司和基层档案工作动态。持续更新内容将公司档案工作动态上报集团公司档案馆，5篇稿件在中国石油档案微信公众号和中国石油档案馆主页上发表，充分展示公司档案工作最新成果。

【档案安全保密】 2022年，长城钻探工程公司修订《档案室安全风险评估指标体系》，严格落实月度安全检查制度，确保库房安全消除安全隐患。印发《关于开展档案室安全风险评估工作的通知》，组织各单位进行档案安全风险评估自检自查，对检查结果进行复评打分排名。完善档案突发事件应急预案，编制应急演练桌面推演方案，组织在京单位开展档案库房火灾应急演练桌面推演与灭火器使用实操演练。演练达到预期效果。申请配备档案室库房安全相关设施设备。部分二级单位也投入资金，配备档案库房软硬件设施。

（杨晓峰）

中国石油集团长城钻探工程有限公司年鉴2023

第九篇
党群工作

党建工作

【党建工作质量提升】 2022年，长城钻探工程公司构建大党建工作格局。定期专题研究部署党建工作，建立健全责权清晰、协调配合、沟通顺畅的党建工作运行机制，推进集团公司党组、长城钻探工程公司党委党建工作部署落实落地。履行集团公司在京单位党建工作协作区组长单位职责，协作区高效启动运行，完成年度五项重点工作。特别是首次组织的党的二十大精神解读暨基层党支部书记轮训班，在京单位1130名党支部书记参加培训。

压实党建责任制考核体系。统筹考虑年度党建重点工作部署、不同专业的固有差异、党内创新创优激励等因素，修订完善党建工作责任制考核评价实施细则及指标体系，高质量完成所属单位党委（党工委）2022年度党建工作责任制考核评价。

扎实党组织书记抓基层党建工作。高标准推进各级党组织书记抓基层党建现场述职评议考核，5个二级单位党委（党工委）书记、547个基层党组织书记完成述职评议，如期完成"三年全覆盖"工作规划，初步形成"书记抓、抓书记，系统抓、抓系统，基层抓、抓基层"的良好局面，各级党组织更加注重提升站位、服务大局、直面问题、优化改进，党建责任得到有效落实。

【加强"三基本"建设】 2022年，长城钻探工程公司提升基本组织的规范化水平。严格落实《国有企业基层党组织工作条例》《基层党组织选举工作条例》，5个二级党委、188个党支部按期换届，评定三星示范党支部63个。规范各级党组织党内政治生活，召开组织生活会547次、民主评议党员参与率100%。

提高基本队伍的整体素质。配发《基层党支部书记培训简明教程》和党建"工具箱"，精心组织集中轮训，党支部书记和党务干部履职能力显著提升。注重向基层一线、青年骨干和党员空白班组倾斜，全年新发展党员170名，220名预备党员按期转正，分两期对321名党员发展对象和入党积极分子进行网络培训。

增强基本制度的指导性和可操作性。强化党建制度的适用性、合规性评价，增强党建规章制度的指导性和可操作性，制定充分发挥党员先锋模范作用、进一步规范基层党支部书记培训等指导意见，修订党组织书记抓基层党建述职评议考核实施办法等制度。分类制定基层党组织党建工作规范模板，为规范开展党建工作提供制度保障。

【推进党建深度融合】 2022年，长城钻探工程公司靠实融合举措。各级党组织扎实落实党建深度融合8个方面27项措施，完成"建章立制""推进融合""总结提升"3个阶段工作任务，制修订制度175个，提炼典型案例80个，其中17个案例被集团公司网讯推广。

丰富融合抓手。钻井一公司50640队党支部创新推行"六优"工作法，成为公司国内市场首支迈上5万米的钻井队伍。钻井二公司70260队党支部开展党员岗位建功活动助力单机单队效率提升，承钻吉林油田流转区块自215H1-2井一举创下11项施工纪录。泰国项目部GW80队党支部发挥战斗堡垒作用，引领队伍连续18年年均进尺超10万米。

拓展融合载体。两级党委加强领导、拓展载体、靶向发力，向基层划拨专项党费85.13万元，实现主要生产区域和办公场所疫情零感染的防控目标；开展创新创效、难题攻关等提质增效活动，实现挖潜增效2.68亿元；驻辽单位抽调精干力量，主动支援辽河油田公司抵御洪灾侵袭，充分展现长城钻探"讲政治、顾大局"的责任担当。

【党建新课题】 2022年，长城钻探工程公司加强党建创新理论研究。坚持问题导向、目标导向、结果导向，立项推进重点课题研究，形成课题成果79个，高质量完成集团公司6个立项课题，为集团公司抓实基层党建工作探索新方法和新途径。"基层党组织领导基层治理探索与研究"获集团公司党建优秀成果奖一等奖。

强化"智慧党建"建设。建立"铁人先锋"党建信息化平台应用管理季度考核通报制度，制定针对性改进措施，集团公司党建信息化综合业务排名由年初的第75名跃升至年终的第13名。

探索海外党建工作新模式。完成集团公司立项课题"新形势下境外单位党建工作探索研究"，夯实创新推进海外党建的理论基础；"铁人国际"App推广应用初见成效，海外党员、员工安装率100%；总结梳理近年来海外党建工作成果成效，在集团公司专项工作调研座谈会上作汇报发言，得到上级部门充分认可。

（姜青松）

文化宣传工作

【思想政治工作】 2022年，长城钻探工程公司强化理论武装，始终把学习贯彻习近平新时代中国特色社会主义思想作为首要政治任务，落实"第一议题"制度，充分发挥两级党委理论学习中心组领学促学作用，配发《习近平谈治国理政》第四卷等图书9292册，全年各级党组织开展集中学习1532次，专题研讨728次，覆盖党员干部员工9.3万余人次。制定《推动党史学习教育常态化长效化的实施意见》，明确6个方面工作举措，巩固拓展党史学习教育成果。落实集团公司"建功新时代，喜迎二十大"习近平总书记重要指示批示精神再学习再落实再提升活动部署，组织"旗帜指引·学习篇"理论征文活动，面向二级党委中心组征集理论实践案例，征得理论文章 27 篇，推优报送集团党组 3 篇；加强理论研究，《创新推进长城钻探国际传播　面向全球塑造世界一流品牌形象实践研究》论文纳入集团公司政研会重点课题。

开展"转观念、勇担当、强管理、创一流"主题教育。突出"强管理"，推进深入学习、宣讲讨论、查摆问题、整改提升、岗位实践等环节。全年宣讲 1221 次，大讨论 770 次，参与人数 16243 人次，查摆问题 956 项，制定提升措施 917 个。组织主题教育随手拍活动，向集团公司推优作品 21 个；开展中国石油优秀故事征集，推优作品 8 个；推广主题教育活动经验做法，发布简报 19 期，《长城钻探高质量推进主题教育》经验材料在集团公司简报、《中国石油报》一版刊发。

深化思想政治工作，落细《关于新时代加强和改进思想政治工作的实施意见》，做好"一人一事"思想政治工作，全年开展谈心谈话 36500 余次。

扎实推进意识形态阵地管理，完善舆情管理应急处置机制。聚焦重点时段，制定党的二十大网络舆情防控工作方案，构建上下畅通、同频共振的监测机制，开展舆情风险定期通报，加强规范宣传报道。制定意识形态责任制清单 13 项。

【企业文化建设】 2022 年，长城钻探工程公司组织宣传贯彻学习党的二十大精神，营造浓厚氛围。组织公司海内外 9135 名干部员工在会议室、工作现场、生活驻地，收看、收听大会直播，领会报告精神。广泛开展"强国复兴有我"等群众性宣传教育活动，广泛开展主题宣讲 821 次、红色基因传承教育、先进模范学习宣传活动 428 次，分享学习卡片 35 个。开设"踔厉奋发、勇毅前行、团结奋斗"专栏，更新基层动态 23 条。党的二十大学习宣传工作。两级党委通过中心组、"第一议题"学习等方式传达二十大会议精神 35 次。以"喜迎二十大"为主线，开展以"奋进新征程""建功新时代""永远跟党走"为主题的系列活动，拍摄融媒作品 8 部，参展 3 部，公司主页发布学习篇文章 10 篇。制定宣传贯彻党的二十大精神工作方案 18 方面内容，结合形势任务教育，中心组成员带头开展主题宣讲 314 次，受众 17716 人次，激发广大干部员工干事创业精气神。

加强企业文化建设。加强品牌建设和形象管理，宣贯集团公司新版《企业文化手册》《员工手册》《合规手册》。组织"永远跟党走　赋能新时代"新媒体大赛，征集作品 258 幅，推优 31 部。持续开展"四力"教育，参与党建培训班宣传业务授课，培养业务骨干。

做好跨文化国际融合传播。围绕《习近平谈治国理政》第四卷，结合海外项目自身特色，开展"这里是中国"中文学习，制作双语学习卡片 10 期 90 张；启动海外 8 个项目 10 个"中国书架　品石油书香"项目，完成书目遴选、谈判与合同签订；开展"我和我的外（中）国朋友""我眼中的长城"征文活动。国际传播案例《"美美与共"筑就长城同心圆》在集团公司新闻通气会上作经验交流。

做好舆论引导。实时跟进涉事二级单位舆情监测，投诉举报不实言论

1284人次，下架2条，限制流量84条。强化主流舆论引导，持续完善WP机制，遴选基础队员壮大队伍、开展"创四优"活动，完成年度集团公司国内日常WP任务82项/3096人次，海外214项7848/人次，为典范企业建设提供良好的舆论环境。

（曲冠伊）

新闻宣传工作

【概述】 2022年，长城钻探工程公司按照"坚持稳中求进，坚定不移推动高质量发展"的根本要求，策划宣传具有代表意义的管理创新典型案例，在全公司范围推动典型示范作用的发挥。深度报道企业发展亮点，加强外宣策划意识，为企业树品牌、树形象。坚持以《中国石油报》、集团公司网站为主渠道，以《石油商报》为辅助渠道，以《中国石油石化》杂志、《中国石油企业》杂志等为补充载体，以部分中央媒体为优选渠道，建立完整的对外宣传网络体系，确保公司各方面业绩亮点得到宣传展现。

【外宣】 2022年，长城钻探工程公司在《中国石油报》发稿92篇，同比增加10%。向中石油信息报送平台投稿260余篇，采用137余篇。在中国石油微信公众号及中国石油报微信公众号发布作品200余篇，并引起广泛反响。其中，《谁说女子不如男！中国石油有支女子定向队》在《人民日报》党媒平台刊发，《井场旁住下丹顶鹤》《井架工伊森》《海外员工诺曼》《民俗博物馆里的亲子活动》4篇稿件在集团公司海外社交媒体刊发，并分别取得超过30万人次点击量的优秀成绩。

【内宣】 2022年，长城钻探工程公司聚焦中心工作，围绕围绕迎接党的二十大胜利召开、企业生产经营、市场开发等重大决策，策划主题宣传。重点围绕公司"转观念、勇担当、强管理、创一流"主题教育和学习贯彻党的二十大精神等主题展开宣传，展示公司以党的二十大精神为指引，砥砺奋发作为形象；及时跟踪公司经营现状，报道公司在市场开发、钻井进尺、"两气"业务取得的优秀成绩，激发全体员工的干劲和热情。加强对海外典型的报道，促进公司海外市场影响力的不断提升，展现海外员工的精神风貌，鼓舞和振奋海外员工干事创业的斗志。主动适应融媒体发展趋势，结合员工群众关切重点工作、重要实事，对公司微信内容进行改版，用贴近员工工作生活的"小事、实事"吸引读者，将公司"两微"端推广到兄弟企业和承包商，利用新媒体展示公司形象，平均点击率提高约17%，开设"节假日""节气"专题微信，展示员工不惧困难，坚守奉献形象。全年在公司门户网站累计发稿1783篇，"两微"新媒体发稿732篇。

（高重阳）

信访维稳工作

【概述】 2022年,长城钻探工程公司维稳信访安保工作任务艰巨,责任重大。公司各单位党委和全体信访保卫干部把"维护和确保党的二十大社会大局稳定"作为贯穿全年的主线,坚决贯彻落实集团公司决策部署,坚持稳字当头,强力化解信访突出问题,及时汇集企情民意,筑牢安保防控网络,全面完成各项业绩指标:杜绝进京群体访和企业当地群体访,杜绝涉油气刑事案件,实现各重点敏感阶段万无一失。初信初访及时受理率、按期办结率达到100%,"重点领域、重点群体、重点问题、重点人员"排查掌控率到达100%。获集团公司维稳信访安保防恐特别重点阶段《嘉勉电报》,2个集体和8名干部获集团公司党的二十大维稳信访安保防恐工作特别贡献集体和特别贡献个人荣誉称号。

【重点时段保障工作】 2022年,长城钻探工程公司按照中央和集团公司决策部署,将做好党的二十大、北京冬奥会、全国两会等重大活动期间的维稳信访安保工作作为首要政治任务。公司党委高度重视,党委副书记、工会主席刘绪全在公司领导工作例会、党建工作月度、季度例会、迎接党的二十大维稳信访安保工作部署动员会上,先后6次从压实政治责任、靠实各项举措、强化机制运行、强化重点人员稳控、加强重点时期在京维稳工作力量等方面进行工作安排,动员号召公司全体党员干部,以决战决胜的姿态全力实现集团公司下达的"三个绝不允许和三个坚决防止"任务目标。公司维稳办具体落实组织、协调、联络和业务指导工作。对所属21家单位、22个机关部门下达特别重点时段《维稳信访安保责任令》,组织开展全公司范围风险隐患大排查工作,指导责任单位对各类、各级别风险隐患制定稳控工作方案,并督促限时化解整改。各单位党委严格落实工作部署,全面升级信访安保工作措施,畅通诉求渠道及时解答职工群众关心的热点问题,对刘某等7名重点人员逐一成立工作专班,落实"五级"责任人,按照"一人一策"的原则制定稳控工作方案,限时包案化解;各重点时段期间,各级信访保卫干部认真值班值守,严格执行重要信息报告制度,密切企警联防联控和信息共享,实时监控重点人员和涉稳网络舆情,全面升级安保重点部门、重点要素人防、物防、技防管理,通过公司上下共同努力,全面实现既定工作目标。

【维稳信访服务提升】 贯彻践行群众路线,维护职工群众合法权益。各单位党委把涉及职工群众利益的"眼前事""身边事"摆在突出位置,2022年,累计办理各类诉求建议260余条,办结率达96.6%,为员工群众办实事285项。钻井一公司克服历史遗留矛盾隐患基数大的困难,各级干部深入基层,带着感情做好"送上门来的群众工作",员工满意率不断提升。公司工会协助拨付帮扶资金,切实为6名上访人员中的困难人员解决实际问题,传递组织温暖与关怀,有效缓解矛盾。

忠诚履职担当,做实做优信访工作。2022年,累计按时办结上级转办信件10件,平稳处置非正常进京访3人次,指导属地责任单位化解信访突出问题7件,按时办理集团公司《关于进一步加强维稳网情监测信息上报工作的通知》《关于填报维稳安保支出情况的通知》等8项专项工作。在处置越级访工作中,公司机关事务管理中心积极配合,严格管控名人大厦人员进出,保障公司总部正常的办公秩序,借此机会表达感谢。井下作业公司顾全大局,提供人力支持,协助京外单位劝返非正常进京人员。

扎实推进源头治理,信访积案化解成效显著。经各单位、各部门、属地政府的通力配合,综合运用法律、政策、经济等手段,化解一批维稳信访重点问题。钻井二公司息访一件长达8年的信访积案(杨某、任某)。昆山公司勇于担当,承接原化学公司遗留历史积案,有效稳控1名涉法重点人(陈某)。截至2022年底,公司在册7名重点人有4人成功化解为中低风险,1名集团公司督办重点人(刘某)也得到有效稳控,总体基本稳定。

创新工作机制,增建接待场所,提升信访工作服务保障能力。一方面为提升越级访突发事件处置工作能力,维稳办结合实际编制突发事件处置预案,设计优化工作流程,确保高效平稳劝返非正常进京访人员,防止矛盾上行。重点时段期间,组织驻京值班信访保卫干部进行预案演练,不仅锻炼队伍,而且强化重点时段应急处置工作保障能力。另一方面为规范接访工作,在京设立信访接待室,营造和谐的对话环境,疏导来访人员情绪,为平稳劝返来访人员强化接待服务保障能力。

全面开展《信访工作条例》宣传教育活动,职工群众法治观念普遍增强。自2022年3月《信访工作条例》颁布以来,公司各级信访干部积极下基层现场宣讲《条例》,累计张贴海报366张,8150名员工参加国资委举办的《条例》线上知识答题活动,成绩优秀率达到95%。参加集团公司普法微视频征集活动,向集团公司推荐8个微视频作品,其中钻井三公司、录井公司两件作品入选集团公司推广宣传作品,在"铁人先锋"进行展播。

【安保工作管理质效提升】 2022年,长城钻探工程公司各级保卫干部牢固树立"防范胜于救灾"思想,持续巩固安保工作成效。以查促改,确保各个重点时段平稳顺利。落实集团公司重点时段安保工作部署,全面开展安保风险隐患"大排查、大督查、大整改"活动。重点聚焦危险化学品、剧毒物品、散装汽油等要素使用、转运、存放等全过程管控,累计排查整改安保风险隐患133项。精准施策,持续巩固"反内盗"工作成效。全年各单位累计对仓储库房、实验室、办公楼等重点部位增设专兼职安保人员25名,强化人防巡逻巡视保卫力量;更新铁门、铁床、防护网等31件安保防护设备,加固重点场所物防建设；更新完善易盗物资管控流程3个，更新监视器、探测仪等技防设备65件，提升重点要素监控效率和技防监控精度。开展共治共建，企警合作再上新台阶。全年各单位累计与属地公安开展联合隐患排查12次，联合开展普法宣传讲座16次。四川页岩气项目部积极开展企警共建，实现26个采气平台接入属地公安监控网络。钻井一公司、苏里格气田分公司等4家单位进一步密切企警联防联治，与属地公安部门建立定期沟通机制，有效预防各类外部风险，保障企业周边治安秩序稳定。

（李　达）

机要保密

【保密管理】 2022年，长城钻探工程公司明职责、细分工，涉密会议实现闭环管理。贯彻集团公司2023年工作会议保密工作要求，落实《长城钻探公司涉密会议保密管理办法》，结合实际制定《长城钻探公司涉密会议保密工作方案》，从会务组织、涉密会议文件收发、视频系统管控、手机信号屏蔽、新闻宣传、会议精神传达、境外传输7个方面进行责任分工，明确机关4个部门责任分工，形成闭环管理，确保会议安全保密。

重宣教、促交流，保密工作网上线运行。以学习知识、交流经验、展示优秀为目的，设计搭建长城钻探工程公司保密工作网，设置政策法规、两识教育、警示案例、基层动态、作品展示等14个模块，已经上线运行。刊发各类教育文章、优秀保密宣传作品50余项。同时，向上链接国家保密网站和集团保密工作网，及时领会学习上级精神。

纠行为、养习惯，打赢微信办公传输歼灭战。为彻底纠正员工使用微信、外网通信存储工具办公的错误行为，培养"只要谈工作、必用CNPC通信工具"的良好工作习惯，公司于2022年组织开展两次的微信专项整治活动。公司保密办编制《专项清查表》，将微信、QQ、网盘、外网邮箱服务器、远程控制软件等列入清查范围，由各部门、各单位负责人签字确认清零。此项工作累计18789台办公计算机受检，发现问题计算机819台，卸载第三方网盘客户端155台，卸载微信、QQ等社交通信软件575台，卸载Foxmail等邮件客户端89台。通过信息技术管孔手段，关闭微信、网盘等外网传输存储端口，确保国密、商密、内部资料安全受控。

定清单、严执行，内部资料管理规范有序。组织制定《长城钻探公司内部资料清单1.0版》，公司办公室带头做好内部资料确定和标注工作，在起草印发公文、会议纪要、领导讲话通报、公司级会议材料时，准确标定内部资料。对其他专业会议材料、部门发文等标定不规范等情况进行及时纠正，形成以办公室带动机关部门，机关部门带动基层单位的良好保密工作作风。

（初　征）

【机要文件管理】 2022年，长城钻探工程公司严格按照集团公司对机要文件的要求，严守保密，杜绝任何失泄密事件发生。指导公司本部部门和所属二级单位学习机要文件管理办法，按照流程严控机要文件流转，严防泄密。公司涉密文件主要包括中央文件、油商密文件等，主要工作是签收、登记、传阅、清退等工作。除了领导阅文时间，机要文件均保存于机要室密码柜中。其他涉密文件严格按照公司保密管理规定执行，防止失泄密事件发生。有关部门及人员机要文件借阅严格履行借阅审批手续，按程序办理。全年处理集团涉密文件180份，在文件的收取、存放、传阅及清退过程中严格遵守保密规章制度。处理中央文件94份，按照要求严格执行各项操作，每月定期前往集团公司取件并逐份签字核对，在机要室进行登记、录名等操作，传阅时严格控制知悉范围。

（李媛媛　卢　丹）

机关工委

【机关党建】 2022年，长城钻探工程公司组织各部门党组织学习贯彻党的二十大精神。第一时间订购指定学习书籍，研究策划学习方案，组织各部门党组织开展观看开幕盛况，诵读报告原文、专题党课讲授、党章知识竞赛、学习感言评选、主题党日等"五个一"学习系列活动。

组织开展机关党建质量提升活动。依托党建信息化平台，组织开展十九届六中全会精神专题学习、建党101周年党史知识竞赛，提高各部门党员干部参与学习的积极性主动性。加强党建信息化平台应用，对各模块操作要点和流程进行再梳理，集中整改党组织党员基础信息1200余条，同步开展线上"三会一课"监督检查，支部组织生活质量持续提升。

不断夯实机关党建基础工作。以各部门党组织集中换届为契机，高标准、严要求组织年内任期届满17个党支部完成换届选举，做到了应换必换。使用党费支持疫情防控工作，为各部门员工购置发放新冠抗原检测盒、酒精湿巾、消毒水等防疫物资2850份，切实保障员工健康安全。全年发展党员2人，慰问困难党员2人，转入转出党员组织关系68人。

【干部管理】 2022年，长城钻探工程公司组织召开11期机关工委会，完成34名基层领导及以下人员调整、9名科（室）长退出岗位任免工作，组织完成304人年度考核、41名晋级申报人员资料审核及核心素质测评、3个专业12

人副高级职称择优推荐及2人中级职称评审，持续做好基层领导及以下人员基础信息完善更新工作。

（郝新颖）

工会工作

【思想政治工作】 2022年，长城钻探工程公司弘扬劳模精神劳动精神工匠精神，先后在四川威远威204H20平台施工现场、苏里格气田分公司采气作业三区、榆林地区GW50295钻井队举行以"奋进新征程 喜迎二十大"为主题的劳模故事宣讲暨送文化下基层活动，基层员工反响强烈。为先进人物交流学习搭建平台，邀请全国劳动模范、五一劳动奖章、五一巾帼奖章获得者，大庆油田采油女工杨海波、国际焊王王昭军等3位大庆油田劳模、工匠人物到公司巡讲交流，典型引领作用有效发挥。加强典型人物培养选树，提炼、总结GW80队苏飞的事迹，参加能源化学地质工会"身边的大国工匠"评选并成功当选，"思想引领工程"深入人心。深化青年思想政治引领，启动实施公司第一期"青马工程"培训，实施公司青年精神素养提升工程，发挥典型引领，提升青年思想政治引领成效。

【职工素质提升】 2022年，长城钻探工程公司把主题劳动竞赛平台作为凝聚队伍合力、推进改革发展的重要载体，不断创新组织和管理模式，围绕公司中心工作开展年度劳动竞赛，累计创造钻井提速、精品工程、挖潜增效等纪录253项，发放奖金429万元。各二级工会开展劳动竞赛51次，获奖队伍3019支，固化"全年、全员、全方位"的竞赛模式，推动竞赛由专题组织型向全面覆盖型转变，由单一阶段型向管理高效型转变。

在技术技能比武平台上有新举措，搭建员工群众成长成才平台，创新开展"菜单式"技能培训，"竞技式"技能竞赛，运用岗位练兵、劳模创新工作室等载体，拓宽员工素质提升通道，组织各二级工会开展岗位技能大比武172次，参与员工9254人，钻井一公司王振军劳模专家工作室获得集团公司50个示范工作室称号。开展"五型班组"评选，落实技术工人培养、使用、评价、考核机制，畅通技能人才职业发展通道，为公司培养更多的高技能人才。

在群众性经济技术创新平台上有新方法，广泛组织广大干部员工参与基层一线新技术、新工艺、新装备、新方法等成果攻关，贯彻落实公司2022年"提质增效，价值创造"专项行动，持续打造提质增效"升级版"，动员广大基层岗位员工为公司高质量发展献计献策，开展职工合理化建议征集活动，累计形成员工创造成果575项，节约成本6525万元，增收创效1.68亿元，"可燃冰试采录井数据采集技术"获中国能源化学地质工会技术创新成果奖一等奖。构建"工会牵头、多方支持"的工作体系，开拓"成果命名＋媒体宣传"的多渠道工作体系，及时推动群众智慧向管理成果转化、向工作效率转化、向经济效益转化渠道。

在巾帼女工岗位建功平台上有新作为，探索创新女职工工作，引导广大女职工树立职业新理念，在企业高质量发展中发挥"半边天"作用。钻井技术服务公司女子定向井队获集团公司巾帼建功先进集体、地质研究院贾海燕荣获巾帼建功先进个人，充分展示公司女职工的时代风采和卓越贡献。

促进"青字号"品牌进一步焕发生机，深化青年文明号、青年岗位能手、青年志愿者服务队、青年安全生产示范岗创建，举办公司首届青年科技论坛，搭建青年创新创效平台，落实人才强企工程方案，培育高潜力青年科技人才和科技项目。

【惠民服务】 抓住服务重点，落实"惠民清单"。2022年，长城钻探工程公司始终把"我为员工群众办实事"实践活动作为检验党史学习教育的重要标尺，发动各级工会干部"走出去、走下去"，广泛听取意见，了解员工群众需求，制定"惠民清单"，各单位党委、工会完成项目190项，投入金额4174万元，基层一线"井营分离驻地""健康小屋""学习天地""小菜园""自热马甲"等多种具体实事事项，切实把重心放到基层、把功夫下到基层、把资源用到基层，改善提升一线员工工作、生活和学习条件，让员工群众获得感成色更足、幸福感更可持续、安全感更有保障。

拓展服务内容，解决"后顾之忧"。长城钻探工程公司深入落实《心系基层服务员工八项规定》，根据专业、地域、工种等不同群体特点，制定贴近实际、贴近员工的工作措施，开展"春送健康""夏送清凉""金秋助学""冬送温暖"活动，重大节日慰问困难群体1884人次，特殊帮扶、医疗帮扶120人，慰问境外市场员工和外部市场员工家属14000人次。结合新形势下员工健康多元需求，制定"心脑血管""消化系统"等6项定制体检套餐，推广健康工作和生活方式，有效降低心脑血管疾病等慢性病的健康风险，稳步改善员工健康水平。开展员工心理关爱服务阵地、心理咨询师摸排培训以及员工心理关爱服务工作，开展培训12次，培训各级工会干部300余人，线上、线下疏导干部员工心理问题2176人次。

提高服务质量，践行"共建共享"。长城钻探工程公司坚持职工利益无小事的理念，对公司所属二级单位国内基层一线员工开展伙食费专题调研，并起草调研报告呈报公司党委，提高青海、新疆及国内其他地区基层一线员工伙食费标准，惠及员工17000余人。按照集团公司消费扶贫任务，为基层一线食堂采购300万元大米、面粉、食用油三类生活必需品，改善员工生产生活条件。落实公司号召，统筹协调，履职尽责，全力做好防疫物资统计、筹集、发放及员工核酸检测工作，累计为机关及出国人员发放口罩25万个、组织核酸检测6000余人次。

【民主管理】 2022年，长城钻探工程公司民主权利得到有效落实，引导各单位充分发挥职代会职能作用,推动以职代会提案方式决策公司改革发展重大问题并逐步建立重点提案立项制度。跟踪三届五次职代会41件提案办理,提案均得到有效推进和落实,3项重点立案有效解决生产管理、天然气开发、国际市场信息化建设等方面的问题,提高生产效率。维权机制进一步完善,各级工会干部常态化深入基层开展调研,全方位、近距离了解员工困难诉求,畅通员工诉求通道,规范诉求解决途径,增配一线井队生活用水一体化、环保卫生间等装置,以及完善辽河油区员工活动场所功能等一系列问题得到圆满解决。职工权益得到有效维护,监督落实职工休假、健康体检、职业病防治等相关福利待遇,职工基本福利待遇得到有效保障。定期开展劳动保护专项检查,实施"百岗千哨"群众性安全监督活动,参与公司HSE事故调查处理,全方位维护员工生命健康权益。做好女职工"两癌"筛查、劳动保护等特殊权益维护,开展女职工特别关爱行动,切实为女职工办实事、做好事、解难事。

【系统建设】 2022年,长城钻探工程公司完善以问题为导向的工作原则,坚持和健全民主集中制,完善工会工作议事规则;加强调查研究和沟通交流,完善指导服务基层联动工作机制,完成群团工作调研,组织召开座谈会47次,现场走访17个基层项目部、23个基层队。树立精品意识,建立典型工作案例评选展示交流机制,参加集团直属工会"石油工人心向党 建功奋进新征程"主题演讲比赛,3个作品入围决赛圈,作品《父女》获得第一名,公司获优秀组织单位;反映公司主题劳动竞赛和"我为员工群众办实事"的稿件在中国石油报显著位置发表,提升工会工作影响力。加强工会干部培训,开展常态化教育培训,切实改进工作作风,大兴调查研究之风,增强群众工作本领。组织开展工会调研成果交流、评选,提高工会干部理论研究和实践创新能力。加强团的基本队伍和基本制度建设。推进党建带团建,与集团公司团委制度对标配套,加强团委自身建设,提升团委委员履职意识和履职能力,建立公司共青团工作协作组,促进基层团组织优势互补和工作互促,团青组织全面有效覆盖,达到"应建必建""应换必换"。

(赵桓巍)

共青团工作

【概述】 2022年,长城钻探工程公司以习近平新时代中国特色社会主义思想为指导,全面贯彻党的十九大和十九届历次全会精神,深入落实习近平总书记关于青年工作的重要思想,深刻领会"两个确立"的决定性意义,增强"四个意识"、坚定"四个自信"、做到"两个维护",以迎接党的二十大胜利召开和学习贯彻二十大精神为主线，结合庆祝建团100周年，聚焦抓好党的事业后继有人这个根本大计，紧扣公司高质量发展部署要求，推进青春铸魂、青年建功、青春育才、青春强基，切实保持增强政治性、先进性、群众性，着力提升组织力、引领力、服务力和大局贡献度，团结带领公司广大青年坚定不移的听党话跟党走，坚定不移投身公司高质量发展，以昂扬风貌和优异成绩迎接党的二十大胜利召开。

【政治引领】 2022年，长城钻探工程公司深入学习贯彻习近平总书记关于青年工作的重要思想，组织实施"学党史、强信念、跟党走"和"喜迎二十大、永远跟党走、奋进新征程"主题教育实践活动130余场次。启动实施公司级"青年马克思主义者培养工程"选拔优秀青年学员32名，开展为期一年的集中培训、理论研究、岗位时间锻炼，培养培育一批优秀青年政治骨干。青年精神素养提升工程扎实推进，53个基层团组织3300余名团员青年分阶段、分层次组织开展专题学习会261场、对标讨论会174场、专题生活会54场。建立"铁人先锋"党建信息平台团委公众号，全力打造展示团青工作和青年风采的宣传阵地。

【岗位建功】 2022年，长城钻探工程公司持围绕中心、服务大局，搭建岗位建功平台。举办长城钻探工程公司首届青年科技论坛，公司党委主要领导亲自指示，分管领导亲自部署，各级专家深入指导，引导青年针对瓶颈问题、难点问题提出解决问题的"新思路、新想法、新点子"，刊印出版优秀论文集。

组织团员青年参加集团公司青年创新创意大赛并获奖。深化青年文明号建设，评比选拔15个青年基层组织进行全面重点培育，2个青年队伍获评集团公司青年安全生产示范岗，彰显生力军作用。推动青年志愿者服务活动，74个青年志愿服务队1370余名志愿者全年开展志愿者服务活动166场次。加强共青团推优工作力度，向公司党委申请入党指标，向公司党委表彰活动推荐劳模1人、先进个6人。

【青年服务】 2022年，长城钻探工程公司组织优秀毕业生座谈会2场、毕业生入厂"第一堂"团课22场，帮助毕业生提升企业归属感，缩短入职适应期。广泛开展文化活动，多层级组织"一本好书送青年""青年读书会分享"和"文创大赛"等活动。着力加强青年关心关爱，团委委员深入各级团组织和青年开展调研座谈，摸清青年思想动态、诉求，以问题为导向，以诉求为方向，指导全年工作开展。

【团组织建设】 2022年，长城钻探工程公司全面落实党建带团建工作要求，完善团建工作机制，推进全面从严治团和团组织自身建设。推进团组织规范化建设，持续强化团的基层协作，成立团青工作协作组，推动基层单位团委之间优势互补和工作互促、资源共享。加强团干部队伍建设，推进团干部分级分类培训，组织团干部学习党的二十大精神培训1次，覆盖团青干部110余人，为基层团干部配备发放工作手册和能力提升书籍。加强公司团委自身建设，落实"第一议题"制度，按季度组织公司团委委员集体学习和工作会议，结合业务特点调整公司团委委员工作分工,编制下发团委工作规则,强化团委委员履职意识和履职本领,公司团委班子更加团结奋进,工作成效更加显著。

【选树和宣传青年典型】 2022年,长城钻探工程公司建立"铁人先锋"党建信息平台团委公众号,全年在团中央所属媒体刊发稿件1篇,集团公司和集团公司团委所属媒体刊发稿件和视频147个,公司所属媒体刊发稿件和视频177个。选树宣传团青先进典型,开展"两红两优"、青年岗位能手和青年文明号评选,对35个先进集体、120个先进个人进行表彰。在公司主页开设专栏、集中报道先进青年集体、优秀青年事迹,做好典型选树和宣传组织活动,引导青年向先进典型学习。

(张　霁)

中国石油集团长城钻探工程有限公司年鉴 2023

第十篇
光 荣 榜

2022 年获国家级表彰

表 1　国家部委主导的表彰

序号	奖　项	获奖单位、集体、个人	颁奖单位
1	全国能源化学地质系统第八季"大国工匠"	苏　飞	中国能源化学地质工会全国委员会
2	从事信访工作 25 年以上的信访荣誉工作者	冯长江	国家信访局

2022 年获省部级表彰

表 2　国家部委、辽宁省或其他省级表彰

序　号	奖　项	获奖单位、集体、个人	颁奖单位
1	辽宁省模范职工小家	录井公司	辽宁省总工会
2	2022 年辽宁省质量管理小组活动优秀企业	长城钻探工程公司	辽宁省质量协会、辽宁省总工会、共青团辽宁省委员会、辽宁省科学技术协会
3	2022 年辽宁省优秀质量管理小组	钻井一公司准备队 QC 小组；古巴项目部 GW91 队 QC 小组；顶驱技术分公司偕行 QC 小组	辽宁省质量协会、辽宁省总工会、共青团辽宁省委员会、辽宁省科学技术协会
4	2022 年辽宁省质量信得过班组	钻井一公司钢丝绳吊索班	辽宁省质量协会、辽宁省总工会、共青团辽宁省委员会、辽宁省科学技术协会
5	国家级高新技术企业	昆山公司	江苏省科学技术厅、江苏省财政厅、国家税务总局江苏省税务局
6	江苏省专精特新中小企业	昆山公司	江苏省工业和信息化厅
7	辽宁省科学技术进步奖二等奖	工程技术研究院	辽宁省人民政府
8	2022 年度省质量科技成果奖三等奖	王国利	辽宁省质量协会、辽宁省总工会、共青团辽宁省委员会、辽宁省科学技术协会

2022年获集团公司级表彰

表3 集团公司党组、集团公司，集团公司直属党委、中油技服表彰

序号	奖项	获奖单位、集体、个人	颁奖单位
1	工程技术金牌队	GW90091钻井队	中国石油集团油田技术服务有限公司
2	2022年度工程技术先进单位	钻井一公司、钻井技术服务公司、压裂公司	中国石油集团油田技术服务有限公司
3	2022年度市场开发先进单位	长城钻探工程公司	中国石油集团油田技术服务有限公司
4	2022年度市场开发先进集体	国际事业部、生产协调与市场处、科威特项目部、压裂公司、钻井二公司、苏丹项目部	中国石油集团油田技术服务有限公司
5	2022年度集团公司先进工作者	于开斌 杜明翰 杨贺 赵向达 王望 李进 李庆军 姚远	集团公司
6	2022年度市场开发先进个人	汪远良 傅崇平 张明 董飞 何杰文 冯小强 刘洪波 洪旭 李雷雷 赵玉鹏 杨立源 牟少敏 邓南 李松 赵宇光 周灵佐 张宝天 刘兴欣 刘宏伟 赵亮 唐勇 吴春军 刘丕学 吴鹏 冯超 王志红 孟庆华 崔景海 吕保山 管德全 王昕奇 梁梯 邹鑫 周勇 张斌	中国石油集团油田技术服务有限公司
7	2022年度工程技术先进个人	史力卫 平善海 牛作军 孙宝玉 李广俊 胡明 王东野 谢亮 李旭 刘继明 王峰 杨俊 戴明 孟令超 赵阳 田军甲 佟志刚 徐刚 温立欣 谢明东 王学谦 周斌 苏旭 刘福 黄声豹 陈仕金 王林 范作栋 刘瑞 冯斌 李辉 刘春雷 宋希辉 张亮 冯德明 李行 王邱锋 王志邦 赵凤武 刘思成 裴绍宇 魏墨芳 张士林 李长斌 王雷 吴刚 袁朴实 姚远 韩军勇 庞振辉 李宏智	中国石油集团油田技术服务有限公司
8	集团公司先进工作者	杨贺	集团公司

2022 年获行业协会表彰

表 4 省协会、学会表彰

序号	奖项	获奖单位、集体、个人	颁奖单位
1	二〇二二年辽宁省用户满意企业 AA	钻井三公司、录井公司	辽宁省质量协会、辽宁省用户委员会
2	二〇二二年辽宁省用户满意服务质量信用 AA	钻井一公司、钻井三公司、录井公司	辽宁省质量协会、辽宁省用户委员会
3	孙越崎青年科技奖	夏泊泖	孙越崎科技教育基金委员会
4	2022 年省质量管理小组活动优秀推进者	尹继伟　田春梅	辽宁省质量协会
5	2022 年辽宁省质量科技成果一等奖	马俊	辽宁省质量协会
6	2022 年辽宁省质量科技成果三等奖	吴捷	辽宁省质量协会

2022 年获公司党委和公司表彰

表 5 公司党委、公司颁发的奖项

序号	荣誉名称	获奖单位
1	2021—2022 年度先进单位	钻井三公司、压裂公司、固井公司、钻井技术服务公司、苏里格气田分公司、工程技术研究院、古巴项目部、尼日尔项目部、苏丹项目部、科威特项目部

续表

序号	荣誉名称	获奖单位
2	2021—2022年度先进集体	钻井一公司：70149队、40566队、50640队、GW70102队、GW70101队、50631队、长庆项目部、国内合作部；钻井二公司：70055队、50729队、70030队、GW50201队、吉林项目部、国际项目部、运输公司特车服务队；钻井三公司：D12313队、30647队、C12200队、C10287队、30583队、GW103队、运力保障中心；西部钻井公司：总包项目部、山西项目部、QHSE科、经营计划科；国际钻井公司：GW221队、GW19队、装备管理科；井下作业公司：试油测试公司、西部项目部、工程技术科；压裂公司：辽河压裂项目部、页岩气压裂一项目部、长庆压裂二项目部、长庆试气一项目部、压裂酸化技术研究所；钻井液公司：西南项目部、尼日尔项目部、市场管理科；固井公司：欢喜岭项目部、技术研究所；钻具公司：西部项目部、钻具保障中心；钻井技术服务公司：西北项目部、西南项目部；顶驱技术分公司：辽河项目部；录井公司：辽河项目部、庆阳项目部、解释评价中心、软件研发项目部、组织人事部；测试分公司：苏丹测试项目、综合管理科；苏里格气田分公司：采气作业二区气井巡护队、采气作业三区气井巡护队；四川页岩气项目部：威远作业区、地方协调科；工程技术研究院：钻井工程技术研究所、采油采气技术研究所；地质研究院：天然气研究所；物资公司：人事科（党委组织部）；昆山公司；油田市场经营部；工程服务公司：西南项目部；美洲地区协调组：古巴项目部市场部、加拿大项目部GW76装备管理先进基层队、厄瓜多尔和秘鲁项目部钻井液项目；非洲地区协调组：乍得项目部GW217队、尼日尔项目部GW215队、苏丹项目部市场部；中东地区协调组：阿曼项目部热采GW-TR4队、科威特项目部GW302队、阿联酋项目部市场部；中亚地区协调组：泰国项目部GW80队；公司机关：办公室（党委办公室、机关事务管理中心）、财务资产处（资金结算中心）、生产协调与市场处、人事处（党委组织部）、东部生产指挥中心、规划计划处、纪委办公室（党委巡察办公室）、企管法规处
3	2021—2022年度标杆基层队	钻井二公司70235队、井下作业公司DY11574队、固井公司GJ32106队、古巴项目部GW91队、钻井一公司50009队、钻井三公司30582队、西部钻井公司70249队、压裂公司 YS69024队、尼日尔项目部GW216队、钻井技术服务公司旋转导向GW203小队、苏里格气田分公司采气作业一区苏53-2集气站、国际钻井公司GW139队、四川页岩气项目部CC202-8集气站、伊拉克项目部GW309队、顶驱技术分公司GW80顶驱服务队

续表

序号	荣誉名称	获奖单位
4	2021—2022年度"五型"班组	钻井一公司：40568队三班、40609队二班、70252队一班、40610队一班、50688队一班、70039队一班、GW70102队一班、70251队一班、50628队一班、70186队二班、50631队二班、50570队一班、运输公司六中队清水罐一班、安装工程公司准备队钢丝绳吊索班组、装备服务公司机修车间焊工班；钻井二公司：70235队三班、GW70203三班、50013队一班、40598队三班、GW70204二班、50630队一班、GW50201队一班、70110队二班、生产保障公司钻完井工程队完井技术班、运输公司辽河服务队拖平班；钻井三公司：30561队二班、30686队一班、GW30302队二班、GW30303队二班、30677队一班、GW307队一班、生产保障中心套管钳扭矩仪班组、后勤保障中心曙一联基地班；西部钻井公司：40619队一班、30560队一班、50682队二班、40554队一班、40621B队一班、50277队一班；国际钻井公司：GW80工程一班、GW122工程一班、GW110钻井一班、乍得车队维修班、国际化培训项目组；井下作业公司：D12306队1班、S10290-2队、DY09566队、LG061队、油井地面维护项目部维修班；压裂公司：YS43231队千型班、YS69026队技术员班、YS69025队技术员班、YS43232队机泵工班、S06179-1队一班、压裂酸化技术研究所流体实验中心；钻井液公司：ZY3094小队、ZY3047小队、ZY3093小队、GW-DF1223班组、苏丹项目部37区钻井液小队；固井公司：欢喜岭项目部水泥车班组、海外项目管理保障中心尼日尔项目班组、后勤管理保障中心工具车间收送保养班、技术研究所水泥及外加剂质量检测中心；钻具公司：加工制造中心兴隆台车修班、技术发展中心综合检测一班；钻井技术服务公司：GWDD212小队、GWDD101小队；顶驱技术分公司：顶驱古巴服务组；录井公司：L10296队、L10210队、GW-ML90、综合导向技术项目部重庆导向组、冀东项目部生产组、地质研究中心勘探组、开发井设计中心庆阳设计组、工艺研究中心装备研发组；测试分公司：GW-WT113队、GW-WT155队；苏里格气田分公司：采气作业一区气井巡护队、采气作业二区地质工程组、生产保障中心基建维修队；四川页岩气项目部：威远作业区生产保障队一班、荣县作业区工程技术队一班、荣县作业区油基岩处置服务队一班；工程技术研究院：油田化学技术研究所油基钻井液项目组；地质研究院：页岩气研究所综合地质研究室；物资公司：辽河仓储站欢喜岭库、物资公司西南仓储站；昆山公司：东北压裂液现场技术服务组；工程服务公司：东部项目部质量保障组、乍得钻前筑路队；美洲地区协调组：古巴项目部GW139队工程一班；非洲地区协调组：乍得项目部GW-ML41队、尼日尔项目部定向井专业GWDD507队；中东地区协调组：伊拉克项目部GW307队二班、科威特项目部GW103队一班；中亚地区协调组：印尼项目部GW121队材料班组、土乌项目部新丝路项目西莎老井复产班组、阿塞拜疆项目部GW82队

续表

序号	荣誉名称	获奖单位
5	2021—2022年度先进基层党组织	钻井一公司：钻井一公司辽河项目管理部50014队党支部、钻井一公司长庆项目部50500队党支部、钻井一公司新疆项目部50640队党支部、钻井一公司四川页岩气项目部70251队党支部、钻井一公司国内合作部50631队党支部、钻井一公司运输公司四中队党支部、钻井一公司安装工程公司拖拉机队党支部、钻井一公司装备服务公司加工车间党支部；钻井二公司：钻井二公司国际项目部党总支、钻井二公司吉林项目部直属党支部、钻井二公司辽河项目部70233队党支部、钻井二公司辽河项目部40011队党支部、钻井二公司西南项目部70235队党支部、钻井二公司西北项目部70030队党支部、钻井二公司后勤保障公司保障部党支部、钻井二公司培训基地党支部；钻井三公司：钻井三公司辽河项目中心30702队党支部、钻井三公司辽河项目中心D12313队党支部、钻井三公司外围项目中心GW40303队党支部、钻井三公司国际项目中心科威特项目党支部、钻井三公司运力保障中心党总支、钻井三公司安全环保科党支部；西部钻井公司：西部钻井公司陕北项目一部直属党支部；国际钻井公司：国际钻井公司GW80队党支部、国际钻井公司培训基地党支部；井下作业公司：井下作业公司西部项目部党支部、井下作业公司大庆项目部党支部、井下作业公司长庆项目部党支部；压裂公司：压裂公司页岩气压裂一项目部YS69024队党支部、压裂公司辽河压裂项目部YS43004队党支部、压裂公司辽河压裂项目部YS43231队党支部、压裂公司长庆压裂一项目部YS49022队党支部；钻井液公司：钻井液公司西南项目部党支部；固井公司：固井公司欢喜岭项目部党支部；钻具公司：钻具公司西南项目部党支部；钻井技术服务公司：钻井技术服务公司辽河水平井项目部党支部；顶驱技术分公司：顶驱技术分公司辽河项目部党支部；录井公司：录井公司辽河项目部党总支、录井公司地质研究中心党支部、录井公司基础设施项目部党支部；测试公司：测试公司西南项目部党支部；苏里格气田分公司：苏里格气田公司采气作业一区集气站党支部、苏里格气田公司采气作业二区巡井队党支部；四川页岩气项目部：四川页岩气项目部荣县作业区党支部；工程技术研究院：工程技术研究院钻井工程设计监督中心党支部；地质研究院：地质研究院页岩气研究所党支部；物资公司：物资公司机关第一党支部、物资公司长庆仓储站党支部；昆山公司：昆山公司市场党支部；工程服务公司：工程服务公司机关第二党支部；公司机关：企管法规处党支部；某项目部：某项目部GW91队党支部；某项目部：某项目部分部党支部；某项目部：某项目部Ronier基地党支部；某项目部：某项目部GW109队党支部；某项目部：某项目部鲁迈拉项目党支部；某项目部：某项目部机关党支部；某项目部：某项目部机关党支部；某项目部：某项目部GW229队党支部；某项目部：某项目部前线联合党支部
6	2022年度党风廉政建设工作先进集体	钻井一公司、钻井二公司、井下作业公司、钻井液公司、固井公司、钻井技术服务公司、苏里格气田分公司、四川页岩气项目部、物资公司、古巴项目部、厄瓜多尔和秘鲁项目部、尼日尔项目部、阿联酋项目部、科威特项目部、土库曼和乌兹别克项目部
7	2021—2022年度长城钻探工匠	牟文箭　曹小辉　衣得新　高　岩　樊培强　张宇鳞　裴　健　刘宏哲　王国利　董　超

续表

序号	荣誉名称	获奖单位
8	2021—2022年度劳模标兵	王 波　王相森　张 哲　周 楠　司昌海
9	2021—2022年度劳动模范	何 锋　刘永福　于泽利　任庆田　徐 通　刘 涛　李 强　陈 东 王 建　刘 博　顿长坤　杨 志　魏善智　许 超　魏志军　李清伟 魏 国　郭向磊　李忠华　杨 刚　马艳征　贺永杰　王 跃　刘丰产 刘 佳　王 东　宋路江　付玉宝　陈玉成　程 欣　郭天星　郑清阳 张 岩　高清春　冯占勋　于 阳　顾生龙　魏 巍　孙明阳　隋红伟 毕 生　宋巨君　沈 健　卢 云　段吕端　黄占超　杨启伟　郝新颖 李 玮
10	2021—2022年度公司新晋十年海龄先进员工	李 东　党占喜　曹丙涛　吉陇军　李 伟　彭 涛　孙 威　王 达 王孝飞　肖 钢　吴 建　郝金勇　陈守阵　黄国伟　冯 山　田志召 白光迪　蒙开坚　李耀文　张仲亮　运军委　赵智明　吕新华　丁 鹏 崔东民　赵尹波　孙 冰　刘 波　江金甲　曹雪峰　张金波　盛 杰 柴智凯　刘 建　罗会义　庞志华　王天生　刘小虎　熊录凌　纪庆敏 周 魁　陈宏平　李 祥　刘伟光　司学强　陈 勇　周万晓　焦 石 向蜀东　廖志伟　王来林　王善勇　刘 磊　董涵济　高鑫涛　侯 骏 李贵廷　侯云杰　黄 刚　刘井雨　关 磊　邓朝辉　胡 磊　兰 龙 米肖伟　王 岩　魏鹏飞　杨志祥　朱光明　李 灿　张 磊　王 辉 郭志新　王峻岭　李 林　张晓东　宋佩华　张朋祥　罗胜勇　郑术生 何 涛　段云军　王 望　潘拥军　王娩清　潘军营　陈海刚　陈晓毅 王大雷　王 飞　张殷国　赵庆新　赵 征　王 鹏　王 超　苏国辉 郭铁柱　邱 光　葛占成　刘子乐　杨 波　陈新友　张 勘　张广来 朴成云　白光迪　张超群　曹 勇　李雷雷　田宝涛　秦峰峰　原 飞 马立野　陈立有　李大鹏　吴兴隆　胡志军　李少华　邓子杰　夏群芳 周俊军　陈昱秀　郭晓明　张海宁　郭永兵　刘冬儿　朱 威　李朝平 屈昌利　张晓春　雷 虎　彭 锐　迟淑军　邱福昌　曾爱民　陈利其 陈明禹　李 旭　刘汉宇　麻 辉　马海红　陈中华　胡 健　李东波 李文奇　李艳斌　刘宗祥　隆 强　陶 杉　王新义　张立宾　马秀江 程俊峰　闫 旭　袁洪晏　张 宁　郑仁涛　张 斌　林庆尊　杨电涛 解志亮　卢 希

续表

序号	荣誉名称	获奖单位						
11	2021—2022年度公司先进个人	吴松泽	李百利	程世海	冯广海	刘占赢	郑海迪	康云双	黄继影
		刘 岩	刘 涛	王 凯	赵 金	李伟健	孟庆涛	靳 略	冯运朋
		吴学军	耿继东	佟小兵	王孝奕	陈文勇	刘 阳	赵于磊	王 浩
		何 明	王东野	杨 朔	乔永吉	刘 玮	冯中国	赵家强	康凌飞
		刘天龙	黎建兵	娄 亮	刘伟明	陈立辉	王跃民	宋 强	王 俊
		田晓军	李丙和	张 琳	那贵洋	梁云龙	刘长海	焦 杨	李 军
		宋永健	宋荣超	孔 端	李际杰	赵永乐	吴海朋	胡 钢	张百振
		于志元	杨 波	暴祺昌	管 峰	卢学华	李 佳	冯卫东	魏西荣
		邵 博	王 卓	陈铁林	周 扬	常世健	唐 文	张剑峰	刘洪波
		周 勇	马弋媚	果 成	步文洋	何江坤	罗菲菲	南 晶	丛子淮
		刘亚峰	王 岩	魏 民	王 方	李 广	高 阔	张书瑞	毕明明
		程 欢	赵 野	于腾蛟	黄海斌	仇成飞	杨汉华	张 野	李高阳
		冷远刚	杜 兵	韩 松	王 伟	拓 炜	方建涛	周子云	唐 勇
		马艳艳	苑大勇	李 旭	张国栋	杨发磊	左振强	赵显光	宋子豪
		孙小波	张 兵	火小江	孙 强	黄胡楠	杨李白	田 静	叶陆军
		崔宝峰	张东荣	李 超	金春年	高光达	刘 佳	刘 明	刘 峥
		刘传宝	苗 建	郭 丽	李经纬	董必清	刘 辉	刘 闯	冯 强
		杜 伟	刘志强	吉 庆	王 野	孙庆华	高天宇	马 强	王 兵
		王忠庆	王家会	方 远	史 超	付 博	邢治国	庄伟力	刘 阳
		刘少剑	刘忠良	刘禹焜	刘筱睿	孙世学	杜 勇	杜兴隆	吴宝健
		吴俊清	余坚强	张 旭	张 灿	张 鲁	张 楠	张宝忠	范成军
		岳彩振	宗 华	孟庆良	赵 阳	赵 禹	贾召禄	贾咏富	徐志鹏
		高 鑫	郭文君	郭伟钢	黄金有	崔璐璐	韩 伟	张岩岩	李爱国
		张 晶	李春鸿	孙晓日	窦晓峰	马伟生	王 男	邵金山	郭 涛
		佟若冰	王建强	纪军	姜明明	金增录	佟志刚	苏 飞	谢建国
		李文东	刘建强	董洪泗	张文杰	孟向前	朱汉洲	赵海广	侯 静
		陆 斌	邢宝海	胡博闻	赵智夫	孙德金	耿 宇	张 政	吴 挺
		魏 波	王太贵	宋 魁	李 鑫	刘峻宏	王生虎	扎志林	邓 宇
		李韫丞	方晓明	夏友权	张东凤	董贯海	王 磊	吴永兴	崔景隆
		智 鹏	阎海涛	赵丹丹	李希鑫	赵 月	程 奎	李金峰	杜晋生
		张守强	张 军	程 佳	郝晨西	李康康	任浪涛	孟 军	柯友爱
		刘 瑞	刘 承	尹国庆	杜志栋	尚大磊	佟祥楠	丁成刚	李振国
		钱建华	邢连广	张 健	杨洪潮	孙 亮	房 超	蒋 庆	杨森锋
		唐国云	徐廉峰	张 倞	孟翠茹	李 娟	修晓军	贾世文	刘 云
		王天生	王 尚	王晨宇	王新勇	朴成云	同林昭	孙崇山	李凤强
		李剑生	杨东兴	吴 勇	张柏林	张 勇	郑 斌	侯万武	姚 放
		袁洪晏	袁 媛	黄 金	崔庆华	蒋殿昱	程海龙	鲁先振	解丽娜
		裴子赢	李伟杰	赵智超	魏 铖	杨 硕	梁 策	薛定域	鄢 畅
		李 江	段进忠	崔胜利	岳海林	王学谦	任少明	朱德兴	李 楠
		袁宏洲	陈 林	赵 锐	梁宝元	张洪飞	许 佳	曹 静	田红伟
		赵 旭	于长玲	李 伟	邓利新	刘春野	杨文涛	王延江	贾建英
		张芳芳	王 亮	滕法跃	任春波	张善仁	王永江	李小坤	周文俊
		黄韦超	万 宇	王广帅	杨尧焜	战 捷	汪良波	满国天	仇召阳
		于 磊	路海军	张焕亮	宋振虎	李星宇	胡志军	杨 洋	苏 旭
		霍立坤	王 栋	杨 辉	刘先擎	庞 硕	李智伟	何建辉	林文鑫
		王 振	马士强	张 珩	聂 强	毕彦成	施福成	魏 权	李德新
		王 飞	宋普光	陈大伟	王 宁	李同辉	李 斌	刘 军	苟中华
		张 哲	黄 维	刘伟光	沈柏坪	刘 洋	陈启南	董乃秋	郑 杨

续表

序号	荣誉名称	获奖单位
11	2021—2022年度公司先进个人	张五才 金哲 孙长程 陈申 石友山 赵元 孙建平 王丽 张红霞 王飞 余多光 李洪健 凌风春 马清峰 黄雪松 刘万里 郭帅 陈洪地 王福祥 江海庆 杨平 陈仕强 杨龙飞 王焕舟 宋金益 赵君 冯中文 王宁 李深远 王源 李思文 王涛 赵天 张凯伦 张彦广 张建原 开 易建乔 刘洋 李少龙 曹晓刚 王军 王晓军 孔栋梁 朱千千 孙振旭 霍新 李彬 杨璐荧 姜哲人 王健 于刚 王楠 刘波 刘骞 朱艳 赵凤军 王雪东 李顺宁 杨晓龙 王工厂 陈洪海 周海洋 许彦涛 顾永华 许宏伟 巩沛鑫 芦振龙 滕琴 肖青香 谢文龙 徐强魁 王楠 李陟 张东海 张治国 何涛 李涛 王鹏 宋佩华 李美琳 陈新友 涂恒菁 金子辉 刘军 白光迪 杨晨 梅雪峰 周英 阿里木江·艾合买提 魏小飞 王军风 吕学军 黄志刚 谢金涛 王国旭 张涛 程俊峰 庞硕 郑颖异 黄刚 戴栋 初征 高重阳 叶芊 王忠 倪培勇 张涛 李鹏飞 吴桐 张增辉 韩晓涛 张铁铭 鄢小琳 宋析洋 曲艺 刘浩 王双庆 张元伟 郭松 肖静 于彩萍 李玮 党玉峰 徐江宁 李晓蕾
12	2021—2022年度优秀共产党员	马建忠 曹雷 杨朔 田卫锋 金国 于松生 王瀚 王均锋 张宁 崔立凯 王革 周勇 马万涛 徐国伟 童金松 王凤恒 田宝涛 陶海涛 刘铭宇 吴义军 吴锡林 王栎敬 张海洋 谭益民 杨丹丹 李健 杨成杰 曲正猛 董鹏 赵亮 孙刚 徐涛 姜明明 蒋礼 邢宝海 王树峰 蒲秋平 牟肖峰 何鹏 赵浩 杨治 郭海峰 迟程 李建 智强 刘硕 刘瑞 尹国庆 李敏 张福 杨海峰 冯静国 王楠 刘兴涛 王海祥 张斌 赵云 张善仁 王延江 任春波 董宁 马海中 易鸿彬 马俊江 李洪山 曲哲 马鸿飞 宋京强 聂强 成克男 黄刚 刘密山 李超 张云广 夏瑞 赵炎 孔志刚 唐莹莹 崔凯 胡喜庆 刘健 刘玉庆 曹红伟 耿聪 吕哲海 刘青贺 王淼 杨先范 刘开伦 金子辉 李灿光 彭弘刚 王方 刘广建 严世帮 陈潇 龙嗣源 蔡明宏 丁启光
13	2021—2022年度优秀党务工作者	乔永吉 何乃增 张静 苏航 陈震 张利群 张晶 杜宏伟 徐珠元 孟繁军 李燕 孙宝均 孙墨一 杨尧焜 李巍 陈泽升 张显文 刘洋 赵飞彪 张志良 王楠 杨巍 滕琴 张萍 初征 孙庆华 柳国瑞 周克晟 麻辉 苏飞
14	2022年度党风廉政建设工作先进个人	王峰 刘青 蔡宝军 李佳铭 高向宁 祝冰 邵喆 蔡俊华 杨振宇 孙平 李希鑫 曹长鹏 刘渝华 吴迪 吉沈香 唐万琼 葛苏宁 刘晓丽 赵海鸥 陈天斌 赵冬梅 关姝婷 徐志鹏 李珂 李少龙 王洪福 付晓岚 刘岩 王全 胡波 雷颖 王鲁狄 姚尧 韩志勇 符尧 李世杰 徐春杰 刘娇 杜泓宽 郑佐秋 于洋 吕玲 常桢 尹伟涛 姜胜军 李晓蕾 徐林静 鄢小琳 易滨斯 刘铁鸥 郑应钊 赵桓巍 孟燕 林秀义 何晓明 鲁萌 刘勇 高岭 袁海浩 廖锐 李丙陆 何涛 杨宗强 严世帮 张伟东 于彬 冯霖 王永生 施楠 崔航源 桂志斌 高岗 党津巍 庄妍 林刚 满孝国 丛云海 李亮 迟晓鹏 赵春江

第十一篇
机构与人物

2022 年长城钻探工程公司组织机构

序 号	单 位
一、机关职能部门	
1	办公室（党委办公室，机关事务管理中心）
2	党委工作处（党委宣传部，维护稳定办公室，新闻中心，机关工委）
3	生产协调与市场处（总调度室）
4	人事处（党委组织部）
5	规划计划处
6	财务资产处
7	设备处
8	质量安全环保处
9	工程技术处（井控管理中心，远程技术支持中心）
10	科技处
11	外事处
12	审计处（审计中心）
13	企管法规处
14	纪委办公室（党委巡察办公室）
15	群众工作处（工会，团委）
二、机关附属机构	
1	人事服务中心（技能人才评价中心）
2	安全监督中心
3	工程造价中心
4	资金结算中心
三、直属机构	
1	国际事业部
2	能源事业部
3	物资管理部
4	信息管理部
5	东部生产指挥中心

续表

序号	单 位
6	西部生产指挥中心
7	西南生产指挥中心
四、二级单位	
1	钻井一公司
2	钻井二公司
3	钻井三公司
4	长庆石油工程监督公司（西部钻井有限公司）
5	国际钻井公司
6	井下作业公司
7	压裂公司
8	钻井液公司
9	固井公司
10	钻具公司
11	钻井技术服务公司
12	顶驱技术公司
13	录井公司
14	测试公司
15	苏里格气田分公司
16	四川页岩气项目部
17	工程技术研究院
18	地质研究院
19	物资公司（招标中心）
20	昆山公司
21	工程服务公司（长庆工程技术项目部）
五、境外项目部	
美洲地区	
1	委内瑞拉项目部
2	古巴项目部
3	加拿大项目部
4	厄瓜多尔和秘鲁项目部
5	墨西哥项目部

续表

序号	单位
非洲地区	
6	阿尔及利亚项目部
7	乍得项目部
8	尼日尔项目部
9	利比亚项目部
10	苏丹项目部
11	突尼斯项目部
12	肯尼亚项目部
中东地区	
13	阿曼项目部
14	伊朗项目部
15	伊拉克项目部
16	巴基斯坦项目部
17	阿联酋项目部
18	科威特项目部
中亚地区	
19	哈萨克斯坦项目部
20	阿塞拜疆项目部
21	土库曼和乌兹别克项目部
22	泰国项目部
23	印尼项目部

2022年长城钻探工程公司领导

序号	姓名	职务
1	刘光木	执行董事、党委书记
2	周丰	总经理、党委副书记
3	刘绪全	党委副书记、工会主席

续表

序号	姓名	职务
4	方 武	党委委员、总会计师
5	张 宏	党委委员、纪委书记
6	韩 敏	党委委员、副总经理
7	罗 凯	党委委员、副总经理
8	高文龙	党委委员、副总经理、安全总监
9	纪宏博	党委委员、副总经理

2022年长城钻探工程公司总经理助理、副总师

序号	姓名	职务
1	张洪印	总经理助理兼东部生产指挥中心主任
2	邱兆军	总经理助理兼中石油壳牌建井服务公司副总经理
3	彭春耀	总经理助理兼企管法规处处长，中国石油化学有限公司执行董事、总经理，山东华油万达化学有限公司董事长
4	高 望	副总会计师兼财务资产处处长
5	骆小虎	总经理助理

2022年长城钻探工程公司机关职能部门领导

部门名称	职务	姓名
办公室（党委办公室，机关事务管理中心）	主任	王华东
	副主任	孙启宏
	副主任	冯 光

续表

部门名称	职务	姓名
党委工作处 （党委宣传部，维护稳定办公室，新闻中心，机关工委）	处长、机关工作委员会书记	张 伟
	副处长（二级正）	刘 敏
	副处长	付 刚
	副处长	王广宇
生产协调与市场处 （总调度室）	处长	杨启伟
	副处长（二级正）	黄立新
	副处长	赵晓磊
	副处长	刘丕学
	副处长	曹红伟
人事处 （党委组织部）	处长、部长	王 洋
	副处长（二级正）	高丽丽
	副处长、副部长	王美娜
	副处长	甄广峰
规划计划处	处长	赵洪波
	副处长	马 欣
	副处长	刘远飞
财务资产处	副处长	周春勇
	副处长	吕哲海
	副处长	高 鹏
设备处	处长	王小权
	副处长	赵友贵
质量安全环保处	安全副总监	刘德军
	处长	王卫东
	副处长	林金海
	副处长	姜胜军
	副处长	高 远
工程技术处 （井控管理中心，远程技术支持中心）	处长	钟 伟
	副处长	于洪波
	副处长	史力卫
	副处长	刘 伟

续表

部门名称	职务	姓名
科技处	处长	夏泊泖
	副处长	张振华
外事处	处长	刘 鹏
	副处长	李 行
审计处 (审计中心)	公司监事、审计处处长	赵伟红
	副处长、审计中心主任	马 歆
企管法规处	副处长	齐志博
	副处长	曾 涛
纪委办公室 (党委巡察办公室)	纪委副书记兼纪委办公室（党委巡察办公室）主任	侣 伟
	副主任	谢延国
	党委巡察办公室副主任	陈 宁
	副主任	黄继福
群众工作处 (工会，团委)	工会副主席兼群众工作处处长	袁铁民
	副处长、机关工会主席	王占伟
	副处长	李 黎
	团委副书记（负责人）	张 霁

2022年长城钻探工程公司直属机构领导

单 位	职 务	姓 名
国际事业部	主任	李树皎
	副主任兼生产作业部经理（二级正）	牟少敏
	副主任兼市场开发部经理（二级副）	何 睿
	副主任兼工程技术与井控部经理、工程技术处副处长（二级副）	赵玉龙
	副主任	郭海涛
	副主任	史英俊
	副主任	普明闯
	副主任兼市场开发部副经理	孟明辉

续表

单　位	职　务	姓　名
能源事业部	主任	王国勇
	副主任	祝金利
	副主任、总工程师、安全总监	吴辅兵
物资管理部	主任	鹿旭东
	副主任	杜巴达
	副主任	刘丙瑞
信息管理部	副主任	杨建民
	副主任	高庆忠
东部生产指挥中心	主任	张洪印
	副主任	郭晓鹏
	副主任	平善海
	副主任	张　军
	副主任	孙　健
	副主任	王国全
西部生产指挥中心	主任	王志红
	副主任（二级正）	孙雪冬
	副主任、生产协调与市场处（总调度室）副处长	陈　波
	副主任、生产协调与市场处（总调度室）副处长	赵志东
	副主任、生产协调与市场处（总调度室）副处长	郑清国
	副主任、质量安全环保处副处长	李传华
	副主任、工程技术处副处长	刘广文
西南生产指挥中心	主任、西南地区党工委书记	孟庆华
	副主任、生产协调与市场处（总调度室）副处长	邱新江
	副主任	王　超
	副主任、质量安全环保处副处长	苑井武
	副主任、工程技术处副处长	关　谦
	副主任	贾相健

2022年长城钻探工程公司机关附属机构领导

单　位	职　务	姓　名
人事服务中心（技能人才评价中心）	主任（二级副）	孔德虎
安全监督中心	主任、质量安全环保处副处长（二级副）	白洪胜
工程造价中心	主任（二级副）	付春波
资金结算中心	主任（二级副）	曾献鸿

2022年长城钻探工程公司二级单位领导

单　位	职　务	姓　名
钻井一公司	经理、党委副书记	尹家峰
	党委书记、副经理	栾　伟
	总会计师	于锡洋
	副经理、安全总监	何　锋
	副经理、总工程师	杨国涛
	副经理	何　鑫
	党委副书记、纪委书记、工会主席	姜钟利
	副经理	池丽军
钻井二公司	经理、党委副书记	陈广斌
	党委书记、副经理	周建华
	副经理	陈荣林
	副经理	管德全
	总会计师	宫　勇
	副经理、总工程师	张文敏
	党委副书记、纪委书记、工会主席	杨彦辉
	副经理、安全总监	张艳成

续表

单 位	职 务	姓 名
钻井三公司	经理、党委副书记	王 波
	党委书记、副经理	张庆桥
	总会计师	黄以文
	副经理	魏 勇
	党委副书记、纪委书记、工会主席	周宗军
	副经理	别艾华
	副经理、安全总监	朱振今
	副经理	侯大朋
长庆石油工程监督公司（西部钻井有限公司）	经理、党委副书记	邓凤义
	党委书记、副经理	曲 伟
	副经理	徐振松
	副经理、安全总监	刘亚峰
	副经理	孙连和
	党委副书记、纪委书记、工会主席	张金华
	总会计师	胡庆彬
	副经理	刘发明
国际钻井公司	经理、党委副书记	刘 情
	党委书记、纪委书记、工会主席、副经理	杨 明
	副经理（正处级）	罗远儒
	副经理、安全总监	刘建斌
	总会计师	刘沫言
	副经理	陈 英
井下作业公司	经理、党委副书记兼永和气田项目部经理	逯向阳
	党委书记、副经理	蔚 强
	总会计师	宋 健
	副经理、总工程师	唐 勇
	副经理	王宪成
	副经理、安全总监	陈 成
	副经理	徐长军
	党委副书记、纪委书记、工会主席	李忠阳
	副经理	董方平

续表

单　位	职　务	姓　名
压裂公司	经理、党委副书记	李玉军
	党委书记、副经理	王　琦
	副经理	徐　磊
	副经理	崔景海
	副经理	辛勇亮
	总会计师	高艳华
	党委副书记、纪委书记、工会主席	佟宏岩
	副经理、安全总监	韩　伟
钻井液公司	经理、党委副书记	张　鑫
	党委书记、副经理	路继平
	副经理	王晓光
	副经理	王　波
	副经理、总工程师	牛作军
	党委副书记、纪委书记、工会主席	顾立洋
	副经理、安全总监	南　旭
固井公司	经理、党委副书记	李连江
	党委书记、纪委书记、工会主席、副经理	解德庆
	副经理	尹学源
	副经理、安全总监	李士军
	副经理	王学斌
	总会计师	李朝新
	副经理	孙宝玉
钻具公司	经理、党委副书记	孙海玉
	党委书记、纪委书记、工会主席、副经理	王华峰
	副经理	李全伟
	副经理兼安全总监	赵智勇
	总会计师	张　薇

续表

单 位	职 务	姓 名
钻井技术服务公司	经理、党委副书记	孔令军
	党委书记、纪委书记、工会主席、副经理	王胜利
	副经理、安全总监	崔冬子
	副经理	杨建云
	副经理、总工程师	胡祖光
顶驱技术公司	经理、党委副书记	申朝庭
	党委书记、纪委书记、工会主席、副经理	尹栋超
	副经理	黄建国
	副经理	柴晓强
录井公司	经理、党委副书记	陈志伟
	党委书记、副经理	王 岩
	副经理	李兆群
	副经理	刘宝学
	副经理、总地质师	梁治国
	副经理	向 杰
	总会计师	王雪莲
	党委副书记、纪委书记、工会主席	陈天斌
	副经理、安全总监	田伟志
测试公司	经理、党委副书记	王德有
	党委书记兼纪委书记、工会主席、副经理	陈宝华
	副经理兼安全总监	于铁峰
	副经理	李兰奎
	副经理	曹永祥
	副经理	王国政
苏里格气田分公司	经理、党委副书记	于开斌
	党委书记、纪委书记、工会主席、副经理	吴邦德
	总会计师	苑久志
	副经理、安全总监	赵振东
	副经理	王立刚
	副经理	李建立
	副经理、总地质师	唐钦锡

续表

单　位	职　务	姓　名
四川页岩气项目部	经理、党委副书记、西南地区党工委副书记	何　凯
	党委书记、纪委书记、工会主席、副经理、西南地区党工委副书记	刘志良
	副经理、安全总监	郑孝文
	副经理	关沛丰
	副经理	李　建
	总会计师	吴　鹏
工程技术研究院	院长、党委副书记	孙立伟
	党委书记、纪委书记、工会主席、副院长	李锦辉
	副院长、安全总监	董　伟
	副院长	高　玮
	副院长	孙少亮
地质研究院	院长、党委副书记	贾海燕
	党委书记、纪委书记、工会主席、副院长	孙晓明
	副院长、安全总监	杨宏超
	副院长	赵国英
	副院长	胡庆贺
物资公司（招标中心）	经理、党委副书记	何春生
	党委书记、纪委书记、工会主席、副经理	冯旭东
	副经理	樊庆军
	总会计师	谭华林
	副经理、安全总监	许大智
昆山公司	经理、党委副书记、安全总监	胡传智
	党委书记、纪委书记、工会主席、副经理	童士斌
	总会计师	崔益华
	副经理	陈卫平
工程服务公司（长庆工程技术项目部）	经理、党委副书记	路　峭
	党委书记、纪委书记、工会主席、副经理	李泽林
	副经理、安全总监	尹泽红
	副经理	蒋　巍
	副经理，长庆工程技术项目部副经理	曹学博

2022年长城钻探工程公司境外项目部领导

单 位	职 务	姓 名
委内瑞拉项目部	副经理、工会工作委员会主席，主持工作	车天勇
	财务总监（挂职物资供应公司副经理）	范永钧
	HSE总监	王忠义
古巴项目部	美洲地区协调组组长、古巴项目部经理、党工委书记、工会工作委员会主席	杜明翰
	副经理、HSE总监	张 磊
	副经理	李丙陆
	财务总监	段云军
加拿大项目部	经理、工会工作委员会主席	苏 涛
	副经理、HSE总监	吴英明
厄瓜多尔和秘鲁项目部	经理、党工委书记	王相森
	副经理（挂职海外咨询中心副主任）	张 政
	副经理、HSE总监、工会工作委员会主席	傅崇平
阿尔及利亚项目部	经理、党工委书记、工会工作委员会主席	李文东
	副经理（挂职国际钻井公司副经理）	常茂富
	副经理（挂职工程服务公司副经理）	潘玉厚
	副经理、HSE总监	谭仕开
	财务总监	武 勇
乍得项目部	常务副经理（二级正）	贺永奎
	财务总监	许国才
	副经理	孟凡继
	总工程师	宋举业
	副经理	班 旋
	副经理、HSE总监	栾万里

续表

单 位	职 务	姓 名
尼日尔项目部	经理、党工委书记、工会工作委员会主席	赵澎度
	总工程师	宋巨君
	副经理	蒲海斌
	财务总监	刘以乔
	副经理	汪超锋
苏丹项目部	经理、党工委书记	范 江
	副经理、工会工作委员会主席	王国强
	副经理	张小波
	副经理、HSE总监	段宪余
突尼斯项目部	经理、HSE总监、工会工作委员会主席	王明星
伊拉克项目部	中东地区协调组组长、伊拉克项目部经理、党工委书记	吕天浩
	总工程师	唐德钊
	副经理、HSE总监	李树晶
	副经理	曾爱民
	财务总监	田新军
	副经理、工会工作委员会主席	凌 庆
	副经理	尹红辉
伊朗项目部	经理、党工委书记	仲建国
	副经理、HSE总监、工会工作委员会主席	殷世江
阿曼项目部	经理、党工委书记	蒋玉明
	副经理、QHSE总监	唐 波
	副经理、工会工作委员会主席	洪 旭
巴基斯坦项目部	经理、HSE总监（二级副），主持工作	李雪宁
阿联酋项目部	经理、党工委书记、工会工作委员会主席	高立利
	副经理、HSE总监	刘海志
科威特项目部	经理、党工委书记（二级副）	冯小强
	副经理、HSE总监	党 涛
	副经理	姬广伟

续表

单 位	职 务	姓 名
哈萨克斯坦项目部	中亚地区协调组组长、哈萨克斯坦项目部经理、党工委书记、工会工作委员会主席	龙嗣源
	财务总监	夏志敏
	副经理、HSE 总监	蒋红波
	副经理	钱 劲
	副经理	秦永坤
印尼项目部	经理、党工委书记	史秀辉
	副经理、HSE 总监	常兴乾
	财务总监、工会工作委员会主席	冯文强
泰国项目部	经理、党工委书记、工会工作委员会主席	郭安风
	副经理、HSE 总监	白冬平
阿塞拜疆项目部	经理、党工委书记	吴 升
	副经理、HSE 总监、工会工作委员会主席	汤代远
土库曼和乌兹别克项目部	经理、党工委书记	田久贞
	副经理、HSE 总监、工会工作委员会主席	丁启光

（兰樟林　杜泓宽）

2022 年长城钻探工程公司技术专家

职 务	姓 名
地质与采油首席技术专家	易发新
钻井工程首席技术专家	阎卫军
井下压裂首席技术专家	黄生松
井控技术首席技术专家	郭宝民
钻井工艺（地热方向）技术专家	张召峰
钻井工艺技术专家	蒋茂盛
钻井工艺技术专家	王全胜
钻井液技术专家	曲明生
钻井液技术专家	左京杰

续表

职　务	姓　名
油气藏工程技术专家	宋立新
压裂酸化技术专家	刘福建
录井技术专家	王　强
油气田勘探技术专家	肖乾华
油气开发技术专家	白国斌
采油气工艺技术专家	李昌绵
钻井液技术专家	李先锋
油气开发（地球物理方向）技术专家	魏　斌

（赵桂华）

2022年长城钻探工程公司高级职称任职资格人员

高级工程师（103人）

专　业	单　位	姓　名
钻井工程专业	钻井一公司	曹智雨　匡中平　宋仁智　邹　强　赵昱开　赵洪学　果　成　张　杰　李　鹏
	钻井二公司	王　方　陈云飞　陈　振　盛宗刚　陈　磊
	钻井三公司	李占超　李业勋
	钻井液公司	李　强　华桂友　王　琬　于　盟　李忠华　王　刚
	固井公司	张　森　关世利　周雷雷　贺永杰　吴　昭
	钻具公司	刘展业
	钻井技术服务公司	杨　帆　赵　平　刘　昭　齐中华　赵　民　新吉乐夫　李　琪　李　天　蔡洪伟　王　爽　张焕亮　杨春雷　杨　昇　周楠楠　刘　朝
	测试公司	宋佩华
	顶驱技术公司	马俊江
	工程技术研究院	郑颖异　叶西安　周　超　王西贵　李永钌　李磊兵　李兴财　孔栋梁　钟　勇
	工程技术处	刘　爽　田　帅
	西部生产指挥中心	王　勇
	西南生产指挥中心	关　谦　邱新江

续表

专业	单位	姓名
地质勘探专业	录井公司	朱连丰 赵富波 于 雷 乔 崇 徐辰浩 田士伟 吴杨杨 沈柏坪
油气田开发	昆山公司	宫大军
	测试公司	靳宝光
	压裂公司	林 蕾 韩 伟
	地质研究院	于瑶函 周 杨 刘 吉 蔡 雨 柳 琳 方 松 樊兴盛 王 磊 王 奇 范青云
	苏里格气田分公司	刘付喜 李国强
	四川页岩气项目部	胡君城 张金武
	工程技术研究院	吴 捷
机械专业	钻井一公司	韩志华 杨 阳
	钻井二公司	周俊军 马俊秋
	固井公司	郑亚杰
	钻具公司	姚 进
	长庆石油工程监督公司（西部钻井有限公司）	鲁建锋
	工程服务公司	杜永彬
安全环保专业	固井公司	高 峰 蒋恩来
	钻井技术服务公司	初立洋
	顶驱技术公司	王 栋
	测试公司	刘双全
	安全监督中心	许宏亮
信息工程专业	钻井一公司	李 楠
	录井公司	李柄岐 王重云

高级会计师（5人）

单位	姓名
钻井一公司	刘宏江 李孟缘
钻井二公司	鲁文玉
钻井技术服务公司	战 捷
财务资产处	王宏华

高级经济师（3人）

单　位	姓　名
物资公司（招标中心）	彭义婷　景晓路
国际钻井公司	林　航

高级政工师（8人）

单　位	姓　名
钻井二公司	曹晓旭
钻井三公司	高向宁
苏里格气田分公司	徐志鹏　刘　洋
纪委办公室（党委巡察办公室）	王鲁狄
党委工作处	徐春杰
办公室（党委办公室，机关事务管理中心）	雷春荣
物资公司（招标中心）	袁世海

高级审计师（1人）

单　位	姓　名
钻井液公司	曲景迪

（张增辉）

中国石油集团长城钻探工程有限公司年鉴 2023

第十二篇
所属企业概览

钻井一公司

【概况】 钻井一公司是中国石油长城钻探工程公司下属的石油天然气钻井工程专业化大型施工企业。具备在平原、山区、沙漠、沼泽等各种地貌条件下深井、定向井、水平井、欠平衡钻井、大位移钻井和其他各种特殊工艺井的施工服务能力以及配套专业技术服务能力，定向钻井、水平井、欠平衡钻井、SAGD水平井等钻井技术居行业领先水平。钻井一公司进入陕、蒙、青、甘、宁、新、苏、浙、晋、冀、鄂、吉、滇、川等省施工，还进入墨西哥、阿尔及利亚、尼日尔、阿联酋、乍得、印度尼西亚、苏丹、南苏丹等国家施工，同时实施壳牌长北反承包钻井、道达尔苏里格南钻井项目。

截至2022年12月31日，公司用工总量3619人，其中合同化员工1878人；市场化用工698人；劳务用工1043人。职工中干部508人，聘用干部116人，其中高级职称90人、中级职称475人，助理级职称363人，员级职称113人。公司有集团公司级技能专家1人，企业技能专家3人，首席技师2人，高级技师13人，技师45人。公司设职能科室11个，附属机构3个，钻井生产项目部6个，专业服务保障单位6个，有基层单位队（车队、车间等）33个。

截至2022年12月31日，公司固定资产原值36.27亿元，资产净值8.93亿元，固定资产6741台套，其中石油专用设备原值23.42亿元，净值4.46亿元。在账钻机67部，修井机6部。储油气水及化学化工容器设施95台套、油气开采及炼油化工专用设备1216台套、工程机械310台套、运输设备400台套、动力设备及设施988台套、通信设备386台套、供排水设施5台套、机修加工设备148台套、工具及仪器1044台套，生产、生活辅助配套设备2075台套、房屋57栋、构筑物17栋、设备新度系数0.246。

【生产经营情况】 2022年，钻井一公司全年动用钻机65部，开钻362口，交井395口，钻机动用率84.95%，钻机有效动用率78.87%。其中辽河项目管理部开钻134口，交井130口，钻机动用率86.59%。长庆项目部开钻63口，交井67口，钻机动用率72.9%。新疆项目部开钻39口，交井36口，钻机动用率86.97%。四川页岩气项目部开钻30口，交井31口，钻机动用率87.24%。国内合作部开钻49口，交井31口，钻机动用率91.93%。国际市场开钻47口，交井100口（含修井47口），钻机动用率27.58%。2022年，钻井一公司完成进尺125万米（见表1），较2021年同期相比增幅24%；实现收入28.91亿元，同比增幅7%。全面完成长城钻探工程公司下达的任务指标。国内市场：完成进尺114.73万米，同比增幅27%；实现收入25.10亿元，同比增幅7%。其中辽河油区进尺40.89万米，同比增加5.7万米，增幅16%；收入8.32亿元，同比增加1.18亿元，增幅16%。长庆市场进尺22.92万米，同比减少1.3万米，减幅5.24%；收入4.19亿元，同比减少6634万元，减幅13%。华北巴彦和新疆吐哈市场进尺18.49万米，同比增加9.3万米，增幅101%；收入28.87亿元，同比增加1.89亿元，增幅189%。页岩气项目进尺19.14万米，同比增加2.3万米，增幅14%；收入6.06亿元，同比减少1.16亿元，减幅16%。煤层气及周边市场进尺13.29万米，同比增加9.1万米，增幅217%；收入3.09亿元，同比增加1.49亿元，增幅94%。国际市场：完成进尺10.48万米，同比减少0.18万米，减幅2%；实现收入3.81亿元，同比增加2417万元，增幅6.77%。

表1　钻井一公司主要生产经营指标

指标	2022年	2021年
完井进尺（万米）	125	103
国内市场完成进尺（万米）	114.73	92.77
国际市场完成进尺（万米）	10.48	10.30

【主要措施和成果】　2022年，辽河关联交易市场进尺突破40万米，创辽河市场10年来最好成绩，有7支钻井队进尺突破3万米，其中40568队全年开钻13口井，交井13口，完成进尺39644米，在辽河油区40钻机进尺排名第一；50566队施工的河21-H255井，比同平台井提速22%，完井周期16.63天，刷新河21区块同井深、同井型钻井周期最短、完井周期最短两项纪录；50009队先后刷新杜124区块和双229区块钻井周期、完井周期、机械钻速3项纪录，同时双229-37-61井获得中油技服贺信表扬。紧跟辽河油田产能建设方向，重点开发辽河外围市场——开鲁后河页岩油项目，全年增加工作量8.98万米，增加收入1.27亿元。坚持先算后干，细分效益市场。通过单井测算沈茨区块效益高，重点保障沈茨区块井位，沈茨区块完成井占比30%，完成进尺12.54万米，平均单井盈利25万元。结合辽河油田汛期后复产钻机需求，优化调配钻机，提高钻机动用率。钻机动用率86%，相比2021年提升10%。完成往年遗留井结算。按照钻井一公司工程款清欠要求和指标，完成2021年及以前年度遗留井结算，回收工程款4388万元。

明确"两气业务"保障责任，维护钻机保障。长庆苏里格自营区块，克服疫情影响，做好复工复产前各个关键环节的跟踪和协调，加强基础工作关联，提前组织钻机复工复产，40610、40566、50689三支队伍仅用3天时间达到开钻标准。年中，结合长城钻探工程公司要求和2023年产建计划，提前优化钻机资源配置，按照"有序调整"原则，提前引进3部民营钻机有序替换自营钻机，继续做好自营区块保障任务。威远自营页岩气区块，钻井一公司和项目部保障威远页岩气产建主体单位责任，提高保障水平，全年完井24口，完成进尺14.18万米。钻井周期缩短至77.55天，相比2021年提前7.38天，提速提效显著。

把握市场扩容契机，培育长线规模市场。把握苏南道达尔项目2022年重新招标契机，参与项目投标，并中标2部钻机工作量，队伍规模由1支扩增至2支。2022年，完成井17口，完成进尺6.69万米，实现收入7094万元，较2021年进尺增幅87%，收入增幅72%；70236队在完成长北壳牌项目后，成功进入长庆油田天然气勘探项目施工，在积累施工经验同时，为下一步更好开发长庆油田及其周边市场创造有利条件。实现中油煤项目市场地位主导，根据深8煤和致密气项目需求，钻井一公司相继组织12部钻机施工，市场占有率提升至87%，中油煤项目完成进尺13.29万米，相比2021年增幅217%。抓住吉林油田页岩气流转区块加快产建契机，主动与甲方开展交流推介，7部钻机成功进入该市场，有效解决威远、长宁区域钻机等停问题，成功培育一个长线规模市场。全年实现开钻14口井，实现进尺5.18万米。瞄准华北油田巴彦项目上产需求，结合自身条件制定市场开发方向，与甲方加强经验共享，力促安全生产提速。兴华1-15X井钻井周期18.17天，建井周期25.83天，钻井周期及建井周期刷新华北巴彦油田用时最短纪录。华北油田巴彦项目全年进尺17.26万米，相比2021年增幅101%。

主动适应中油技服市场管理机制，深化钻探企业内部合作。主动适应"中油技服统筹、属地企业主导"市场管理机制，充分利用"五统一、六共享"和"内内外"原则，在新疆吐哈油田市场继续深化与西部钻探合作，在中油煤市场、大庆油田重庆流转区块、吉林油田页岩气流转区块分别与大庆钻探、渤海钻探合作。2022年，开钻12口，完井7口，完成进尺2.51万米，收入5720万元。

2022年，钻井一公司国际市场秉承"巩固传统市场、拓展新兴市场、储备潜力市场"开发策略，明确不同市场发展定位，动态分析甲方招标信息。累计制作标书13份，投标13个项目，中标和续签合同5个，签约合同额1.04亿美元，稳固传统市场同时，实现新兴和潜力市场的突破。

2022年，钻井一公司苏丹项目3部钻修井机续签合同额3376万美元，市场得以延续。乍得项目与甲方就续签合同进行谈判，争取实现新老合同顺利接替。在墨西哥，中标墨西哥国家石油公司90钻机项目，新签合同额4500万美元，实现潜力市场突破。在印度尼西亚，中标国家石油公司项目，正式进入印度尼西亚主流市场。国际市场"两连中"的同时，关注潜在市场需求，在孟加拉国、文莱和利比亚等市场进行市场调研和推介，提前介入抢占先机。

【科技创新】2022年，钻井一公司坚持"技术立企"，不断优化管理体系、突破技术壁垒。实施"一体化"统筹，推动地质工程一体化，在地质目的与风险防控中间寻找最佳平衡点，从源头规避事故复杂。在辽河油田近10年来最大的整装规模增储区块——河21块大平台水平井施工中，钻井一公司深度参与平台规划，科学优化轨迹设计，助力完成井平均钻井周期同比缩短40%，平均机械钻速提高25%。推动钻井公司与专业公司一体化，尊重合作方的利益诉求，但绝不允许牺牲井筒质量成就自家独美。威202H35平台6口井累计打破区块纪录5项，威204H20平台3次刷新日进尺纪录，长城钻探工程公司一体化优势得到进一步施展。构筑"立体化"模式。构建信息供给模块，全力推动EISC平台配套建设，提升井下风险的分辨率，降低风险。全年井下异常预警累计443次，助力事故复杂率同比降低22%。构建数据支撑模块，建立覆盖13个市场、44个区块的作业参数大数据库，动态推进数据更新、技术迭代、模板升级。在驻守多年的苏里格水平井／侧钻水平井市场，钻井一公司以"一趟钻"特色技术，推动完成井平均钻井周期同比分别缩短11%和37%；在2022年辽河油田CCUS重点工程——双229区块6口井施工中，钻井一公司提炼传统区块技术资料，反复推演技术措施，完成井平均机械钻速较往年提高64%、钻井周期缩短41%，项目首口井——双229-37-61井创区块多项施工纪录。构建垂直决策模块，最大限度发挥和传导顶层势能，确保决策直达现场、指令直插基层、方案直入班组；同时，推进技术交底精细化，减少笼统模糊、弹性随意的技术表述，以精确、强硬、不容撼动的技术权威，压实提质提速责任。在施工难度大的国内储气库老井封堵项目施工中，面对双眼三鱼、没有借鉴经验的条件下，钻井一公司稳准施策，完成封堵任务，得到各方一致认可。完善"系统化"建设。进一步优化以"现场作战"为体，以"科技攻关"和"队伍建设"为两翼的工程技术管理体系。2022年，巴彦淖尔探评井特殊岩性及深层防漏堵漏技术取得突破，引领市场内以及全公司深井平均钻完井周期，同比分别缩短23%和28%，实现科研成果向生产力转化；同时，在主力技术兵团之外新添辅助力量，全年9人入列第三层级工程技术专家团队，保证了对策适用、靶向制导。

【质量安全环保工作】 2022年，安全稳定显示管控实力，安全基础得到加固。推动顶层治理与现场监管相结合，使安全业绩绑定口井兑现；同时，建立涵盖全层级的责任架构，构建人人有责、层层问责、事事追责的安全管控格局。推动文化认同与惩戒制裁相结合，提升安全的宣贯培训实效；划清45条违章及重大违章"红线"，深化全员安全生产计分统计和结果运用，推动业绩安全与本质安全相结合，全面推进基层标准化建设，70251队获长城钻探工程公司唯一一支钻修井"HSE标准化示范队"称号；同时，通过推广应用"新五种工具""四环节风险管控机制"等过程化监管手段，深度探究企业长治久安的底层逻辑。2022年，钻井一公司在杜绝责任事故的基础上，连续2年名列长城钻探工程公司HSE综合业绩考核榜首，在管控压力之下、在海量的风险点源之下，井控禁区得到标实，优化井控管理团队，全年成功处置溢流险情15井次，平均单次处置时间同比大幅缩短54%；投入专项资金升级井控装备，推行"专家近点巡检+App风险预警+EISC远程支持"的多元一体化管控模式，确保重点区域井控安全。环保治理得到加强，持续关注钻井现场固体废弃物、生产污水以及含油岩屑的合规化处置，挂牌督办4项历史遗留问题，企业绿色发展的根基得到筑牢。员工健康得到保障。将疫情防控作为贯穿全年的重点，累计发放各类防疫物资70000余件，科学应对政策调整、形势波动，在基数大、流动性强的情况下，保证员工的生命健康不受侵害。稳定大局得到维护。完成党的二十大期间信访维稳安保任务。

【党建工作】 2022年，钻井一公司抓基层打基础，构建"大党建"工作格局。定期提醒督促，完成72个党（总）支部换届选举工作；建设完成首个标准化党员活动室——装备服务公司机加车间党支部，打造党建工作新阵地，推进党支部"软件"与"硬件"同步建设；坚持双培养四倾斜，全年发展党员27名，转正党员34名；坚持标准规范程序，选拔12名优秀年轻干部担任支部书记，充实基层党务干部队伍；通过线上线下相结合的方式，组织开展党务培训班2期培训135人次，完成党支部书记轮训工作；推进"铁人先锋"的推广应用，学习、活动、缴费等网络优势逐步显现，方便基层工作。推进党建"三基本"建设与"三基"工作有机融合实施方案，双联双促、HSE标准化建设、五型班组建设等有效载体，帮助基层解决问题，实现基层党建与基础管理工作同步提升。研究制定《钻井一公司党内表彰管理办法》等制度3项，修订《党组织书记抓基层党建述职评议考核实施细则》等制度3项，党内制度更加完善。全年组织活动、教育培训、党内表彰、慰问帮扶、疫情防控等使用党费34.95万元，党组织工作经费51.9万元。加强理论创新研究，钻井一公司研究课题分获长城钻探工程公司党建思想政治工作优秀课题研究成果奖一等奖和三等奖；报送的"党课开讲了"课件获长城钻探工程公司一等奖。

【群团工作】 2022年，钻井一公司开展百日劳动竞赛和"攻坚六十天、建功二十大"主题劳动竞赛，89队次获长城钻探创纪录、单机单队作业效率提升等专项奖励。深化群众性经济技术创新工作，开展五项成果71项，征集青工"五小"成果及科技论文30余篇，11项成果获长城钻探工程公司一、二、三等奖，有效解决基层生产难题41个。落实长城钻探工程公司《心系基层服务员工八项规定》，传统节日全员慰问9410人次，职工重大事项慰问315人次，开展各类帮扶352人次，送温暖、送清凉实现慰问一线队伍全覆盖。实施职工免费用餐、升级员工健康体检项目、建设钻井家园等惠民安心工程12项，一线员工生产生活条件得到进一步改善；升级食堂伙食管理，职工伙食得到改善；开展群众性文体活动6场次，摄影、绘画等项目获长城钻探工程公司一、二、三等奖，钻井一公司工会获评集团公司直属先进工会。扎实推进"青年成才"行动，涌现出集团公司优秀共青团员陶源、长城十佳青年岗位能手慈浩然等25个优秀青年集体和75个优秀青年个人，青年生力军作用凸显。严格落实维稳、信访、安保、防恐责任，确保党的二十大期间企业大局稳定。

（白 岩 杨世伟）

钻井二公司

【概况】 2022年，钻井二公司用工总量2857人。其中合同化员工1385人，市场化用工634人，工程外包838人。一线用工总量1973人，二线用工总量884人。一、二线人数之比为2.23∶1。职工中管理和专业技术人员1002人中，副高级以上49人，中级364人，助理级261人，员级147人，未评聘181人。技能操作人员1017人中，高级技师18人，技师46人，高级工428人，中级工287人，初级工145人，未取证93人。

钻井二公司机关设有12个职能科室（经理办公室、党委工作科、生产与市场科、质量安全环保科、组织人事科、技术管理科、经营管理科、财务资产科、设备管理科、采购管理科、纪检监察科、群众工作科）和1个直属单位（监督井控管理中心），8个钻井生产项目部（国际项目部、西南项目部、辽河项目部、陕北项目部、吉林项目部、海塔项目部、华北项目部、西北项目部）和6个辅助生产单位（生产保障公司、运输公司、工程技术支持中心、后勤保障公司、培训基地、共享服务公司）。

钻井二公司主要设备2134台套固定资产6740项，资产原值为43.37亿元，净值8.4亿元，新度系数0.22，完好率99.93%。运输车辆类设备402台（国内300台，国外102台），原值2.87亿元，净值0.31亿元。

【生产经营】 2022年，钻井二公司经营意识实现跨越转变，明确效益观念，健全以市场为导向的成本倒逼机制和成本约束机制。推动全价值链管控，完善经营管控体系，增强过程管控能力，确立"六表一报告"制度，月度评估经营质量，查找短板问题，实现整改提升，准确反映各业务单元、各生产环节的价值贡献。推动全业务链降本，盯紧指标、红线管控，深化预算管理，效益指标得到持续改善。2022年，钻井二公司开钻521口，同比增加58口；完井503口，同比增加65口；钻井进尺144.2万米，同比增加22.64万米（见表2）。完成工作目标。

表2 钻井二公司生产经营指标对照表

指　标	2022年	2021年
钻井（口）	521	463
完井（口）	503	438
钻井进尺（万米）	144.2	121.56

【市场开发】 2022年，钻井二公司面对市场容量不足的考验，优化运营模式，以扩大规模拓展生存发展空间，市场运营保持稳健发展。

国际市场。在市场工作量经历峰谷剧烈波动，下半年仅剩2部钻机运行的艰难形势下，坚持将实现恢复性增长作为重中之重，持续加快停等市场启动、大力开拓潜在市场、探索进入新兴市场。全年动态部署钻机8部，尼日尔、乍得4支队伍陆续复产，科威特高端市场新中标3部钻机，扭转钻机数量骤降的被动局面，海外盈利水平陆续恢复，奠定"反哺"国内的基础。

国内市场。遵循"2+2+3N"市场战略，新增和扩容市场5个，提前54天实现全年进尺目标，6个市场实现增效或减亏。

东部地区。辽河针对钻机动用率低的实际，调整钻机布局，富余钻机与社会市场"削峰填谷"，全力完成保障任务，下半年钻机动用率达到86.19%，同比增幅9.87%。冀东改变运行模式，引入合作队伍施工，最高4部钻机运行，在甲方连续降价30%的情况下，连续3年实现盈利。塔木察格带疫启动，2部钻机满负荷运行。吉林整合长城钻探工程公司3家单位工作量，成为域内规模最大的服务商，市场占有率突破60%，吉林、大庆地区钻井进尺首次突破40万米，占国内总进尺的30.37%。

西部地区。苏里格创新运营方式，通过管理输出、队伍输出等模式，首次引入合作模式，降低运营成本；长庆进入采气二厂、天然气评价和风险勘探项目，扩大市场范围。新疆中标吉木萨尔、吐哈等市场，形成"钻井＋专业服务"的一体化市场格局，打造新的效益增长点。

西南地区。在完成威远保障任务的情况下，以西南油气田为中心，通过提高施工水平，扩大四川页岩气、吉林油田流转区块市场规模，创造自302井等9项施工纪录，以优秀业绩站稳市场，部署钻机数量达到13部，平均单井减亏354万元，创近年来最好水平。

【主要措施和成果】 2022年，钻井二公司面对成本刚性增长的考验，坚守边际贡献，以优化成本结构提高价值创造能力，经营质量实现稳步提高。

经营意识实现跨越转变。明确效益观念，健全以市场为导向的成本倒逼机制和成本约束机制。推动全价值链管控，完善经营管控体系，增强过程管控能力；推动全业务链降本，盯紧指标、红线管控，深化预算管理，效益指标得到改善，在国内各市场创效空间持续压缩的情况下，自营188口井实现井队级盈利，占比超过60%。

成本结构持续优化升级。突出万元产值运营成本管控，实现生产全生命周期覆盖。形成管控有力的内部市场化运作格局，成立周期倒排、成本写实、红线管控3个"经营小组"，完善一体化联动考核机制，动态管控16个系统118项费用，实现支出控制在合理范围内，全年万元产值成本同比降低420元。形成变动成本增幅低于收入增幅发展优势，深化生产经营目标管理，加强运行监测和动态调整，实现"一把尺子"穿透全过程成本对标、分析、预警、纠偏、考核，压缩无效运营成本。

提质增效取得阶段进展。全年实现提质增效7974万元，推动公司经营态势稳定向好。总计盘活闲置资产287万元；通过修旧利废等措施节约成本392万元；通过靠实挖掘政策红利，争取各项补贴311万元；通过推进能源替代、动力总包、无功补偿等节能降耗措施，节约柴油2.31万吨，运营成本减少6146万元；通过推动管理降本，非生产性支出减少285万元。

【科技创新】 2022年，钻井二公司面对事故复杂的最大"出血点"，坚持技术立企，以精准管理提高技术系统能力，施工水平得到持续增强。

整合区域优势技术力量。成立东部、西部、西南"三个专班"，统筹开展区域技术支持，推动口井施工由技能打井向技术打井转变，解决沈北水平井、常规水平井和西南页岩气"卡脖子"等难题。全年，在重点井大幅增长的情况下，钻井速度同比增长0.31%。平均钻机月速2796.62米/（台·月），同比提高177.11米/台月，同比增长6.76%。累计创立技术指标35项，收获上级和建设单位贺信25封。

搭建事故复杂管控机制。形成"管理团队管总、专家团队支持、工作专班决策、区域项目主战"的技术管理架构，严格落实一条技术纪律，充分发挥技术专家的支持功能，推进决策自上而下落实到现场、问题自下而上反馈到公司，事故复杂实现了由被动处理向主动预防转变。全年事故复杂损失时间1.27万小时，井下故障率4.59%，降幅15.67%。其中，井漏损失时间4119小时，降幅14.42%。

实现生产效率稳步增长。推进"以日保月、以月保年""搬家安装提速模板"等创新举措，打造居探1井、阳101H65平台等示范工程，钻机动用率、劳动生产率全面提升。全年，国内钻机动用率达到69.87%，提高14.75%，辽河、西南单队单机效率分别提升1.97%、1.67%。在川渝等地区劳动竞赛中，7支队伍进入前10名。

2022年，钻井二公司承担集团公司统筹科技项目《侧钻井技术示范与推广》。长城钻探工程公司局级科技项目4项：《川南深层311.1毫米井段钻井提速技术研究与试验》《苏里格水平井水平段泥岩井壁稳定技术研究与试验》《新疆吉木萨尔地区优快钻井技术技术研究与试验》《泸州深层页岩气阳101区块钻井提速提效技术研究与应用》。钻二处级自筹项目4项：《辽河区块井漏原因分析及堵漏技术措施研究》《沈北区块井壁稳定性技术研究》《苏里格区块泥岩井壁稳定钻井技术方案》《重庆地区足203H8平台钻井提速技术》。

《泸州深层页岩气阳101区块钻井提速提效技术研究与应用》重点开展个性化钻头、螺杆等提速工具优选，非旋导井段井眼轨迹及钻具组合优化，二开至目的层井控风险防控措施，各开次完井工艺改善，钻井实现提速10%以上。完成阳101区块钻井提速试验8口井，完成的8口井平均机械钻速7.12米/时，同比提高16.34%，完成2020年该区块机械钻速6.12米/时整体机械钻速提高≥10%指标；事故复杂率7.06%（其中因地层裂缝发育导致井漏占比4.97%），同比第一轮施工的2口井，口井井下事故复杂率下降9.14%，完成口井井下事故复杂率下降5%指标。2022年3月11日，阳101H75-4井，刷新泸州区块深层页岩气井215.9毫米井段最短钻井周期（24天）、全井最短钻井周期（67.12天）两项纪录；2022年4月14日，阳101H65-6井，旋导一趟钻完成进尺2821米，刷新泸州深层页岩气阳101区块最长水平段（2320米）、215.9毫米井眼单只钻头最高进尺两项纪录。

《新疆吉木萨尔地区优快钻井技术技术研究与试验》重点开展个性化PDC钻头优选与应用，井下高功率螺杆优选与应用，水力参数及钻具组合优化，三维井眼轨迹优化控制及降摩阻分析，仪器等寿命施工，8.5英寸井眼随钻井眼修整器，钻井液处理剂研制和性能优化。共计开钻8口，完井2口，完成8口井的一开施工。8口井一开平均钻井周期3.30天，一开平均完井周期6.96天，一开平均机械钻速28.56米/时，JHW72-15井一开9天内任务指标。对比2021年完成井，一开钻井周期缩短1.24天，一开完井周期缩短1.46天，一开机械钻速提高4.94米/时。在8口井施工中，通过合理使用导流管上下通道、控制钻井排量、优化复合盐泥浆性能，施工中未发生地表窜槽。

【质量安全环保】 2022年，钻井二公司面对HSE风险增加的"新挑战"，突出分级管控，以责任落实强化现场风险监管，安全形势保持总体稳定。

安全责任有效落实。完善岗位责任制考核，着力压实各级安全生产责任，明确各级正职为安全管理"第一责任人"，党总支书记、党支部书记为安全管理"主要责任人"，拧紧全员知责、履责、问责的责任链条，推进管理体系高效运行。全年完成总工时840万小时，增幅3.8%。百万工时事件率1.43，降低0.05%。队均隐患数量下降8.7%。

专项活动有效开展。扎实开展"三大一反"活动，对照16条安全"高压线"，各级生产会议执行"讲问题、讲风险、讲措施、讲落实"的"四讲"要求，利用违章行为通报、安全计分考核、HSE履职约谈等措施，对重复问题开展管理追溯，引导全员清楚安全风险、掌握防控措施，持续提升监管效能。

井控风险有效管控。始终保持以井控为中心的安全生产高压态势，着力整治"高套压"等事件，深挖井控意识不足、岗位职责不清等6个方面问题，持续强化现场检查管理、正负激励考核、全员井控培训3个方面工作，先后开展两轮次井控专项督查，全年成功处理7起溢流，打牢井控基础。

【党建工作】 2022年，钻井二公司面对员工高品质生活的"新愿景"，突出政治引领，以党建优势促进中心工作落实，员工福祉得到有力保障。

引领作用更加突出。充分发挥党的政治优势，调动一切可以调动的积极因素，组织形势任务宣讲和专题党课83场次，开展"三个面对、三个怎么办"等群众性讨论489场次，近千名员工参与献礼"二十大""庆祝建党101周年""创新、创业、创效"等主题活动，隆重表彰抗疫先锋、敬业先锋、攻坚先锋近百人次，宣传积极向上、为企奉献事迹28场次，发展力量得到充分凝聚。

发展基础更加稳固。围绕"百年老店"目标，推进党建"三基本"建设与"三基"工作有机融合，找准党建工作与生产经营的结合点，厚植公司发展的竞争优势、发展优势、文化优势。广泛开展岗位练兵活动、主题劳动竞赛和员工创造活动，充分调动广大干部员工投身生产经营的积极性、创造性，先后形成"钻井平台集约化工作法""云巡检"等创新成果9个，全年17支队伍刷新纪录。

共建共享更加深化。践行"以员工为中心"的发展思想，推进"我为员工群众办实事"活动，让员工过上更加满意的生活。全年投入705万元，维修改造一线老旧营房、员工培训公寓、员工矿区宿舍，更新一体化净水设备、环保卫生间；投入496.8万元，完成防晒防护、健康服务、防疫物资等惠民安心工程，开展帮扶慰问121余人次；投入17万元，首次开通员工通勤车，尽最大努力为员工提供便利。

【企业管理】 2022年，钻井二公司面对企业高质量发展的"新需求"，持续深化改革，以制度优势提升公司管理效能，内生动力得到全面增强。

"权责归位"构建精准管理的架构体系。高质量完成三年改革行动任务，同质化业务进一步整合，资源共享进一步推进，解决区域市场职责不清、管理机制运行不畅、资源配置效率不高等问题。一线整合辽河、华北、西北等市场项目，突出落实市场开发主体责任；二线改组后勤服务、培训基地职能，统筹钻前工程、装备修造资源，组建共享服务公司，减少管理资源浪费，提升服务一线能力；两级机关深入推进政事分开、管办分离，根据职能重组科室、匹配人力资源，先后压减管理人员22人，提升工作质量和经营质量。

"薪酬激励"营造担当作为的干事氛围。健全正向激励机制，大力营造"有为有位"的良好环境。配套科级干部差异化、基层干部任期制、专家业绩考核、QHSE奖励按岗分级兑现等制度，推进劳有所得、功有所奖，增强岗位、贡献、业绩的匹配度。树立"选才用能"的鲜明导向，全年选拔业绩突出的基层干部63名，晋升职级82人，形成推动工作的强大合力。全年劳动生产率实现人均90.69万元，同比增幅26.72%。

"流程重塑"促进工作效能的全面增强。充分运用"两化一升"改革成果，持续对管理流程进行优化，全年对190项制度进行梳理，修订完善36项，精简流程6项，工作界面更加清晰。顺应信息化、数字化、网络化发展趋势，启动新版"慧办公"平台，形成全公司"一张网"的共享数据基础，推进生产指挥、技术支持、安全管控一体化管理，打造数据全域赋能、流程充分优化、基层减负增效、服务一线精准的管理体系。

（丁　磊　张铜文　王　佳）

钻井三公司

【概况】 2022年，钻井三公司用工总量2158人。其中合同化员工875人，市场化用工433人，工程外包850人。一线用工1571人，二线用工485人，一、二线员工数量之比为3.2∶1。职工中有干部299人，聘用干部60人，其中高级职称51人、中级职称351人、初级职称411人。有高级技师2人，技师20人。钻井三公司机关设有9个职能科室（办公室、党群工作科、组织人事科、市场科、财务资产科、生产协调科、井控工程科、安全环保科、物资装备科），2个直属机构（QHSE监督中心、信息档案中心），14个基层单位（辽河项目中心、外围项目中心、国际项目中心、辽河项目一部、辽河项目二部、辽河项目三部、外围项目一部、外围项目二部、外围项目三部、运力保障中心、生产保障中心、后勤保障中心、技术服务中心、人力资源开发中心），一线直属基层队54支。

钻井三公司国内有4000米修井机1部，30钻机18部，750修井机3部，650修井机4部，550修井机3部。国外有4000米修井机1部，30钻机4部，修井机12部。钻井三公司固定资产原值10.6亿元，净值2.04亿元，新度系数0.23。

【生产经营】 2022年，钻井三公司国内钻井完井514口（见表3），同比减少22口，钻井进尺80.9万米，同比减少2.3万米；侧钻大修完井433口，同比减少24口，裸眼进尺20.69万米，同比增加0.72万米；全年收入19.77亿，其中国内收入16.13亿元，国外收入3.64亿元。

表3 钻井三公司主要生产经营指标

指标	2022年	2021年	差值
钻井（口）	514	536	−22
侧钻、大修（口）	433	457	−24
钻井进尺（万米）	80.9	83.2	−2.3
侧钻裸眼进尺（万米）	20.69	19.97	+0.72
收入（亿元）	19.77	15.77	

【市场开发】 2022年，钻井三公司牢牢树立工程技术企业"市场为王"理念，认清提升规模效益关键在市场，落实经营管理行为前提在市场，全力打好市场攻坚战，重点是着眼长线创效阵地，抢占新兴领域制高点。

国内辽河市场。破解工作量不均衡的难题，主动参与储气库井建设和套损井治理等项目，累计完井109口，增加收入1.04亿元。将优质资源向重点项目倾斜，雷72大平台、注38侧钻平台群、奈1及杜66平台群，采取"台长制"的施工模式，打破9项施工纪录，贡献进尺13.29万米，增加收入1.67亿元。围绕浅井施工"轻、快、活"的特点做足提速的文章。落实现场设备模块化改造、井营分离等措施，平均单井搬迁减少7车次；加强沟通协调，减少等井场、等设计、等相关方时间450小时；强化口井策划、工作计划，减少事故损失时间2100小时，累计节省周期106天。四季度启动"百日大干"劳动竞赛活动，大幅增加额外进尺奖励，高质量推动21支队伍迅速复产，从外部市场回撤6部钻机支援油区市场，协调省去电测前通井、下导斜器前通井等工序，钻机月速度同比提高15%，百日完成进尺33.6万米，交井291口。

国内外部市场。以积极姿态应对"量减"困境，严守边际效益底线，撤出吉林亏损市场，苏里格自营项目钻机规模由1部增长至3部，长庆侧钻项目连续6年保持70%以上市场份额；稳定新疆市场规模，采用"导眼井+水平井"工艺，优质高效完成伊平1井施工，助力吐哈油田长停井治理取得历史性突破；四川海坝页岩气项目连续刷新区块3000米井最快下套管纪录，以优异的施工表现助力甲方高效建产。

国际市场。牢牢把握市场复苏的黄金期，科威特GW103队、尼日尔GW48队、乍得GW217队和阿塞拜疆GW25队等8支队伍凭借优质服务多次获甲方来信表扬，作业表现优于同区块其他队伍。特别是科威特项目，在10余家竞争对手中脱颖而出，成功中标3部1000HP和1部750HP修井机5+1年期合同；同时中标阿联酋550HP沙漠修井机项目和阿塞拜疆钻井项目；乍得3口电潜泵卡钻打捞处理，直接促进乍得、尼日尔油田打捞技术服务的合约进程，海外市场未来年收入有望净增长2亿元。

【主要措施和成果】 2022年，钻井三公司以提高效率和成本管控为核心，丰富完善管控方法，提升精益管理能力。摆脱思维定式和路径依赖，创新全方位的精益管理手段，以最小的资源投入，创造出尽可能多的价值，实现从粗放型管理向集约型管理的根本转变。

做好事故预防工作。深入开展泥浆、钻具、MWD仪器、井身质量、完井管理专项整治活动，夯实工程技术基础性工作，培养员工良好操作习惯。畅通上下沟通渠道，狠刹事故瞒报、谎报的现象。落实直线责任，增强技术措施的权威性，严禁各级管理者逾越规范程序、人为干预决策造成技术问题复杂化。建立与专业化公司沟通协调机制，基层井队以属地会议为抓手，发挥合同主体责任，强化对服务方的监管。以工程技术事故分析会为平台，分析原因，制定措施，圈闭问题，杜绝重复发生。通过以上措施，施工质量稳步提升，事故复杂损失率同比降低9.5%，井身质量合格率和固井质量合格率分别为100%和97.3%。

做好钻井提速工作。推广应用"高泵压、低返速、小喷嘴"高压喷射钻井工艺，优化钻具组合，优选钻井参数，合理钻头选型。落实地面设备、管线配套管理措施，减少刺、漏、堵等现象，以地面保障地下。重点解决离心机使用的问题，加大考核力度，使之成为员工的良好工作习惯。在梳理总结各区块钻井施工经验的基础上，推广个性化PDC钻头、长寿命螺杆等工具，完善带漏钻进、承压堵漏、二开一趟钻等工艺，解决提速提效瓶颈难题，实现全面均衡提速。通过工程提速，2022年新增高二区和荣兴2个二开一趟钻区块，二开钻井周期同比缩短0.85天。

加强项目保障。精兵拱卫支持雷72大平台建设，11口井一趟钻比例54.5%，平均机械钻速33.3米/时，同比提高45%，打造大平台"台长制"管理样板工程，受到中油技服赞誉。辽河首个侧钻大平台——洼38块平台技术指标全线飘红，9口井施工周期78天，平均建井周期14.4天，较预期减少2.1天，井身、固井质量合格率100%，洼38-30-424C井建井周期8.29天，创最短建井周期纪录。奈1区块大平台施工34口井，钻井进尺74506米，以高效率作业、高水准施工助力油公司增储稳产。

推动提质增效。新增举措20项，累计完成2193万元。重新测算复议螺杆外包费用，严把修理、材料定额关，万元产值钻头螺杆、修理及材料成本支出分别下降27.9%、13%和5%；盘活闲置资产53台套，盘活乍得封停钻机；实施MWD仪器配件修复等10余项修旧利废项目，节省投入185万元；严控两级机关管理费，五项费用支出同比降低2.4%。

推进信息化与业务深度融合。全面取缔线下业务，根据业务流程制定数据抽取方式、计算规则和费用定额，数据来源实现从"结果录入"到"流程生成"的根本性转变。现场硬件更加注重用户体验和实际效果，配备物资扫码一体机，井队材料房实现"超市购物式"管理；油罐高架罐加装智能压力表，堵塞油料信息采集漏洞；常态化开展六参仪使用情况考核，硬件在线率达到了95%以上，数据来源得到根本保证，为企业下步数字化转型、智能化发展打下坚实基础。

【科技创新】 2022年，钻井三公司以科技攻关为抓手，强化现场难题解决，提升技术创新能力。在紧跟行业前沿领域的同时，更加注重生产现场技术难题的高效解决，实现"短平快"；更加注重特色技术的自主创新，瞄准"主攻点"；更加注重创新成果对生产效率的促进和市场开发的引领，突出"转化率"，使技术创新成为高质量发展的强力供给。

加快核心技术研发。按照"着眼高端、选择性领先"的原则，凭借多年侧钻水平井施工经验和成熟的技术优势，针对西北、西南气井侧钻水平井市场，研制5英寸套管内开窗可重入分支水平井工具；通过加强技术交流学习与引进，形成超短半径侧钻水平井、镁粉切割等高端技术储备，全力打造市场竞争的"独立赛道"。

持续加强核心装备技术攻关。自主研发的超级单根自动化钻机，实现班组配备减少2人，工序综合处理效率提高20%以上，并增配直立无绷绳井架和游吊一体化顶驱，具有占地更小、提升能力更强、自动化程度更高等特点，装备实力进一步升级。开展技术攻关工作，储气库封堵技术已成为公司抢占市场的技术利器，"敲门砖"作用凸显；平台井模板化施工、无顶驱双筒取芯等技术工艺的成功实施，打响技术品牌、拓展服务领域。

保障储气库建设。储气库封堵创造多个"国内首次",温气801井实现国内首例用无线光纤陀螺技术寻找落鱼,并应用伴鱼钻进重入技术完成封堵;双30-28井首次在原套管开放点开窗,通过伴套冲划、反向开窗、重入老井眼完成封堵;兴213井是国内首例利用小钻杆通钻具水眼,并进行传输射孔、挤注封堵剂完井的高井控风险井。

广泛开展创新立项和小改小革活动。全年应用推广创新项目15个,其中新能源锅炉为长城公司重点关注项目,对比传统燃油锅炉,冬季供暖成本降低40%以上;小改小革方面,涌现了小鼠洞接单根卡盘等381个群众性革新成果,累计节约挖潜超过300万元。

【质量安全环保】 2022年,钻井三公司突出事前预防和过程跟踪,提升风险管控能力。将岗位员工的风险防控责任和措施融入岗位职责、操作规程、现场检查表、应急处置和岗位培训矩阵,"五位一体"统筹推进。加强对井控风险、环保风险、交通安全、社会安全,以及托管队伍和承包商管理等关键环节的监管,筑牢企业发展根基。

顶层设计持续完善。建立重复问题的问责机制和管理原因的追溯机制,HSE绩效考核与全员绩效考核并轨运行,保证HSE工作顺畅运行;以安全管理30条作为管理底线,更加密集、精准地开展覆盖重点时节、敏感阶段、关键环节、要害部位的安全井控检查,打牢"四条红线"。

监督体系稳准发力。实施监督分级管理,明确旁站项、必查项和开工验收把关项,确保重点要害部位监控到位;集中整治设备设施隐患问题,全年整改钻台面11套,整改无吊点设施1280个,配备一体化上锁装置36套,目视化标牌安装50个队。

井控管理坚守底线。执行集团公司井控管理"628"要求,持续推进"11521"井控管理模式,围绕坐岗、关井、把关3个环节,打造井控3个关键岗位"明白人",刚性落实"抽吸拔活塞、漏喷转换"两项措施,深植"井控第一反应"意识,高风险区域项目经理驻队监控,落实正职带班和专职人员坐岗,排查整改井控隐患问题,狠抓一次井控工作,井控态势整体保持平稳。

深入开展健康企业创建活动。排查并重点关注健康高风险人群62人,一线井队配备医护用品61套,井营分离基地建设健康驿站5个。

【党建工作】 2022年,钻井三公司把将"完成生产经营指标"作为最大的政治任务。以学习宣贯党的二十大精神为主线,在党内主题教育、落实"第一议题"制度中汲取理论养分,深刻领悟"两个确立"的决定性意义,树牢"四个意识"、坚定"四个自信"、做到"两个维护"。

在政治上坚定发展的决心。企业长青的基石是高质量发展。公司党委紧紧扣住"两个环节"。第一个环节是坚持理论中心组学习,通过第一议题学习、专题研讨等方式方法牢固树立"保障国家能源安全""端稳能源饭碗"的理念。第二个环节是层层宣贯,利用各种载体宣传大庆精神、铁人精神,强化"企业主人翁"教育,引导员工二次创业、忠企爱岗,凝聚"把完成年度生产经营指标作为最大政治任务"的共识。

在思想上明确发展的目标。抓形势任务教育，统一思想、制定目标。形成"17170"奋斗目标。抓基层考核，党总支考核实行月考季讲评、年度评比方式进行；党支部考核采取月考月兑现方式进行，去年5个党支部被评为局级三星级党支部。抓整改提升，通过检查、考评、梳理、整改、再检查等手段，不断夯实基层党支部建设。

在行动中注重措施的落实。落实是干好工作的灵魂，落实"三重一大"等民主决策制度。压实党委委员"一岗双责""一岗多责"责任。抓实党内各种建功立业活动，主要是责任区、先锋岗、星级标准化党支部、精品工程、党建联盟等载体活动。调动员工的生产积极性，主要是开展好革新创造、百岗千哨以及各类文化体育活动，激发员工的创造和工作热情，2022年评选优秀岗哨229人次，12个革新创造成果获局级奖励，1个成果获中国能源化学地质工会革新创造三等奖。深化思想政治工作，通过三进入、两必查、六必清、六必谈、六必访，基层"六小"活动，钻嫂互助、健康企业建设、井营分离基地提档升级等工作，调动和激发员工的思想和情绪，形成忠企爱岗动力，为公司生产经营助智助力。

【企业管理】 2022年，钻井三公司以深化改革为动力，持续进行项目制调整，提升对市场的适应能力。要将结构调整、转型升级与装备、技术、人力资源统筹配置结合起来，与政策机制配套、职业化队伍建设结合起来，从改革调整再平衡中寻求业务发展新突破。

明确更加精准的改革导向。紧密围绕以区域为中心的项目管理模式，区域真正参与到所属队伍的业绩评价和奖金分配工作中去。技术服务中心的工程师动态管理机制步入常态化运行轨道，专业优势得到集中发挥。成立区域修保组，二线设置设备监督岗，形成"区域保障、过程监督、定额管控、节超兑现"的良性设备修理管理体系。坚持保障向区域倾斜、人员向基层流转，全年盘活二线人员33人；培养一线电机师31人；海外新增当地化、劳务化雇员21人，节省人工成本730万元；精简一个机关科室。

完善更加科学的管理导向。建立准确还原各群体实际贡献的全员绩效考核机制，梳理细化一线、二线、两级机关考核标准，各群体切块独立考核，真正打造一个公平公正的业绩比拼平台；大幅增加月度奖的兑现比例，最大限度激发个体的竞争意识；进一步拉大一线与二线、基层与机关的薪酬差距，全年在员工收入普遍增加的情况下，一线收入增幅最大，业绩突出的队伍达到15%，实现对一线施工过程的有效辐射和对二线比拼动能的强劲激发。

(邢志国)

长庆石油工程监督公司（西部钻井有限公司）

【概况】 长庆石油工程监督公司（西部钻井有限公司）（以下简称"西部钻井公司"）是长城钻探工程公司下属的专业化大型钻井工程技术服务施工企业，成立于2012年9月，注册地址辽宁省盘锦市，办公基地位于陕西省榆林市，并在内蒙古、青海、四川、长庆油区等地设有项目部和监督部。公司主营石油天然气钻井、外包民营钻井和石油工程监督三大业务板块，范围覆盖钻井、测井、录井、钻井液、固井、井下作业、定向技术服务、钻前工程、工程监督等石油工程技术服务的各个环节。

2022年，西部钻井公司用工总量1603人，其中正式工478人，劳务用工1125人。西部钻井公司机关设12个科室，1个车队及1个QHSE监督站，下辖6个项目部和4个监督部。公司有34部自营钻机，其中3部ZJ70钻机、11部ZJ50钻机、17部ZJ40钻机和3部ZJ30钻机，同时外包管理83部民营钻机。可承担平原、山区、沙漠等地区7000米以内的各种井型钻井、侧钻井、大修井、分支水平井等施工服务，以及配套专业技术服务，主营业务整体技术水平国内领先。市场遍及苏里格自营、长庆、青海、中澳煤、中油煤、中联煤、浙江、辽河流转、四川长宁、四川页岩气、贵州乌江能源、延安能服、西藏地热、玉门流转14个区域。年生产能力钻井进尺120万米。

【生产经营】 2022年，西部钻井公司启动钻机117部，完成进尺128.39万米，实现收入16.28亿元，超额完成全年利润指标。

市场运作卓有成效。运筹帷幄助力市场招标，招投标委员会精细化分析市场环境形势，同时专注于高质量标书制作，2022年，西部钻井公司公司参与7家公司的11个招标项目，最终8个项目中标。全年签合同25份，总金额35亿元。全面优化市场布局，主营钻机增加7个新市场：长庆储气库、风险评价、页岩油、辽河流转宜川项目、延长油矿川庆项目、万江新能源和乌江能源。以民营钻机替代自营钻机进入低效市场，保证市场份额，同时根据钻机类型和队伍施工能力，合理化布置钻机，为稳定市场口碑动态均衡布局。响应"五统一、六共享"发展模式，与川庆钻探钻采院开展一系列钻井业务合作，与钻一、钻二兄弟单位协调50钻和70钻机资源，共同进军长庆风险勘探、风险评价等高端市场，增加长城钻探工程公司在该区块的整体市场。单机单队创效能力持续提高，以"模块化管理＋井队瘦身＋劳动竞赛"推动拆搬安提速，苏里格地区拆搬安周期较2021年减少4天，提速60%。建立单机时效档案，时时跟踪基层队时效情况，采气二厂、区域气探等区块单机单队创效能力同比2021年大幅度提升。

提质增效成绩斐然。持续实行开源节流与成本管控举措，详细制定9大项17小项成本管控目标和措施，促进提质增效再升级，加快转型升级。强化招标管理，组织开展服务类采购项目174项。其中公开招标44项，总额度38.48亿元；招标转谈判13项，总额2.33亿元；可不招标6项，总额6200万元；组织小额非招标项目111项，完成采购额5.86亿元。分层级统计单井成本数据，细化完善单井成本分析制度，项目部、机关分别统计各项单井成本，通过"单井成本分析会"，逐项进行对比分析，固化各项成本费用，以会议纪要的形式下发给各个经营单位，各单位严格按照会议纪要价格进行结算。强化预算管理，严格成本倒算，科学制定成本预算指标，对公司生产经营过程中的非正常成本支出严格管理，充分发挥降本增效的作用。根据以前年度口井实施情况，按区块、井型、钻机以及进尺区间，制定口井成本数据库。口井生产过程中，业务科室和项目部对钻井队成本进行跟踪统计分析，发现成本费用异常，及时提出预警。

改革管理取得实效。成立节能节水办公室，明确各级责任，规范油、气、水、电管理，重新修订生产生活水管理办法、基层队柴油考核管理办法、运输管理办法等。采气二厂区块同比2021年，实现生产水降幅2.3万元／口，生活水降幅160元／日。持续推进人才队伍建设，优化完善薪酬考勤、奖金奖励管理机制，提高员工积极性，增强公司凝聚力；修订《公司培训管理办法》，明确科室培训职责，加强员工基础培训相关要求，员工综合业务水平大幅提升。加强与国际钻井公司的合作，同比2021年增加46人，缓解公司关键岗位短缺的状况。开展合规强化年活动，成立合规管理领导小组，并制定实施方案，按照方案有序开展。开展经营业务合规管理问题专项治理，发现问题5项，已整改完毕。开展合规高风险岗位排查，高风险岗位人员102人已经在系统完成排查。深挖节支降耗潜力，积极转变观念，制定奖励办法，引导岗位员工创新"五项成果"，助力提质增效，全年征集19项成果上报长城钻探工程公司，创近5年新高。

【科技创新】持续优选新工具应用。通过高效破岩PDC钻头和抗高温长寿命大扭矩螺杆优选等举措，助力现场施工提速提效。优选后的钻头在棋探12井比棋探10井减少11只；二开钻井周期24.66天，同比降低84.88%。

持续完善区域施工技术模板。收集近年各区块完井资料，运用大数据分析模式开展技术模板集中完善工作，对标其他钻探，实现区块整体提速。长庆油田采气二厂区块完井平均机械钻速已达到23.26米／时，对标2021年平均机械钻速提高79.48%。

持续提升信息化影响力。自营井队在长庆地区应用川庆EISS软件，通过完善电子井史数据、提高数据准确完整性，实现井史自动生成并落实线上审核交井流程。对34部自营钻机监控防爆系统升级改造，为基层井队提供现场办公网络、远程技术支持、一体化数据共享服务，强化西部钻井公司信息化业务核心竞争力。

提速提效成果显著。全年破纪录9井次，其中70249队承钻的纳林1H井刷新长庆煤层气施工井"六项纪录"；70250队承钻的棋探12井创造本区块三开井最短钻井周期；50643队承钻的榆探2H井完成太原组1500米水平段"一趟钻"工程，成功创造该区块三开水平段施工新纪录；40619队承钻双47-53C6井完成二开一趟钻的同时打破长城钻探于长庆油田采气二厂区块最短钻井周期纪录。参加长城钻探工程公司劳动竞赛，全年获得奖金27.23万元；开展公司主题劳动竞赛，累计发放竞赛奖金44.9万元。

【安全质量环境】 扎实开展疫情防控工作。2022年，西部钻井公司积极对接地方政府，及时传达疫情信息和疫情防控政策。公司根据疫情变化及实际情况，先后两次修订《疫情常态化防控方案》，6次启动应急响应。西部钻井公司紧急启动应急响应8次，开展疫情排查26次，配合地方政府集中隔离、协查、管控400多人次，切实做到迅速反应、科学应对。

加强隐患排查治理。西部钻井公司组织开展春季安全生产专项大检查活动，排查隐患1618项，40多人次因违章行为，扣罚奖金7万元。细化集团公司"十五条硬措施"要求，查处违章行为12项，对3家承包商扣罚工程款3.2万元，推动各单位安全风险防控能力持续向好。

多措并举夯实井控管理。西部钻井公司按照"六个评估""六个突出"要求加强井控风险评估。深刻汲取近年来"五新"风险管控不到位导致的事故事件教训，分析事故原因总结事故经验。按照井控专项检查计划开展3次井控季度专项检查，检查85井次，查改问题345项；扎实开展基层队井控"三个明白人"活动，下发培训实施方案，牢固树立井控安全意识，确保井控"防火墙"坚不可摧。

持续提升设备本质化安全。西部钻井公司下达3批投资计划，计划金额1919.2万元，其中固定资产投资1098.8万元，长摊资产投资820.4万元。自主安排规模内的设备采购，主要包括天车1台、工业监控3套、电子防碰3套、液气分离器5套、泥浆材料房5栋、辅助发电房5栋等，对8部4000米带刹绞车钻机改造升级为盘刹，公司设备的本质安全水平得到进一步提升。

【党群综合工作】 以讲政治有信仰为首位，争当政治建设的"排头兵"。2022年，西部钻井公司始终坚持正确的政治方向，贯彻《中共中央关于加强党的政治建设的意见》，坚定不移向党中央看齐、向党的理论和路线方针政策看齐，不断增强"四个意识"，坚定"四个自信"，做到"两个维护"。落实党委"第一议题"制度，通过制定领导班子集体学习计划、党委理论中心组学习、"三会一课"、主题党日、班前班后会等形式反复领会习近平总书记关于"大庆精神""石油精神"等重要指示批示精神。把学习宣传贯彻党的十九届六中全会精神作为重大政治任务，精心制定学习方案，邀请榆林市委党校副校长对党的十九届六中全会精神进行详细解读，党委领导班子成员到党建联系单位和分管部门累计开展宣讲8场次，各级党组织累计转发全会精神学习信息45条，发布基层学习信息32条。推动党史学习教育常态化长效化，以丰富多样的形式、立体式、全方位强化党史学习教育。以"石油工人心向党，建功奋进新时代"为主题，公司452名员工进行岗位讲述，其中公司员工报送的《转变身份角色，做新时代石油人》和《砥砺前行赓续石油使命》获长城钻探工程公司岗位讲述活动优秀案例。精心策划《学习百年党史　汲取党史智慧　奋力开拓新局》党史学习教育专题党课，各基层党组织开展讲授党史学习"流动课堂"300余次，累计下发《论中国共产党历史》等学习书籍156套，让党史学习教育入心入脑。严守政治纪律、政治规矩，严格执行公司《"三重一大"决策制度实施细则》《长城西部钻井有限公司党委会议制度》等议事、决策制度，落实党组织研究讨论前置程序，明确会前审批、会中讨论、会后执行的严肃性。全年召开"三重一大"会议17次，研究、决策30余项议题，充分履行党组织在决策、执行、监督各环节的责任，实现党的领导与公司治理的有机统一。

以凝人心聚合力为宗旨，找准思想交融的"发力点"。以庆祝建党100周年为契机深入开展思想引领工程，结合西部钻井公司工作特点，组织开展员工爱国书籍、电影分享交流，精心组织广大干部员工观看庆祝中国共产党成立100周年大会，使广大党员干部进一步明确中国共产党人的初心和使命。9月，组织职工自编自演节目在内蒙古、陕西、甘肃等地开展慰问演出，演出团辗转2000多千米为一线员工送去问候。扎实开展形势任务主题教育活动，2022年，西部钻井公司活动主题是"转观念、勇担当、强管理、创一流"，与2021年"转观念、勇担当、高质量、创一流"主题既是一脉相承、一以贯之，又是与时偕行、接续拓展。年初的形势任务教育启动会上公司党委明确"全年一个方案贯到底，三个阶段走深走实"的主题教育运行机制。建立"领导干部带头讲、机关部门跟进讲、基层单位日常讲"的"三级"宣讲体系。同时充分利用"三会一课"、主题党日等活动，公司网页、"两微一先"等多媒体，确保职工受教育面达到100%。组织开展以"如何强根铸魂、如何提质增效、我能为企业做什么"为主题的大讨论活动，让员工当主角，在大讨论中认清形势、明确方向，在答疑中坚定信心、扛起担当。做好一人一事思想政治工作，以《员工诉求调查表》和每月科室承包基层队调研活动为抓手，实施员工思想动态调研分析，全年收集《员工诉求调查表》624份、收集机关科室调研活动报告144份。落实下访工作机制着力解决员工的实际问题，提高做好"一人一事"思想政治工作能力。引导广大干部员工及家属认清形势、转变观念、凝心聚力、共谋发展，疫情期间持续关注外部市场员工及家属的人文关怀和心理疏导。建立保密工作长效机制，组织开展"保密故事大家讲"活动，组织员工讲述党的百年历史和国家保密法治发展历程中涌现出的英勇保密事迹、感人保密故事，帮助员工增强忧患意识、树牢底线思维。开展保密宣教作品征集活动，广大员工热情参与，征集保密论文1篇、保密故事5个、保密管理案例7个。

以抓管理求实效为标靶，吹响实干兴企的"集结号"。打造"两面一体"的市场布局，一面是立足长庆油田全力打造统筹型、敏捷型的市场开发模式。和川庆钻探沟通并达成共识，首次进入长庆油田储气库项目。一面是寻求长庆油田以外的高质量市场。参加中澳煤、中油煤、延长油田、乌江能源4家单位6个项目投标，最终中标6个标段。确立以长庆油田总包、辽河流转区块和冀东流转区块为主，壮大"三煤"市场和川渝市场的整体布局。优化钻机部署，提高单机作业效率，年初复产启动以来，公司党委紧跟各区块油田勘探开发节奏。将2部30钻机调整至苏里格施工侧钻水平井，用2部40钻机置换页岩油2部50钻机，累计优化钻机布局9队次。科学统筹疫情防控和生产运行，单机单队作业效率实现重大跨越。其中采气二厂区域作业效率同比增加115%、风险勘探区域作业效率同比增加38%，公司同比提前62天跨越50万米进尺关口。高效推进群众性技术创新活动和劳动竞赛，制定奖励办法，鼓励全员参与，引导岗位员工创新"五小成果"助力提质增效，全年征集上报"五小成果"12项。组织开展"新征程、担使命、提速度、保效益"主题劳动竞赛，累计发放奖金15.3万元。同时积极参加长城钻探工程公司主题劳动竞赛，获得奖金44.7万元，极大促进基层员工的工作热情，形成比干劲、比业绩、比贡献和学先进、当先进、超先进的良好竞赛氛围。深化"党建引领安全"工作理念，以钻井队指导员兼职安全监督为契机，健全完善以党组织为基础的安全工作网络，把安全工作作为党组织参与中心大局工作的切入点，作为党员先锋模范作用的落脚点。推动提质增效升级版，开展员工思想动态调研、研判和教育引导，做好提质增效升级版政策解读。推广电带油、气代油项目，创新实行米耗油料定额。加强对合同结算价格"三复议"情况的监管力度，确保结算数据真实有效，为完成年度生产经营指标，为推动公司高质量发展提供坚实保障。

以立规矩强队伍为目的，练就基层组织的"硬功夫"。健全党的基本制度，开展公司党委规范性文件制度评价工作，组织修订《长城西部钻井有限公司员工考勤管理办法》《长城西部钻井有限公司员工变更管理暂行办法》《长城西部钻井有限公司2022年度机构设置及岗位定员》等7项党委制度，更新公司各项业务制度55项，充分确保党委文件的系统性、合规性和适用性。建强党的基层干部队伍，提拔调整科级干部6人，其中正科级2人，副科级4人。6月，组织开展公开选拔钻井队队长工作，促使优秀人才脱颖而出，为员工成长成才注入动力，有效提高员工的工作热情。累计调整井队长7人、指导员11人、项目部人员43人、机关管理人员7人。突出政治标准，牢固树立公司德才兼备、以德为先、任人唯贤的用人原则。加快推进三基工作和党建三基本有机融合，秉持"将支部建在连上"的原则开展星级党支部考核，2021

年评比一星党支部9个，二星党支部4个，其中陕北项目一部直属党支部和陕北项目二部直属党支部被评定为长城钻探工程公司三星党支部。重新修订下发基层党支部工作规范化模板，规范"三会一课"、主题党日等6个党内生活的标准化流程。持续推进党建责任制落实，开展党组织书记基层党建述职评议考核会，5名党组织书记在会上述职并进行现场测评。召开专题会议研究长城钻探工程公司党建责任制考核文件，组织党群、人事、纪检、综合等部门上报佐证材料，同时安排专人跟踪落实党建考核问题清单，确保党建责任问题实现闭环管理。探索基层党组织工作载体和途径，通过加大中油E学、铁人先锋等平台的推广使用，推进党建工作信息化提档升级。10月，在榆林基地代表长城钻探工程公司组织一期党务干部能力提升（长庆区域）培训班，来自7家兄弟单位的党务干部共计34人参加培训，在提升基层党支部书记、党务工作者的能力和素质的同时，提高公司党委在西部地区的影响力。严格把关党员发展工作，按照"控制总量、优化结构、提高质量、发挥作用"的十六字方针，坚持"四倾斜"和"双培养"的原则做好发展党员工作。执行党章和发展党员工作细则规定的入党程序，从严从实抓好党员发展的各个环节，2021年发展8名积极分子为预备党员，7名预备党员按期转正。

以争一流有特色为准绳，弘扬石油铁军的"精气神"。夯实意识形态阵地，西部钻井公司党委坚决贯彻落实《中国共产党宣传工作条例》，切实履行举旗帜、聚民心、育新人、兴文化、展形象的使命任务。新吸收8名青年员工加入公司宣传员队伍，为推动公司高质量发展提供思想保证和舆论支撑。完善宣传制度建设，实现稿件"量、质"双增，重新修订《宣传与信息报送实施办法》，由以前的固定新闻稿件数改为积分制，鼓励大家向长城钻探工程公司和集团公司等更高层级媒体主动发声。全年收集稿件400余篇，在长城钻探工程公司及以上媒体发稿175篇，公司网站和微信公众号发布稿件200余篇，投稿数和发稿数均为历史最高。其中《担当起石油青年的责任和使命》《长城钻探西部钻井公司率先攻关5万米》等一大批优质稿件，展现公司先进事迹和良好的精神面貌。打造具有西部特色的企业文化，转变局限于文字和图片的单一企业文化建设方式，通过制作视频宣传片《奋进之路》突出弘扬以"奉献能源、创造和谐"为内涵的企业文化。通过开展"石油人有爱大声说出来""六一，给孩子的一封信""俺们西钻与'粽'不同"等主题征文活动，号召广大职工立足工作岗位讲故事，打造以"忠诚·无畏·奋斗"为核心的团队文化。探索新闻宣传"新途径"，公司举办第一届管理提升与创新成果论文评审发布会，促进广大职工养成主动提炼管理思路的良好习惯。组织开展"留住时光，诉说西钻情怀"老照片征集活动、"十年磨一剑，我与西钻共成长"分享提升活动。以建团百年为契机开展"永远跟党走 青春促跨越""青春永不停息""传承五四薪火 展现青春风采"3个主题征文活动，有效拓宽公司新闻宣传工作渠道和思路。

以严监督重合规为主线，织紧廉洁建设的"安全网"。西部钻井公司为高质量发展提供坚强的纪律保证，始终盯紧关键风险领域的重点人、重点事、重点环节，充分发挥监督保障执行、促进完善发展作用。2021年，5人因井控责任落实不到位被约谈，6人因综合大检查排名垫底上交书面检讨。加强对公司疫情防控、食堂伙食费和油料的监督问责力度，强化公司制度的落实和执行。突出对"一把手"和领导班子监督，引导各级管理人员强化服务意识、认真服务基层。检查劳动纪律（含办公室夜查）13次，通报科室及单位9个。督促疫情防控办公室落实长城钻探工程公司和所在地政府的疫情防控政策。印发通知5个，修订制度2项，转发文件3个，每季度开展一次长北基地疫情防控工作检查，立查立改3个问题。强化巡察反馈问题整改，推进公司合规管理水平上台阶，下发《党委政治巡察模块化清单汇编》，把《清单汇编》作为规范企业管理工作的"参考书"。召开《清单汇编》自查自改启动会，会上各科室、基层单位负责人分别与公司党委签订责任书。累计制定、修订制度51项，完善工作流程17项，制定考核标准8项。强化履职述廉，廉洁建设水平不断提升，组织召开项目经理述廉会议，全面落实领导干部廉洁自律的各项规定。组织学习贯彻长城钻探工程公司2022年党风廉政建设和反腐败工作会议精神，安排部署年度重点工作，组织签订《党风廉政建设责任书》和《廉洁从业承诺书》，公司各级领导班子成员及机关、基层关键人员签约率均为100%。

强化警示教育，保障廉洁从业入脑入心，开展"以案为鉴 以案促改"警示教育活动，编制印发《典型案例》130册。一体推进"三不腐"机制，在全公司范围内开展柴油管理和食堂管理专项检查和调研工作，发现问题27项。紧盯传统节日、结婚、升学高峰期，加大对大操大办、公车私用等违纪问题的监督检查力度，杜绝四风问题隐形变异、反弹回潮。

以守初心办实事为原则，搭起服务惠民的"连心桥"。扎实推进惠民工程，提升员工的获得感，牢固树立"以员工为中心"的发展理念，全面准确把握和理解员工期盼，切实提高员工归属感和幸福感。2021年确定的实事惠民项目全部完成，2022年重新立项6项惠民实事项目，邀请北京中医药大学附属医院医生在榆林机关、各项目部、监督部开展义诊活动，累计问诊近500余人次。扎实推进安心工程，提升员工的归属感，持续开展困难员工的慰问工作，对困难员工进行动态管理。春节、国庆、端午等节日期间，公司领导分别深入各施工区块慰问一线员工，同时对坚守在外部市场的员工家属进行慰问，做到前方、后方全覆盖。全年对参加中高考职工子女、生病住院职工、直系亲属丧葬职工累计慰问27人次，发放帮扶资金10.05万元。扎实推进民主工程，提升员工的参与感，持续完善公司厂务公开制度，保障员工的知情权、参与权、表达权和监督权，维护广大干部员工的主人翁地位。坚持职工代表大会制度，会前向广大干部员工征集提案，持续落实员工代表大会各项职责。年初职代会收集提案7条，公司各科室对提案内容逐项进行研究，解决员工在工作和生活中的合理诉求。扎实推进青工工程，提升团青的责任感，坚持开展学雷锋志愿服务活动，优化志愿服务运作模式，扎实开展共青团系列实践教育活动。其中，公司青年员工协助村民扑灭山火和绿化西部家园活动获得地方政府和上级部门的高度赞扬。公司党委在建团百年之际通过寄语的形式表达对公司青年职工的殷切希望，组织开展"青春心向党、建功新时代"观影活动，团结引领广大团员青年为实现企业高质量发展贡献青春力量。

（梁迟军）

国际钻井公司

【概况】 2022年，国际钻井公司用工总量550人，其中合同化员工122人，市场化用工316人，外包112人，机关66人，一线基层队484人。国际钻井公司机关设9个职能科室（经理办公室、党群工作科、生产管理科、装备管理科、HSE管理科、人力资源科、经营管理科、市场开发科、财务资产科）和一个直属单位（培训基地）。

国际钻井公司固定资产原值14.21亿元，净值2.9亿元。主要资产包括大型钻机32部，修井机5部，租赁钻机5部，石油专用设备468台（套），生产运输车辆类设备（吊车、卡车、叉车、皮卡车、牵引车拖车等）153台，2022年开钻169口，完井170口，进尺44.1万米，分别占长城钻探工程公司海外钻井业务工作量的49.8%、54.14%、57.56%，总进尺较2021年增长12.5%；公司全年完成收入8.61亿元，同比2021年增加1.24亿元。完成长城钻探工程公司下达的生成经营目标，实现长城钻探工程公司综合业绩预考核第一名的优异成绩。

【市场开发】 多点开花，市场开发成果喜人。2022年，国际钻井公司中标合同10份，合同金额5.94亿美元，完成年初制定目标的465%，同比2021年增长809%。其中阿联酋ADNOC、伊拉克SLB、印尼Pertamina项目实现市场突破；泰国PTTEP、阿曼DALEEL项目4台钻机完成合同续签，并实现日费价格增长；时隔多年重新进入墨西哥PEMEX、伊朗KKC主流市场。海外市场启稳复苏，助推公司增收上产。

"市场先锋队"初步成型，提升独立开发市场能力。由12名骨干员工组成的"市场先锋队"通过包括国际能源行业发展趋势介绍、市场投标经验分享、标书制作、钻修井合同介绍以及海外项目市场开发经验分享等专业培训，基本掌握海外市场特点、熟悉标书制作、装备配套标准以及合同条款等知识，初步具备海外市场推介和开发能力，并在2022年向3家俄罗斯公司和1家加拿大公司进行市场推介。

完成产业链调研，挖掘潜在市场。针对阿曼、科威特、尼日利亚、印尼、卡塔尔以及俄罗斯等潜在市场的招标信息进行汇总分析，完成产业链市场调研报告。尤其是通过研究圣彼得堡原材料交易平台，俄罗斯天然气工业银行，俄罗斯石油公司，卢克石油公司的招标信息，与其建立稳定的市场沟通渠道。

【提质增效】 2022年，国际钻井公司通过新上钻机启动、基层队伍增效、停等队伍控亏、管理机关降费、要素投入节约、资产运营优化、员工总量控制等为主线的10个方面制定开源节流、降本增效措施。全年增收1.4亿元，增效4481万元，节约投资1568万元。上报提质增效典型案例5篇。

强化典型示范作用，实现基层队经营创收。开展"打造第二支GW80队"学典型提效益活动，推广先进队伍作业经验，持续打造以提升作业时效与成本控制为核心措施的提质增效"升级版"，实现低日费项目精细运作下的经营创效。2022年发生零日费227.5小时，较2021年全年零日费时间减少288小时。截至12月底，基层队伍减控零日费实现增收169万元，增效135万元。GW51队通过每周评优活动激励雇员积极性，设备瘦身，将不常用的爬犁、集装箱、平移设备等存放固定场所，减少井场的搬迁车次，缩短平移周期12%。GW110队通过量化钻井作业程序，减少工序衔接时间，加强现场设备检查力度，减少设备维修时间，减少NPT28%；GW221队依据拖车的高低和载重不同具体分配装载车辆，根据搬家进度和新井场的设备安装情况及时微调搬家方案。突破625.5千米山区长途搬家时间7天的记录，缩短到5.17天；GW51/GW52/GW110/GW40/GW41五支队伍，通过搬家全过程管理，累计完成增收298.2万元，增效238.5万元。

严控采购审核，盘活闲置资产。严格审减基层队投资申请和物资采购计划，全年通过审减节约投资482.6万元，审减古巴、伊拉克、泰国、阿曼、乍得等项目队伍材料计划841项，合计金额118.68万元；与境外项目部保持密切沟通，制定低效无效闲置资产的处置方案，协助境外项目有序推进实物处置。累计处置报废资产1,251.9万元，收益90.7万元；加大公司内外部设备调剂力度。依托国际事业部的信息共享及统筹协调职能，调剂GW158遗留阿尔及利亚的装载机、营房和部分钻具，共计利旧节约投资支出957.3万元。

多措并举，人力资源成本显著下降。根据国际业务改革与提升方案要求，配合境外项目做好基层队人员的编制调整，节约成本480万元；调整阿曼项目当地雇员结构，实现雇员薪酬成本同比下降313万元；深化国内高端劳务服务，实现增收918万元，增效275万元。

持续推进"四个中心"建设，经营成果显著。2022年，国际钻井公司继续加大国际维保中心、国际培训中心、国际人力资源中心、国际咨询中心的建设力度。附属产业经营成果喜人，有效的支持公司整体生产经营任务。其中国际培训中心组织各类型培训1499人次，合计增收 329 万元，增效 169 万元。国际维保中心进一步扩大业务范围，通过为尼日尔、古巴、阿曼项目提供钻机检测、防喷器维修、电气设备远程检测等业务实现增收 897.85 万元。

【人力资源管理】 2022 年，国际钻井公司推进员工当地化与雇员国际化进程。完成泰国、印度、VE、阿尔及利亚、巴基斯坦等项目的数据调研，从技术水平、人力资源、薪资待遇等方面，对海外项目当地雇员市场和薪酬水平进行分析，完成分析报告和实施方案，为推动员工当地化和雇员国际化进程夯实理论基础。

优化人力资源配置，做好待命员工安置工作。为解决公司待命人员较多，生活压力较大的实际情况，公司大力开展转岗培训，继续扩大内外部市场劳务输出规模，全年向录井公司、测试公司、井下公司、西部钻井等单位，累计派出监督、副队长、司钻、机电师等技术人员 141 人次，既解决国内待命人员的收入问题，又有效盘活公司闲置人力资源。

持续推进培训中心建设，全面提升员工技能水平。以打造国际一流培训中心为目标，加大师资力量的培养，2022 年新增加 IADC 讲师资质 2 人，参加 IWCF 讲师资格考试 2 人。原有讲师分别通过培训管理者培训、数字化培训项目运营师培训和兼职井控教师培训等专业提升培训课程，进一步提升培训中心的师资能力；培训中心与乍得项目、尼日尔项目、哈萨克项目和巴基斯坦项目通力合作，分别在上述 4 个项目推进建设海外实训基地，培训并聘任外籍雇员师资，在资源国开展井控 HSE 实训和素质提升培训，为甲方和资源国培养一批业务技能成熟当地员工；同时培训中心以内部培训业务为基本盘，通过座谈推介、宣传手册、行业内交流等方式进一步拓展外部培训资源，与 CNODC、川庆钻探、中油测井、北京合力奇点、瑞丰石油、朝阳天祥石油公司等多家公司建立长期的委托培训业务，累计委培外部市场公司 31 家；全年组织井控和 HSE 等各类型培训 69 期，为国际业务市场人力资源支持提供有力保障。

【生产作业管理】 2022 年，国际钻井公司在海外基层队持续深化推广"打造第二支 GW80 队"典型学习活动，通过典型示范的引领作用，全面提升公司各基层队整体能力提升。

对标先进，取长补短。将 GW80 队在提高作业效率，提高搬安速率，成本管控和为甲方提供增值服务 4 个方面的亮点工作进行总结归纳。编写《快速搬安模版》《生产作业精准工厂化管理模板》《GW80 队提质增效 15 条措施》分享学习，要求公司所属各基层队对标 GW80 队提质增效相关经验做法，充分交流，取长补短。

争先创优、转变发展理念。持续开展月度考核机制，选择"非生产时间、搬家速度、事故事件、材料消耗"4 个指标作为考核项，每月对考核作业表现进行打分排名。同时，通过 NPT 统计表、重点队伍加快搬安统计表跟踪队伍关键时效，及时发现存在问题，分析原因，制定、实施改进措施。通过考核排名激发各队竞争意识，倒逼基层队伍由"生产型"向"经营性"转变。

固化大包井技术服务支持，形成自有技术沉淀。与泰国项目部、长城技术专班共同组建GW80队技术支持小组。对所遇到的复杂工况商讨解决方案，保证作业平稳开展。邀请长城技术专班专家来公司对GW80队大包井项目情况、作业程序、项目管理进行授课交流。组织专业人员对GW80队大包井施工相关井漏决策树、一体化激励制度、基层队与各分包商沟通制度、工程技术模板等优秀做法进行了总结、汇编，形成公司自有技术积累，并在基层队伍中进行推广。

【HSE管理】 2022年，国际钻井公司践行全员参与，落实安全生产责任制。持续完善岗位HSE责任制建设。更新岗位HSE责任清单，理清责任界面，切实落实一岗双责；制订HSE工作计划和要素分解运行表，明确责任部门，落实具体责任岗位。签订HSE目标责任书，制订个人安全行动计划并定期在公司主页进行公示，确保监督到位；通过落实属地责任、制定公司安全联系点、明确安全属地等措施，指导现场安全管理，促进基层HSE管理水平持续提高。

突出危害辨识与提示，强化风险管理。发布《危害因素（含机遇）辨识、风险评价与控制工作实施方案》，梳理更新风险点源，开展危害因素辨识与风险评价。发布《风险评价报告和风险控制清单》，指导基层队风险管控工作；编写季度海外基层队风险分级防控清单和主要风险预警报告，发布风险提示110次，从作业井控、社会安全、公共卫生、生态环境、职业健康等方面对各项目基层队开展风险分析，制定应对措施，指导基层队开展风险管控；开展作业现场HSE标准化提升工作。针对伊拉克和乍得基层队现场HSE管理问题，召开视频会议，分析原因和制定整改措施，积极跟进整改进度，提升现场风险管理水平。

开展专业技能培训，提升井控管理能力。建立井控明白人工作群，组织井控明白人硬关井、卡钻处理程序等井控知识学习，进一步提升井控明白人井控技能，确保井控明白人在井控应急处置中能发挥重要作用；利用线上培训平台，组织公司所属基层队人员学习《集团公司井控管理规定》《长城钻探井控装备管理办法》《长城钻探承包商井控管理办法》等相关文件；组织各基层队平台经理、带班队长、司钻、副司钻等岗位相关人员参加远程培训及考核，累计参培人数103人，考试合格率93.2%；针对员工当地化率较高的项目，着力提升雇员井控操作水平，避免短板效应。通过对各层级操作人员的井控技能培训，有效提升队伍整体井控应急处置能力。

关注重点队伍，持续开展设备风险分级管理。更新钻机设备风险分级清单21期，四级红色管控事项57项，三级橙色管控事项82项，二级黄色管控事项139项，装备现场问题处理响应及时率100%，回复及时率100%；重点关注启动队伍和重点管控队伍，做好设备启动、运行风险提示和技术支持；每周收集和上报各作业基层队起放井架、平移、检维修等存在高危风险的作业信息，强化高危风险作业管控。

强化关怀保障，推进新冠疫情防

控。开展疫情防控政策与知识宣传培训工作，提高员工自我防范意识。重点做好出国人员国际旅途疫情防控培训和旅途防护提示，确保个人旅途防疫物资配备到位；跟踪回国员工隔离情况，沟通汇报解决隔离期间的突发情况，落实家庭所在社区的疫情管控要求，普及疫情管控知识，为员工排忧解难，确保安全顺利返家。

【党建工作】 2022年，国际钻井公司提高政治站位，拥护"两个确立"。严格落实"第一议题"和《"三重一大"决策制度实施细则》制度要求，持续推动学习习近平新时代中国特色社会主义思想常态化制度化，组织中心组学习12次，召开党委会议29次，研究决策事项81项。

强化党风廉政建设。强化责任落实，修订公司党委落实"全面从严治党主体责任清单"，逐级签订党风廉政建设责任书；坚持常态化警示教育，开展"反围猎""以案促廉讨论"以及"违规吃喝问题专项治理"等专项行动，紧盯节假日等关键时间节点，毫不松懈开展纠正"四风"治理活动。

完善民主管理，创造和谐环境。完善以职工代表为基本形式的企业民主管理制度，首次按职代会议程规范组织一届一次职代会暨2022年度工作会议，收到提案18项，其中重点提案2项，所有提案均在2022年三季度完成落实答复；持续推进厂务公开、业务公开，对基层员工关心的先进评比、奖品和慰问品采购、大病救助、困难家庭评定等相关事务，规范操作程序，听取群众意见，接受群众监督；建立协调沟通机制多渠道了解员工诉求，及时化解矛盾隐患，维护员工权益。充分征求基层员工意见，分党委和工会两个层面做好2022年度惠民安心工程立项，通过家庭走访、视频连线方式了解员工困难，充分发挥爱心小分队帮扶作用，进一步改善劳动关系，营造和谐稳定的内部发展环境。

树典型，充分发挥模范引领作用。精心准备集团"大国工匠"评选工作，苏飞获能源化工系统"大国工匠"荣誉称号；开展"两优一先"表彰，表彰27名优秀党员、5名优秀党务工作者、4个先进基层党支部；收集整理公司5名劳模事迹，汇编《劳模风采》引领广大党员干部群众向劳模学习。

（欧　屹）

井下作业公司

【概况】 井下作业公司是以修井业务为主的专业化公司，经营范围包括油气田（区块）勘探开发总承包、井下作业、油气水井大修、带压作业、连续管、试油测试、增产措施；油气开发（限区外凭许可证经营）；科技开发、技术咨询、技术服务；石油专用器材、钻采设备销售及维修检测；资产租赁；油田相关服务；自营或代理技术进出口；热力采油工程的技术服务；境内外工程招投标；普通货运；石油专业技术培训。开展的业务主要有10项，包括大修、试油（气）、带压作业、连续油管、小修、氮气服务、地面计量、稠油注汽、地面维护和测试。

2022年，井下作业公司有员工1599人，包括正式员工816人，劳务用工373人，海外雇员410人。管理各类作业队伍173支。其中国内队伍161支（包括自营队伍41支，合作队伍120支），国外队伍12支。国内市场分布在辽河、吉林、大庆、冀东、华北、长庆、青海、浙江、江苏、玉门、西南油气田、中石化东北局及有关油田公司流转区块、长城钻探自营区块等12个油气田、18个区域、近60个采油采气厂；国外市场分布在伊拉克、阿曼、乍得、苏丹、南苏丹、尼日尔、蒙古7个国家，主要业务包括修井、试油、地面维护及稠油注汽、注水等措施增产业务。

井下作业公司有主要生产设备111台套，固定资产原值9.05亿元，净值2.61亿元，综合新度系数0.29。其中：国内市场拥有主要生产设备88台套，固定资产原值6.12亿元，净值1.88亿元，综合新度系数0.31；国外市场拥有主要生产设备23台套，固定资产原值2.93亿元，净值0.73亿元，综合新度系数0.25。

【市场开发】 2022年，井下作业公司上下深入学习贯彻习近平新时代中国特色社会主义思想，坚定推进长城钻探工程公司各项安排部署，坚持"扶持东部、稳拓西部、发展南部、再塑海外"的市场开发思路，真抓实干、创新拼搏，攻坚克难、团结奋进，各项工作实现新突破、跃上新台阶，取得一系列标志性成果。

国内市场规模持续扩大。坚持东部、西部、西南三大区域资源一体化协调，机组利用率达到92%，同比提高7%；突出"调结构、止亏损"，坚持有效开发、有序进退，专项研究东部市场亏损问题，有效扶持东部，共调减机组5部，充实到苏里格、长庆、川南等主要市场，达到资源与市场高度匹配，实现由低效向高效转型。有效开展合作业务，建立4种合作模式，合作队伍多达118支，累计创收6.21亿元，同比增加34.3%，占国内收入的69.6%；突出"抓重点、增效益"，集中资源拓展西部，打造苏里格自营区块、长庆油田、辽河流转区块、冀东流转区块、中油煤层气公司5个效益阵地，队伍规模达到68支，占公司队伍总数的二分之一。牢牢把握川南页岩气工作量增长契机，突出"推高端、谋发展"，坚持拓展与优化并举，有效发展南部市场。

国外市场建机制促发展。成立国际业务管理委员会，统筹海外业务管理；成立国际业务市场开发和安全井控2个工作专班，建立与海外项目部常态化的沟通机制。把握国际市场复苏黄金期，伊拉克GW308队、乍得GW37队等4支队伍依靠精湛的技术、高质量的服务赢得甲方的信任，先后4次获得甲方书面表扬，在中东、非洲等重点区域打响"长城井下"品牌。特别是伊拉克鲁迈拉15批次修井机项目,在3家竞争对手中脱颖而出,中标2部修井机5年期8863万美元合同;同时,尼日尔地面维护项目如期续标,南苏丹获得4部修井机"3+1"年期7033万美元服务项目,阿曼取得热采项目1275万美元合同,为海外市场带来年均净收入2亿元以上。

【生产经营】 2022年,井下作业公司落实集团公司、长城钻探工程公司决策部署,坚持稳健发展方针和高质量发展方向不动摇,深入开展提质增效价值创造专项行动,落实减亏治亏举措,扎实推进"合规管理强化年"系列活动,完成既定的全年生产经营目标。整体能力同比提高19.3%,创出单月修井443口、单月常规试油50口等多项新纪录。

优化组织模式。井下作业公司通过调动全员主观提速意识,超前落实人员、设备、物料生产要素,加大工作量筹集力度,靠实季节性保障措施,推进区域化施工,简化升级作业流程等措施,整体时效同比提高3.98%。开展"大干60天,确保收入、利润指标双过半"等劳动竞赛活动,利用经济杠杆激发全员提速提效新动能。

优化专业结构。井下作业公司紧跟油田需求变化,通过建立区块行业专打队伍和一专多能队伍,并根据市场工作量起伏灵活调配,科学安排,队伍快速匹配市场的能力得到有效提升。在东部成功打造3支跨专业施工的"一专多能"队伍,有效弥补各专业之间生产需求和队伍资源的不平衡。在川南打造综合一体化服务示范区,突出典型引领作用,推动由单一化服务向一体化服务转型。通过区域联动、专业联动构建协同组织模式,最大限度减少队伍等停。2022年,累计跨专业帮扶32人次,互助设备3台套,特别是在辽河油区SAGD区块承揽的曙1-031-151井,公司第一时间从外部市场协调3名业务骨干保障生产,使原计划60天的施工周期缩短到21天。

优化设备设施。井下作业公司着力推进装备"提档升级",加快大修、试油、带压作业机组改造升级,推广应用一体化打捞工具,全年设备完好率达到96%以上。

优化施工方案。井下作业公司充分发挥技术专家团队决策咨询、技术把关、技术支持和人才培养等作用,建立产研结合机制;推进辽河、华北等油田套损区治理,加强专项技术系统性对标与优化,强化技术专家、关键设备、优质工具保障,提升高效治理能力,打造竞争新优势。

【提质增效】 2022年,井下作业公司通过刚性预算控制,加大修旧利废力度,压降工程服务规模价格,缩减非生产性支出,累计实现降本增效2627万元。

扭亏成果显著。修订《井下作业公司亏损治理实施方案》,出台针对性措施18项54条,并确定2022年为"东部前线扭亏年",将亏损严重的项目部定为扭亏治亏重点单位。强化提速提效,建立标准化施工模板,深化专业化运行等一系列举措,效率同比提高6.5%,多创收1039万元;优化施工环节,强化过程管控,单井变动成本同比下降6.3%。

专项行动纵深发展。在巩固上年提质增效成果的基础上，从开源增收、降本增效、管理提升3个大方面共计细化16项58条具体措施，组织各单位、各科室以专项行动方案为"纲"，制定具体实际操作方案，确保各项指标横到边、纵到底。

成本控减成果突出。全年通过复议合同价格、强化生产组织、推广修旧利废、优化人员配置、压减管理费用等措施，累计实现节约成本2261万元。通过加大商业汇票付款比例等多种方式，累计实现资金创效366万元。

考核机制更为精准。修订《业绩考核管理办法》、制定《基层单位分类管理办法》，将经营绩效考核权重由30%提高至50%。突出抓好四单管理和单井提速创效工程，充分发挥奖金分配的杠杆驱动作用，实现领导干部奖金差异化。

【科技创新】 2022年，井下作业公司参与集团公司科技项目2项，申报长城钻探工程公司科技项目2项，开展处级项目5项。

彰显修井技术实力。持续完善疑难井打通道、取换套、吐砂井修复技术，攻关水平井、气井、隐患井治理难题，高标准完成吉林油田4口"萝卜井"施工任务，特别是1976年建井的坨8井，公司利用自主研发的套铣工具成功捞获桥塞。

强化特种工艺技术。连续油管带压钻塞、控压冲砂、控压测井、套管补贴等实现页岩气创新应用，川南连续油管业务连续3年未发生工程质量事故，为精细挖潜提供有效保障。川南页岩气威204H19-1井，应用自主研制的球形磨鞋，完成该套管补贴井的钻磨桥塞施工任务，使该井投产后日产气量达到33万方，助力威204H19平台成为2022年四川页岩气自营区块首个百万立方米平台。连续油管穿心打捞技术在集团公司重点风险探井曙页1井成功应用，刷新中油技服连续油管穿心打捞的最深纪录。

【安全环保】 2022年，井下作业公司连续11年获长城钻探工程公司HSE先进单位，3支队伍、8人次获长城钻探公司先进称号。未发生任何安全环保井控事故。

明确职责、强化落实，夯实安全生产责任。修订全员HSE职责，编制全员安全生产责任清单，完善安全环保绩效考核细则，对不符合条款及时作出调整，明确管理职责、细化管理流程，健全管理制度。从工作目标、过程性指标、结果性指标3个方面制定HSE目标指标责任书，激励引导员工积极主动开展HSE管理工作。各级领导主动落实个人安全行动计划，带头讲授安全课47次，开展安全联系活动691次，提出安全建议839条，践行"三管三必须"理念。

隐患排查、分级防控，筑牢安全生产根基。组织全员风险辨识评价活动，收集风险清单601份，辨识评价危害因素1956条，并按照"五位一体"要求，落实分级防控责任。开展安全生产大检查、安全生产专项整治、冬季安全生产大检查，共计排查作业场所307个、安全隐患2616项。隐患整改率100%。全年针对吊装、高处等2379次高危作业，下发升级管控方案29份，叫停管控措施不到位的作业行为142起，确保风险全面受控。强化监督管控力度，对1321个施工现场开展监督检查，发现各类隐患问题5910项，全部整改完毕。

按岗所需、精准培训，提升员工业务能力。管理人员培训。先后组织29名业务副经理、派驻人员等开展安全培训，重点学习安全方法工具应用、井控管理、监督管理、实操演练等内容，强化管理人员业务技能。监督人员培训。采取理论和实际相结合的方式，促使监督人员学标准、懂标准、用标准。基层人员培训。结合"每月十题"、季节性宣传教育材料等内容，累计培训基层队干部531人次、一般岗位员工1736人次，确保岗位能力素质持续提升。

重点领域、精准管控，确保关键环节风险受控。外聘专家向员工普及职业病相关知识，开展健康达人网络答题、员工职业健康素养问卷调查等活动。建立员工健康评估标准和健康档案，分级分类实施健康情况跟踪，实现工作场所职业病危害因素检测率和接害人员职业健康体检率两个100%。在辽河地区建造危险废物临时储存场所，外围项目部以区域为单元，分别建设危废储存点，实现现场危废合规贮存。重点聚焦交通安全动态隐患监管，利用网络平台累计监控运行车辆33650台次，及时处理超速预警、轨迹偏移等现象4528次，严格审查审批长途任务车辆146台次，通过采取出车前安全教育、行车中规范行驶、收车后及时检查保养的管理模式，实现交通安全平稳运行。

【党建工作】 强化思想政治引领，凝聚创业干事共识。政治建设进一步加强。以学习宣传贯彻习近平新时代中国特色社会主义思想为主线，持续深入学习党的十九大及中国工会十七大会议精神，以及习近平总书记关于工人阶级、工会工作、石油工业重要论述和重要指示批示精神，扎实开展"不忘初心、牢记使命"主题教育、党史学习教育，增强"四个意识"、坚定"四个自信"、做到"两个维护"。精神动力进一步激发。弘扬劳模精神、工匠精神，广泛开展"转观念、勇担当、高质量、创一流"等形势任务主题教育，公司先后有4人获长城钻探工程公司劳动模范，14人获集团公司和长城钻探工程公司优秀共产党员，获长城钻探工程公司及以上级别标杆基层队和"五型"班组12个，获集团公司和长城钻探工程公司先进基层党组织8个。

融入中心主动作为，素质提升成效显著。紧扣高质量高效益可持续发展企业建设目标，贯彻落实长城钻探工程公司"高质量推进典范企业建设，全力保障勘探开发"等主题劳动竞赛部署，先后开展"提质增速保上产，降本节支增效益""提质增效，献礼百年""大干60天"等主题劳动竞赛5次，累计创造"全年大修井施工达16口以上、全年试油施工达到13层以上、全年带压作业完成33口以上、连续油管全年施工作业完成137井次以上"等创纪录项目，先后有31个基层队，292人获公司劳动竞赛先进集体和个人。以岗位实践活动为载体，发动广大一线职工群众深入开展群众性经济技术创新活动。

竭诚服务快速落实，惠民安心显著

提升。惠民项目累计投入138万元，走访困难家庭67户，慰问国内外在岗职工家属140余人、一线队伍37支；维修改造井下办公楼、食堂及职工公寓设备设施，为3个基层单位更换条件更优越的新驻地；开展员工年度非职业健康体检工作，并针对大龄一线职工和女职工增加体检项目，累计服务员工4150人次。加强外部市场驻地娱乐健身设施配套，员工的幸福感、获得感不断增强。

（石　杨）

压裂公司

【概况】　2022年，压裂公司用工总量1193人，其中合同化员工886人，市场化用工307人。一线用工706人，二、三线用工487人。职工中有副高级职称7人、中级职称158人、助理级职称112人，员级职称67人。压裂公司机关设有13个职能科室［办公室（党委办公室）、党群工作科、生产协调科、经营计划科、财务资产科、组织人事科、企管法规科、质量安全环保科、工程技术科、纪委办公室、设备管理科、市场开发科、物资管理科］，5个直附属单位（概预算管理中心、信息中心、HSE监督中心、结算中心、劳务管理中心），9个生产单位（辽河压裂项目部、页岩气压裂一项目部、页岩气压裂二项目部、长庆压裂一项目部、长庆压裂二项目部、新能源开发压裂项目部、长庆试气一项目部、长庆试气二项目部、国际项目部），1个科研单位（压裂酸化技术研究所），3个辅助生产单位（运输项目部、装备维修中心、支撑剂合作项目部）。

2022年，压裂公司固定资产2649项，原值28.95亿元，净值15.22亿元，资产新度系数0.53。各种设备2615台（套），设备原值28.56亿元，净值15.07亿元，新度系数0.53，其中：主要生产设备556台（套），设备原值26.92亿元，净值14.51亿元，主要生产设备新度系数0.54。各种房屋45栋，建筑面积40600.94平方米，原值3686.87万元，净值1338.21万元，新度系数0.36。2022年，压裂公司获全国优秀质量管理小组、全国质量信得过班组、集团公司"十三五"财务工作先进集体、集团公司QHSE先进基层单位等多项殊荣。

【年度工作指导方针】　2022年，压裂公司以习近平新时代中国特色社会主义思想为指导，按照长城钻探工程公司三届五次职代会部署，加快推进市场开发，系统抓好风险管控，持续强化科技攻关，扎实开展提质增效，全面加强党的建设，扎实推进"21347"工程，奋力开创建设国内一流压裂专业化公司新局面。

【生产经营】　2022年，压裂公司以跨

区域资源共享推动生产组织方式变革，构建形成以辽河、长庆、川渝为主体，国内外多点开花的市场格局。全年完成压裂4094层（见表4），较2021年增加980层，试气及其他作业472口，较2021年增加111口，实现收入20.95亿元，较2021年增加4.4亿元。

表4 压裂公司2022年主要生产经营指标

指　　标	2022年	2021年
压裂（层）	4094	2912
试气及其他作业（口）	472	361
收入（亿元）	20.95	16.55

【市场开发】 2022年，压裂公司强化争抢意识，提升营销能力，把握市场先机，拓宽增收渠道。

东部市场平稳回升。强化创造需求意识，加强与辽河油田沟通协作，市场占有率100%，利用属地资源重回大庆市场。全年完成压裂787层，创历史新高。

西部市场稳步扩大。强化合作共赢意识。长庆油田市场持续巩固，试气业务增幅60%。培育中油煤、中联煤等长线规模市场，创公司单一市场中标额度新纪录，打造了吉深8-9井、大吉36井等示范工程。全年完成压裂1899层、试气及其他作业275口。

西南市场稳中有升。强化资源整合意识，加强与川庆钻探、渤海钻探合作力度，持续强化长宁、四川页岩气等存续市场开发，守住页岩气市场"基本盘"。全年完成压裂1408层。

国际市场稳中有进。坚持独立运营理念，搭建海外市场营销体系和项目运营团队，提升综合协同服务能力，全年完成试气及其他作业197口。

【科技创新】 2022年，压裂公司加大科研投入，开展关键技术和"瓶颈"技术攻关，培育科技利器，打造拳头产品，不断提升核心竞争力。

强化成果转化。自研产品实现升级换代，CO_2干法压裂提粘剂初见雏形，渗吸驱油压裂液增油效果显著，变粘滑溜水和生物复合乳液抗盐性能得到较大提升，可溶桥塞系列新增3种尺寸（66毫米、80毫米、90毫米）。全年推广应用变粘滑溜水228万立方米、可溶桥塞722支。

完善技术序列。瞄准页岩气减缓套变压窜等技术需求，形成"1+N"差异化设计模板、工艺参数优化方法等5项配套工艺，创建压裂数据诊断分析系统，全面提升压裂井数据统计和产量主控因素分析能力。

升级装备利器。中国石油首套自有全电驱压裂机组在威202H85平台投产，最高时效5段／日，替代柴油约1445吨，为压裂绿色生产再添新力。全年承担科技项目11项，获中油技服科技进步三等奖1项，发明专利1项，纳米增效、CO_2压裂等6项技术规模化应用，全年科技创收1.15亿元。

【质量安全环保】 2022年，压裂公司牢固树立"红线"意识和"底线"思维，严格落实安全责任，严防各类风险，扎实推进安全治理，提升本质安全水平。

安全责任全面压实。深化安全"四全"管理，开展安全联系点活动670余次，推广全员安全生产记分管理，突出正向激励，实现安全责任全覆盖。

体系运行持续强化。坚持外审与内审相结合，及时整改管理短板和薄弱环节，顺利通过DNV和中油技服HSE体系审核。全员开展安全环保履职能力评估，提升安全意识。3支压裂队、1支试气队通过长城标准化示范队考核，获集团公司安全里程碑奖。

风险管控扎实有力。全方位开展辨识评估，增加专职HSE监督7人，投入156.7万元治理风险隐患12项。强化特殊工况、关键环节、重点领域作业过程风险管控，深入开展安全生产大检查，严抓违章行为和重复问题整治，发现并整改问题5148项，处罚39.7万元。

专项治理走深走实。交通、消防、危化品、环保等专项管理风险有效遏制，强力推进承包商月度HSE管理考核，强化井控"三评估三分级"成果应用，常态化抓好疫情防控，平稳度过疫情高峰。

【党建工作】 2022年，压裂公司做实党建思想政治工作，打造一流企业文化，把党的政治优势、组织优势、群众工作优势转化为企业的竞争优势、发展优势。

把握方向管大局。落实"第一议题"制度，开展党委中心组学习11次，组织专题党课宣讲42场次，推动党的二十大精神落地落实。完成总支书记述职测评10人次，指导民主生活会、组织生活会、主题党日等45次，推动党建责任压紧压实。

聚焦监督重执行。实施油料管理专项监督、违规吃喝和"反围猎"专项整治，梳理岗位廉洁风险点源81项。加强干部权力运行监督，紧盯重要岗位，建好干部廉政档案，促进干部队伍作风建设。

立足基层促发展。开展形势任务教育宣讲32场次，宣传阵地更加牢固。15个党支部按期换届，实现党组织与业务机构有效融合。组织"戴党徽 树形象 亮身份"活动，选树三星示范党支部5个，在雷72大平台与甲方缔结联盟，以高质量党建为高质量发展蓄势赋能。

重视民生保落实。践行"以员工为中心"理念，累计支出137.27万元，常态化慰问4632人次、精准帮扶557人次。9月起增加费用26.25万元，提升基层一线员工伙食标准。投入174.3万元，完成办公楼安全检测、前线送教等惠民安心工程10项，员工的获得感、幸福感、归属感进一步增强。

【企业管理】 2022年，压裂公司做实深化改革，打造一流合规企业，统筹推进合规管理、成本管控和机制配套，全面提升精益管理水平。

组织机构得到系统性优化。围绕生产经营实际，压减科级机构4个，进一步优化组织体系，完成组织机构缩减10%目标。

三项制度改革获得突破性进展。修订完善绩效管理实施办法，实现精准激励。对劳务工薪酬优化调标，平均增幅15%以上。推行内部人力资源共享，调剂补充一线员工27人，内部调剂180余人次，激发员工释放潜能。

依法合规管理取得标志性成果。以"合规管理强化年"活动为主线，开展经责审计问题专项治理，线下合同全面杜绝，事后合同得到有效控制。梳理完善业务流程192项，招标成功率92.7%，集中采购率53.9%，合规意识持续提升。

（胡　颖）

钻井液公司

【概况】　钻井液公司成立于2008年9月，按照"国外区域化、国内专业化、国内外一体化"总体思路，钻井液公司完成国际业务和国内业务的专业化整合，形成处理剂产销、钻完井液技术、固控技术、环保技术和油田化学服务的全产业链业务体系，具备为客户提供钻井液系统解决方案和全过程、一站式服务能力，具备CMA和CNAS质检资质，是国内钻井液行业中专业化、国际化程度最高的综合性服务公司之一。

钻井液公司有机关部门14个，直属机构1，国内基层单位10个（5个项目部、4个中心、1个研究所），国际项目部10个，附属公司1个。公司用工总量1147人（党员367名），其中，国际项目用工总量242人，当地化率71.5%。国内市场分布于三大区域21个区块，运行队伍149支；国际市场分布于12个国家，有队伍61支，运行队伍30支。各类设备1710台，包括固控、过滤设备、油基岩屑处理设备、其他废弃物处理设备等。

【生产经营】　2022年，钻井液公司国内钻井液技术服务完钻1265口井（同比增加8.3%），完钻进尺283.1万米（同比增加16.1%）；环保废弃物处理221井次（同比增加163.1%）。国际钻井液技术服务完钻400井次（同比增加22.3%），完钻进尺44.6万米（同比增加6.2%）；环保废弃物处理48井次（同比减少30.4%）。2022年，实现收入17.50亿元（见表5），收入和利润实现"双超额"完成。

表5　钻井液公司主要生产经营指标

指　标	2022年	2021年
完井（口）	1519	1377
钻井进尺（万米）	327.7	225.9
新签合同金额（亿元）	2.12	1.84
收入（亿元）	17.5	14.7

【市场开发】　2022年，钻井液公司国内市场新签外部市场合同8项，签订总额1.26亿元，国际市场新签和待签合同40项，合同额8617万美元。

【主要措施和成果】　2022年，钻井液公司践行地质工程一体化，抓牢技术方案的制定和施工过程管控，全力保障甲方"四提"目标。优化施工工艺，提高模板精准度。苏里格侧钻水平井钻井周期31.41天，较目标周期提速10.26%，同比2021年提速51.54%。GW-PRO

抗高温复合盐钻井液保障辽河油田最深探井居探1井钻达5990米；GWHP-FLEX高性能水基钻井液在河25块和中油煤区块页岩油气水平井成功实现"水替油"；在集团公司CCUS重点项目双229区块实现机械钻速提高22.91%，钻井周期缩短28.72%；GW-AMO油基钻井液在泸州深层页岩气区块实现钻井周期缩短22.13%，威远自营区块井深增幅3.5%，水平段增幅0.6%，钻井周期缩短2.6%；正安页岩气安页3-7HF井，刷新区块三开井段最短钻井周期纪录，洛克项目角75平台交付，平均机械钻速33.21米／时，创单日进尺1124米、水平段长2300米等区块纪录。升级防漏堵漏措施，井漏治理成效明显。自研"一袋式"系列堵漏剂，推广应用60余口井。在沈北、兴古等区块承压堵漏均一次成功，井漏损失时间同比减少36.62%。储气库堵漏一次成功率提升至90%，第一口大尺寸水平井双6-H4331井，钻完井周期比计划提前48天，收到中油技服表扬信。转变服务保障模式，海外项目施工质量有效提升。成立海外技术支持专班，实现"线上＋线下""国内＋现场"的服务保障模式，获得甲方表扬信28封。古巴CMN-100RE井水平位移达6773米，创造水垂比4.13最大纪录，电测一次成功率100%；尼日尔完井周期同比缩短17%，高效完成6口水平井作业；高性能水基钻井液在印尼创造区块最短钻井周期、最快机械钻速等多项纪录，受到甲方及政府部门高度赞扬。履行专业化公司职责，确保井控本质安全。与川庆钻探签订战略合作协议，建立井控应急共享平台；新建长城嘉明储备站，西南地区重浆储备量扩容至1000立方米，成功处置足203H8-3、威202H87-2等多口井井控险情。

【科技创新】 2022年，钻井液公司加大科技研发投入强度。承担3项集团公司级、12项中油技服统筹及局级科技项目，主持和参与修订团体标准1项、集团公司企业标准3项、长城钻探工程公司企业标准1项，启动27项自筹经费项目，选拔培育科研团队，营造"小微创新"氛围，累计投入科技经费7910万元，全员科技创新工作再上新水平。

持续推动核心产品研发与迭代升级。研发乳液型低黏抗高温抗盐降滤失剂（抗温180摄氏度，抗盐达饱和）并在兴华3X井试验应用；研发抗高温改性淀粉（抗温150摄氏度，抗盐达15%），较同类产品抗温能力提高20摄氏度，滤失量降低82.21%；研发高效润滑剂（抗温180摄氏度，抗盐达饱和），极压润滑系数降低率较同类产品高40%左右。知识产权与成果管理工作取得重大突破。牵头立项国际标准培育项目1项，获集团公司专利奖银奖1项，获省部级科技进步一等奖3项、技术发明二等奖1项，获局级科技进步奖、专利奖及优秀标准奖4项，公司品牌影响力得到显著提升。数字赋能助推标准化建设。新建LIMS系统在质量检验中心成功上线应用，建立起标准化、科学化、智能化业务管理平台，提质提效明显，劳动强度降低；新建《班组绩效数字化平台》在欢喜岭项目成功试点，为现场施工提供更加精准的数据支撑，项目管理更加高效。

【质量安全环保】 2022年，钻井液公司欢喜岭项目部首获集团公司质量信得过班组，质量检验中心连续9年获长城钻探工程公司质量检验／检测先进机构。体系建设稳步推进，重新修订下发53项管理制度，危害辨识、风险评价和控制措施、能力培训和意识、生产运行4个短板要素得到提升。安全风险平稳受控，辨识新增风险13项，精准制定分级防控措施211项。成立监督站，综合抽查、区域互查、基层自查的多级监管模式发挥实效。专项整治攻坚落实见效，攻坚同步治本，全面梳理、解决两年来发现的突出、共性、深层次和根源性问题27项，安全生产三年专项整治攻坚阶段性成果显著。入井材料和流体质量稳步提升，建立产品质量监督信息共享平台，及时抽检通报生产现场直达料、钻井液性能的不合格品，增强产品质量控制。建设健康企业，精准落实国家疫情管控政策要求，适时调整管控措施，全年未发生因疫情因素影响生产的事件。

【党建工作】 2022年，钻井液公司政治统领坚决坚定。深入贯彻落实党的二十大精神及习近平总书记重要讲话，组织青年党员读书会开展"二十大金句"解读活动，召开公司第二次党代会，选举产生公司第二届党的委员会和纪律检查委员会。

基层党建稳步夯实。以党员岗位大练兵为载体推动"三基"与"三基本"建设，编写钻井液工及生产管理岗位应知应会手册，拍摄"一口清"岗位讲述视频70余个。

思想文化矩阵多层次构建。成立网页报刊和新媒体2个板块工作专班，刊发集团公司级一类稿件14篇、二类稿件25篇、三类稿件89篇，中稿央媒3篇。策划《如愿》等专题视频获长城钻探工程公司好评，17部新媒体实现中国石油微博、抖音、视频号零的突破。

群团工作富有成效。深入开展全员素质提升、员工创造和安心工程"三项工程"，使用资金55.71万元，走访困难家庭30户，慰问坚守岗位小队170余支、外部市场员工家属300余次；使用资金19.87万元落实惠民实事。

党风廉政建设纵深推进。积极发挥监督职能，结合长城钻探工程公司近两年党委巡察共性问题，围绕35个廉洁风险点源有效督促22项措施整改落实；迅速行动扎实开展违规吃喝、"反围猎"及廉洁文化教育等专项活动，风清气正良好政治生态持续巩固。

【企业管理】 2022年，钻井液公司推进提质增效，经营状况稳步提升，在市场升级、质量升级、管理升级、技术升级4个方向制定72条工作措施，下达量化指标50项，标本兼治，狠抓落实，全年收入增加2.54亿元。优化绩效考核，管理水平再上台阶，建立工作量、收入、管理运营、百元收入营业成本等关键指标的考核体系，将一线4个项目部按照生产区域、生产类型、人员结构等要素划分为21个生产片区，提高靶向考核精准性。加强合规管理，防范化解经营风险，按照"两化一升"要求建立工作程序管控清单179份，重新梳理制度79条，废止8条，落实好合规主体和监管责任，推进岗位防控机制建设,确保合规风险有效管控。强化预算机制,充分发挥导向作用,统筹兼顾当期和长远工作目标,正确研判和靠实市场、工作量、价格等相关因素,设定合理预算目标,实行预算和计划双重协调控制,杜绝预算外支出。坚持和完善月度经营分析例会制度,强化问题导向,开展成本分析,深入查找并及时化解生产经营过程中的重难点问题。加强统筹管理,降低非生产性费用支出,合理利用税务政策、企业优惠政策等手段获得消费税返还234万元、稳岗补贴53.50万元、增值税留抵退税370万元,强化各部门审核职能,严控"五项费用"和"非生产成本支出",同比降低5%。

(杨 新)

固井公司

【概况】 2022年,固井公司用工人数896人,其中在册职工710人,合同化员工581人,市场化用工129人(不包括退休人数),劳务用工186人。

固井公司有水泥车(橇)118台(国外41台),含大功率固井水泥车3台,高功率固井水泥车3台,双机双泵水泥车66台(国外35台),单机单泵固井水泥车46台(国外6台);下灰车65台(国外28台);车背立式罐287具用于国内各市场;其他生产辅助车辆131台。

固井公司有化验和质量检验设备281台套,其中常规化验设备如高温高压稠化仪、高温高压养护釜、压力试验机等158台套;具备水泥浆化学元素分析、水化放热性能监测、力学性能分析的科研仪器设备10余台,包括元素分析仪、傅里叶红外测试仪、机械性能分析仪、水化热测试仪,高端进口千德勒稠化仪1台;综合一体化移动化验室24套。2017—2022年,公司质检中心连续6年取得水泥、外加剂两大类18个项目的质量检验国家CNAS认证。

固井公司有水泥储存及混拌库11个(国外4个),具有水泥储存13000余吨、日混配3000吨的能力。其他生产辅助设备191台。

【生产经营】 2022年,固井公司有共固井5777井次、同比增加7井次、实现完井1794口、同比增加96口、增长6%。基本与去年持平。其中国内市场共固井5191井次、同比增加87井次、增长2%,实现完井1653口、同比增加118口、增长8%。国外市场共固井586井次、同比减少80井次、降低12%,实现完井141口、同比减少22口、降低13%。

2022年,国内外市场实现主营业务收入87199万元,同比减少4360万元、降低5%,完成年度承包指标(82762万元)的105%,完成进度承包指标(82762万元)的105%。国内市场实现收入67789万元,同比增加

4673万元，增长7%，完成年度承包指标（64000万元）的106%，完成进度承包指标（64000万元）的106%。国外市场实现收入19410万元，同比减少9033万元，降低31.76%，完成年度承包指标（18762万元）的103%，完成进度承包指标（18762万元）的103%。

【市场开发】 2022年，固井公司收入签约合同额再创新高，签订收入合同23份，合同额38820万元，同比增加20792万元，增长115%。

重点市场开发成果显著。2022年，固井公司持续打造储气库精品工程实现合同续签。新签订合同额12782万元，累计合同额35458万元，有效弥补互供收入走低的不利影响。持续稳固长庆市场助力长效发展。实现签约11761万元，同比增加3261万元、增长38%，包括长庆采气二厂签约9500万元、采气三厂签约1261万元、气探签约1000万元。持续发挥业绩优势争取自主招标钻机工作量。全年对接采气二厂自主钻机13部，增加46口井，增收1600万元。持续搭建合作平台拓展长庆套损井治理市场。跨越地域，完成长庆采油一厂至十一厂所有采油厂的对接，签约总计8218万元；与川庆固研所签订套中套固井合同480万元。持续优化服务"性价比"实现贵州正安页岩气项目"四连中"。累计获得31口井3222.57万元合同额。持续开发新市场中标洛克石油（成都）八角场气田固井服务项目。市场潜力2000万元，促进西南页岩气市场进一步扩大。

【科技创新】 2022年，固井公司运行各级科技项目18项，其中集团公司科技项目2项，局级科技项目9项，处级项目7项，获局级科技项目一等奖1项，三等奖1项。

2022年，固井公司参加集团公司科技项目2项"复杂超深井固井密封完整性技术研究""自动化固井关键装备与工具研制"。"复杂超深井固井密封完整性技术研究"课题针对川渝、塔里木等深层超深层油气井封固段长、上下温差大，原有高密度水泥浆候凝时间长、顶部强度发展缓慢易导致喇叭口产生气窜的技术难题，通过技术攻关，研制一套高温缓凝、低温早强水泥浆体系，保证长封固段顶部水泥石的强度发展需求，防止气窜发生，保障深井、超深井固井的长期密封完整性。已经完成高温缓凝低温早强的机理的研究，开展材料优化设计和复配使用，对材料进行了结构表征和微观调整，形成高温缓凝低温早强的水泥浆体系。"自动化固井关键装备与工具研制"主要进行大体量自动化固井关键装备与工艺研究，开展整体式自动化井口注水泥装置现场验证。

科技攻关取得的主要成果与亮点。"韧性自愈合水泥浆体系研究与试验"通过对自愈合机理和水泥石弹塑性研究，开发一种可以应用在辽河储气库井的韧性自愈合材料，形成一套具有自主知识产权的韧性自愈合水泥浆体系，推广应用1口井，取得良好的现场使用效果，水泥石具有良好的遇气愈合能力，修复能力可以达到80%以上，固井质量良好。"川南深层页岩气环空带压预防固井关键技术研究与试验"优选泥饼固化剂形成滤饼固化冲洗液，加入泥饼固化剂的隔离液分别和水泥浆、不同区块现场钻井液兼容性良好，提高二界面水泥胶结质量。研制一套固井设计软件，该软件可根据口井资料和临井井史资料指导固井浆柱结构和施工方案，精细计算安全压力窗口，同时该软件还能进行候凝阶段压力分析，模拟水泥浆失重并为精细控制候凝阶段憋压值，实现安全憋压的同时保证固井质量。"旋转套管固井水泥头研制与试验"完成水泥头整体结构设计、加工装配、室内试验、旋转测试，水泥头性能指标达到：旋转密封工作压力≥70兆帕，顶部旋塞短节密封压力≥70兆帕，抗扭≥30000牛·米，抗拉能力≥280吨，达到项目设计要求，开展旋转测试试验1次，取得良好的安装及旋转效果，为水泥头现场旋转试验奠定基础。2022年9月30日，项目通过由科技处组织的现场试验方案的论证。"5-1/2″侧钻水平井固井完井技术研究与试验"完成水泥浆体系材料及配套外加剂的优选，研发出1套密度范围1.85—1.90克/厘米^3，适用于侧钻水平井固井的韧性微膨胀水泥浆体系，完成现场试验4口井，固井质量全部合格。"热响应水泥浆体系试验与应用"针对稠油热采井用固井水泥浆体系的水泥石需具有抗高温强度衰退、韧性和热学保温性能技术难题，完成关键材料的研发与评价，形成完成1.80—1.90相对密度热响应水泥浆体系（水混配方）研究，形成完成2套（干混、水混）1.80—1.90相对密度热响应水泥浆体系的开发与评价。"固井专业实验室技术升级改造及智能化平台建设"完成对稠化仪、压力试验机、UCA、增压养护釜等仪器的技术升级改造，提高实验仪器测量精度、测量范围，实现实验数据与管理平台的无线传输。建设一套固井智能化实验室管理平台，将现代管理思想与网络技术、数据存储技术、快速数据处理技术、自动化仪器分析技术有机结合，实现数据采集，数据处理分析，数据库管理，数据近远程输出，外部远程监控和技术支持，实验室样品、设备、用户管理等功能。"固井设备远程数据采集管理平台开发"设计水泥车数据采集管理平台数据库表结构模型，建立数据采集管理平台，为固井水泥车设计、安装、测试了数据采集装置，并完成数据加密程序的开发与加密传输，建设固井数据采集与数字化中心作为专家远程支持中心，实现固井专家对固井作业现场的远程支持。

成果转化及推广应用情况。2022年，"韧性自愈合水泥浆体系研究与试验"完成自愈合水泥浆体系现场试验1口井，固井质量合格。"川南深层页岩气环空带压预防固井关键技术研究与试验"完成泥饼固化前置液推广应用4口井，全井封固段平均固井质量合格率95.6%，未出现环空带压情况。"5-1/2″侧钻水平井固井完井技术研究与试验"完成韧性微膨胀水泥浆体系现场试验4口井，固井质量全部合格。"旋转套管固井水泥头研制与试验"完成现场旋转测试1井次。"固井设备远程数据采集管理平台开发"实现远程监控超过120余次，完成数据下载超过120井次，技术专家通过中心对现场远程支持超过10井次完成数据采集和集成30口井，丰富钻完井远程技术支持平台DrillingAnywhere的数据广度和技术支持场景，提升固井施工的信息化管理水平。

加强知识产权宣贯，重视知识产权布局。参加集团公司、长城钻探工程公司组织的知识产权培训与宣贯，提高知识产权重视程度。2022年以来，申报发明专利6项，获得发明专利1项、实用新型专利1项，制定企业标准1项，发表青年科技论文2篇，固井学组论文2篇。

【质量安全环保】 2022年，固井公司实现"九个杜绝"，公司累计工时205.1万小时，总可记录事件率（TRCF）2.44。

实现职业病危害因素检测率100%，检测合格率100%，职业健康体检率100%，普通健康体检率100%，建立员工健康评估标准和健康档案，分级分类实施健康情况跟踪干预。

完善现场残灰、残液的回收管理制度，完善危险废弃物处置流程，在各区域设立危废暂存间，废水、废气、固体废物全部实现规范处置，达标率100%。

全年未发生较大及以上质量责任事故，顾客满意度95.7%，计量器具检定率100%、原材料质量检验率100%、自产产品出厂合格率100%，质量过程管理总体受控。

压实各级责任，全员履职尽责意识不断增强。压实领导责任，主要领导率先垂范，公司经理开展《认清形势、压实责任，提高安全管理水平》主题安全生产培训授课；各级领导深入基层开展安全联系活动128人次，践行有感领导。靠实直线责任，按照"三管三必须"要求，细化公司各科室QHSE职责，组织修订两级机关管理岗位HSE责任清单148份。推动全员履职尽责，组织全员签订HSE承诺书582份，逐级签订《HSE管理目标责任书》25份；累计对7家单位的87名管理和作业人员记分112分，通过批评教育、通报处罚等形式问责61人次。

夯实基础工作，安全环保工作形势持续稳定。严格落实HSE质量工作计划，将年度目标指标进行细化分解为43项，制定计划跟踪表，跟踪全年工作落实情况。利用审核补短板，全年开展内部HSE审核2次，审核24个单位场所，访谈干部26人，邀请行业专家对公司37名科级干部开展HSE岗位能力评估；迎接上级审核检查11次，均未出现严重不符合项，同时以审核为契机召开分析会6次，分析问题落实整改，弥补管理短板。严细全员风险辨识，识别危害因素270项，评价出主要风险12项，制定削减措施和防控方案，开展针对性演练，增强方案的实用性。四是通过活动促提升。开展安全生产月、质量月等活动10余次，专项活动均获长城钻探工程公司优秀组织单位。

突出监督检查，体系运行质量得到有力保障。完善规章制度，开展HSE规章制度适用性、合规性评价，编订《固井公司HSE绩效考核实施办法》等5项制度，修订20个岗位作业指导书、37类区块作业计划书，编制现场HSE标准化检查图册。严格监督检查，现场检查发现问题1727个，平均口井问题率1.38个，现场风险得到有效辨识，作业隐患及时消除。严肃违章处罚，发布《固井公司QHSE处罚通报》12期，开具《处罚通知单》41张，处罚问题责任人42人次，各类罚款总计12.7万元。从严内部管理，制定监督分级考核标准，每季度实施分级考核，1人降为实习监督，2人末位淘汰，调离监督岗位；下发3期《QHSE监督奖罚通报》，监督人员合计奖励1.9万元，罚款2.75万元，促进监督履职尽责。创新检查方式，联合兄弟单位开展监督互查工作15次，发现问题103项，相互交流管理经验，借鉴学习优秀做法。深入开展管理追溯5次，推动直线责任有效落实，确保各类隐患问题得到彻底整改。

强化基层基础，岗位能力素质水平持续提升。突出基层队示范引领，编制基层标准化示范队创建工作方案，优选出4支基层队伍参评局级标准化示范队。提升岗位HSE培训，以"请进来"的方式邀请专家到公司讲授安全生产法等系列培训8次，举办HSE管理和监督人员培训班6期，组织开展HSE技能竞赛，全面提升全员HSE技能。推进信息化建设，实现作业过程的数字化赋能、智能化管理和无纸化减负，助力"四全"管理落实。

抓实专项工作，"双重预防"机制建设持续提升。深入基层单位开展"三大"活动"回头看"检查活动20余次，促进全员深刻反思对标找差距、查不足，树牢"我要安全"意识。紧盯特殊敏感时段作业风险管控，细化公司升级管控方案及管控措施清单，常态化开展"四不两直"检查。升级管理期间，开展现场检查12次，查改问题39项；实时发布风险预警提示9期，制定安全防范措施17条，交通风险提示42次，实现安全风险靠前管控。加大承包商检查力度，对承包商施工作业旁站监督24次，发现问题47项，对特殊作业安全措施不落实的3支队伍实施停工整改。充分发挥信息网络科技优势，监控运行车辆18869台次，强化监控违章行为抽样，抽查时长由2分钟增至10分钟，共计抽查937台次，发出预警提示201人次，处理违章驾驶员5名，处罚金额0.45万元，有效降低违章驾驶行为。开展油料管理专项整治工作，检查车辆油耗曲线4851台次，核对加油214车次，查处油料流失现象堵塞项目管理漏洞。加强危险废弃物管理，改造危废暂存间，设置围堰、划分独立单元区域，满足"四防"要求，通过盘锦市环保局的验收，获得中油技服下半年审核管理亮点。

严格质量管理，助力提质增效和高质量发展。对一线、二线施工单位及相关科室开展入井材料质量专项整治检查18次，发现问题39项，制定实施针对性防控措施。加强申报执行标准的审查，严肃推荐和监管责任确保推荐质量，全年推荐厂商4家，计25项化学剂产品。加强计量器具分类动态管理，组织检定、校准计量器具1109台件，强制计量检定和石油专检6台件，保证量值准确。

践行以人为本，全员健康管理逐步走向深入。邀请专家到公司讲授健康类培训4次，联系宝石花医院专业医师团队为公司137名员工提供健康评估干预服务，为45周岁以上的员工发放便携式"应急小药瓶"260份。印发《特殊作业岗位健康负面清单》，发放慢性病管理手册、科普知识手册和急救手册100份，70余人参加"员工健康承诺书"签名活动。积极与地方政府各部门沟通，在公司设立隔离点，集中管理保障生产人员87人次，办理车辆通行证、申领封条175份，保障疫情封控期间生产运行平稳有序。协调医护人员来东区基地对公司员工进行核酸检测，累计进行检测2300余人次。

【党建工作】 2022年，固井公司党委全年开展中心组集中学习14次，开展研讨7次。为各党支部配发学习书籍，组织集中观看直播课程，3名党务工作者参加长城钻探工程公司举办的党委培训班。开展党建及思想政治工作课题研究，形成7个课题研究报告，在长城钻探工程公司获三等奖2个，优秀奖1个，其中"加强基层新时代先进石油文化建设 发挥企业文化引领作用实践与研究"被列为集团公司重点课题。开展党群活动赢积分，党建App参与率达98%以上。开展"奋进新征程、喜迎二十大"专题党课讲授、岗位讲述和"抗疫保产显担当"党员示范岗活动。

夯实基层党建，将长庆项目部党总支和苏里格项目部直属党支部进行组织整合，成立固井公司西北综合项目部党总支，下设长庆项目党支部和苏里格项目党支部，梳理调整党小组29个，发展党员5名，9名预备党员按期转正。开展基层党建述职，采取点面结合、实地走访和集中交流座谈相结合的方式开展党建和思想政治工作调研活动，党建系统各基层党支部线上工作完成比例90%，石油党建App线上缴纳党费的比例96%。13个基层党支部全部完成组织生活会召开，342名党员民主评议。

着力开展"转观念 勇担当 强管理 创一流"主题教育活动、"旗帜指引"主题宣传活动，开展新媒体大赛、随手拍等主题教育系列文化活动。征订多种类别报刊杂志，全力做好门户网站升级工作，已经正式上线运行。坚持开展"我们的节日"活动，中秋节期间开展了"千里共赏月"活动，"二十四"节气开展图文征集活动，在建军节开展"回到当兵年代"视频征集活动，在国庆节组织"国旗传递"和"为祖国祝福"活动，开展"美美与共"活动。

开展"讲好固井故事 传播固井声音"宣传竞赛，实施聘任通讯员机制，全年累计集团公司发表报道25篇，长城钻探工程公司门户网站和公众号发表报道159篇，在公司门户网站发表报道352篇，公司企业号发表稿件91篇，视频新闻24篇。

建团百年之际，按照程序进行团委组织换届，先后开展经典文学诵读、"礼赞建团百年、筑梦青春韶华"青年文化作品创作大赛、观看庆祝中国共产主义青年团成立100周年大会实况直播，"学雷锋纪念日"组织青年志愿者为盘锦市社会（儿童）福利院的老人和孩子们送关爱等活动。青年科技论文征集活动收到论文12篇，开展固井公司青年科技创意比赛，《辽河易漏区块大平台井固井工艺流程及技术措施》《投料口改造》2个项目参加第二届集团公司创新大赛活动。组织青年员工开展调查问卷活动，收到实际有效问卷135份。1名青年获长城钻探"十佳"青年岗位能手、5名青年获长城钻探工程公司青年岗位能手、1名团干获长城钻探工程公司优秀共青团干部、1名团员获长城钻探工程公司优秀共青团员、西南项目部获长城钻探工程公司青年文明号称号、兴隆台项目部联合团支部获长城钻探工程公司五四红旗团支部称号。公司团委评选1个青年文明号、14名青年岗位能手、5名优秀共青团员和17名青年抗疫保产先锋岗。庆祝建团百年大会对优秀青年进行表彰，3名优秀青年进行经验交流，94名青年聆听公司领导的主题教育宣讲和党课。为10名离团的青年颁发离团纪念品，张阔、段进忠参加长城钻探工程公司"青马工程"第一期学习。开展青年精神素养提升工程，组织观看集团公司"青年讲师团"宣讲活动和"对标讨论"活动。开展2022年度公司青年安全生产示范岗创建活动，收到随手拍作品25件，推选GJ42110队参与长城钻探工程公司安全生产示范岗创建评比活动。

深入推进"素质提升工程"，组织开展群众性革新创造活动，完成五项成果考核和评选12项。聘请宝石花医院专业医护人员进行心脑血管保健、心理疏导、应救等专项知识培训，开展专项知识培训9次，参加员工达400余人次。开展"提升综合素质，巾帼岗位建功"主题实践活动，公司女工委被评为巾帼建功先进集体。开办陈氏太极拳爱好者培训班、迎二十大趣味运动会，承办长城钻探工程公司乒乓球比赛，公司获男团亚军。购买爱奇艺、喜马拉雅、腾讯、百度文库等会员，使员工享受到素质提升文化娱乐福利。

实施"惠民安心工程"，春节期间通过长城工会App在线选购慰问品快递到家98户，为全体员工发放生日蛋糕券生日慰问，三八节为全体女工发放节日慰问品，入夏为外部项目部员工发放夏凉被216套，中秋节为员工发放月饼，国庆节为员工发放米、面、油、调料礼盒等慰问品。开展员工健康体检，为50岁以上的员工增加肠胃镜检查等个性化的项目。公司63人投保关爱团险，全年接待群众家属来电来访9人次，参与处理基层员工诉求3次，答复满意率达到100%。元旦、国庆两节慰问困难户12户，对公司劳动模范1人、驻守外部市场家属1人、一线施工队伍及各基层单位食堂进行慰问。为2名贫困学子发放金秋助学款，日常探视慰问百人次、大病专项援助慰问5人，发放员工疗休养费66.5万元。组织召开公司三届五职工代表大会，对5项优秀提案进行表安全环保科与工会携手盘锦宝石花医院签订健康服务合作协议，定期组织召开伙委会，对菜单进行动态调整和改善，跟踪外围项目提高伙食标准落实情况，每周提前收集菜谱进行抽查。

（孟 鑫）

钻具公司

【概况】 截至 2022 年底，钻具公司在册员工 576 人，其中合同化员工 451 人、市场化用工 125 人，中高级技术职称 121 人，管理和专业技术人员 194 人，操作服务人员 382 人，员工中具有大专以上文化程度 360 人。公司下设 9 个机关部门（办公室、党群工作科、组织人事科、财务资产科、经营计划科、生产协调与市场科、质量安全环保科、物资装备科、运营管控中心），5 个生产保障中心（井控保障中心、钻具保障中心、加工制造中心、技术发展中心、后勤服务中心），3 个区域服务项目部（西部项目部、西南项目部、国际项目部）。钻具公司主要为油区内外市场提供钻具、工具、井下动力钻具、采油井口、套管、井控装置的检测、维修配套等业务。服务区域主要分布在兴隆台、欢喜岭、陕北、冀东、吉林、四川以及古巴、乍得、尼日尔等。2022 年，公司保障国内钻机完井 1446 口，供井钻具 214 万米，同比增长 7%；供井防喷器 1953 套，同比增长 26%；供井工具 9490 件，同比增长 8%。

【企业管理】 2022 年，钻具公司以制度流程标准化建设为重点持续推进基础工作治理，制修订规章制度 46 项、作业流程 25 项。精益规划计划管理，编制《2023 年业务发展与投资建议框架计划》，以生产需求为基础，争取上级支持，推进重点投资项目实施。强化厂区整体规划设计，基本完成厂区地面硬化和绿化带一期建设任务。开展东部基地光伏发电项目方案设计，为长城钻探工程公司建设"零碳"光伏示范园区奠定基础。完善业绩考核体系，新增约束管控类指标 22 项、奖励对标类指标 15 项。推进工时制改革，规范基层单位二次分配制度，修订、细化生产任务工时定额 287 项，工时制考核在薪酬分配中的占比提高至 80%。完成标准化库房建设，按照常规消耗、无动态、技术报废、不同年份等分类建账，实现物资集中管理。加快推进生产经营系统建设，取消线下数据类报表 20 项，完善升级系统功能 172 项。完成档案库房升级改造，实现综合档案、财务档案、人事档案集中管理。坚持提质增效，制定提质增效价值创造行动实施方案，成本得到进一步管控。通过招标谈判向供应商、服务商传递经营压力，节约采购成本 674 万元。采取"修、买、租"相结合的服务保障方式，有效缓解新钻具资源不足，减少长摊资产投资 4300 万元。开展修旧利废，实施"废旧物资改制放喷管线""自主维修平板阀"等项目，节约成本 1312 万元。利用国家税收加计抵减优惠政策，实现财务收益 177 万元。将关键成本指标嵌入成本管控全过程，对研发支出和生产经营支出分别核算，合理归集各项研发费用；重点追踪百元收入成本指标，推进单位完全成本持续下降。

【生产保障】 2022年，钻具公司与服务对象建立常态化沟通机制，实时掌握各区域钻机排产计划，建立健全按需供井模式，跨区域调拨钻具1.25万根，井控设备1096台。强化重点井盯井服务，按月制定盯井任务，建立特殊工况反馈机制，依据资源现状对重点井钻具组合提出改进意见。有序推进定队管理，辽河油区40以上钻机全面实行钻具定随队管理，完成定队钻具打标1.4万根，建设专用垛位39垛，跟踪垛位信息392份。强化市场开发与维护，开发油管维修、无损检测、管架台制造、民营队井控设备维修检测、钻具租赁等新项目，全年对外创收2735万元，同比提升32.9%。

【物资管理】 2022年，钻具公司完成物资集中库房建设，实现物资集中管理，物资存储管理在"收、发、存"独立建账管理基础上，进一步细化，按照常规消耗物资、巡查物资、无动态物资、技术报废物资、不同年份等分类建账、区分管理，实现标识统一，做到账、物、卡一致，为下一步探索扫码出入库管理奠定基础。精细资产运营管理，强化动态管理，2022年完成新购钻具等资产验收1.5万件，累计完成钻具等资产调拨3.2万件，清查各类钻具180126根、井控装备12988件、钻井工具27313件，全面靠实资产管理基础信息，为公司资产统一管理、统筹调配提供坚实的保障，为精细化管理提供有效依据。合理投入设备维护成本，落实低成本发展。加强监督检查力度，集中开展4次设备专项检查和检维修专项，以问题为导向，提高现场设备完好性。持续开展设备防腐工作，有计划、分轻重开展设备防腐工作，2022年完成3台室外起重设备喷砂除锈喷漆防腐，组织完成78个钻杆摆放架台、1套防喷器控制装置及8条钻杆传输自动线防腐工作等，有效降低设备锈蚀风险，提高设备本质安全。

【科技创新】 2022年，钻具公司加强科技创新和技术管理，发挥技术指导作用，规范科技项目管理，全年完成接头自动分级、生产经营系统二期建设等4个项目。加强新技术应用，针对$3\frac{1}{2}$英寸小接箍钻具运用良好效果，组织开展技术攻关，淬火裂纹从20%降低到3.1%，摩擦焊产品质量显著提升。完成科技项目4项，优化质量检验检测流程，坚持过程管控，实现工具和大钻具编号跟踪常态化管理。建立现场管控班组，实时跟踪在井钻具现场使用情况，及时提醒钻具探伤周期198井次。加强技术管理，做好事故分析，汲取事故教训，全年开展事故分析18次，制定"钻具技术参数与上扣扭矩规定"等8项技术管理制度，修订"耐磨带喷焊作业指导书""整体检测作业指导书""钻具分级补充规定""钻具色标规范"等11项技术规范，钻具断裂事故、刺漏事故比上年分别下降40%和54%。

【安全生产】 2022年，钻具公司坚守疫情防控阵地，持续完善常态化疫情防控、应急处置、敏感时段升级管理机制，有力维护员工健康。坚守安全生产阵地，深入推进安全生产专项整治三年行动，健全完善风险点源检查清单，狠抓"低老坏"和违章行为整治，开展危险化学品集中整治、房屋安全专项整治等专项检查35次，累计查改问题235项，安全管控能力和本质安全水平实现双提升。坚守生态环保阵地，加强环境质量监测，开展月度雨水检测、厂界噪声及场内机动车尾气检测，全部实现达标排放；落实井控清洗废水净化设备升级改造，合规处置污泥66吨。坚守井控安全底线，提升日常管理与处突能力，钻具公司根据辽河、西南井控细则变化，重新修订井控装备类操作规程和应急响应程序。升级井控装置，引进井控技术，通过压井管汇增加节流通道、液压管线接头采用自锁式结构等方式，增强设备二次井控能力。开展厂内及井场井控隐患排查，建立问题清单，不断改进和提高井控维修质量，全年开展巡检373井次，参与应急抢险7次。按区域配置3名井控管理专家、2名井控应急专家，完成辖区重点井风险评估，重点工序、关键环节、敏感时段驻井监管。配置应急物资743件，建立井控应急库，基本实现各区域"半小时"井控应急圈，有力保障了钻井施工安全。

【精神文明建设】 2022年，钻具公司落实主体责任更加到位，充分发挥党委"把方向、管大局、促落实"的领导作用，公司党委研究决策"学习贯彻二十大精神实施方案"、公司年度预算、中长期发展规划等"三重一大"事项44项。深化党建引领更加有力。修订《钻具公司落实"三重一大"事项决策制度实施细则》等规章制度，严肃党内政治生活，党员干部的政治判断力、政治领悟力、政治执行力得到提高。组织深入学习宣传党的二十大精神，运用"铁人先锋"等平台灵活开展线上学习，教育引导党员干部胸怀"国之大者""企之要情"。深化党建融合更加紧密。推进基层党建"三基本"建设和"三基"工作有机融合，完善党建责任制考核体系；以创建党员责任区、示范岗、先锋工程为抓手，搭建创新创效平台。监督责任不断压实。开展"反围猎"专项行动、严禁违规吃喝、重大节日时间节点"反四风"排查及成品油管理、食堂管理等专项检查；组织巡察反馈问题整改工作，推动全面从严治党走深走实；坚持以人为本，群众工作优势进一步发挥。践行"以员工为中心"的发展理念，切实推进民主管理，涉及考核分配等群众利益的问题通过职代会、民主管理大会决策，让管理在阳光下进行。广泛开展群众经济技术活动，征集、发布、推广群众革新成果29项；组织开展钻具治理主题劳动竞赛，完成各项竞赛指标。推动"我为员工群众办实事"见到突出成效，三届五次职代会确定的4项提案全部落实完成，立项实施"改善外部市场员工宿舍"等惠民项目8项，开展扶贫帮困送温暖慰问16户，为2名员工申报大病救助，员工群众的获得感、归属感、幸福感进一步增强，大局和谐稳定。

（杨　庆　王艳玲）

钻井技术服务公司

【概况】 钻井技术服务公司（以下简称"公司"）成立于2009年3月，是长城钻探工程有限公司下的专业化钻井工程技术服务公司，长期致力于提供定向井、水平井技术服务，控压钻井技术服务，PDC钻头个性化设计、研发与制造，随钻测量仪器研发与制造，钻井提速提效工具研发等服务内容。技术服务具体包括工程一体化总包、大位移井技术、水平井技术、侧钻井技术、空气（氮气）钻井技术、欠平衡钻井技术、PDC钻头个性化设计。仪器研发、制造包括GW系列LWD（随钻录井仪）、MWD（随钻测井仪）。工具研发包括水力振荡器、稳斜螺杆，全面钻进PDC钻头和取芯钻头。

公司下设8个机关科室（包括综合办公室、党群工作科、经营计划科、生产技术科、质量安全环保科、财务资产科、物资装备科、市场管理科），1个直属机构（生产保障中心）和11个基层单位。基层单位中区域生产单位5个（辽河水平井项目部、辽河定向井项目部、西北项目部、西南项目部、国际项目部），专业生产单位3个（LWD随钻测井项目部、控压钻井项目部、钻头厂），辅助生产单位2个（随钻仪器制造厂、车队），科研单位1个（随钻测量与控制技术研究所）。拥有现场技术服务队伍140支，其中定向井服务队115支，控压钻井服务队15支，PDC钻头服务队10支。在册员工527人，其中，硕士及以上学历12人，占比2.3%；本科学历384人，占比72.9%；大专学历102人，占比19.4%；高中、技校及中专学历29人，占比5.5%。同时，现有劳务外包人员177人。

公司拥有随钻定向类设备129套，其中MWD仪器91套，LWD仪器32套，旋转导向仪器6套；控压钻井设备14台套；PDC钻头加工设备47台套；各类车辆51辆。具备年服务水平井、定向井1200口，控压钻井服务120口，空气钻井服务15口，生产PDC钻头3000只，制造GW-LWD随钻测井仪器15套以上的能力。服务市场分布国内外多个国家和地区。国内市场主要包括辽河、吉林、大庆、冀东、四川、重庆、长庆、山西、玉门、新疆等地区。国外市场分布在哈萨克斯坦、乌兹别克斯坦、泰国、厄瓜多尔、秘鲁、尼日尔、乍得、苏丹、伊拉克、阿尔及利亚等国家。

【生产经营】 2022年，公司完成水平井、定向井、控压钻井等技术服务1152口，服务进尺291万米，仪器工作时间48.8万小时。国内市场完成1038口，其中辽河油区完成375口，国内其他市场完成663口，国际市场完成114口。钻头销售868只，同比增加222只。全年实现总收入6.08亿元（见表6）。

表6 钻井技术服务公司主要生产经营指标

指标	2022年	2021年
定向井、水平井（口）	1086	1150
控压及气体钻井（口）	66	57
钻头销售（只）	868	646
服务进尺（万米）	291	262
仪器工作时间（万小时）	48.8	39.5
收入（亿元）	6.08	5.71

【市场开发】 2022年，公司市场开发工作秉承"服务钻井、不误分秒"理念，从工程质量、生产效率、仪器故障等关键环节入手，采取转型高端市场，寻求多元化合作等方法，与甲方开展业务交流，凭借完善的技术保障措施稳定市场份额。公司依靠高端设备优势推动市场服务模式转型，推广GW互联互通旋转导向仪器现场应用，逐步扩大高端设备队伍规模，加快高端仪器国产化进程，持续降低运营成本，全面迎合市场趋势，旋转导向、近钻头等高端仪器技术服务约占公司总收入的41%。随着技术服务市场竞争加剧，多元化市场合作需求凸显，公司在依法合规的前提下，充分发挥市场开发的灵活性，整合各类技术服务资源，深入开展与兄弟钻探、民营企业的技术合作，实现双方的互助互利发展。2022年，公司国内外完成各类施工井与2021年持平，实现收入6.08亿元，较2021年增加2900万元，完成长城钻探工程公司下达收入指标的126%，较上一年增加250万元，盈利能力逐步增强，盈利趋势得以持续巩固。

【主要措施和成果】 2022年，公司坚决贯彻落实长城钻探工程公司工作要求，以强化技术管理为基础，以发展科技创新为手段，全面加强施工区域化管控和四级技术支持保障，紧密围绕钻井开展安全高效的技术服务，给甲方提供高质量服务。

公司着力组建以机关科室为主导、专家序列主抓、基层单位主责、施工队伍为主体的四级技术管理架构，围绕东部、西北、西南及国际4个主要技术服务区域化平台，搭建起全方位、全过程、全覆盖的技术管理体系，全面助力钻井提质提速，保证服务质量和品牌效益。2022年，公司定向井技术服务打破各项施工技术指标累计70余项。双229区块双碳CCUS一体化技术服务总包，整体平均钻井周期同比缩短4.8天，平均机械钻速提高44%，获长城公司年度精品工程。威远自营区块威204H21-5井，完成四开旋转导向一趟钻施工，单趟钻施工进尺2264米，刷新威远自营区块纪录。足203H8-2井完钻井深7020米，川渝地区旋转导向施工首次突破7000米井深大关。苏里格区块苏25-7-5井以7.04天打破渤海协议区块二开定向井施工纪录。大位移井再创新高，古巴CMN-100RE井完钻井深7580米，水垂比4.17，刷新长城钻探工程公司陆上钻井井深最深、位移最长、水垂比最大等多项施工纪录。

公司采取多种仪器质量管控手段，降低仪器故障率，保障钻井生产效率。在仪器分类分级方面，规定各区块根据现场情况分井段、分井队选择仪器，有效改善井下环境因素导致的仪器故障。

在承包商管理方面，组织承包商召开仪器故障分析会、约谈会9次，商讨制定针对性预防措施，减少承包商单井仪器故障的发生频次。2022年，公司完成海蓝87根探管、82根脉冲软连接改造，完成23根探管抗震性升级。软连接仪器累计入井7.1万小时，故障率降低0.13次/千时，故障时间占比降低0.34%。

【科技创新】 2022年，公司着力强化技术研发，发挥专业优势，持续深入开展科技创新，推动高端与实用技术同步发展，加速成果转化。自主研发螺杆式近钻头地质导向仪。完成工程样机2支，仪器测点零长缩短至2.5米，在辽河油区推广应用9口井，入井时间1400小时，服务进尺5300米。自主研制小尺寸短传式近钻头测井仪，实现近钻头方位伽马和井斜测量功能，实现油基和水基泥浆环境下的数据短传。完成抗震探管研制。采用独特的减震机械结构，配合机械加速度传感器和低温漂电路设计，探管的抗震性能和测量精度均大幅提升。完善GW随钻测控平台。研制互联互通转换适配工程样机，增加指令下传脉冲中断功能，提高指令下传的成功率。2022年，公司GW互联互通旋转导向仪器得到规模化应用，累计作业20口井。数字智能化控压技术成功应用。在苏里格自营区块成功应用3口井，其中苏10-48-25井井口套压控制6—7兆帕，14次控压接立柱，累计实现2765米控压起下钻作业，井口压力波动范围控制在±0.5兆帕，有效降低井控风险的同时，解决了井壁稳定和漏失问题。

公司制定GWDD-EISC平台三年实施计划，打造数字信息化、科学化定向服务团队，进一步扩大GWDD-EISC系统应用规模，为有序开展公司EISC系统建设明确方向和目标。截至2022年底，公司GWDD-EISC完成2000余口井信息的远程传输并保存归档，上线率达到93.86%，在2021年上线率90%的基础上得到进一步提高，井史资料审核通过率91.12%，组织集中培训5次，为公司第一时间了解现场情况，进行远程技术支持提供必要条件。

【质量安全环保】 2022年，公司质量健康安全环保工作紧密围绕发展战略，服务生产经营大局，坚持"强基础、严监管、零容忍"举措，全面推进安全生产专项整治任务攻坚，锚定年度HSE目标指标，严抓重点工作落实，强化双防机制运行，深入开展"安全生产大检查""三大回头看"等专题活动，层层压实全员安全生产责任，着力提升HSE管理体系运行效能，持续夯实HSE管理基础工作，全面完成各项考核指标，保障公司全年安全环保生产稳定态势。

全员责任制建设。公司按照"党政同责、一岗双责、齐抓共管、失职追责"原则，完善岗位HSE责任清单内容，逐级签订HSE管理目标责任书，开展安全生产承包点联系活动，强化安全责任，逐级压实岗位HSE责任。全年开展安全生产联系点活动363次，"双向沟通"113次。

HSE体系建设。公司运用体系思维扎实创建标准化作业队，将HSE体系推进和标准化作业队创建相结合，从标准化现场、标准化管理、标准化操作3个方面强化基层作业队HSE基础管理，进一步规范"两书一表"运行，强化HSE五种工具推广应用，加强应急管理工作，提升突发情况应急处置能力。2022年，组织内审1次，排查整改各类问题105项，梳理出应急管理、设备设施等5个方面弱项短板，制定管理提升措施10项。迎接集团公司、DNV等外部审核2次，整改问题11项，收集安全观察与沟通（STOP卡）163张，其中优秀STOP卡29张，开具各类作业许可116份，组织"火灾逃生救援综合性应急演练""特种设备机械伤害应急演练"等公司级应急演练4次，总计参加136人次。

防疫健康管理。2022年，公司组织修订《新冠肺炎疫情常态化防控方案》《突发新冠肺炎疫情应急处置预案》，开展专项培训和模拟演练，采购口罩、酒精、消毒液、测温枪等防疫物资，严格落实公共场所消杀、个人防护用品佩戴，完成公司职业卫生状况评价工作，组织对6处工作场所开展职业病危害因素检测，对49名职业病危害岗位员工开展职业病体检，对6名高血压驾驶员实施主动健康干预。

职业培训。公司严格落实年度HSE培训计划，外聘培训教师，开展基层领导干部HSE履职能力评估。2022年，公司完成危险化学品安全管理基础知识、设备安全操作规程管理办法等公司培训9项，培训590人次，完成季节性安全生产、HSE工具方法、事故事件管理等基层单位培训46项，培训1026人次，聘请注册高级咨询师为机关科室、基层单位18名内审员开展HSE管理专项培训，对30多名基层领导干部开展安全环保履职能力评估。

安全监督。公司成立QHSE监督站，配备专职监督人员6名，加大特殊敏感时期监督检查、处罚力度，将监督检查发现的各类问题纳入公司HSE考核管理。2022年，制修订《监督管理实施办法》《HSE绩效管理办法》《HSE检查实施细则》等规章制度，对辽河、西北、西南、吉林等外部区域实施了全覆盖监督检查，下发监督检查周报48期，跟踪整改隐患问题69项，按照公司《现场HSE检查奖罚细则》《全员安全生产记分管理办法》，安全生产记分33分，罚款1.8万元。

风险管控。公司加强风险识别与评价工作，规范"两书一表"，严格管理特种作业，做好事故事件收集上报与分享工作。2022年，公司组织特种作业人员取换证工作，开展特种作业人员劳动防护用品使用情况专项检查，修订焊工作业操作规程，推广HSE科技项目，组织机关部门、基层单位围绕76个辨识单元，辨识出危害因素474项、环境风险23项，修订完善11项重点风险防控方案，上报事件13起，其中急救箱事件11起，未遂事件2起。

【党建群团工作】 2022年，公司以习近平新时代中国特色社会主义思想为指导，深入学习贯彻党的十九届六中全会、党的二十大精神，落实长城钻探工程公司党委决策部署，党建工作水平大幅度提高，党建信息化平台考核连续四季度排名长城钻探工程公司第一名，全年党建综合评价考核获得历史性突破，取得长城钻探工程公司A档的优异成绩。

党建工作。公司坚持党的全面领导不动摇，加强党的政治建设，强化党委议事制度，深化部署、狠抓落实，确保公司沿着正确方向前进。2022年，公司制修订《学习贯彻习近平总书记重要指示批示精神落实机制》《关于新时代加强和改进思想政治工作的实施意见》，组织党委中心组集中学习20次、专题研讨4次，配发学习辅导书籍1500余册，修订《"三重一大"决策制度实施细则》，调整权责范围清单事项46项，印发《党委前置研究讨论重大经营管理事项清单》，明确11个方面31项重大事项，召开党委会议35次，研究"三重一大"决策事项32项。

宣传工作。公司深入开展主题教育活动，精心策划主题宣传活动，加强新闻宣传工作、企业文化建设和意识形态管理。2022年，公司制定下发《关于认真学习宣传贯彻党的二十大精神》实施方案，组织修订公司《新闻宣传工作管理考核办法》，组织"转观念、勇担当，强管理、创一流"主题教育活动，围绕"强管理"开展宣讲12次，覆盖受众478人次，开展创新创效攻关项目29个、提出合理化建议64条，发布主题教育简报11期，在长城钻探工程公司及以上平台发稿215篇，在《中国石油报》、集团公司等外部媒体发稿36篇，组织开展中国石油优秀故事征集、新媒体大赛、随手拍等特色活动，累计征集作品50项。

基层组织建设。公司加开展年度优秀党建成果研究，强基本组织、基本队伍建设、基本制度和智慧党建建设，推进党建"三基本"建设与"三基"工作有机融合。2022年，公司修订《星级标准化党支部建设实施方案》《基层党支部工作考核评价办法》等制度，组织开展专项检查4次，发现工作亮点71个，查找各类问题102项，立项申报课题19项，其中"构建'双导向'考评体系，激发基层党建活力"在长城钻探工程公司《党建信息》作经验交流，"党小组和生产班组'两组'融合共建实践研究"等4项课题获长城钻探工程公司优秀党建研究成果奖二等奖和三等奖。开展9个党支部换届，调整基层党支部书记4人次，举办党支部书记和党务干部培训班各1期，发展党员6人，转正预备党员10人；组织开展庆祝建党101周年专题党课讲授活动，讲授制作专题党课24场次，《深刻把握抗战精神的丰富内涵》等3堂党课获长城钻探工程公司二等奖和三等奖。举办党委理论中心组学习7期，开展基层领导人员、党支部书记和党务干部线上培训3期。制定下发《党建信息化平台应用管理办法》，考核通报表彰4次，推进海外项目"铁人国际"上线应用，在集团公司网讯及长城钻探工程公司公众号栏目推进先进做法、经验交流50余篇，党建信息化平台年度考核排名长城钻探工程公司第一。

人才管理。公司落实长城钻探工程公司干部管理的相关要求，合理选配基层领导人员，逐步完善干部管理体系，持续推进人才强企工程，鲜明选人用人导向，加大生产一线和科研一线优秀年轻干部选拔，将领导人员年度综合考核结果作为领导人员综合评价、岗位调整及薪酬分配的依据。2022年，公司提拔调整干部23人次，制定《基层干部考核暂行办法》《人才强企工程实施方案》和《人才强企工程2022年工程施工运行图》，明确工作思路，落实具体措施，全面推行"十大人才专项工程"建设，健全完善"生聚理用"人才发展机制，持续激发人才动力、活力。

党风廉政建设。公司压实管党治党责任，抓好常态化警示教育，健全党风廉政建设责任体系，推进落实"两个责任"，强化教育、正风肃纪，推动干部员工作风转变，筑牢公司高质量发展的思想阵地。2022年，公司制定《2022年党风廉政建设和反腐败工作要点》，逐级签订《党风廉政建设责任书》160份、《廉洁从业承诺书》238份，修订《基层领导人员廉洁档案管理办法》，完善52名科级干部廉洁档案，上报党风廉政建设信息50条。组织开展项目经理述廉工作，4人现场述廉，7人书面述廉，调整党风廉政建设和反腐败工作领导小组，制修订《基层领导人员廉政档案管理办法》《落实党风廉政建设责任制实施办法》等制度6项。组织开展了"制度宣贯月"活动，集中学习宣贯四项业务12个制度，建立健全"三商"管理制度，完成"三商"资信审查81家，签订《诚信廉洁合作协议书》81份。学习贯彻《中华人民共和国监察法》、中央纪委六次全会精神等内容126次，开展廉洁警示案例分享1000余次，制定《"反围猎"专项行动工作实施方案》，学习剖析中央关于加强作风建设重要论述、中央八项规定等内容，宣贯《党的十八大以来党员干部违规吃喝案例摘编》等案例50余项，签订承诺书322份。开展廉洁文化创建活动，评选优秀党课4篇，发放廉洁书签25个、廉洁宣传册314份、廉洁家书40份、廉洁书籍500余册。

群团工作。公司坚持为员工群众办实事，深入推进惠民安心工程，开展群众性经济技术活动，推动团员青年建功立业成才。2022年，公司深入辽河、四川等区域调查研究，组织召开座谈会8次，听取、了解群众重点需求14项，纳入问题清单组织整改。个性化订制5种套餐2568件体育用品，配套乳胶枕、四季被、被罩，开展"我为员工群众办实事"活动，做好节假日一线慰问、暑期送清凉、大病帮扶、金秋助学等活动。开展区域主题劳动竞赛、技能比武、革新创造等群众性经济技术活动，建立基层岗位员工操作技能"大练兵"运行机制，开展革新创造成果、先进操作法、优秀节约方法、优秀修旧利废项目和管理提升金点子等"五项成果"评选，评选出各类员工创造成果45项，创效400余万元。举办座谈会，深入一线调研青年员工队伍工作、生活现状，组织团员青年深入学习习近平总书记五四青年寄语等重要指示精神，扎实开展青年精神素养提升工程、"五四"评选表彰、青年志愿者服务等主题活动，4名"青年岗位能手"和1个"青年文明号"被评为长城钻探工程公司先进。

【企业管理】 预算管理。2022年，公司以长城钻探工程公司发展战略和"十四五"规划为引领，确立积极向上的预算目标，根据各项目部经营实际情况、业务范围及管理幅度,将预算考核指标逐层分解,建立相对完备的利润、收入预算模型,建立覆盖全公司的费用预算管控指标,开展月度收支、季度经营分析,实时跟踪经营效果,在市场开发、工程技术、经营管理等8个方面确定30项具体工作目标,创效3300万元,节约成本560万元以上。

资产管理。2022年,公司理清现有资产产权归属,盘活资产存量,做好资产统一调剂使用工作,提高使用效率,适时适度报废资产,优化资产存量,全年报废资产78项,报废资产原值9591万元,报废净值992万元。

税费管理。公司根据党中央、国务院深化增值税改革,推进实质性减税的要求,按照《财政部国家税务总局　海关总署关于深化增值税改革有关政策的公告》规定,开展留抵退税工作。全年退还增量留抵税额2509万元。按照《企业所得税优惠政策事项办理办法》(国家税务总局公告2018年第23号)文件规定以及集团公司有关要求,研发费用加计扣除政策采取"真实发生、自行判别、申报享受、相关资料留存备查"的原则,全年科研项目13项,科研费加计扣除相关资料汇总完毕后,按比例计算允许加计扣除部分,执行税收优惠政策,确保企业利益实现最大化。

绩效考核。完善绩效考核机制,按照长城钻探工程公司专项奖励管理暂行办法的要求,完善调整公司业绩考核管理办法,下发《机关科室绩效考核管理办法》和《定向业务材料定额管理办法》,重新整理《科级干部考核管理细则》,使公司内部考核机制日益完善,建立积极有效的内部激励和约束机制。公司年度综合考核位列长城钻探工程公司国内二类单位第一名。突出结果导向,充分发挥考核"风向标"和"指挥棒"的作用,在考核过程中注重各部门的联动,形成相互关联的组织结构,提升科室与科室,科室与基层单位间的责任承接关系,工作落实效率,强化考核结果的运用,注重实干实绩,激励引导全体员工干在平时,比在平时,使非量化指标的评价更加客观公正,以真考实考促担当作为,以真干实干促质效齐升。

(陈　琼)

顶驱技术分公司

【概况】　2022年,顶驱技术分公司用工总量173人。其中机关人员38人、直属单位35人、司机3人、分流安置22人(退出领导岗位9人,内部退养6人,离岗歇业7人),基层员工76人;合同化用工130人,市场化用工43人,劳务外包用工2人。职称情况:高级工程师21人、工程师103人、助理工程师26人,高级技师4人、技师4人,高级工10人,中级工及以下3人。年龄情况：30岁及以下5人，31—40岁87人，41—50岁37人，50岁以上44人。学历情况：研究生15人，本科117人，大专22人，中专及以下19人。

公司有机关科室6个（综合办公室、党群工作部、设备管理科、生产协调科、质量安全科和财务计划科），直属单位2个（技术中心和辽河项目部）。顶驱技术分公司党委下辖4个党支部，有党员100人。有顶驱现场服务人员60人，其中一级顶驱工程师23人，二级顶驱工程师24人，三级顶驱工程师10人，四级顶驱工程师3人；有空钻服务人员10人。上述员工主要服务于海外现场。

国内顶驱技术服务由承包商辽河天意石油装备有限责任公司、北京石油机械有限公司、黑龙江景宏石油设备制造有限公司、河北永明地质工程机械有限公司提供，国内有承包商服务队伍70支。

顶驱技术分公司有顶驱、欠平衡钻井等各类设备181台套，设备资产原值13.51亿元，净值3.33亿元，新度系数0.25。有顶驱129台，其中境外顶驱64台，国内顶驱65台，资产原值12.52亿元，净值3.29亿元，新度系数0.26。其中境外顶驱原值6.95亿元，净值1.71亿元，新度系数0.25，分布于4个大区13个项目中；国内顶驱原值5.57亿元，净值1.58亿元，新度系数0.28，分布于东部、西部和西南3个区域。

【服务模式】 2022年，顶驱技术分公司海外顶驱业务主要由顶驱工程师进行现场服务，机关负责人员的调配安排、技术支持和技术培训，取换证预警提醒和监督；设备调配和修理安排、备配件计划的审核；设备安全生产运行监督管理。

国内自有顶驱实行服务外包，由承包商提供服务。顶驱技术分公司分别在四川、陕北和山西设立项目组进行巡检，监督管理承包商严格按照长城钻探工程公司和顶驱技术分公司的标准和要求执行。

国内租赁顶驱26台（2022年高峰期租赁顶驱44台），服务于长城钻探工程公司的各个区域。

空钻管理部配合市场部和海外项目部进行市场开发；负责设备调配、人员安排、备配件采购计划审核等工作。

【生产经营】 2022年，顶驱技术分公司国内累计动用顶驱103台，服务736台月。境外业务累计共动用顶驱32台，作业时间140617小时，服务253井次。实现营业收入30716万元，同比2021年增加3699万元，增幅14%，超额完成年初预算目标。

【市场开发】 2022年，顶驱技术分公司配合完成泰国GW80、阿曼、阿塞拜疆等项目的合同续签。全年境外新签顶驱合同额66667万美元，续签合同额313.43万美元。

真抓实干保市场。2022年，公司市场管理部先后参与阿联酋、印度尼西亚、科威特钻修井、墨西哥等项目投标或咨询19次，投标项目国别包括科威特、伊朗、伊拉克、阿尔及利亚、尼日利亚、俄罗斯、泰国、孟加拉国、印度尼西亚、阿联酋、墨西哥、阿曼，其中顶驱16次，空钻3次。

全力以赴拓经营。与尼日尔项目签订顶驱维修服务合同。通过为境外项目提供顶驱维修专业服务，解决境外项目顶驱维修困难的问题，带动服务、配件、人员的输出，实现顶驱技术分公司和项目部的双赢。

提升管理要效益。首次开展外部市场顶驱租赁服务。与大庆钻探签订顶驱租赁服务合同，实现顶驱外租市场服务突破，同时与吉林油田达成合作意向。与北石签署战略合作协议，进一步深化与顶驱制造厂商的战略合作关系。

【生产保障】 2022年，顶驱技术分公司境外累计作业时间140617小时，服务253井次。做好复产启动工作，组织阿曼、印度尼西亚、阿塞拜疆等项目重启顶驱17台，海外跨区域调动顶驱5台，回运顶驱3台。抓好人员管理，严格上岗顶驱工程师全过程监管，服务质量持续提升。收到2个国外项目甲方签发的6封表扬信。提升顶驱操作人员技能水平，完成境外项目新上岗司钻及长期待命返岗司钻顶驱培训考核57人次；参加伊拉克、阿联酋、墨西哥等项目补充人员面试共计30人次，严把人员能力关和资质关，确保现场正确安全操作顶驱。严格落实特殊敏感时段升级管控要求，现场严格落实八种特殊工况申报要求，完成安全督导累计227次。

国内累计动用顶驱103台，服务736台月，完成价值工作量18033万元，同比增加26.4%，超额完成全年13800万元任务指标。构建完善的服务保障网络。在发挥"日常巡查—不定期巡检—综合大检查"三级检查体系效能的基础上，紧盯重点区域、重点环节等工作。专项整治设备设施风险隐患，对使用10年以上时间的顶驱设备，充分辨识、分析风险隐患，制定整治计划并落实。面对辽河油区70年不遇的特大洪峰，科学采取应对措施，未产生任何人员伤亡和财产损失事件。结合顶驱季节安全生产特点，做好液压油、齿轮油的储备和更换工作。强化重点时段升级管理。全年巡井671井次，平均每天巡井1.8井次，发现问题1114项，旁站监督安装拆卸128井次。一系列的超前筹划与周密部署确保国内外现场顶驱设备的平稳运行。

【提质增效】 2022年，顶驱技术分公司围绕降成本减亏损问题，公司领导组织理论学习5次，专题研讨3次，围绕重点投资、经营工作召开专题会议研究10余次，推进以压降维修投资、做优成本管控、提升资源管理水平为核心的"一降一控两提升"减亏工作实施方案。"一台一策"制定修理方案，做好全过程监修，充分利用框架协议和招标采购以量换价，开展自主维修，降低维修成本，节约维修成本145万元。通过升级改造旧顶驱，有效压控设备维修和新购投资近1000万元。盘活闲置人力和装备资源，设备整体利用率提高近5%。接收迪拜闲置124万元顶驱配件并调剂使用；调剂天津保税区VARCO顶驱配件至古巴项目66.34万元。加强物资计划管理，优化供应链。科学制订物资采购计划，审批境外物资采购计划13批次1453万元，审批国内物资采购计划5批次373万元；利用物采平台第三方超市和公司供应商资源，直接采购顶驱通用物资节约成本70万元，缩短采购周期的同时价格比统购降低20%以上。

【安全生产】 2022年，顶驱技术分公司持续深化全员安全生产责任制，优化监督模式，完善HSE绩效考核机制，狠抓基层基础和隐患治理，标本兼治提升本质安全水平，推动安全生产形势持续稳定向好。未发生重大以上（含重大）质量责任事故，综合用户满意度达到94.23（百分制），QC小组活动普及率18.99%、活动率100%；施工作业队伍质量监督覆盖率100%；质量监督发现问题整改合格率100%；企业标准、SOP制修订承担任务计划完成率100%；采购物资出入库合格率100%；计量器具周期检定（校准）计划完成率100%；在用设备完好率97.01%；现场设备故障率2.99%；车辆"百公里油耗"12.28千克／百公里；均完成年初设定的工作目标。全年未发生重大社会影响的安全事故、生产安全亡人责任事故和影响恶劣的一般B级、C级事故、因顶驱原因造成的致死责任事件；未发生职业病危害事故；未发生一次直接经济损失30万元以上（含30万元）事故；无健康、安全、环保违法事件。在DNV的体系审核评估中总体评价为良，通过体系复审；各类审核、检查问题整改完成率100%；长途车审批率100%；安全专项费用计划执行率100%；废油、固体废物全部实现规范处置，达标率100%；接触职业病危害作业员工职业健康按计划体检率100%。

明确管理目标，落实安全责任。对所属8个部门签订QHSE、井控目标责任书18份，实现目标责任逐级分解；召开4期QHSE委员会，宣贯文件9份，研讨重点问题，提出解决方案；更新QHSE委员会通知文件和领导干部安全生产承包点，完成承包点督导记录单123份。

重视体系审核，践行有感领导。迎接4次上级体系审核、1次DNV外审，组织2次内审，发现和整改一般不符合90项；处级领导参加部门内审，组织问题整改，践行有感领导。

做实风险管理，完善风险防控方案。制定《生产安全风险防控管理实施细则》，按照层级开展危害因素辨识和风险评估活动，补充辨识风险168项；根据风险评估结果，修订顶驱防触电、防钢丝绳、绳套断裂等6项重点风险防控方案。

加强隐患排查，加大治理投资力度。开展4次综合大检查、2次安全生产大检查，适时开展井控、设备专项检查，覆盖面达到100%，累计发现整改问题隐患1305项；管理部门对共性、典型问题进行统计分析，制定管理提升措施，全年投入安全生产费用140.52万元。

严格升级管控，保障安全生产。制定特殊敏感时段升级管理方案，明确8种顶驱特殊工况基层队报备、HSE监督／区域负责人进行旁站监督、直线部门／承包点领导进行风险提示、问题协调的升级管理要求；直线部门风险提示和督导检查638次，全面保障安全生产。

狠抓井控管理，规范制度要求。严格井控监督检查，发现井控问题隐患169项，对顶驱IBOP更换后未试压等5起典型违章事件，累计罚款1.2万元，记分 9 人次 17 分；结合典型问题，制（修）订《井控管理办法》等 3 项规章制度。

深化培训管理，开展质量创新活动。开展 2 期基层员工 HSE 培训和 QHSE 监督轮训，参训学员 291 人次，通过将考试结果纳入绩效考核等措施，全部学员通过考试；主要领导讲授质量管理课程，营造质量发展氛围；QC 课题"顶驱电控房电接点温度无线监测系统的研制"获省部级一等奖，2 篇论文获省部级一等奖、二等奖。

抓好疫情防控，保障防疫物资。持续完善防疫制度、方案 5 项，加强人员流动管控，离京、返京审批共计 452 人次；督促员工严格执行办公场所门禁管理要求；投入专项费用 10.73 万元，采购口罩等必备的防疫物资。

完善考核制度，严格考核兑现。完善部门 QHSE 绩效考核制度，制定部门 HSE、质量考核标准 236 项、188 项，将考核结果与部门及部门员工奖金兑现密切关联，通过严考核、硬兑现，督促各部门履职尽责。

狠抓承包商监管，严格考核评估。完善安全生产记分机制，制定失责违章记分标准 122 项，累计记分 133 人次 131 分。设立 QHSE 监督站，建立监督巡检、培训、考核等规章制度 8 项。完善现场检查正、负激励制度，对工作亮点在绩效考核时加分 166.5 分，对 8 起违章事件罚款 2.4 万元，奖惩措施并举压实安全责任。抓好 HSE 业绩考核，严兑现。盘锦辽河油田天意石油装备有限公司突破 90 分"优秀"线，取得较大进步，景宏、北石公司基本满足管理要求，根据协议分别扣除风险抵押金 1 万余元。

【党群建设】 2022 年，顶驱技术分公司增强"四个意识"、坚定"四个自信"，做到"两个维护"，提升政治判断力、政治领悟力和政治执行力，确保党始终总揽全局、协调各方，坚定推动高质量发展。组织学"四史"、党的二十大报告和新党章、十九届六中全会精神等，中心组集中学习 15 次、党委会"第一议题"学习 16 次，组织支部学习 3 次，公司党委书记为全体员工讲党课 5 次，到支部和党建联系点上党课 2 次。贯彻党的二十大和十九届六中全会精神，第一时间更新宣传栏，组织中心组带头学，并纳入支部"三会一课"、中层干部培训的重要学习内容，组织支部书记讲党课 3 次。压实党建责任，加大党建实绩考量比重，结果纳入年度综合考核。压实疫情防控政治责任，执行疫情防控标准动作，勇担国企责任。守好思想政治和意识形态阵地，将其纳入党建工作要点，组织专题研究 2 次，为"三讲八清"注入新动力，年内未发生重大突发事件和网络舆情事件。抓实党建"回头看"，对照 2021 年党建责任制考核 2 个方面 3 项问题逐条自查，制定整改举措并取得成效。持续转化出台党建制度，夯实党建基础，开展岗位讲述等创新活动，激发党建活力，实现基层支部党建提质。将党史学习教育作为一项重大政治任务，统筹推进党建信息化平台应用，线上线下有机结合常态化开展党史学习教育，累计组织开展各类党史学习 180 人次，通过参观徐恩惠党史党建纪念馆、重温入党誓词等系列活动，引导党员干部从党的奋斗历程中汲取精神营养、创新工作思路、提升工作质量，为顶驱技术分公司高质量发展贡献力量。坚持队伍建设，党性更坚定。优化2个支部设置，选优配强支部领导班子。坚持党管人才，团队更年轻。加大对年轻优秀人才培养选拔力度，注重在急难工作面前考察识别干部，继续完善后备人才库建设，全年提拔正科级干部1人、副科级干部3人，调整充实青工委成员，推进骨干人员队伍年轻化。执行党政领导干部选拔任用工作条例，对科级干部进行任前廉政谈话，完成科级干部廉政档案建设。加强干部培训管理，将党的理论知识融入各类业务培训中。坚持统战群团，人心更凝聚。组织新员工实习座谈、组织党外人士就业务发展进行座谈等，积极听取各方面意见。坚持选树标杆，氛围更积极。持续打造文明、健康、积极向上的企业文化氛围，多名员工及家属参与社区重点时段维稳管控，参与社区绿色环保工作，3名员工化身大白服务投身社区街道疫情防控，积极对外宣传上述事迹，连续登上集团公司微信公众号、铁人先锋等各大平台，赢得良好口碑赞誉。

2022年，顶驱技术分公司规范内部运行管理，提高内部管理运行效率，推进大修中心建设，调整设立HSE监督站，对各部门岗位职责进行调整和梳理，持续对内部流程进行优化，督促加强"反内盗"工作，建立防范基层腐败工作清单，开展债务风险、融资贸易和虚假贸易等专项排查，有效管控风险。利用信息平台、联席会议等方式，优化合并各类基层报表，精简内部会议数量和频次，提高会议效率，减轻基层负担，确保各级干部将更多精力投入生产经营工作中去。推进发展方式转型升级，切实提升企业发展质量，推进以压降维修投资、做优成本管控、提升设备和人力资源管理水平为核心的"一降一控两提升"减亏工作，有效把控"出血点"，顶驱技术分公司完成年度经营指标。推进多元化发展，成立设备大修、科研等五大工作专班，全力打造顶驱维修中心，按计划推进自主维修业务；新业务拓展迈出实质步伐，推进扭摆业务归口管理；拓展国内外市场，推广软扭矩等新业务，为进一步做大业务规模、分散经营风险打下坚实基础。推进信息化赋能工作，探索应用智能化设备，开展智能化巡检，探索构建顶驱远程状态监测体系，逐步实现顶驱智能化、网络化监管。夯实本质安全基础，安全生产持续稳定。学习深刻领会习近平总书记关于安全生产工作的重要指示精神，利用班子会、生产会、中心组学习，将安全理念融入到职工的日常工作之中，强化底线思维、红线意识。切实增强做好环保工作的责任感、紧迫感，针对大修中心废水废油处理进行专题研究，着手规划相应举措，确保严守生态环保红线。

2022年，顶驱技术分公司及时修订党委委员党建工作联系点，以问题为导向，切实解决基层急、难、愁、盼等问题15项，优化制度3项，完善流程2项。开展群众性心理健康问卷调查，收集问题和建议，全部解决。坚持"正面引导树标杆＋反面警示设红线"相结合的原则，主动落实党风廉政建设主体责任，制度内不缺位，制度外不越位。纠偏正向，开展廉政谈话50人次，开展监督检查10余次。盯关键节点，抓"关键少数"，全面掌握领导干部廉洁动态，健全完善敏感岗位廉政风险清单。

（刘城浩）

录井公司

【概况】 2022年，录井公司在册职工1364人，其中干部697人，工人667人。具备专业技术任职资格932人，其中具备正高级工程师职称3人，副高级工程师146人，中级技术职称的586人，初级技术职称的197人。有技师77、高级技师34人、特级技师7人、企业技能专家8人、集团级技能专家1人，职工中具有大专及以上文化程度1098人；技术专业涵盖石油地质、钻井工程、机械、测井、物探、电子、自动化仪表、计算机、经济、外语等15个专业。

录井公司机关设12个部室，其中党群系统3个部室，生产管理系统3个部室，经营管理系统5个部室，行政管理系统1个部室，机关直属机构4个。设18个基层单位，其中一线主要生产单位9个，科研型生产技术单位8个，后勤保障单位1个。

2022年，录井公司国内工作量3004口井，同比增加465口井；国际工作量327口井，同比增加7口井；国内收入73613万元，同比增加8403万元；国际收入17327万元，同比增加5657万元，超额完成指标任务（见表7）。

【录井作业基本情况】 2022年，录井公司有作业队伍501支。其中国内队伍425支，分布在辽河、长庆、冀东、新疆、海南、四川、青海、山西等10个油区，其中综合录井小队369支，地质小队45支，定向小队11支；国际队伍76支，分布在苏丹、南苏丹、乍得、泰国、伊朗、古巴、尼日尔、伊拉克、委内瑞拉、科威特、阿尔及利亚、哈萨克斯坦、厄瓜多尔、秘鲁14个国家。

2022年，设备总计4452台（套），总资产原值7.61亿元，净值1.95亿元，新度系数0.26。国内市场3662台（套），

表7 2022年主要生产经营数据

	2021年指标（万元）	2021年完成收入（万元）	2022年指标（万元）	2022年完成收入（万元）	2021年工作量（口井）	2022年工作量（口井）
国内	65000	65210	66000	73613	2539	3004
国际	17085	11670	16818	17327	320	327
合计	82085	76880	82818	90940	2859	3331

原值5.92亿元，净值1.75亿元，新度系数0.29；国际市场790台（套），原值1.69亿元，净值0.20亿元，新度系数0.12；无形资产总计39套，原值0.2亿元，净值0.02亿元，新度系数0.1；长摊资产总计679台（套），资产原值0.80亿元，净值0.08亿元，新度系数0.1。综合录井仪361台（套），新度系数0.29。

【科技创新】 2022年，集团公司录井技术研发中心成功揭牌。录井公司作为唯一依托单位，围绕打造高端录井技术与装备的研发平台，从重点项目规划、人才队伍培养、技术交流合作等方面制定中心建设方案，规划地质录井实验、信息技术创新、录井装备研发3个科研平台，从基础理论研究、非常规录井技术深化应用、重大攻关工程技术配套等方面设计"井下油气演化机理及录井检测方法研究"等5个重点科研项目，全面提升企业自主创新能力。

专家工作室启动运行。成立地质、工程及信息技术3个专家工作室，优化完善具有录井公司特色的新型高效组织体系，以专家工作室为平台有效激发人才动力活力，发挥人才优势，提升劳动生产率和人力资源价值。

首次涉足页岩气开发地质研究领域，在安场向斜南部27口水平井井位部署论证研究方面取得积极进展，助力贵州页岩气开发。成功应用数智录井技术，有效破解因测井等资料缺失导致储层评价困难的问题；在四川页岩气首次开展优快钻井技术研究与应用，助力钻井效率显著提升，风险评价技术体系应用取得新突破；氦气探测技术与装备研发有序推进，建立气液定量高效分离及脱气效率最优控制方法，脱气效率提升10%以上。GW-MLE2.0综合录井仪研制加速实施，自主研制高频智能物联网传感器，开发多专业设备采集与数据推送中台，实现仪器自诊断及多井智能辅助决策分析。

2022年，录井公司开展科技项目21项，其中集团公司关键核心技术攻关项目1项、中油技服科技项目2项、长城钻探工程公司科技项目7项。全年获局级科技成果奖励3项，申报发明专利19项、实用新型专利1项、软件著作权4项。

【市场开发】 2022年，录井公司通过明确以利润额、利润率指标作为经营考核的重心，以效益测算为依托，突出优势资源对于市场创效的支撑与促进，形成以提高单井效益与追求利润为核心的市场资源战略布局。

辽河市场紧跟甲方部署，强化重点井监管、定向井质量，保障储气库等区块战略发展需求，巩固了效益发展"压舱石"的主体作用；冀东市场划转优势资源投入流转区块开发，保障流转市场占有率达到50%，同时在本土市场着力打造单井精品工程，应对甲方低成本竞标，维护市场主体地位。

长庆市场调整民营队伍和自营队伍配置，强化外包管控，稳固市场品牌优势，开拓榆林储气库、天然气评价等新市场，扩大采气二厂、采气六厂以及陇东评价等中高效市场份额。新疆市场针对性参与优质井位比选，长周期井位中标比例扩大到53%，队伍稳定性较以往有所提高，整体工作量同比增加22.6

台月；青海、中油煤市场立足长效战略定位，以规模调控、成本倒算的模式实现减亏，为市场未来综合化、效益化发展预期提供坚实保障。

西南市场通过推广蜀南市场开发模式，新增重庆气矿以及洛克石油等开放市场业务，保障吉林流转区块录井业务技术支撑，实现单井平均产值超100万元；海南市场在稳定常规业务的基础上，加大特色技术推广力度，新增岩心扫描、分析化验项目，签订280万元合同。

国际市场与甲方"面对面"回访交流，针对性制定投标策略，保障乍得、哈法亚等传统主力市场业务扩容增效，科威特KOC项目、伊拉克东巴以及米桑市场通过创新联合投标、分包等方式，实现市场新突破；中标厄瓜多尔2820万美元3年定导一体化服务合同，为持续拓展海外市场奠定坚实基础。

【降本增效】 2022年，录井公司通过增加6项台月成本考核管理机制，增强基层单位成本意识和效益意识，确保整体生产经营成果。优化运行提升效率。在各地差异化防疫政策环境下，通过对生产运行实时数据的精细分析，优化生产运行计划，超前部署，促进设备、物资以及人员的跨域调剂调峰使用；同时创新辽河—新疆、厄瓜多尔—秘鲁等市场融合联动机制，横向分摊各市场生产组织运行风险，使复工复产流畅性和作业连续性得到加强。公司全年设备动用率达到76%，同比提高10%，物资降本9%，内部调剂共计210余人次，减少用工280余人，差旅成本和运输成本实现同比减少。创新机制压控成本。下发《录井公司人力资源效率奖管理规定》，通过建立复合岗位提高公司人力资源效率；规范定岗定酬制度，基层单位机关管理人员由208人压减至165人，压减率20.7%，将43名管理人员充实到一线生产队伍，缓解一线关键岗位人员紧张的问题，直接管理成本减少602万元；坚持现金为王的理念，狠抓资金结算和陈欠清收，全年资金结算率同比有大幅提高，回款效率达到95%。

【企业管理】 2022年，录井公司深化机构改革。以提升组织管理和运行效率为目标，调整科技信息部、物资装备部等机关编制与业务划分，推进公用事业——车队、地质设计中心——地质研究中心机构整合，完成长城钻探工程公司组织机构压减指标；以公开竞聘方式重组国际业务项目部领导班子，实现海外业务专业化、扁平化管理，使公司整体资源优势能够切实参与到海外市场开发和技术服务的过程中；出台《劳务外包用工职业晋级管理实施细则》，将多种用工形式纳入公司整体人力资源管理体系，打通劳务合同工晋级通道，形成更加积极、开放和有效的人才晋升机制和政策环境。

数字化转型工作取得初步成果。以落实"两化一升"要求为基础，重新修订完善公司机关部门与基层单位的管理制度，完成34个部门及单位的流程梳理与优化，开展14个公司级跨部门核心流程规划，初步完成公司三级数字化管理系统的架构设计工作；从体系化、精细化入手，建立市场开发、管理效益、科级干部、基层单位的量化考核体系，使各项考核由定性向全面定量转变,提升考核的精准性和科学性。通过推进与宣贯,使各层级员工充分认识到数字化转型的必要性和紧迫性,公司上下形成数字化转型的文化氛围,促进各单位管理意识、经营意识、信息意识的进一步增强。

质量安全管控水平稳步提升。深化远程录井技术内涵,实现远程元素、远程导向、远程解释等作业新模式小队105支,使专家资源辐射到施工现场,有效提高录井服务质量。发挥EISC系统远程支持、现场自动坐岗、回流监测软件应用等多元监管作用,建立井控预警标准化实施模式,重点工序、关键环节和风险井段实现分级受控。强化承包商QHSE专项整治,采取督导直线履职、强化属地监管等多项举措,提升质量意识,消减经营和安全管理风险。双重预防机制建设不断深入,敏感时段、雨季防洪防汛升级管控,确保全年生产作业任务安全平稳。

【员工调研】 2022年,录井公司以公司主要领导参与各单位民主生活会、现场走访调研等方式,收集到员工发展意见与诉求254项,全部予以答复并采纳建议245项。其中员工生活改善建议14项,针对需求有的放矢地落实体检增项、宿舍房改进等健康工程与惠民工程,提高企业服务职工的精准度;采纳数字化转型、薪酬改革以及提质增效等方面管理提升建议192项,形成新制度36项,为企业管理机制完善提供依据;采纳员工职业规划建议39项,围绕员工培训需求进一步强化校企合作的人才培养长效机制,明确集中培训的课程设置、培训频次等方案设计,提升企业培训资源使用效率。通过开展员工建议调研活动,使企业充分了解员工最关心的问题和最紧迫的需求,为企业进一步完善和优化发展战略提供良好平台,促进员工与企业发展共振、文化共情、成果共享。

【党建工作】 2022年,录井公司党委充分发挥党建工作的政治优势、组织优势、引领优势,落实上级工作部署,全面深入学习宣传贯彻党的二十大精神,将"转、勇、强、创"主题教育、巩固党史学习教育成效与完成生产经营任务同频共振,围绕"完成全年生产任务目标,我们怎么干",建立公司宣讲团,分层次、分区域进行形势任务宣讲35场,受众超过1800余人次,引导全员认清形势,凝聚力量;以公司成立30周年为契机,精心策划岗位讲述、诗歌朗诵会等活动,讲好录井故事,展示录井员工精神风貌;持续深化基层党建"三基本"与三基工作有机融合,围绕解决生产难题,发挥党支部战斗堡垒作用,建立34个党员责任区、82名党员示范岗,10个党员攻坚队,涌现出雷72大平台、佳南1H等重点项目施工精品工程,点燃了技术攻关的"红色引擎"。在长城钻探工程公司年度党建考核中连续两年保持A档前列,连续两年获长城钻探工程公司党建政研成果奖一等奖,在长城钻探工程公司党委党建课题成果、精品党课、岗位讲述等各项党建活动中收获"优秀组织单位"荣誉称号。

(武　楠　唐思源)

测试分公司

【概况】 测试分公司（以下简称"公司"）是以地层测试和连续油管酸化为主营业务的国内外一体化专业技术服务公司。公司主营业务包括井下测试、地面油气分离计量、钢丝／电缆试井、完井、油井监测、多相流量计、连续油管酸化、PVT取样和样品分析、射孔、抽汲、防砂、堵水、页岩气压裂返排和油气藏解释评价等服务。

2022年，公司拥有试井设备、井下测试设备、地面测试设备、井下取样器、高压物性分析实验室、连续油管酸化、多相流量计196台（套），固定资产原值15.42亿元，净值1.89亿元，设备新度系数0.12。公司用工总量699人。其中中方员工227人，海外中方员工72人，外籍员工350人，当地化率83%。在册中方员工中，有测试高级工程师56人，中级工程师95人，初级工程师4人；具有博士、硕士及本科学历员工占员工总数的83%。

截至2022年12月，公司国内下属东部、苏里格、塔里木和西南4个项目，施工队伍33支，在辽河、大庆、塔里木、苏里格和川渝黔地区从事地层测试、压裂返排测试、钢丝测压和油管打孔等作业；国外拥有施工队伍145支，在非洲、中东、中亚和南美12个国家29个项目从事地层测试和连续油管酸化等作业。

【市场开发】 2022年，公司实现收入4.35亿元，完成考核指标4.02亿元的109%。国内收入首次突破亿元大关，完成年度利润考核指标。境外中标签约额9184万美元，与2021年签约额持平；境内中标签约额3.06亿元，同比2021年签约额增长183%，国内市场开发实现跨越式发展。

国际市场扩容增项保效益。巩固和拓展传统市场，伊拉克、土乌和苏丹项目签约合同额共计近5000万美元，有效发挥海外市场"压舱石"作用。靶向攻关新市场，二次创业成果显著，中标土库曼ENI连续油管与泵送服务高端市场、阿尔及利亚国家石油公司综合测试项目，合同额总计超3000万美元。多元化开发新业务，开发尼日尔智能注水及气井完井服务、南苏丹DPOC酸化堵水、南苏丹3/7区AICD智能控水和伊拉克哈法亚气举井间干预等新业务。小项目打造新亮点。厄秘项目多维度拓展业务链，收入从2021年的856万元直升到3048万元。

国内市场实现跨越式发展。市场扩容增项成效显著，西南项目全年签约合同额1.77亿元，新增重庆页岩气试井业务。中标大庆试油试采分公司地面计量服务、塔里木油田泽普地面计量服务和苏南道达尔高端市场节流器投捞服务。同时进入西部钻探、中石油煤层气等市场。拓展新技术、新业务。中标苏里格气田侧钻水平井裸眼完井工具技术服务，中石油煤层气、贵州页岩气示踪剂监测服务。中标射流泵、自动投棒装置应用研究和井筒解堵等服务。签约苏里格气田测试资料在生产动态分析中的研究与应用项目，科研项目带动市场开发成为增长新优势。机构调整成效显著，2022年苏里格项目独立运作，在甲方服务价格下降13%挑战下，实现产值和利润双增长，为公司国内市场持续拓展做出巨大贡献。

【科技创新】 2022年，公司瞄准市场需求，持续推进业务转型，为高质量发展提供持续动力。全年施工作业一次合格率99.92%；资料录取全准率100%；射孔一次成功率100%；无重大（含重大）以上工程事故。

科技创新成果丰硕。全年承担集团公司科技项目4项，获批发明专利2项。加强对外合作，先后引进气井排水采气、RPM选择性堵水和同心管射流泵等新工艺技术。

技术支撑与推介能力显著增强。按照"一井一策"原则，组织完成土库曼斯坦ENI项目首口井连续油管作业、东部项目重点风险探井荣探1井微注入测试等12口井施工设计审核、审批。根据CNODC12个海外项目提出的29项技术难题，制定针对性解决方案，经过推介与交流，中标尼日尔气井完井合同。

技术提升助力提质增效。完成乌兹别克斯坦西莎102井复杂大修作业。伊拉克哈法亚测试项目完成超长水平井（裸眼水平段长1501米）酸化作业，创造连续油管作业裸眼水平段下深最长纪录，作业效率与质量均赢得甲方赞誉。

苏南道达尔复杂井井下节流器打捞服务，一次打捞成功率97.3%。

精心选树测试品牌。2022年，公司涌现出东部项目大庆地面计量队等12个名牌施工队，塑造乌兹别克斯坦项目西莎102井大修作业等4项精品工程，树立测试品牌。

【精益管理】 精益生产组织管理，保障项目高效运转。2022年，扎实推进新项目启动和老项目复工复产，启动土库曼斯坦ENI连续油管酸化项目、阿尔及利亚SH项目、尼日尔气井完井项目、西沙-102井/104井测试大包项目、伊拉克第二套CTU气举作业、苏丹第三套多相流量计作业等一系列新项目和新队伍。优化生产运行管控，提升生产管理及保障能力。成立阿尔及利亚项目启动专班，制定新项目启动工作模板，提高项目筹备效率。对于重点项目，实施运行日报制度，加强责任落实，确保各项问题能够得到有效处理。优化资源配置，提高资源利用效率。累计盘活闲置资产7套+36台件。新项目当年签订、当年组织、当年投产见效益，大庆页岩油项目3月开始筹备、6月投产，全年未发生任何QHSE责任事故，当年实现产值1892万元，为国内市场飞跃做出巨大贡献。

完善物资管理，实现提质增效。加强计划管理，建立动态计划执行台账，确保采购各环节受控，2022年累计提报计划69批次，核减库存54.11万元。加强库存管控，累计盘活积压物资原值1155.02万元，实物降库36%，减少库房面积589平方米。境外项目降库2226.45万元，综合降库24%。持续扩大集采范围，通过量化采购，降低采购成本，累计梳理集采目录 575 项。完善制度建设，优化工作流程，修订《测试分公司物资管理实施细则》《测试分公司采购管理业务范围划分》。优化国内项目物资管理工作流程，各项目物资管理水平及规范程度得到进一步提升。

加强设备管理，提升设备创效能力。完善设备管理网络，构建和完善公司、科室和项目三级设备管理网络。健全管理制度，修订《测试分公司吊索具管理规定》等 9 项设备管理制度和规程。设备保障能力持续提升，完成 135 台件设备采购补充，完成 7 项老旧重大装备更新、维修、改造，提升设备性能及本质安全。设备运行风险管控精准有效，全年组织 2 次设备管理专项检查，发现各项问题 224 项，全部整改完毕。

强化内控及风险管理，规范高质量发展。2022 年，完成内部控制自我测试 44 项；针对社会安全和市场需求等八大风险形成年度风险管理报告；持续健全制度体系，提升风险管控和防范能力。通过监督检查及访谈等手段，识别公司运营风险和管理漏洞，完成各类制度、办法、方案编制和修订 24 项，涉及公司党建、人力资源、财务、薪酬、设备、物资及合同管理等关键环节和核心业务。

【质量健康安全环保】 2022 年，公司全年未发生损失工时事件，杜绝重大安全环保和重大质量责任事故，获长城钻探工程公司二类风险单位年度考核第四名，再次获长城钻探工程公司质量安全环保先进单位。"四有工作法""三抓三强化让作业许可制度落地生根"等管理经验在长城钻探工程公司层面交流推广。

安全生产责任体系持续规范。及时更新 QHSE 委员会、HSE 专业委员会等组织结构及职责，完善处、科两级人员 HSE 责任清单，进一步明确各级人员 HSE 职责；修订 11 项 HSE 规章制度，按计划组织开展内审和管理评审，通过中油技服、长城钻探工程公司、DNV 体系审核，QHSE 体系运行良好。

现场 QHSE 监管持续强化。成立 QHSE 监督站，建立监督培养机制，创新多种监督形式，深化"大反思、大排查、大整治"回头看活动，累计检查一线队伍 152 队次、二线场点 36 场次，特殊工况旁站监督 34 队次，培训员工 379 人次，推广优秀做法 9 项，投入资金 211 万元，治理现场隐患 401 项。

专项管理持续加强。推进健康企业试点创建，优化职业健康管理，排查 187 名特殊作业岗位人员健康情况，有效预防和控制职业病危害。科学精准防控疫情，疫情高峰期严格进返京人员管理，审批动迁出国 23 人次；疫情政策调整优化后，开展防控专题培训 7 次，督促员工落实好"自身健康第一责任人"。全面加强安全文化、节能环保、危险品、交通消防和特种设备等专项管理，施工作业质量水平显著提升。

【人才培育】 2022 年，公司严格贯彻落实长城钻探工程公司选人用人相关制度，持续推进培训晋级体系和考核制度落实，提升干部员工综合素质。坚持自下而上、德才兼备、注重实绩原则，有序开展公司干部选拔聘任工作。全年完成工程师晋级晋档评审 2 期 86 人次，提拔科级干部 2 批 4 人次，平级交流 4 人次，为公司发展提供人力支持和智力保障。

建立健全"生聚理用"人才发展机制。2022 年，公司落实长城钻探工程公司人才强企相关工作要求，围绕公司人才强企重点任务，突出"目标引领、过程监督、专项激励、整体提升"工作思路，完成人才强企各项工程指标要求。编制公司组织体系优化提升工程实施方案，优化公司机关职能及机构，调整工作单元设置，从严管控机构编制和职数，完成长城钻探工程公司设定的总量控制阶段目标，制定基层领导人员优化精减保障措施，为公司高质量发展奠定更加坚实组织基础。通过"百优示范站队"推优工作，提升基层班组（站）长队伍建设水平。制定"百优示范站队"创建工作计划，以人力资源、HSE、生产运行 3 个标准化模块为考核基础，推进小队管理标准化建设，评选出西南项目 CS2108 队等 3 支示范队，加强标杆队伍引领作用。

严格选任标准，提高选人用人公信度。坚守干部选拔任用原则。注重德才兼备、以德为先。注重工作实绩。提升优秀年轻干部使用力度。2022 年，新提拔的 4 名科级干部中 35 岁以下 3 人，40—45 岁 1 人，年轻干部提拔比例为 75%。实现年轻干部培养有序接替，保障项目各项工作顺利开展。

深化培训能力建设，助推人才培养再上新台阶。2022 年，公司远程培训能力进一步提升，全年新增多媒体培训课件 11 个 99 节，合计 3324 分钟，其中技术类 6 个 37 节、管理类 5 个 62 节，实现技术和管理培训能力"双提升"。全年累计培训 147 期，1780 人次，培训计划完成率 100%。通过远程培训系统及 OMS 信息系统持续推广应用，数据库信息日益翔实丰富，有效提升公司人力资源管理信息化水平，助力"人才强企"工作走深走实。

【党群工作】 2022 年，公司以党的二十大精神宣贯为契机，推进高质量党建走深走实。以党的二十大精神为指引，加强市场开发、技术创新，提质增效等工作，着力推进高质量发展。通过党委中心组集中研讨，公司领导宣讲，制作宣教提纲、展板，发挥媒体作用，一以贯之抓好形势任务主题教育工作。按照"守土有责、守土尽责"原则，通过宣传引导、网络舆情监测和风险隐患排查，筑牢意识形态阵地。压实各科室长和项目党支部书记"一人一事"思想政治工作责任，确保员工出现思想问题有人管、有人问，构建责任全覆盖思想政治工作格局。着力推进基层党建"三基本"和"三基"工作深度融合。切实发挥党支部战斗堡垒和党员先锋模范作用，着力加强基层队伍建设，把党组织政治优势转化成为企业创新优势、发展优势和竞争优势。持续开展政治理论学习，强化思想政治引领，提升科学决策水平。着力打造党员先锋岗、党员突击队和党员责任区等载体，推进基层党建"三基本"和"三基"工作融合走深走实。加强以制度建设为主的基础工作，提高科学决策水平，着力提高精益管理。

以监督保障合法合规经营为主责，着力营造高质量发展良好环境。压实

"一岗双责"，落实责任监督、纪律监督和管理监督3项重点工作，确保纪律建设、作风建设和反腐败斗争执行到位。加强教育引导，督促机关科室完善人员岗位职责，梳理业务审批流程，强化整改结果监督。加强对"一把手"和各级领导班子监督，让"一把手"时刻感受到用权受到监督。落实廉洁谈话制度。深入开展职业道德监督，共同编织公司立体监督网络。加强廉洁文化建设，将廉洁文化建设融入企业生产经营各个环节。发挥廉洁教育基础作用，加强形势教育、纪法意识、警示震慑和示范引领等，为推进全面从严治党向纵深发展提供重要支撑。加强作风建设，以"严、实、快、新"好作风，切实服务好基层项目。

以大力实施"实事惠民工程"为载体，打造高质量发展和谐氛围。践行"以员工为中心"理念，推进"我为员工群众办实事"走深走实。继续做好马来热救治、职工及亲属来京就医、困难员工帮扶等工作。开展重要节日慰问、"冬送温暖、夏送清凉"等活动。做好员工健康体检，着力打造健康企业。深入开展岗位大练兵和革新创造等群众性经济技术活动。把高质量发展作为最大实事惠民工程。组织好"先进操作法""革新创造成果""优秀节约方法""优秀修旧利废项目"和"管理提升金点子"5项成果评选等，建立完善评选表彰激励机制。加强职业道德监督，架起公司党委和基层员工连心桥，聚民心汇民智，助力高质量发展。努力把公司发展成果惠及员工，切实提升员工幸福指数。

（张超阳）

苏里格气田分公司

【概况】 苏里格气田分公司（以下简称"分公司"）主要产品为天然气。2022年，分公司在册职工353人。分公司党委下属4个党总支，2个直属党支部，14个基层党支部，党员219名。分公司设13个机关职能科室、8个基层单位、1个直属单位。截至2022年底，分公司资产原值213.36亿元，净值85.87亿元，有各类设备6572台，资产总体新度系数0.40。设备采购合格率100%；工程质量合格率100%；天然气交付合格率100%。

2022年，分公司完成天然气井口产量27.95亿立方米（商品量25.95亿立方米），累计完成天然气井口产量420.91亿立方米（累计外输天然气产量401.03亿立方米）；实现收入24.29亿元，超额完成全年生产经营指标（见表8）。

【勘探开发】 2022年，《苏里格气田苏10、苏11和苏53区块开发调整方案》通过审查并获得批复，部署井位1659

表8 苏里格气田分公司主要生产经营指标

指标	2021年	2022年	增长幅度
投产井（口）	149	117	−21.48%
新井井口产量（亿立方米）	3.57	2.37	−33.61%
老井井口产量（亿立方米）	24.04	25.58	6.41%
措施挖潜增产量（亿立方米）	4.44（5.16）	4.5	1.35%
天然气井口产量（亿立方米）	27.61	27.95	1.23%
轻烃产量（万吨）	2.52	2.55	1.19%
收入（亿元）	23.81	24.29	2.02%

口，设计年生产能力27亿立方米。扎实开展苏39区块地质研究与储层评价，明确天然气南富北贫、高富低贫分布特征，证实苏39区块西北部、西南部具备页岩气藏"甜点"特征。利用二次处理地震资料动静结合、精细解释，在苏10、苏11、苏53区块优选次级有利区15个，控制地质储量213亿立方米，实施9口甩开控制井，落实可动用地质储量63亿立方米。精细评价未动用层潜力，在苏53区块盒8段4小层落实剩余气6.4亿立方米。

【产能建设】 2022年，分公司强化作业工序衔接，征地周期缩短2个月，钻前周期缩短10%。编制、推广钻完井技术模板，打造水平井（侧钻）示范工程，平均完井周期缩短29.3%，平均砂岩钻遇率88.05%，为近4年最高水平；首年平均日产2.0万立方米，同比保持稳定。坚持在零下25摄氏度极寒天气组织压裂施工，全力抢追新冠疫情影响进度，2022年新井生产天然气2.37亿立方米，贡献率29.63%。

【采气生产】 2022年，分公司科学研判、精细谋划，首次自主完成苏10区块4条管线清管作业，外输能力提高40万米^3/日；促成LNG、CNG项目、建成苏10-1阀组至苏53-1站增压转输项目，增加30万米^3/日应急外输能力，基本解决苏10区块外输限产难题，全年增加天然气产量约1亿立方米。建成苏10-6、7阀组至苏10-1站集气支线，完成苏10-1站一期、苏11-4站二期扩建工程，构建安全高效的外输保障体系。遵循"一井一策、低投高产"原则，持续优化措施工艺，实施增产措施16.7万井次，成功率87.9%，增产天然气4.5亿立方米，千立方米气增产措施成本降低20元，区块综合递减率控制在21.91%，为历年最低。全流程挖掘轻烃产量，投用高架采出水罐11具、称重地磅8台，生产轻烃2.55万吨，同比增长1.21%。利用下游停产、限产等窗口期实施集气站改造、压缩机组保养等作业，科学部署4台橇装压缩机辅助外输，减少天然气产量影响6053万立方米。组织各采气作业区化整为零、互相协助，有效解决疫情封控期间跨区域巡检问题，确保采气生产有序开展。

【科技创新】 2022年，分公司承担长

城钻探工程公司科技项目2项，参与研发5项，自主攻关课题15项。参与研发"致密砂岩气藏侧钻水平井效益开发技术集成与规模化应用"，实现密井网区剩余气的高效挖潜和储量难动用区的有效开发，获长城钻探工程公司科技进步奖一等奖；"苏里格排水采气新工艺与智能化系统推广应用"获科技进步奖二等奖。应用元素录井技术62次，采纳率96.7%，分析准确率100%；应用超低密度水泥浆体系，水泥浆一次上返高度明显提高，固井质量合格率达到92.78%；2口丛式井平台试验"拉链式"作业，压裂施工周期提效45%以上；开展低伤害压裂液体系试验，平均套压19.5兆帕，返排率52%，初期日产1.1万立方米，达到预期生产效果；引进长冲程机抽、射流泵排水采气工艺，3口水淹停产井实现不同程度复产。组织召开分公司第八届"青年气井分析会"、首届"班组成本分析会"等群众创新创效活动，征集五项成果72项，青年科技论文6篇，1名员工入围集团公司第二届创新大赛。

【安全环保】 2022年，分公司严格落实安全生产"一岗双责"，全年召开4次安委会。实行安全生产记分制度，对72人次记36分。严格出行审批，利用防疫软件完成83批880余人次信息报备；完成335人新冠疫苗接种，在疫情解除预防控制前实现"零确诊、零感染"。强化HSE监督站职能发挥，开展内部监督检查561次，承包商监督检查326次，高危作业旁站监督331次，查改问题2299项。扎实开展专项整治活动，落实专项任务50项，查改问题462项，新建危废库房5座。邀请专家开展HSE体系内审，查改问题242项，修订发布《HSE管理手册》。利用安全月、环境日广泛开展宣传教育，制作条幅65条、挂画100余套、宣传册2000余份，促进"一切事故皆可预防"安全理念深入贯彻。全年回收压裂放喷气21井次1090万立方米，折算标煤14497吨，超额完成节能减排指标。引进二氧化碳干法压裂技术，试验井节约用水量400余立方米、消耗液态二氧化碳423吨，标志着分公司向绿色低碳发展迈出坚实步伐。

【提质增效】 2022年，分公司突出低成本发展原则，加强计划财务、业务部门、基层单位"三位一体"过程管控，扎实推进"技术提效、管理提效、降本增效"三大举措，共计创效3.49亿元，其中增产创效3.27亿元，节约税费1680万元，降本节支475万元。新增LNG、CNG项目，满负荷运行预计创利2000万元/年，形成新的利润增长点。

【企业改革与管理】 2022年，分公司完成"两化一升"实施方案部署，更新、再造生产经营管理工作流程248项。严格落实重点工作督办、项目市场周报制度，助推分公司"十项"重点工作高质量完成，平均市场采购时效缩短7天。坚持"大科室、大岗位""小机关、大服务"方向，压缩机构数量2个，基层领导人员职数1个。落实人才强企工程，制定修订干部管理、人才培养、薪酬分配等5项管理办法和意见，构建完善"生聚理用"人才发展机制。完成苏11-4站数字化改造，建成苏53区块数字化生产指挥平台，开发《产能建设管理系统》《智能办公平台》等信息化应用系统，推动生产经营管理从"地面"迈上云端。

【精神文明建设】 2022年，分公司落地落实"第一议题"制度，全年开展专题党课、党的二十大精神宣讲等活动64场次，广大党员干部员工理论水平显著提升，获长城钻探工程公司年度党建研究成果2项，精品党课1项。压紧压实"两个责任"，深入开展违规吃喝问题专项治理和"反围猎"专项行动，承担长城钻探工程公司微腐败治理2项课题研究，推进巡察共性问题整改、监察对象覆盖，分公司清风正气持续充盈。"三三融合"服务中心，开展"奋进新征程 建功新时代 喜迎二十大"系列活动，助力分公司天然气累产量突破400亿立方米大关。深化"转观念、勇担当、强管理、创一流"主题教育，班子成员下沉一线开展形势任务宣讲和调查研究7次，推动解决生产经营难题和员工急难愁盼问题57个。推进健康企业创建，构建"1+5+N"员工健康管理体系，成功救治突发疾病员工2人；重点关注患有高风险慢性病的员工，为"五高"员工匹配健康管理方案，通过微信公众号发送定期监测、跟踪回访、随访问卷，促进员工健康管控。扎实开展"我为员工群众办实事"实践活动，跟踪推进沙漠书屋、场馆改造、健身器材配备等6个年度实事惠民项目；实施精准帮扶解困，累计帮扶困难职工56人次，慰问外部市场值班员工及家属611人次，发放慰问金和慰问品79.79万元，让组织温度助燃工作热情。

（王 伟）

四川页岩气项目部

【概况】 四川页岩气项目部（以下简称"项目部"）成立于2014年4月，负责川南页岩气风险作业业务，担负着组织页岩气项目发展规划、开发方案编制、产能建设组织、采气生产组织、安全环保管控等职能，项目部采用油公司运行管理模式。

2022年，四川页岩气项目部用工总量421人，其中合同化员工187人、市场化用工72人、内部调剂40人、劳务外包118、海外挂职4人；在册职工259人，其中教授级高工2人，高级职称23人，中级职称58人，助理级职称30人；项目部有技师6人，高级工71人，中级工52人；党员152人。项目部设12个职能科室，经理办公室（党委办公室）、生产协调科、气藏与地质科、工程技术科、基建管理科、质量安全环保科、财务资产科、物资装备科、经营计划科、组织人事科、党群工作科和地方协调科；设1个直属机构，HSE监督站；设4个基层单位，四川威远页岩气作业区、荣县作业区、煤层气作业区和车队。

2022年，项目部全年生产天然气15.21亿立方米，同比2021年净增3100万立方米，产量创历史新高，井均测试产量21.5万米^3/日，最高单井测试产量达38.3万米^3/日，获得威204H19、威202H84和威202H85三个百万立方米平台。

【主要措施】 产建环节衔接紧密。2022年，项目部科学编排、动态调整各井工程施工进度，全年完成钻井压裂22次，交接验收83次，合格率达97.6%。加强生产保障及沟通协调力度，全年解决以化解噪音、扬尘等矛盾因素为重点的阻工事件66次，同比下降17.5%。

钻井总体指标持续向好。强化地质及工程技术交底、施工技术指导，助力钻井提速提效，全年完井27口，建井周期112.02天，同比缩短7%。深度分析完钻井的构造及储层参数，同步推进随钻模型实时迭代、随钻对比、元素录井多技术结合，解决三维地震资料缺失问题，全年完钻26口井，平均水平段长1800米，铂金靶体钻遇率96.8%，同比提高0.8%，其中17口井达100%。

新井测试获得高产。利用应力、流量、伤害、产能"4因子"试验推广试油气录井新技术，提高单井产能及EUR目标，全年完成测试32口井，平均单井测试产量21.5万米^3/日，其中8口井超30万米^3/日。

压裂提效成果显著。优化设计、精心组织，解决压裂施工中的储层埋深增加及套变压窜等难题，全年完成压裂32口井672段，同期最高组织4套机组有序施工，平均单井改造段长1601米，段数21段，压裂时效达到1.81段/日，其中威202H85平台最高日压5段，刷新单日单机组最高时效纪录。

地面配套持续完善。统筹谋划地面工程建设，优化集输系统，全年建成各类管线24.19千米、井站4座、泵站3座，CC202-6集气增压站一次性试运行成功，完成CC202-8集气增压站站内改造，威202井区30个平台实现集中增压全覆盖。

措施挖潜助力老井稳产。实施差异化分类管理、优化措施论证、持续跟踪评价等举措，形成6大类10小类工艺措施，全年实施措施1930井次增产2.1亿立方米，同比提升0.3亿立方米，平均开井时率95.5%，气井利用率99.5%，164口老井综合年递减率控制在30%以内。

【安全生产】 2022年，项目部监督检查实效持续提升。消除风险隐患，遏制安全事故，开展井控、应急、环保、防洪防汛等各类检查332次，发现整改问题隐患1732个；追溯管理责任，全年记分42人，累计50分，促进全员主动履职尽责。

完善QHSE管理体系。健全组织机构，优化人员配置，压实管理责任，完善HSE委员会职责，签订全员HSE目标管理责任书，修订规章制度114项，操作规程35项，迎接DNV、长城钻探工程公司以上HSE体系审核及检查10余次，以问题为导向追根溯源，举一反三，提升管理能力和水平。

加强承包商安全管控力度。坚持业务与安全两手抓、两手硬，强化承包商安全资质审核、HSE合同备案管理、施工全过程管控、竣工安全绩效评估等工作，发挥建设单位、监理单位、属地单位、承包商现场监管的联动效用，提升项目风险管控能力，项目部所属72家承包商全年未出现重大风险隐患。

坚持常态化疫情防控。落实长城钻探工程公司及地方政府疫情防控要求，抓实抓细疫情防控，建立全环节、全流程防控台账，形成从领导到基层、承包商"横向到边、纵向到底"的疫情防控全员责任体系，及时储备发放医用口罩、抗原试剂、应急药品等，做好隔离宿舍调配和送餐工作，为广大员工提供后勤保障。

【经营管理】 2022年，项目部强化合规管理。开展以案促改、综合治理专项行动，解决合规管理突出问题，化解并防控合规风险。完善合规管理制度5项，发布法律风险提示书5份，与"三商"签订诚信廉洁协议书70份，自查合同345份金额20亿元，发现并整改风险点源10项，夯实项目部依法治企工作基础。

强化投资成本管控。完善投资成本管控体系，创新投资管控模式，明确投资成本控制指标，对各类项目实施差异化、精细化管理。全年完成投资11.2亿元，平均单井投资成本与40亿稳产方案单井投资标准基本持平。

深挖提质增效潜力。通过精细管理、革新创造等方式，实现降本增效；合同价格实现下浮，签订79份外包服务合同共节约资金1043万元；利用电代油节能减排，对比柴油节约资金3610万元，减少二氧化碳排放3.3万吨，减少压裂清水用量，重复利用返排液76.7万立方米，综合利用率达96.7%。

【科技创新】 2022年，项目部推进科技兴企发展战略。全年承担3个集团公司科研项目，完成2个长城钻探工程公司级项目，自筹开展10个项目，科研经费总投入1.0亿元，组织申报的川南页岩气压裂新技术和威远页岩气藏与工程一体化实践分别获集团公司科技进步奖一等奖、长城钻探工程公司科技成果奖二等奖。

持续压裂技术攻关。围绕压裂提速提效提质，论证并应用试验新工艺技术。威202H84-5/6井开展绳结暂堵试验，威202H87-2/6井试验多维度暂堵压裂技术，4口井测试产量均超25万米^3／日；威202H85平台应用声呐测井监测技术，监测出5井井筒异常，为套变预防及后续压裂调整提供依据。

优化排水采气工艺复产压窜井。优化外排、替喷、正举、反举和同步降压气举等措施，形成压窜井综合治理技术方案，复产压窜井13口井79万米^3／日，平均恢复程度64%，平均用时62天，同比缩短23天。

推进数字化智能化建设。建立生产管理系统，实现动静态信息可看、可查、可交互，为管理人员提供全面的辅助决策信息支撑。研发智能开关井系统，设计具备定时间、定压力、定流量的开关井智能设备和程序，综合节约70%人工，试验井平均递减率同比降低5%。

【党建工作】 2022年，项目部抓好基层党建工作。建设坚强有力的基层组织，发挥党员的先锋模范作用，持续固堡垒强管理、抓融合促发展，党建工作和生产经营工作实行同步制定、同步落实、同步考核。开展党章学习、保密教育、红色观影等主题党日活动，全面推进"党建+"、共产党员工程等党建活动载体，提升党员干部的党性修养。

强化党风廉政建设。深入开展反腐倡廉教育，完善监督防范体系，对权力运行实施全方位、全领域、全过程监控；全年组织签订党风廉政建设责任书、廉洁从业承诺书73份，学习长城钻探工程公司下发的腐败案例、通报类型文件12场1500余人次，开展违规吃喝专项监督检查，节假日喊话提醒，组织各部门及车队、食堂负责人现场述廉。

持续改善民生福祉。坚持发展依靠员工，发展成果惠及员工，做到真办事、办实事、见实效，解决员工的急难愁盼；组织开展"我为员工办实事""金秋助学"等活动，解决合理诉求23项，为员工购置饮水机、更换卧具等，提高员工生活品质；关心关爱困难职工，全年投入慰问、帮扶资金90余万元。

（耿朝辉　王丝雨　韩　磊）

工程技术研究院

【概况】 2022年，工程技术研究院（以下简称"工程院"或"院"）有在册职工292人，其中博士研究生2人、硕士研究生87人、本科学历146人；教授级高级工程师2人、高级工程师109人、工程师138人。院下设8个基层研究所，1个钻井工程设计监督中心，1个海外技术与科技信息中心，10个机关科室。全院拥有固定资产原值18512万元、净值5074万元。

2022年，工程技术研究院承担上级科研项目和课题51项，其中集团公司级17项；获长城钻探工程公司级以上科技奖励20项，其中省部级科技奖励9项，"川渝页岩气'钻井科技示范工程'技术研究及规模化应用"等2项科技成果获集团公司科技进步奖二等奖，"一种自吸式围压保护取心内筒及应用方法"获长城钻探工程公司专利金奖；申请发明专利89件，创历史新高；《陆地起钻式保压取心作业规范》入选集团公司国际标准培育项目，取得历史性突破。全年实现技术服务收入3.46亿元，高承压膨胀管技术和保压取心技术应用效果分获中油技服贺信；协助4个区域专班开展技术支持，获书面表扬信6封。获长城钻探工程公司2022年度先进单位和质量安全环保先进单位，企业管理、质量安全环保、党的建设等工作保持稳健发展势头。

【科技创新】 2022年，工程院全面完成各级科研计划任务。高承压膨胀管技术攻克高性能大膨胀率管材、金属复合永久密封等技术难题，形成高承压补贴、膨胀尾管悬挂、裸眼封固3个技术系列，在威204H19-1井、阳101H91-1井分别完成国内首例页岩气套变及套断井筒重构试验，创膨胀管补贴密封承压97.8兆帕的世界纪录。80兆帕保压取心技术针对深层页岩油气勘探开发需求，攻克球阀主动密封、高温高压测量、含气量测试等关键技术，在大安101、棋探12等井成功应用，创保压储层压力100兆帕、页岩气含气量测试11米^3/吨和保压取心深度超5000米3项纪录，为科学评估页岩油气储层物性和资源量提供有力支撑。复杂老井封堵系列技术创新形成裸眼井找眼重入、利用落鱼钻具封堵盖层、绕鱼重入老井眼3项工艺技术，开发180摄氏度高强度、高密封性封堵材料，创新应用无源磁导向、磨料射孔等多项新技术，成功封堵国内第一口双井眼、双落鱼老井马215井，试压15.13兆帕，创造老井封堵多个"国内首次"。低成本油基钻井液技术研发低油水比低土相油基钻井液体系，油水比达到70：30，适用于零下25摄氏度条件，解决低油水比条件下油基钻井液乳化稳定性及沉降稳定性难题，单方成本较常规油基钻井液降低15%以上，对比沈273同平台水基钻井液平均完井周期节约66天，钻井综合成本平均降低39.6%，为致密油平台降本增效提供技术保障。

【技术支持】 2022年，工程技术研究院深度参与长城钻探工程公司区域工作专班，开展工程模拟分析计算等技术支持近400井次，效果明显。威远页岩气完井26口，在平均井深、平均垂深较2021年分别增加210米、35米的情况下，钻井周期、完井周期与2021年数据基本持平，钻机月速度提高29%。加强钻井设计管理，协同兄弟单位发挥地质工程一体化优势，优化轨道设计，降低轨迹控制难度，威远页岩气31口井井身轨道设计符合率均为100%。开展趾端滑套优选、完井通刮洗模拟分析、模板编制、新型工具设计制造等技术支持，有效降低事故复杂。全程参与苏里格风险作业统一共享技术模板的编制工作，通过中油技服审批，并下发基层队推广执行。开展异常井筛查、问题井诊断、排采措施优选、方案编制、现场施工及后期效果分析等全过程技术支持300余井次，助力"两气"超额完成措施增产任务，总结服务经验，成功开拓吉林流转区块市场。加大海外数字化转型研发推广力度，在尼一乍项目累计完成107口钻完井数据采集，实现了CNODC—长城钻探工程公司—集团公司一体化平台数据实时共享，提升甲乙方海外工程技术远程支持、管理与决策能力。完成南苏丹EI、苏丹Gumry油田钻完井方案编制、鲁迈拉钻井设计，为公司争取投标的加分项。

【市场开发】 2022年，工程院在国内市场，加强技术交流与推介，技术服务创收规模稳中有进。稠油分段完井技术针对性解决热采水平井动用难题，获得甲方认可，连续两年创收1500万元以上。钻井取心技术服务开辟吉林、青海、海南福山、中国石化等新市场，保压取心持续保持国内行业领跑地位，常规取心与保压取心创收突破3000万元。井筒举升技术等服务收入持续增长，创产值3600万元以上。在辽河油田全面开展一体化开窗工具、陀螺定向、防磨套、扩孔工具等侧钻井配套技术的现场示范与推广，创收近1200万元。钻完井设计、监督、信息化服务首次进入吉林流转区块市场，全年创收4300余万元。水基钻井液与油基钻井液服务完成创收2550万元。控水增油项目自2019年以来首次回归辽河市场，创收近400万元。开展钻井综合提速、径向钻孔等技术服务55井次，创产值559万元。CO_2准干法压裂技术首次进入中油煤层气市场，完成2口井施工，其中大吉2-2A井日产气量对比同层常规水基压裂日产气量提升40%，创收351万元。高承压套中固套回接技术和膨胀管补贴修复技术拓展服务领域，陆续签订长庆油田18口井"套中固套"和中油煤层气50口井套管修复服务合同，合同额达2000万元。

【质量安全环保】 2022年，工程院安全生产形势保持平稳受控。创新管理技术和管理方法，编制实验室QHSE管理责任卡，制定覆盖基础管理、设备管理、应急管理和岗位职责等12个方面的管理内容，有效弥补实验室管理人员HSE水平不足、管理不到位的情况。深化专项安全生产整治，在重点时段加强对重点地区、重点领域、重点单位开展安全生产大检查，组织安全生产检查37次，发现问题86个，培训现场人员133人次。定期召开月度、季度安全例会，交流查找问题与不足，督促落实安全生产专项整治工作措施。落实井控管理要求，学习宣贯长庆油田及西南油气田2022年井控实施细则，修改和补充原钻井设计中的井控设计，保证设计的符合率和准确性。开展月度、季度井控培训，强化项目组人员、驻井监督及信息员防喷演练实操，提升现场人员井控意识和技能。对照长城钻探工程公司新版应急预案，重点修订现场应急预案，组织应急演练7次，切实增强员工应急能力。应对辽河油区洪涝防汛，组织防汛队伍巡堤值守58人次，得到长城钻探工程公司主管部门肯定。

【企业改革与管理】 2022年，工程院全面梳理管理制度和管控流程，制修订规章制度24项，分批分类及早启动年度集中采购工作，持续落实招标管理等治理措施，严格项目流程监督、审批采购，全年谈判项目整体降幅达4.2%。调整部分机关科室业务职能，归口招标、外事、机加工、市场等管理职责，实现管办分离，划清工作责任界面。强化科技项目管理，采取科研月度例会、季报、三基KPI考核、中期检查等措施，多维度跟踪科研项目的进展和动态，成立大修侧钻等专项技术攻关小组，集中联合办公，抓好任务督办，靠实进度成果。加强外部市场生产组织与协调，成立西部、西南市场2个前线工作组，明确工作组管理责任，实现院管理工作前移和外部市场的集中统一管理，规范市场开发等管理活动秩序。实施派工单制度，抓实工程技术服务方案设计和服务过程管理，突出施工前方案的审核与施工中跟踪对接，及时排解潜在的工程事故隐患，将施工后技术资料归档情况纳入季度考核重点内容，提高工程生产管理效率。持续推进资产结构优化，分类评估识别高效资产、低效资产，加快闲置设备的调剂利用，国内1

套电驱设备向胜利油田优质市场转移创效，国外2套迪拜闲置氮气设备调剂到伊拉克市场，堵住效益出血点。

【党建和思想政治工作】 2022年，工程院严格落实"第一议题"制度、中心组学习制度、"三重一大"决策制度和党员领导干部"一岗双责"要求。围绕党的二十大精神等开展不同层次宣讲、党课67场次，组织红色观影、"强国复兴有我"大讨论等活动。深化思想文化建设，扎实开展"转观念、勇担当、强管理、创一流"主题教育，深入落实意识形态工作责任制。在内外部媒体发布宣传报道538篇，举办"我们的节日"等主题活动。坚持好干部标准，严格工作程序，完善考评体系，提拔、调整科级干部19人，强化干部队伍建设。探索科研企业特色的基层党建"三基本"和"三基"工作有机融合模式，强化"铁人先锋"运用。开展创"红旗党支部"活动、"争做好学党员"评比、"七一"表彰；新建2个党建活动室。深化"文化倡廉 教育促廉"主题活动，组织第十三次"作风建设月"，创作发布廉洁短剧、廉洁真人漫画。做好巡察"后半篇"文章，全力推进60项整改措施到位。强化日常监督，严肃执纪问责，开展"反围猎"专项行动、"微腐败"专项治理。深入推进"五大工程"，征集、表彰员工创新创效成果17项。推动"我为员工群众办实事"持续走深走实。将"庆祝建团100周年"主题贯穿全年，承办长城钻探工程公司首届青年科技论坛，开展院"五四"表彰、青年管理论坛等活动。高质量实施"青年精神素养提升工程"。

（赵 云）

地质研究院

【概况】 2022年，地质研究院有员工160人，其中企业高级专家5人，一级工程师3人。下设7个机关科室、6个专业研究所。主要承担国内外能源市场开发、油（气）田地质、油（气）藏工程、采油（气）工艺及地面工艺研究、方案编制、技术支持等业务。全年完成收入5697万元（国内4001万元，国外1696万元），同比增长444万元，增幅8.5%；成本支出5312万元（国内4660万元，国外652万元），同比增长401万元，增幅8.2%。

【市场开发】 2022年，地质研究院发挥"地质工程一体化"中的先导作用，拓展市场空间，新签合同额1000万元，在自身创效的同时，拉动公司工程技术服务业务工作量。

国际市场方面。针对苏丹和乍得市场开发过程中暴露的主要开发矛盾，通过技术攻关，创新形成复杂断块油藏高效开发技术系列，包含苏丹剩余油研究系列和乍得高效注水系列，实现不同类型油藏高效开发。在南苏丹市场，项目组克服疫情和时差影响，利用远程会议与甲方沟通协调，高效完成《Great Unity 油田加密井优化研究》《Gumry 油田调整开发方案》《El-Toor 油田 FFR》等项目研究工作，并派 1 名工程师到甲方开展技术支持工作。《Gumry 油田开发调整方案项目》结题，在苏丹项目部的协调下，完成地质院首次海外项目培训工作，为今后其他海外项目培训积累经验，提高地质院知名度，对海外业务市场推广有着积极的意义。在苏丹市场完成 2B 区 5 口电加热井方案优化设计及设备加工、检测工作，并与甲方及项目部密切沟通，跟踪苏丹六区 3 口高凝油井新合作意向。在乍得市场，新签《Lanea 和 Phoenix 油田调整方案实施跟踪研究》合同并精心组织运行，顺利通过验收。协助乍得上游项目公司向 CNODC 总部和集团公司报批《乍得 2.2 期油田开发调整方案》研究成果，为长城钻探工程公司未来工程工作量提供超前保障。围绕公司国外项目部及 CNODC 技术需求，在印度尼西亚、尼日尔、加拿大、伊拉克、乍得、巴基斯坦等市场开展技术推介 10 余次，高效完成印度尼西亚巴图拉丹地热资源、加拿大钾盐、土库曼斯坦碳酸盐岩气田等多个国家不同类型资源的地质特征及潜力评价工作，不仅在地热、钾盐资源领域积累经验，也为长城钻探工程公司领导决策提供依据，提升 GWDC 地质研究市场影响力。

国内市场方面。着眼重点技术服务市场，通过技术攻关，创新形成产量风险评估和井震联合的源、储、圈空间分布预测技术系列，发挥自身优势，助力地质和工程融合。在辽河油区开启了大平台合作模式，甲方提出"八包"要求，产量指标首次纳入考核。地质研究院积极响应，多次与甲方对接讨论，先后完成雷72、奈1、河21等7个主要平台的产量指标风险评估工作。全年完成 12 个区块背景调查，复核 16 个构造圈闭，建立 7 个地质模型，产量预测精度达 92%。对于产量预测结果明显低于甲方要求的区块，地质院及时提示兄弟单位，有效规避因产量指标不合理造成的工程款损失。参与中联煤神府、临兴区块投标工作，发挥致密气地质研究、气藏工程方面的技术优势，为工程院、录井公司等兄弟单位投标工作提供有力的技术支持。

【主要措施和成果】 2022 年，地质研究院开展各层级科研攻关 26 项，同比增长 38.5%，获局级以上科技进步奖 8 项，申报发明专利 7 件，荣获集团公司专利金奖 1 项，制订长城钻探工程公司级以上标准 4 项，参与修订国家及行业标准 2 项。在注重科技创新的同时，兼顾基础管理工作中的总结创新，推广在科研生产工作中的优秀管理经验成果，获石油石化企业管理现代化创新优秀成果 2 项。

【科技创新】 2022 年，地质研究院围绕长城钻探工程公司"两气"示范工程和效益开发项目，开展 11 个课题研究工作，取得一批技术成果，保障"两气"提产增效。

苏里格自营区块。地质研究院针对老区剩余气分布复杂、接替区资源品质降低、低产低压井逐年增多等生产难题，深化地质开发认识，在地震储层预测、气水分布规律和单砂体储层构型及地质工程一体化部署设计方面做深做细，形成致密气高效开发配套技术系列，为苏里格的持续稳产提供技术保障。精心组织、科学证论，致密气开发调整方案顺利通过审查。依托长庆油田300亿方框架方案，编制苏10、苏11、苏53区块开发调整方案及苏39区块试采方案，夯实储量基础、优化开发技术政策及指标，规划井位1659口，为区块"十四五"稳产提供科学依据。精细研究，精准预测，逐步落实含气富集区，部署井位391口。集成6大类16项富集区优选配套技术，攻克低饱和度气藏富集区预测难点，近3年落实含气富集区8个，地质储量442.49亿立方米，部署实施井位391口，建产能22.79亿立方米，累产气在5家合作开发单位中率先突破400亿立方米。持续攻关水平井部署—设计—导向一体化技术，储层钻遇率保持较高水平。配套形成薄储层、低饱和度气藏水平井差异化部署设计技术、地质—工程一体化导向技术，近3年完钻水平井48口，平均砂岩钻遇率达到83%以上。深化老区剩余气研究，推动侧钻水平井规模化应用与效果提升。基于砂体构型分析，建模—数模一体化定量评价剩余气分布规律，总结4种剩余气分布模式，明确侧钻水平井井间和层间两种主要剩余气挖潜方式，规划井位215口，累计实施74口，增产9.32亿立方米。

威远页岩气区块。地质研究院针对裂缝及微构造发育、应力复杂、储层非均质性强等特点，持续攻关研究，形成以"甜点综合评价"等11项关键技术为核心的地质—工程一体化页岩气高效开发技术系列，为区块高效开发提供技术保障。攻关裂缝分级预测技术，实现多尺度断层裂缝精准刻画。针对天然裂缝分布复杂、预测精度低等问题，采用相干、曲率、蚂蚁体等地震属性，对不同尺度裂缝进行分级预测，形成多尺度断层裂缝、多信息分级刻画技术，裂缝预测精度由70%提升至80%。精细甜点类型研究，助力高产平台建设。平面上分为甜蜜区、甜蔗区、甜橘区和柠檬区，纵向上按龙一$_1^1$小层特点细分为U、F、M三种甜点类型；分区优选铂金靶体，采取井位差异化部署，优化后单井控制储量提高34%，为气井高效开发提供有效资源保障，助力7个日产百万立方米平台建设。升级地质导向模板，铂金靶体钻遇率逐年攀升。针对主力建产区埋藏深、断裂发育、微幅构造复杂等特点，研究形成多属性融合的微构造精细刻画技术，实现3米以上挠曲变化预测精度达80%以上；通过三维地质模型实时迭代、随钻对比、元素录井等多技术结合，实现精准入靶及水平段轨迹精细控制，近5年平均铂金靶体钻遇率由74.7%提高到97.1%。精细压裂地质设计，持续提升改造效果。创新应用CMSE储层可压性评价方法，优化段簇设计方案，保障压裂施工，2022年度压裂施工符合率达97%。

【质量管理】 2022年，地质研究院落实"质量工程"，提高创新质量。施行矩阵式项目管理模式，建立项目质量控制计划表，在关键控制节点确保"项目组—所—院"三级审核，保证研究质量，提高研究效率，促进高质量创新，助力科研和生产有机融合解决技术难题。获辽宁省 QC 成果 2 项，获辽宁省优秀质量管理小组 2 个，其中 1 个班组被推荐为国家级优秀班组。鼓励科研人员建立工作流程、操作规范、技术手册，推动技术有形化，消减人员变动等不利影响，保持技术传承。培育成熟成果制定技术标准，提升转化效率。制订《页岩气调查测井技术规程》等 3 项行业标准和 2 项公司企标，提升长城钻探工程公司在页岩气开发领域的影响力。落实"安全工程"，助力成果落地。运用长城钻探工程公司 EISC 平台和专家智力资源，将构造精细解释和地应力建模技术成果应用到钻井方案设计中，准确识别、评估风险，预判地层微构造可能导致的井控风险，实现地质和工程井控险情预防与处置一体化，实现创新成果安全落地。

【安全生产】 2022 年，地质研究院深入推进责任制落实。编制印发《地质院 HSE 职责》，按照"三管三必须"工作要求，从通用安全生产职责和业务风险管控职责 2 个方面细化 HSE 责任，明确工作任务和工作标准，并逐级签订《HSE 目标责任书》，实现指标逐级分解，责任逐级落实。制定《安全生产应急管理办法》。从组织机构职责、应急准备、应急监测与预警、应急处置与救援等方面制定细则，明确要求。开展危害因素辨识和风险评价活动。按照"问题导向、风险导向"的原则，组织全院员工开展危害因素辨识和风险评价工作，辨识出危害因素 40 项，均制定相应的预防控制措施。加强敏感时期的安全环保升级管控工作。严格落实公司安全部门各项工作要求，完成全国两会、党的二十大等敏感时段的安全稳定工作。深入推进办公室"三重覆盖"安全检查。全年开展拉网式安全大排查 12 次，发现问题 35 个，全部完成整改。做好车辆安全管理工作。组织开展突发交通事故应急演练，谋划方案编制、演练组织、活动总结，提升相关人员的应急处置能力。严格落实节假日期间车辆"三交一封"制度，严控长途用车以及前线值班车辆的审批、使用管理，全年实现"行车零违章、安全零事故"的目标。

【党建工作】 2022 年，地质研究院强化政治建设，保持战略定力。深入学习习近平总书记重要讲话、重要指示批示精神等 12 次，不断坚定做到"两个维护"的政治自觉；持续完善"三重一大"决策程序，全年召开党委会 16 次，集体研究议题 28 个，实现将党的领导和企业治理有机融合。注重思想引领，提高政治担当。院两级党组织讲授专题党课 15 次，开展宣讲 12 场次，激励广大党员干部扛起科研单位的使命和担当。坚持固本强基，强化党建引领。完善基层党建工作"述评考用"机制，开展 7 名党支部书记抓基层党建述职，对标考核评价，提升院党支部的组织力和执行力。突出"生聚理用"，激发内生动力。完善干部任用、监督管理、考核评价等一系列制度，制定《基层领导人员管理规定》；建立健全人才发展机制，组织制定《人才强企工程实施方案》，对 33 名技术人员开展考核答辩，实现人才能上能下、能进能出，激发人才队伍内生动力。深化从严治党，提高防腐拒变能力。组织关键岗位签订党风廉政建设责任书和廉洁从业承诺书各 60 份，形成以上率下、层层压实责任的党风廉政建设责任体系。持续强化关键节点廉洁提醒和廉洁风险点排查，确定 22 个廉洁风险点，制定 23 项防控措施。群团凝心聚力，汇聚奋进合力。院党委带头走访、慰问困难职工及外部市场家属累计 64 人次，发放各类慰问金 6.5 万余元，实现慰问困难职工及外部市场家属全覆盖。

【经营管理】 2022 年，地质研究院管理效能持续提高，全年非生产性支出 2782 万元，同比降幅 1%，其中五项费用发生 16.2 万元，完成长城钻探工程公司下达的非生产性支出和五项费用指标。加大会务统筹管理力度。会议预订统一管理，会议服务更加规范化、统一化，全年召开各类视频会议 270 余次，保障政务活动和科研生产项目高效运行。完成 EISC 会议室建设，为长城钻探工程公司致密气分中心落户地质院提供硬件基础。盘活全院办公设备。按照轻重缓急、分步实施的原则，利用科研经费采购工作站、台式电脑、笔记本电脑、打印机等 25 台套院急需设备。强化资产基础工作，定期维护全院 516 台套设备"账、卡、物"等基础资料。精简低效资产，报废固定资产 21 项。加强科研经费使用管理。全年提报科研采购需求立项报告 13 项，发生科研经费 732 万元，其中资本化支出 113 万元，费用化支出 619 万元，控制在公司下达计划内。开展设备维修商务谈判。办公设备维修配件参照京东价格，修理单价节省 10%，有效降低办公设备修理成本；明确不同车辆修理单价，修理价格更加精准。落实地方政府减免社保费用及稳岗就业补贴等政策。累计减免社保支出 3 万元，返还稳岗补贴 11 万元。

（李春华）

物资公司（招标中心）

【概况】 2022 年，物资公司（招标中心）在册员工 391 人，其中在岗 288 人，包括领导班子成员 5 人（另有挂职领导 1 人）、机关科室 52 人、直属管理中心 14 人、业务部门 49 人、基层单位 168 人。国内外共设仓储站点 9 个，其中自有 3 个、租赁 6 个，仓储总面积 8.81 万平方米（见表9）。有主要仓储设备 63 台套，包括叉车 17 台，装载机 1 台，起重机 2 台，随车吊 2 台，资产原值 1611.29 万元，净值 177.20 万元，新度系数 0.11。

【生产经营】 2022 年，物资公司全面超额完成长城钻探工程公司下达的各项指标，接收采购计划 70351 条，生成采购订单 68531 条，计划完成率 97.4%。全年实现营业收入 508023 万元，同比增加 103348 万元，增幅 25.5%；账面亏损 943 万元，同比减亏 2145 万元，减幅 69.5%；全年非生产性支出 15804

表9 物资公司主要仓储设施统计表

序号	单位	设施名称	库房面积（平方米）	料棚面积（平方米）	料场面积（平方米）	备注
1	辽河仓储站	兴隆台库	6910	2138	3900	自有
		欢喜岭库	3800	4380	7743	自有
		井下库	2732	1678	—	自有
2	天津仓储站	天津仓储基地	10800	3900	6500	外租
		天津港保税区	112	—	—	外租
3	长庆仓储站	陇县库	1480	—	1700	外租
		乌审旗库	1219	2447	22209	外租
4	西南仓储站	威远库	3000	—	—	外租
5	格兰特公司	迪拜杰布阿里保税区	1000	—	500	外租
总计			31053	14543	42552	

万元，比预算指标16300万元节约496万元。截至2022年末，物资公司期末库存7707万元，与年初数相比下降3141万元，降幅28.95%。其中实物库存4498万元，与境外未结算物资成本3209万元。全年招标中心接收采购方案2265个（招标1269个）。所接收采购方案估算总金额302.62亿元。组织实施确定中标／签约金额176.56亿元，对应估算金额193.59亿元，资金节约金额17.03亿元，资金节约率8.8%。累计实现标书售卖费和中标／签约服务费收入2471万元；资金支出（专家评审费）268万元。

【物资保供】 2022年，物资公司接收系统采购计划73754条，去除投资计划、代储代销计划等，计入考核采购计划为70351条，生成采购订单68531条，按时完成采购订单62112条，统购物资采购完成率97.41%，统购物资采购及时率90.63%，统购物资采购效率93.35%。与2019年统购物资采购完成率86.03%，统购物资采购及时率63.09%，统购物资采购效率72.27%对比，分别提高11.38%、27.54%、21.08%；与2020年统购物资采购完成率95.44%，统购物资采购及时率79.76%，统购采购效率86.03%相比，分别提高1.97%、10.87%、7.32%；与2021年统购物资采购完成率94.75%，统购物资采购及时率85.20%，统购采购效率89.02%相比，分别提高2.66%、5.34%、4.33%（见图1）。

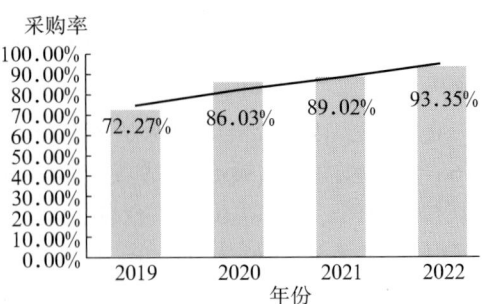

图1 2019—2022年统购物资采购效率对比图

【业务管理】 2022年,物资公司全面提升基础管理水平,确立全年"落实年""深化年"的工作总基调,遵循"回顾修正、落实延伸、加强提升"三大步骤,扎实推进制度修正、计划管理、时效控制、标准化建设等16项工作措施落地见效。梳理在用制度87项,完善采购管理、供应商管理等制度24项。探索建立物资业务闭环管理机制,实行境外物资结算月清月结管理,按月围绕采购、仓储、配送、退税、成本结转全业务链进行清理检查,对执行异常的业务查清原因并整改,提高结算效率,起到及时纠偏规范前端业务的作用。集中专业骨干力量成立工作专班,从业务全流程闭环管理、时效控制入手,开展全周期梳理、全链条分析,深入查找、因症施策整改管理的短板弱项,出台供应商送货计划管理、境外物资结算管理规定,首创性着手编制物资保供业务操作手册,为最终实现"工作流程、基础资料、工作衔接、工作职能"4个标准化奠定坚实的基础。强化资金、合同、内控及在途物资管理,聚焦采购仓储等重点领域,紧盯入出库等关键环节,实行督查、质量、内控等多部门联动核查机制,公司规范化精细化管理水平显著提升。推行一体化监督管理模式,把安全监督职能并入督查部门,业务监督效率进一步提高。持续加强内部激励与约束机制建设,坚持问题导向,细化考核分类,突出对管理短板弱项的考核导向,力求考核指标设置可量化可评估,更加强调考核结果的精准激励作用,在原有基础上构建起全新的经营业绩考核体系,同步推进全员绩效考核体系完善,进一步规范专项奖励管理,以工资和业绩考核兑现为主、专项奖为辅的薪酬管理体系更加健全完善、科学合理,充分激发和调动各方面工作积极性,确保公司各项生产经营管理目标顺利实现。

【贸易工作】 2022年,物资公司实施"双轮驱动"战略,立足风险可控前提,毫不放松的推动贸易业务发展,召开贸易业务专题会议13次,开展贸易项目可行性论证,就全方位收集市场信息,主动出击寻求合作等做出部署。5次向上级专题报告贸易工作,争取贸易政策、贸易资金等方面的支持。健全贸易激励政策,出台《物资公司市场开发工作奖励暂行办法》,调动全员参与市场开发的积极性。全年签订贸易合同43份、贸易额1.06亿元,对外创收再创新佳绩。积极探索开展大宗料贸易、拓展供应商反供应等新型贸易模式,贸易业务发展方向更加明晰,"物资供应+贸易创收"强企之路充满希望。

【提质增效】 2022年,物资公司扎实推进提质增效工程,层层压实责任,加强动态监控,强化过程督导,降本降费降库存11项措施全面落实,成本费用、"两金压控"等目标全部实现。全年实现经营收入50.8亿元,同比减亏2141万元,非生产性支出1.58亿元,比年度考核指标节约495万元;积压物资处置率48.9%,库存物资降幅30.1%,采购资金节约率8.6%,招标创收2235万元,闲置资产出租创效165万元,再次打赢提质增效攻坚战,为长城钻探工程公司效益最大化贡献力量。

【干部队伍建设】 2022年,物资公司持续发力内部变革,稳妥实施组织体系优化提升，公司下设三级机构由35个压减至30个，组织运行体系更加精干高效。物资公司着力建设高素质员工队伍，统筹推进人才价值提升、"三强"干部队伍锻造等人才强企工程，突出加强优秀年轻干部培养，开展挂职锻炼、轮岗锻炼和"师带徒"系列活动。坚持好干部标准和正确用人导向，选拔优秀年轻干部，调整交流三级管理人员7批次/38人，其中提拔和进一步使用6人次，干部队伍结构进一步优化。加强基层领导人员考核评价与日常监督，强化考核评价结果应用，提振干事创业的"精气神"。分类开展职业素养和专业技术培训，全年完成各类培训29期/652人次，业务人员钻井专业知识轮训、机关业务人员综合能力建设等培训收效良好。第三轮"强质量、提效率，'慵懒散浮拖'整治专项行动"扎实开展，全员执行力和工作效率稳步提高。5个集体和55人次获长城钻探工程公司及以上奖励，涌现出以于阳等为代表的一大批先进典型，员工精神面貌更加奋发昂扬。

【质量安全管理】 2022年，物资公司持续开展安全生产专项整治和隐患排查治理，全员安全意识和安全技能普遍提升，安全生产基础更加夯实，安全管理水平迈上新台阶。从严从紧落实各级常态化疫情防控要求和措施，加强重点时段、关键岗位人员管控，公司疫情防控形势保持稳定。强制实行实物入库验收和送货计划管理，并加大货物验收现场督查和货物质检频次，切实加强货物数量和质量管控。物资公司倡导开展QC小组活动，提升质量管理水平。通过开展QC小组活动，公司降本增效、经营管理等方面工作成果形式多样、效果显著，为公司发展形成有效助力，并连续多年获辽宁省质量科技成果奖。2022年，物资公司招标二部和价格管理部联袂发布的"缩短全流程项目组织实施时间"成果被评为辽宁省质量科技成果奖一等奖，追平物资公司QC小组最高获奖纪录。物资公司报送的异地评审和谈判管理2个QC小组，被评为辽宁省质量管理优秀小组，另一个QC成果"提高谈判文件归档效率"获辽宁省质量科技成果奖三等奖。

【党建群团工作】 2022年，物资公司全面加强党的建设工作，以党的政治建设统领党的建设各项工作，坚持思想建党和制度治党同向发力，压紧压实各级党建责任，持续优化党组织设置，严肃党内政治生活，深入学习习近平新时代中国特色社会主义思想和党的二十大精神，组织第一议题学习研讨26次，5篇论文被评为长城钻探工程公司优秀党建成果案例，深化党员创先争优工程，推广铁人先锋平台应用，党费交纳、三会一课、主题党日等组织制度全部实现线上落实，智慧党建考核走在二级单位前列，全体党员理想信念更加坚定、纪律规矩更加严明。深入开展主题教育和宣讲讨论活动，两级党组织举办主题教育宣讲22场次，全员服务意识、责任意识不断增强。坚持严的主基调不动摇，持之以恒正风肃纪，加强重点工作监督，推进廉洁文化建设，开展模拟巡察专项检查，深入整改发现的共性问题，全年实现线索初核件总量和电子监督问题核实量"双下降"，风清气正的干事创业氛围日益浓厚。

（谢　茜）

昆山公司

【概况】 2022年，昆山公司用工总量198人。其中合同化员工22人，市场化员工176人；经营管理和专业技术人员79人，生产操作人员119人。昆山公司党委下设管理、科技、市场、生产4个党支部，党员54人。下设13个部门及单位：管理板块设综合办公室、财务资产科、生产设备与经营计划科、质量安全环保科四个部门；技术板块设技术开发中心一个部门；主业经营板块设生产制造部、设备运维部、采办仓储部、油田市场经营部、社会市场经营部、国际市场经营部6个部门；资产经营板块设金昆液化气分公司、金昆大厦两个部门。

2022年，昆山公司以习近平新时代中国特色社会主义思想为指导，按照长城钻探工程公司全局部署，坚持"安全平稳、技术领先、规模优化、效益优先、党建提升"工作方针，完成年度各项生产经营目标。全年实现主营业务收入3.34亿元，完成年度计划的104%；发出各类产品20764吨，完成年度计划的101%；生产各类产品26297吨，完成年度计划的114%；公司资金回笼3.18亿元，人均创利12.46万元，净资产收益率10.7%。

【安全生产】 2022年，昆山公司完善危废处置、特殊作业等38个管理制度，健全监督站安全管理职能，开展风险隐患辨识评价，修订HSE责任制和全员岗位责任清单，落实安全承包与领导联系点制度，层层签订安全环保责任书、承诺书，推进月度和年终HSE绩效考核，印发员工安全文化手册，制作企业安全文化宣传栏，深化基层班组QHSE标准化建设，开展"职业健康宣传周""安全生产月""节水宣传周""事故警示月""6.5环境日""质量月"、应急演练等主题活动，全员安全责任落地落实。

2022年，昆山公司推进双重预防系统数字化建设，梳理事故隐患排查治理台账，规范实验室和危化品管理，制定涉磷企业"一企一策"，开展土壤环境、节能节水、用电安全、特殊作业等专项治理，安装3条货车装卸"生命线"，购置更新防爆叉车、防爆空调、车间防护罩等设备设施，开展粉尘、噪音等职业健康危害因素检测，推进厂区和厂界异味治理，校验质量管控计量仪器仪表，完成集团公司产品质量认可申报，实现QHSE提质升级。2022年，公司通过集团公司QHSE体系审核、DNV体系审核、江苏省两轮重大危险源市级交叉检查及省级督查，发现的各类问题完成整改闭环。

2022年，昆山公司坚持材料采购、生产及国内外销售等一体化特色经营管理模式，研究制定"合规管理强化年"实施方案，修订物资采购、招标管理、产品销售等管理制度，梳理完善合同管理等流程105个，加强合同全过程、信息化管理和监控，严格落实资质准入审查，完善价格形成机制，规范结算流程，强化内控管理，防范合规风险；加强会计基础工作，规范报销、资金、资产、财务预决算等管理工作，完善财务共享业务服务平台运行管控，落实提质增效专项行动，充分利用国家高新技术企业、研发支出加计扣除、增值税留抵退税等政策，全年节税660万元。

【技术领先】 2022年，昆山公司项目攻关见到实效。承担完成集团公司内部优势产品瓜尔胶课题研究以及2个局级项目、5个处级项目，加快新技术、新产品研发推广。对高附加值改性多糖进行多维度的精细结构组成分析，提升多糖分析水平；聚合物压裂液工艺持续优化，有效降低生产成本；海水基压裂液体系取得重大突破，为与中海油服全面合作赢得机会；酸性压裂液体系性能提升，在大庆、辽河等油田推广应用；阳离子羟乙基纤维素完成技术储备，低硼起泡胶、玩具用交联剂配方优化，活性印花糊料、阳离子瓜胶调理剂等民用高端产品已形成市场规模；完成降凝剂产品研制，产品性能经实验室评价基本满足应用要求。

技术服务高质高效。技术骨干克服疫情困难，封控期间通过线上方式，协调解决吉林、华北油田低残渣压裂液施工中遇到的流变剪切、沉淀析出等"疑难杂症"；解封后，第一时间赶赴和转战中海油、大庆、冀东、辽河等油气田现场一线，做好了压裂液施工现场应用、效果分析等多项工作，完成26个油田压裂液配方设计和优化，取得良好成效，获华北油田书面表扬。同时，加强印花糊料、高端增稠剂、玩具等民用产品市场技术支持与试验推广服务，建立起泡胶胶水结构分析方法。全年完成技术支持服务95天，合成样品超200个，检测分析样品超4900个，结构剖析外来样品超270个。

科技创新成果丰硕。建立微交联聚合物性能评价平台，引进扩散波谱仪、应变控制型流变仪等高端精密仪器，完成气相色谱氢气发生器等仪器维修维保，甄选博士后、硕士等专业人才4人，加强与江南大学、四川大学等科研院所的产学研合作，取得一批科研成果。2022年，昆山公司通过国家高新技术企业复审，入选国家外专千人项目，获评江苏省专精特新企业，通过江苏省外国专家工作室和多糖植物胶工程技术研究中心验收，挂牌中油技服压裂液技术分中心，获得集团公司科技成果转化创效奖、中国石油与化学工业联合会优秀专利奖以及长城钻探工程公司基础研究奖、科技进步奖等荣誉，6件发明专利、2件实用新型专利获得授权。

【规模优化】 2022年，昆山公司老旧装备更新步伐加快。投入382万元完成碾压设备、升降平台、粉碎机、换热器等关键生产设备设施更新改造；完成电力增容至4850千伏安，实现所有生产车间同步、高效、满负荷运转；推进干法高取代度产品生产车间投产运行，该车间产能规模升级至1500吨／年；梳理设备及维保项目明细清单，明确设备和属地部门管理界限，完善设备改造更新流程，推进生产调度主控室、锅炉远程监测、工控系统等信息化建设，全面提升生产制造效率。

成品日产量创新高。克服因4月疫情停工停产33天、因限电减产16天、因12月新冠轮休部分车间停产12天等不利因素，全力消化停工停产损失的产能，加强和优化生产计划管理，组织干部员工吃住在公司、骨干轮班顶岗，保证每日产成品供应不中断；全力优化生产运行配置，梳理优化混调流程，缩短检维修人员现场检查维护时间，总结摸索出一套快速出结果的速测方法，成品车间考核改为计件制，全年公司产成品一次性合格率达到99%，成品日产量最高达80吨，平均提升50%，创历史新高。

降本增效成效显著。从完善技术路线入手，落实产品工艺定型，加快活性印花糊料等新产品放大生产，优化HPG、JK101生产工艺，提取回收利用乙醇和异丙醇溶液，处理长期库存产品，MVR蒸发处理避开用电波峰，部分业务改铁路运输模式，合计节约成本近1000万元；实施采、购分离，落实招投标制度，完善请购、采购、入库、验收流程标准，实行比质议价、择优选优、动态分析，疫情期间紧密协调、高效保供，全力满足生产各项需求，全年采购议价金额220万元；优化仓储库存管理，紧密加强市场、生产、物流三方协调，实现公司瓜尔胶常规产品不入库、即发货，提升动态库存规模。

【效益优先】 油田市场提质增量。2022年，昆山公司把握工作主动权，在疫情暴发前迅速奔赴各油气田，并快速连通火车运输通道，解决3月以来公路管控、发运受阻难题，实现新疆等油田常规瓜尔胶正常保供；落实"三化"发展要求，驻守油田现场一线，持续抓好高端压裂液体系销售推广和现场服务，在华北油田拓展低残渣压裂液体系市场，在大庆页岩油会战中大量推广应用酸性、速溶等压裂液体系，在辽河油田成功应用150摄氏度高温压裂液体系，在中海油南海东、渤海完成海水基压裂液体系施工。全年油田市场施工4500口多直井、350多口水平井，发出各类产品18726吨，完成年度计划的107%，同比增长45%。

国际市场稳中有进。克服疫情封控和产能紧张影响，调整营销策略，运用电话、视频、网络平台、期刊杂志等渠道，采用跨国直销和区域代理双结合模式，开发新的潜在客户，加快构筑品牌国际影响力；通过为国际客户多方协调转运资源，守住存量市场、开发优质客户，稳定与雅芳、狮王、巴斯夫等跨国企业的战略合作关系，实现美国3M定制化新产品开发和订单转化，巩固国际高端日化市场份额；通过关注市场、精耕细作，积极开拓建筑涂料、农业、玩具等新市场。全年，国际市场发出各类产品995吨，同比增长6%。

社会市场平稳有序。持续完善"经销+直销"营销模式，疫情期间创新性提出分包转运方案，结合网络、展会和重点客户拜访等营销方式，扩大市场销售规模；通过全力拓展活性印花糊料市场，依靠技术创新提升产品品质，逐步形成以点带面市场销售局面；通过实施差异化市场策略，日化市场实现逆势增长；通过加强与民丰等大型造纸企业的合作关系，稳固造纸、酸性印花等传统市场；通过探索阳离子纤维素等新应用领域，紧抓市场机遇。全年社会市场发出各类产品1043吨，与2021年基本持平。

存量资产充分盘活。在促进主营业务市场稳定发展的同时，推动金昆大厦物业等非主营业务发展，充分盘活优化存量资产。为主动消除重大危险源带来的风险，液化气分公司有序关停，正在转变经营模式；金昆大厦物业出租率100%，全年实现收入549万元，积极履行国有企业责任，减免租金140万元。

【党建提升】 党建基础更加牢固。2022年，昆山公司以党建为引领，加强政治建设、组织建设，学习贯彻习近平总书记最新重要讲话和党的二十大精神，召开第二次党员大会，完善党建工作制度25个，党委中心组学习研讨16次，开展主题教育宣讲16次，党支部换届选举3个，签订廉洁责任书、承诺书、协议书覆盖率100%，规范"三会一课"、主题党日、平台应用，建设基层文化墙，落实惠民安心工程4项，慰问困难、退休等员工35人，梳理完善党员责任区45个，支委联系点12个，挂牌党员先锋岗8个，凝聚团结奋进的磅礴力量。

引领作用发挥到位。面对因疫情停产等困难，充分发挥基层党组织和党员干部的先锋作用，成立5个工作组，制定封闭管理、轮休减产应急预案，利用即时通信、视频会议等信息化手段，保证疫情之下工作"不停摆"；各级领导干部每日关注员工及同居人员健康情况，及时了解员工所需所求所想，发布居家防疫健康提醒，督促全员配合社区做好核酸检测，广泛开展形势任务主题教育宣讲，鼓励员工坚定信心同抗疫稳经营；复工复产工作组坚持加班加点，加强与地方政府的沟通协调，抓住疫情平稳好转"关键点"，第一时间申报"无疫企业"，严格按照"五个一"要求提前做好复工复产准备，成为区镇第一批完成复工复产的企业；党员干部挺身而出、冲锋在前，化身志愿者全力配合政府和社区做好核酸检测、巡逻巡检、防疫消杀等工作，用实际行动传递温度、奉献与担当；严格落实科学防控要求，优化落实疫情防控措施，落实物资后勤保障，关注员工健康安全，实现了疫情防控与生产经营"两手抓、两不误"。

素质能力持续提升。落实人才强企40项具体措施，招聘引进26名研发、设备等专业人才和操作人员，调整和选拔18名基层干部、首席工程师、部门助理，组织161名员工进行履职能力评估，开展培训14期、微培训532次，推行基层班组"1+N"和员工进阶式培训模式，进一步提升队伍素质与综合能力；完善"效益、业绩、价值"为核心的绩效管理体系，加大对科研技术、成果转化、推广应用队伍的考核激励，打造人员能进能出、岗位能上能下、薪酬能升能降的市场化管理机制，充分激发研发骨干的创新动力和工作活力。

（王　全　滕　琴）

工程服务公司（长庆工程技术项目部）

【概况】 2022年，工程服务公司（长庆工程技术项目部）在册员工135人，其中合同化员工113人，市场化员工22人。公司机关下设10个机关科室，5个生产单位，3个服务部门，1个科研单位，1个监督单位。截至2022年12月，公司有固定资产696台套原值8801.64万元，净值2528.59万元，生产设备251台套，办公设备331台套，房产及场地10项，辅助工具及设备104项。其中房产及场地原值5,457.69万元，净值1947.18万元，资产占比62.01%，新度系数0.36；生产设备（含车辆）原值2681.81万元，净值384.78万元，资产占比30.47%，新度系数0.14；办公设备原值499.51万元，净值122.22万元，资产占比5.68%，新度系数0.24；辅助设备及工具原值162.63万元，净值74.41万元，资产占比1.84%，新度系数0.45。

【生产经营】 2022年，工程服务公司以习近平新时代中国特色社会主义思想为指导，深入贯彻落实长城钻探工程公司三届五次职代会精神，坚持稳健发展方针和高质量发展要求，打造提质增效"升级版"工程，积极应对市场缩减及各类超预期因素影响，经营效益符合预期，财务状况保持稳健，超额完成长城钻探公司下达的经营业绩指标。

【主营业务】 油田地面建设方面。2022年，西部项目部完成井口工艺安装103口，输气管线焊接84千米，扩建苏11-4站等重点项目。西南项目部焊接集输管线15千米，供水管线14千米，建造CC202-6集气增压站1座。公司完成"两气"生产服务综合保障任务，畅通了输气"动脉"，为"两气"增产、稳产提供强劲动力。推进特色工程技术稳步发展。

工程技术服务方面。内蒙古、四川地区建造内部钻前平台84座，外部长宁公司钻前平台4座，水井大修完井177口，为长城钻探工程公司油气井开钻筑牢基础。国际项目部持续服务于乍得中华石油（OPIC），新建、翻新、修复多个井场圆满完成"2+6合同"，组建Ronier基地维修车间，为前线队伍提供车辆及施工设备维修、保养等服务140余台次，夯实国际外部市场基础。聚焦装备成套业务，赋能环保新技术。

装备制造方面。东部项目部紧紧依托长城钻探内部需求，制造营房151栋，固控系统13套，油水罐37套。践行绿色低碳战略，向"绿"而行，生产环保卫生间14栋，生活用水一体化装置11套，为公司发展注入绿色动能。技术开发中心完成测井配件23564件，测试配件190套，响应测井、测试公司物资装备需求，高质量完成国内外装备保障工作。

拓展后勤保障领域，推动服务业务多元化。离退休职工服务中心办理在京离退休人员社会化衔接、慰问 1104 人次；职工活动中心组织接待人员 32077 人次；车队安全行驶 13.8 万公里，完成通勤保障等任务 9173 次。综合项目部联合办公室处理文印资料 15 万份，整理长城公司档案 28.7 万页，服务"中油技服钻采研讨会"等各类会议会展活动 50 余场次，承担长城钻探工程公司各项综合后勤服务保障工作，以崇高的使命感和荣誉感，精心组织实施、反复锤炼提升，推动综合保障业务扎实发展。

【**市场开发**】 2022 年，工程服务公司践行"市场为王"理念，推进以公司为主导、前线项目部为主体的市场开发机制，稳固扩容内部市场，增量拓展外部市场。开发钻机修理业务。深挖古巴、尼日尔等海外项目部设备修理业务内容，公司重点海外大修项目古巴石油公司 CUPET-4 钻机大修完成并开钻作业，取得海外大修市场和效益双丰收。主动出击科威特、墨西哥和伊拉克等项目设备成套装备业务，取得科威特三钻四修，墨西哥 1 部钻机和伊拉克 2 部修井机的全部成套工作量。拓宽川南、陕北等国内区域设备修理服务范围，新增钻机盘刹、井电检测等服务，检测盘刹 94 套、井电 28 套，钻机设备修理产值再创新高。深化集团公司内部市场开发。主动获取外部有效市场招标信息，科学统筹投标方案编制，完成外部市场投标项目 6 个，中标长庆油田第二采气厂产能建设项目组 2023 年度钻前工程第二标段第一名，合同额约 800 万元。与西部钻探新签订 4 套钻机平移装置合同，实现收入 345.52 万元；与浙江油田新签订 1 套污水处理装置合同，实现收入 41.01 万元；与渤海钻探新签订 3 项环保产品售后服务合同，合同额约 115 万元；以第一名成绩中标中油服环保卫生间框架招标项目，合同额约 854.8 万元。

【**风险管控**】 2022 年，工程服务公司以"合规管理强化年"为契机，提升"两化一升"管理水平，从顶层设计把握合规管理总体安排，深入开展合规风险排查，强化合同闭环管理，高标准推进依法合规经营，促进长效机制建设取得实效。深入开展合规管理排查治理。编写《工程服务公司"合规管理强化年"执行方案》，针对公司业务领域开展全方位合规风险排查，梳理和排查公司业务可能面临的风险 15 项，及时落实防范措施。开展经营业务合规管理问题专项治理，持续推进招标投标、物资采购等领域的违法违规问题风险自查，完善合规管理体系。规范管理制度编制，提高制度管理质量。严格执行制度立项审查、集体审议机制，保障制度制定的严肃性和合规性。细化完善企业管理制度，查漏补缺，规范设备租赁、生产用成品油使用等关键环节，强化基建业务现场 HSE 管理，编制修订《工程服务公司基建业务现场 HSE 管理规范》等各类规章制度 19 项（新增 6 项，修改 13 项，废止 1 项），提升管理制度的实用性、可操作性，将合规制度建设融入管理日常，全面提升依法合规经营水平。提升业务流程管控，强化合规风险提示。加强岗位风险防控机制建设，防范化解重大风险，建立工程用地补偿款的审批结算等流程，提升细节和过程把控，打造有利于公司长足发展的内外部环境。培育合规文化，护航高质量发展。增强全员法治观念，对依法合规治企自上而下开展多层级宣贯培训，组织开展全员学习《中石油合规教材》视频，引导干部员工合规办事、依法治企，培育依法合规文化，促进企业高质量发展。

【精益管理】 2022年，工程服务公司深化"四精"管理，以"质""效"双增、价值创造为主线，精细成本管理，精益生产管理，确保公司年度生产经营目标的实现。思想上绷紧弦，积极应对疫情影响。统筹部署各施工地区的防疫工作，编制《新冠肺炎疫情防控常态化工作方案》，切实强化疫情防控责任落实。严格执行属地疫情防控和安全生产措施，超前储备生产物资，密切甲方和政府的协调，形成科学的疫情防控和安全生产工作体系，实现生产组织"不掉线"。加强工程造价审核，提升造价管理水平。聘请专业人员加强基建类项目结算审核，将投资项目支出积极上报审计中心；下发《工程服务公司（预）结算管理办法》，完善基建项目的概预算、招标（谈判）控制价报审等资料。完成基建类结算（终结）审核106项，共计13213.78万元，审减共计104.07万元；基建类进度款结算审核38项，共计4561.34万元；基建类招标（谈判）控制价审核97项，共计22953.23万元。其他类结算审核272项，共计20779.46万元。送审计中心审核项目6个，送审金额3748.92万元。严把产品质量关，创新产品监造模式。引入信息化手段加强生产监督管理，采用远程视频的方式对产品进行监造、验收，确保产品质量安全可靠。严控外协加工成本，优化加工工艺，降低制造费用，促使宝石机械公司加工费用降低了10%，提高产品的利润率。提质增效精准发力，质量效益更加凸显。推行"一项一策，多轮谈判"方式压降采购成本，加工定制类合同，平均下浮比例为7.94%；设备租赁类合同，平均下浮比例为4.44%；运输类合同，平均下浮比例为10.26%；基建服务类合同，平均下浮比例为1.18%；物资采买类合同，平均下浮比例为6.93%；修理修造类合同，平均下浮比例为7.93%；其他类合同，平均下浮比例为11.34%，全力推进低成本发展，成本精细管理创效1032.28万元。科技创新提速升级，科研成果更加丰硕。推行科研项目全过程管理，聚焦装备核心技术研发，承担长城钻探工程公司级科技项目1项，处级科技项目3项，制修订4项企业标准，制定局级技术规范1项，局级安全操作规程1项，申请集团项目实用新型专利2项，发明专利1项。研制钻井自动化装备取得显著成效，研发自动化猫道装置，大幅降低井队甩钻具作业劳动强度，提高操作安全性。持续推进物资采购信息化，强化电采平台的应用。优选电子采购2.0系统筛选采购物资，完善电商采购流程，规范电商采购行为，加强安全类物资、办公用品、生活物资采购技术审批环节，提高物资保障效率。物资管理部以文件方式发布两项工程服务公司物资采购技术规格书。

【人才建设】 2022年，工程服务公司坚持将党管干部与发扬民主相结合。坚持"公开、公平、竞争、择优"的选人用人工作方针，严格贯彻执行选人用人制度规定。通过民主推荐的形式，严格履行干部选拔任用程序，调整11名科级干部，调动1名干部赴西南项目前线，切实将优秀干部选拔到适合的工作岗位上。聚焦组织体系业务调整，推进组织机构改革。结合公司生产经营实际，调整公司部分机构及岗位2次，压减公司机构4个，推进组织结构的扁平化，有效激发公司活力。贯彻落实技能人才开发工程，激发技能人才活力。持续贯彻落实技能人才培养，加强技能人才管理，通过考核方式严管技能专家续聘，续聘单位技能专家1名，特级技师1名。重点维护建筑企业资质，筑牢市场开拓根基。提前筹备4项建筑业企业资质延期工作，统筹规划人力资源。强化资质人员队伍建设，增强持证人员数量，提升专业能力，确保资质管理规范有序。制定《关于开展注册建造师、注册安全工程师自学取证工作的通知》，激励在册在岗员工考试取证，为公司长远发展建立人才储备。

【质量安全环保】 2022年，工程服务公司有感领导、深化履职，层层压实HSE责任。落实领导责任。领导班子成员践行有感领导，党政领导带头签订个人安全行动计划，各层级干部个人安全行动计划执行率100%，有效公示率100%；生产靠前指挥，班子成员先后8人次驻扎一线，确保重点工作安全有序完成；定期开展安全生产承包点专项活动，累计完成活动记录45份，发现、整改问题50项，安全生产承包点活动开展效果显著；完成领导授课4人次，参与公司内部审核2次，组织"安全生产月""消防月""职业健康宣讲周"等活动。压实直线责任。1月，公司经理、党委书记分别与10个机关科室及9个生产单位QHSE第一责任人完成线上《QHSE管理目标责任书》签订工作，累计反馈责任书19份，内容真实有效。公司副科级以上领导干部根据岗位HSE职责，结合业务开展HSE活动，制定2022年度个人安全行动计划，累计反馈29份，并在网站主页进行公示，接受全员监督，促进各级领导干部落实HSE职责，带动全员安全能力和意识提升。公司开展"两节"等假期及特殊敏感时段专项检查7次，开展项目部安全隐患专项排查3次，开展车辆安全等专项检查3次，通过各项检查，有效推动直线科室责任落实。夯实属地责任。公司各项目部有序开展节后复工复产安全生产工作，对在用施工承包商主要人员48人次进行复工复产安全培训工作，确保施工作业HSE管理受控，防范安全事故发生。高危作业区域区长挂牌7处，落实高危作业安全责任；随工程项目签订承包商HSE承诺、协议13份，承包商施工前评估9个单位，属地责任进一步夯实。培育全员责任。在公司范围内梳理和签订全体员工《QHSE责任清单》，累计反馈134份，梳理全员QHSE责任；开展全体员工《筑牢安全生产防线 为高质量发展保驾护航》学习、答题活动，持续强化安全责任意识提升。

完善制度、优化资源，实现全面软实力提升。修订规章制度。按照长城钻探工程公司两化一升工作要求，公司梳理各项QHSE规章制度，持续规范公司QHSE制度建设，保障各项QHSE工作有规可依、有章可循。完成梳理QHSE工作程序14项，修订《工程服务公司个人劳动保护用品管理实施细则》《上锁挂牌安全管理办法》《临时用电作业安全管理办法》《吊索具使用管理实施细则》《动火作业安全管理实施细则》等安全管理细则。为确保基建生产过程中风险受控，强化基建业务作业现场HSE管理，公司在全面梳理现有作业种类，总结日常安全生产工作经验的基础上，编制完成《工程服务公司基建业务作业现场HSE管理规范（试行）》，进一步提升现场管理的规范性、系统性和科学性，保护员工的健康和生命财产安全，保护生态环境，提高队伍的整体竞争实力，为市场拓展提供坚实基础。执行HSE费用合规管理。各科室、项目部严格执行公司《QHSE专项费用实施细则》，公司自行下达费用化项目4批13项65万元，组织实施完成13项65万元，各项QHSE工作严格遵守长城钻探工程公司、公司规章制度，践行合规管理。

强化HSE培训，提升全员整体素质。根据国家颁布法律、公司管理办法，结合各项目部现场实际需求，公司组织开展"QHSE重点工作解读""作业许可管理应用"培训；参加上级宣贯学习各类HSE会议精神、事故案例警示教育15次。各项目部执行QHSE培训计划要求，开展承包商夏季八防、危化品安全、工具方法使用等各类安全培训工作。7月下旬至9月底，分别对西南项目部、东部项目部及职工活动中心、西部项目部及承包商管理人员开展安全知识教育培训活动。通过帮助项目部及承包商单位开展施工现场安全生产隐患排查，对项目施工现场各方管理人员及作业人员进行安全教育培训，帮助提高管理人员及作业人员基本安全生产意识和安全防护技能水平。培训内容以《国家及集团公司安全生产精神传达》《QHSE管理体系理念及建设》《员工个人防护装备的配备和使用》《作业许可管理及应用》《上锁挂牌管理及应用》《开展工作前安全分析》《开展班前会》及《动火作业管理》《有限空间作业管理》《高处作业管理》《临时用电管理》《吊装作业管理》《动土作业管理》《管线打开作业管理》7项高危作业现场管理等知识为重点，通过典型事故案例分析、课堂模拟开展工作前安全分析和召开班前会，模拟各项作业许可申请、审批、执行、关闭各项流程，使项目部管理人员，尤其是承包商现场管理人员对现场安全生产意识和安全技能得到很大的提升。此次安全培训活动，3个项目部及9家承包商人员共计140余人参加，做到基层人员全覆盖，安全生产意识在一线员工之中生根发芽。

覆盖检查，量化考核，全方位制定纠正措施。监管分离，成立监督机构。公司成立QHSE监督站，明确组织机构及成员，实施巡回监督+驻点监督模式，分布在东部、西部和西南三个区域履行监督职能，强化现场风险管控与隐患排查治理，发挥承上启下、督察监督和服务保障作用。对公司3个区域在用主要承包商施工现场及驻地日常监督检查120队次，发现并关闭各类问题232项。现场制止35起人员违章现象，消除各类施工现场隐患问题42项，培训现场岗位员工313人次，开展管理追溯20次，下发《安全问题整改通知单》23份，切实发挥监督作用，及时消除安全隐患，有效遏制各类安全事故发生。

开展公司内审，突出审核效果。为验证公司QHSE管理体系运行的适宜性、符合性、有效性，推动并保证其健康、持久发展，按照年度内审计划安排，公司于6月9—21日、11月7—17日，分别组织完成上、下半年QHSE体系审核工作。审核采用按科室/基层项目部审核的方式，对领导层、对10个机关科室、9个基层项目部进行看、问、听、查及现场检查取证。共检查应急演练4次，承包商检查6家，参加班前会3次，检查作业现场8个，作业许可模拟签票4次，针对性培训5次，追溯典型问题6项，累计发现HSE问题159项，质量问题35项。通过审核问题，可以看到作业现场安全风险管控措施落实仍不到位；工具方法在现场应用仍然未得到全面执行；作业现场规范化作业程度仍不足，施工工器具完整性差、设备设施跑冒滴漏现象依然普遍存在；员工识别风险、管控风险能力依然不足，现场"三违"、安全隐患未得到彻底的消除。

【党建工作】 2022年，工程服务公司严格落实党委理论中心组学习和第一议题制度，强化党委班子成员树牢理想信念、把握政策形势、熟悉党务知识，不断提升党委班子理论水平和工作能力，全年中心组学习12次，集中研讨4次。健全完善制度，坚持贯彻民主集中制。重新修订《工程服务公司三重一大决策实施细则》等制度，党委班子成员率先垂范，带头贯彻落实，提升公司科学决策水平，决策落实实效，全年组织召开三重一大会议22次，审议审定议题36项，确保权力在阳光下运行。高效推进主题教育，深化岗位实践。组织开展"转观念、勇担当、强管理、创一流"主题教育活动，坚持全域联动、全员覆盖，基层组织开展集中宣讲，班子成员深入主管业务科室开展宣讲18次，利用三会一课、主题党日等活动开展宣讲20余场次。突出监督检查，提升拒腐防变意识。组织召开公司党风廉政建设和反腐败工作会议，部署全年党风廉政建设重点工作任务；组织签订《党风廉政建设责任书》，严格落实一岗双责制度。针对长城审计、纪委巡察指出的问题，强化政治意识，组织整改，落实整改责任，研究制定整改措施，64项问题已基本完成整改。坚持以人为本，不断提升员工幸福感。深入了解员工群众的真实需求，立项8个惠民安心工程项目，提升员工群众的获得感、幸福感和归属感。开展精准帮扶工作，开展重大节日走访慰问，发放慰问品805人次；定期摸底更新完善困难员工档案，春节、国庆走访慰问10余户困难家庭。

（张俊红）

委内瑞拉项目部

【概况】 2022年，委内瑞拉项目部（以下简称"项目部"）涵盖钻修井、井筒技术、测录试和修保业务4个板块10项内容，包括钻修井、油水基泥浆、固控、固井、录井、定向井等井筒技术服务业务以及贸易、修保等辅助业务，具备钻井总包一体化综合服务能力。业主为委内瑞拉石油公司（PDVSA）及其合资油公司，市场覆盖委内瑞拉东部、西部、重油带等PDVSA三大主要油区。在停工特殊时期进行机构整合，将原12个部门压减为6个工作组，分别是市场开发组、生产运行组、安全装备组、财务核算组、人事法律组、后勤保障组。有中方人员12人，外方雇员52人。

项目部主要设备有钻修井机12台，其中ZJ70D钻机4台、ZJ50DB钻机2台、HH300液压钻机1台、E-1700钻机1台、ZJ30C钻机3台、XJ650修井机1台，综合录井仪13套，固控设备56套，固井设备8套，定向井设备3套，顶驱8台。固定资产和长摊资产原值9.25亿元，净值1.33亿元，设备新度系数0.14。

2022年，项目部全面落实长城钻探工程公司国际业务改革和管控能力提升方案要求，研究和探索在规避制裁情况下重新启动作业的各种方案，严格管控和压减各项费用支出，最大限度降低亏损额度。同时，推进工程款清欠及完工工作量结算遗留问题，维护好甲乙方关系，并做好墨西哥等周边市场开发，抓好社会安全管理及疫情风险防控，做好封存设备的保养和看护，为后续恢复作业做好准备。

【经营管控】 2022年，项目部通过岗位合并和一人多岗等措施，将中外方人员压减至最低限度，其中中方人员减少1人。深入开展提质增效工作，严格控制成本支出。通过减控人工成本、安保费用、设备维保费用以及处置报废泥浆材料、修旧利废等措施，压降成本420万元。依法合规治企，防范经营风险。清理和关闭华威公司近3年的市政税诉纠纷讼案件及遗留劳工案件。推进公司经营业务合规专项治理工作，组织排查项目经营重大风险，完成债务风险专项治理行动。密切配合国家税务局开展2019—2020年税务审计，极力规避涉税问题。

推进解决完工合同结算遗留问题。细化分工、落实责任，每周组织召开解决结算遗留问题的工作推进会，拜访PDVSA副总裁及各地区甲方，维护好甲乙方关系，协调甲方加快履行完工合同的图形（GRAFO）号、合同关闭等程序，并督促甲方支付工程款。全年开具发票1923万美元。

做好计提的积压材料报废处置工作。鉴于通过当地出售、调剂等方式全面处置积压材料都无可操作性，按照

《公司物资仓储及库存物资管理办法》及项目"三重一大"决策管理制度，分批次对全额计提的积压库存材料进行报废处置。经过项目部评估，该批积压材料以出售方式转移到项目部所属的第三方公司实施报废处置，这样既可以规避国有资产流失风险，实现报废材料二次利用，又可以快速改善经营状况。项目部与第三方公司签订材料报废处置相关出售合同，并将报废处置实施情况上报公司财务资产处和物资管理部。

【重启作业】 2022年，项目部研究和确定通过构建新运营模式重启作业的实施方案，并获得长城钻探工程公司支持，完成新运营模式第三方公司平台建设和资质办理，并通过该平台与相关合作方和油公司开展谈判。贯彻落实公司国际业务管理委员会办公会议纪要精神，组织做好重启作业的各项准备工作。及时向中国石油拉美公司汇报重启作业进展情况，力争获得最大限度支持。

【市场开发】 2022年，项目部利用第三方公司平台积极开发当地市场。与中委合资乳化油3区块项目（MPE3）公司签订钻修井服务联盟合作协议。与潘瑟斯（Panthers）公司就1500HP钻机综合一体化服务项目达成合作意向，完成并递交商务报价。与当地阿奎佩特（Alquipet）公司达成3套录井、2套定向井设备服务合作意向。完成三角洲服务公司（Delta Servicios）公司550HP小型修井机服务项目投标。自2022年6月起，推进俄油合资公司（Petromonagas）、雪佛龙合资公司（Petropiar）等有支付能力的合资公司市场开发。推进周边国家市场调研和开发，密切配合公司墨西哥市场开发专班做好3000HP钻机租赁项目投标。研读和翻译合同文本，进行风险评估，提出合同条款修订意见，组织标书文件制作，中标4部钻机，并派1名中方人员到墨西哥短期支持。完成对特立尼达和多巴哥、苏里南为期15天的市场调研，编制市场调研分析报告并上报国际事业部。完成当地市场老井修复服务业务调研，并向长城钻探工程公司汇报新上150−350HP小型修井机设备的可行性。利用合作方优势推进新市场开发，配合合作方在委推进多米尼加液化石油天然气（LNG）合作项目，涉及合同额约2亿美元。为中委合资MPE3公司提供真空罐车、随车吊、电焊车等应急保障服务，保障集团公司整体利益，为将来全面介入市场打下良好的基础。

【安全管理和疫情防控】 2022年，项目部加强社会安全管理。协调国民卫队为办公室、各基地大院、中方驻地提供武装保护，升级安防设施，确保中方人员和封存设备及材料的资产安全。贯彻落实新冠肺炎疫情防控工作部署，压实防控责任，落实常态化防控措施，中方人员未发生聚集性感染和回国人员落地检测阳性事件。

【基层党建工作】 2022年，项目部党工委按照长城钻探工程公司党委2022年党建工作总体要求和部署，以召开党的二十大为契机，紧密围绕从严治党战略部署和上级党委要求，持续推进项目政治思想建设工作，推动公司各项决策部署落到实处。组织党员干部学习党的二十大精神，用习近平新时代中国特色社会主义思想凝心铸魂，充分发挥自身

古巴项目部

【概况】 2022年,古巴项目部现有员工370人。其中中方员工102人(含劳务用工16人),当地雇员268人,员工当地化率达73%。有9000米钻机1部,7000米钻机3部,工程技术服务队伍20支。2022年,项目部动用3部钻机(其中一台GW122在6月甲方终止合同,7月开始转入封存),开钻2口,完井3口,累计钻井进尺11987米;钻井液服务7井次,定向井服务5井次,录井服务2井次。2022年满日费率达到100%。其中作业时效占比72.83%,同比2021年作业时效67.30%,增长5.53%;修理时效占比0.12%,同比2021年修理时效0.17%,降低0.05%;零日费占比0%。2022年古巴项目部实现年度考核收入超指标12.34%;非生产性支出2099.26万元,控制在指标以下;五项费用122万元,低于控制指标96.7%。

2022年,古巴项目部获得甲方表扬信52封。由GW91队承钻的CMN-100RE井于2022年2月21日完钻,完钻井深7580米,水平位移6794米,水垂比4.17,难度系数DDI高达7.4,使用螺杆动力钻具在7280米成功定向,刷新长城钻探工程公司承钻井陆上最深、水平位移最大、水垂比最大、DDI难度系数最高、螺杆常规动力工具定向施工最深5项纪录。该井施工中,钻井、钻井液、定向等专业密切合作,利用螺杆常规井下动力工具在井深7280米处成功定向;后期配合钻井参数的调整,精准控制井眼轨迹,完钻点实钻轨迹与设计轨迹中心距仅1.85米。2022年12月,中油技服对井深、水垂比、水平位移三项纪录给予嘉奖。

【市场开发】 2022年,古巴项目部全年新签续签合同额10591万美元,中标待签合同额23400万美元(含以油抵债项目22000万美元),完成公司下达指标29400万美元的117%。

把握甲方日常需求，建立常态沟通交流机制。2022年，项目部与古巴石油总部及下属单位、PETRAF、MELBANA和PAE等客户举行48次会议交流、11次专题推介，建立起常态化的沟通交流平台，准确了解甲方日常作业需求，稳定推进已有合同的执行。

针对甲方潜在需求，拓宽市场广度深度。丰富维修服务内容，已签约和中标待签合同额3373万美元。扩大油套管、尾管悬挂器等采购服务贸易规模，签约合同额304万美元。新增固井方案设计、添加剂供应，新签合同额258万美元。推动完成钻机、录井、定向井等服务合同延期，新增9000米高级测井项目合同，实现泥浆材料运费补偿和GW139日费上涨等，新增合同额2781万美元。

紧跟甲方前景需求，落实多元发展思路。借力公司技术专班到访时机，拜访古巴石油高层及专业公司，推介长城钻探特色技术，收集并落实甲方新需求，谋划项目新发展。推动古巴原油脱硫方案，已经与集团公司石化院达成初步意向并通过国内专家评审，正在组织设计方案的整理和翻译。完成PE、Guasimas区块增产产能建设项目数据资料收集，推动油田地质评估以制定增产技术建议方案，为区块增产合同谈判做好准备。了解古巴新能源发展情况，探讨在光伏发电方面开展合作的可能性，已完成技术商务方案研读，正在联系落实国内相关对接资源。

【科技创新】 工程技术。2022年，古巴项目部通过对54种破乳剂干剂样品进行实验室评价，优选出5种效果较好的助剂样品，并提交给古巴甲方Cinpet实验室进行复核验证测试，其中2种助剂复核结果达到甲方现场理化指标要求（BSW ≤ 2%），古巴甲方对此表现出浓厚的合作意向。引入推靠式 $6\frac{3}{4}$ 英寸A3旋转导向工具，并在STC-105井和FRN-1004井两口井中 $8\frac{1}{2}$ 英寸井眼成功应用。累计下井作业时间497小时，作业进尺447米。工具在井下工作时，信号传输稳定，指令执行准确，能够满足现场作业需求。同时，$4\frac{3}{4}$ 英寸旋转导向工具即将在国内进行试验，后续也将引入古巴市场，力争在VDW-1012井成功应用。2022年，项目完成项目部办公室、前线基地、GW91队和GW139队的EISC设备的安装和运行。由于受限于当地法律和与甲方签订的合同约束，油田相关数据禁止通过民用互联网传输，因此，4个工作地点未能实现联网视频监控以及工程数据传输到项目部服务器。经过与甲方Cupet的交流，甲方同意在古巴本土进行联网传输，但禁止将数据等油田相关信息传回国内，同时Cupet相关部门将安装监控软件对数据信息传输进行严格监控。双方就监控软件具体安装细节进行磋商，力争2023年实现项目全体EISC工作点联网成功。

科技管理。经与科技处协商，开通科技管理平台知识产权申报权限，组织完成申报《一种提高管外封隔器封隔可靠性及通过性的技术和方法》专利1次。

技术引进。引入低密度油基钻井液技术，解决VDW-1012井6000—7000米井段低压地层钻进时漏失严重的难题。引入 $4\frac{3}{4}$ 英寸旋导，解决 VDW-1012 井 5 开井段扭 50 度方位时，定向钻进难度大的难题。引入扩眼器，解决 VDW-1012 井钻完 $9\frac{5}{8}$ 英寸和 $6\frac{1}{2}$ 英寸井眼下入 $8\frac{5}{8}$ 英寸和 $6\frac{5}{8}$ 英寸套管的难题。

【质量安全环保】 2022 年，古巴项目部未发生安全生产事故，工业生产、交通安全伤亡率均为零，消防安全经济损失为零，损工工时率（LTIF）为零，项目百万工时 540360，HSE 事件 22 件，百万工时可记录事件人数发生率 5.55。GW91 队荣获 2022 年度辽宁省优秀质量管理小组。GW91 队电气师王国利完成《提高钻井现场振动筛使用时效》获 2022 年辽宁省质量科技成果奖三等奖。

【企业管理】 2022 年，古巴项目部精益成本管控，实施提质增效专项行动，制定《古巴项目部 2022 年提质增效实施方案》，推出提质增效措施 27 项，全年实现综合提质增效 1375 万元，完成全年计划目标 1088 万元的 126.37%。开展管理提升活动，制定形成《2022 年古巴项目部管理提升方案汇总表》，督促项目部机关部门、基地、基层及专业队伍形成管理提升目标及方案 66 项，完成率 100%。

（杨俊勇）

加拿大项目部

【概况】 2022 年，加拿大项目部（以下简称"项目部"）有中外方员工 9 人，其中中方人员 4 人，外籍雇员 5 人，平均当地化率为 56%。项目部负责管理前进钻井公司（Advance Drilling Ltd.）当地一家子公司。

2022 年，项目部始终秉承长城钻探工程公司"为油气打井，为效益施工"的服务理念，为客户提供钻完井施工、能源开发等相关技术服务，能够承钻垂深 4000 米以内的直井和水平井。项目部服务的甲方超过 50 个，包括中石油（加拿大）、海泰克公司（HITIC）、绿色水平线公司（GHES）、克里森公司（Crescent Point）、米戴尔公司（Midale）、伟益公司（Vital）、阿尔法弓公司（ABE）、石油林公司（Petro-Lin）等，涉及业务包括钻井、钻井液、定向、修井、总承包。项目部有作业队伍 4 支，包括钻机 3 部、顶驱 1 台。项目部有钻机 3 台，其中 20K 钻机 1 台，30K 钻机 1 台，40K 钻机 1 台。由于疫情及油价影响，项目部全年作业缩减，截至 12 月 31 日，本年度累计为石油诺瓦斯公司（Novus）完成 23 口钻完井作业和 Petro-Lin 公司 1 口钻井作业，累计作业进尺 42005 米，作业天数为 105 天。米湾湖油田（Meekwap Lake）累计产油 17.99 万立方米，累计产气 3028.31 万立方米。2022 年度累计产油 16785.4 万立方米，累产气 447.53 万立方米。

【经营情况】 2022年，项目部超额完成公司下达经营指标。项目部累计实现收入16769万元，2021年同期为5047万元，相比增加11722万元。收入增加的主要原因为本年钻井及技术服务业务工作量同比增加，超额完成年初指标。

【安全生产】 2022年度，项目部坚持做好新冠疫情常态化下相关防控工作，中方员工及当地雇员新冠肺炎实现零感染。项目部完成的各类作业，各项要求均达到甲方要求，报废井零口，事故次数零次，全年杜绝重大伤亡事故、交通事故的发生，保证钻机等各类作业队伍全年生产运行安全有效进行。

（王　鹏）

厄瓜多尔和秘鲁项目部

【概况】 2022年，厄瓜多尔和秘鲁综合项目部（以下简称"项目部"）完成各类技术服务1309井次，经营收入14607万元。持续开展提质增效和成本管控，重点对非生产性支出可控部分进行压减和通过其他管理措施实现创效。

【市场开发】 2022年，项目部投议标73次，各层级拜访甲方100余次。项目部新签合同额4598.13万美元，完成全年指标2450万美元的187%。

秘鲁项目累计完成签约合同额964.13万美元，中标待签546.3万美元。在保持原有业务合同中标的基础上，新中标CNPC PERU 10区封隔器租赁及维修、固井、Olympic固井等服务合同，CNPC PERU 10区压裂砂供应、SAPET 6/7区清蜡酸洗、Dragon公司压裂砂、Petromont-GTG完井材料、UNNA抽油杆销售等销售合同。投、议标51项，中标26项，中标率36%，正在评标、投标5项。

秘鲁项目把握市场脉络，服务重心由单一CNPC市场向以CNPC为主的全面市场转变。年初获得CNPC PERU 10区钻头、钻井液、定向井合同延期；加大非CNPC市场开发，中标UNNA 4区定向井服务项目，陆续中标UNNA 3区钻井液、钻头、定向井、固控服务合同，获得3区录井服务合同延期，中标Olympic 13区固井服务合同，累计签约合同额306.72万美元；2022年10月新中标待签4区2022—2023年钻井液、固井、钻头等服务及套管、抽油杆供应项目，累计546.3万美元。2022年累计投议标项目29个，新签约及中标贸易合同额累计304.87美元。提前布局，引入新业务。继续在新业务方面取得突破，新中标SAPET 6/7区82.5万美元清蜡酸洗服务项目，CNPC PERU 10区83.2万美元固井、填井服务项目，10区81.66万美元井下工具租赁和维修服务合同。结合井下作业公司的技术能力进行带压作业、油田维护等服务调研。向

UNNA 和 Olympic 公司推介元素录井、地化荧光等新技术。加大中国石油项目保障服务，开展新业务调研和推广。跟进 CNPC PERU 58 区开发计划，多次组织岩屑不落地制砖技术、岩屑回注、EISC 技术和精细控压技术推广；在公司组织协调下，在辽河油田钻采院指导下进行 10 区定向井筒管柱优化设计调研，探讨解决井筒管柱磨损问题；配合 58 区进行相关服务的市场调研及资格预审。聚焦新市场，秘鲁老油区技术服务市场近乎饱和，向 Petroperu 进行技术推介，受邀参与 1 区 105 口井检泵服务项目和捞油服务项目投标；完成雨林地区西班牙公司 Cepsa 服务商资格注册；配合 Sipega 公司进行 19 区填井项目作业许可申请；调研 192 区弃置井项目；与矿业服务公司 Tumi 商谈固井技术服务；开展阿根廷、智利等周边国家市场调研。累计组织各类技术推介 10 余次，参加 11 月拉美石油工程协会在秘鲁举办的石油展，继续扩大客户渠道来源。合同内提质增效，UNNA 4 区钻井液、录井、钻头、定向井等服务合同累计新增 59.25 万美元合同额。

2022 年，秘鲁项目 CNPC PERU 10 区和 SAPET 6/7 区因区块合同即将到期，基本无钻井投资计划，作业量锐减 90% 以上，但在当地客户获得重要突破，年收入不降反升；陆续向 CNPC PERU、BHDC、GTG、Olympic、Dragon 等公司供应压裂砂、油管、抽油杆、油套管等；秘鲁项目不但保持现有业务稳定，并在固井、封隔器维修、油套管、抽油杆等新业务方面取得突破；总结多年投标经验，陆续中标 SAPET、Dragon、CNPC Peru、Olympic 等压裂砂合同；首次中标 UNNA 抽油杆合同。

2022 年，厄瓜多尔项目新签合同额完成 3634 万美元。投、议标 22 次，中标 15 项，正在评标项目 2 项，中标率 75%。我方在 ORION 和 GEOPARK 首次尝试钻井服务总包投标，虽然价格较低，因我方没有当地总包服务经验，未能中标，此次投标锻炼市场和技术人员队伍，为总包服务投标积累经验。

厄瓜多尔项目与甲方进行充分的技术交流，组织甲方技术交流会 32 次，项目内部讨论会 40 余次。作业量与公共强度成正比，项目加强市场公关力度，各客户工作量显著提升。2022 年，作业量 628 井次，较 2021 年上涨 16.7%，安第斯市场基础作业量实现上涨，中国石化、川庆、Intrepid、LPS 等客户的作业量同比增加。实现合同增值、续签双赢，完成安第斯 5 个到期合同的新签及续签，在确保合同签订的前提下，均实现价格上涨及合同额的增加，为未来 3 年工作量奠定基础；新市场得到迅速拓展，新签合同（以工作单形式开展业务的协议）15 份，为市场突破和项目发展拓宽了空间。瞄准总包增产业务，全力开赴总包和增产领域，对厄瓜多尔总包和增产服务进行详细的调研，形成多份调研报告；年初参与 ORION 和 GEOPARK 总包投标；近期进行厄瓜多尔国家石油公司 100 口井修井总包投标工作；密切跟踪国家石油公司总包和增产服务项目。拓宽市场开发维度，与中国石化、川庆、Intrepid、LPS、INCOPET 等 8 个油公司、服务公司签订合同或协议10余份。大力拓展贸易，为SINOLUBRI提供重晶石、硝酸钙等化工品供应；参与安第斯OCTG管材投标，总结经验，争取中标；开展国家石油公司电潜泵供应和维修的资审，做好投、议标准备工作。

厄瓜多尔项目安第斯甲方多个项目无法延标，被频繁要求降价，通过反复与甲方解释争取，一项目一策，逐一取得重大突破：确认中标固控服务，并实现涨价20%，在现有合同额基础上新增200万美元；中标3年期钻头服务合同，价格上浮3%，合同额为390万美元；100口井修井增产服务标是公司重点项目，项目经理全程组织参与，国内总部、支持单位及项目部三方国内外联动，24小时全天候工作。针对材料准备、方案讨论和税务讨论调研，先后组织项目部内部会议15次，公司级别会议20余次，制定方案10余项。最终中标但由于政府原因废标；项目经理带队推进中石化SACHA项目，历经近7个月时间，争取到4支队伍的固控及钻头服务项目，等待签约；中标加拿大油公司Gran Tierra 2年期陀螺测井服务、清井工具和修井钻头服务，进一步实现厄瓜多尔油服市场开拓；持续扩大和斯伦贝谢在录井、钻头、钢丝等方面合作，通过分包和反分包模式，实现共赢。

【主要措施和成果】 2022年，秘鲁项目经过不断提升服务质量、优化服务价格，成功挤占市场，成为塔拉拉油区规模最大的技术服务公司，定向井、钻头、钻井液、录井等主体业务占有绝大部分市场份额；CNPC PERU、BHDC和Dragon oil压裂砂顺利交付；中标SAPET酸化和滴蜡服务合同，首次开展增产相关服务。

厄瓜多尔项目以服务质量为基础，以甲方关系为推手，争取到安第斯综合录井100%作业量；南北区解释评价特色技术应用大幅提高，由13%争取到77%；加大钻头设计及工艺改进力度，新钻头性能显著提升，单只钻头的重复下井次数提高，大量节约钻头维修成本；全力争取100口老井增产总包项目；持续跟踪堵水调剖稳油控水项目；推动油水界面工具；在厄瓜多尔国家石油公司进行电潜泵业务资审注册，做好投标准备。

2022年，项目部精心准备新拓项目启动，全力保障现有项目施工。加大新业务市场开发力度，固井专业启动以来中标GTG、UNNA 4区、Olympic合同，为项目创收提供重要的贡献；充分利用内部资源，建设车辆维修基地，负责自有车辆检查、维修、保养，实现资源共享、成本控制。理清生产运行程序，形成部门牵头、专业配合、自主推进的模式。捋清在合规前提下，项目部自主采购物资设备的内外部程序。为压降采购成本，摸索并固化各种类型采购程序模式，专业与后保部、财务部配合逐渐成熟，形成前期对比研究利弊、项目部三重一大讨论定方案、部门和专业配合走程序、最后专业跟踪落实开展并做后期评价的合规模式。

项目部管理部门高效运转，一人两国四地多职。持续推进两国间专业一体化管理，业务开展以专业负责人为主，基地辅助支持，压减中方人员，降低防疫风险；加强雇员队伍建设，通过一对一谈话的方式，提高员工责任心和团队协作能力；建立雇员自主培训体系，获得忠于企业、节省成本的人力资源。严格执行周例会、半月降本增效会、月度经营分析会制度，建立通畅的沟通机制，保障全员熟悉项目运营情况，对后续的计划和安排有的放矢；对于比较棘手或者需要讨论的事项，各负责人可随时召开"一事一议"视频会，提高解决问题的效率。

厄瓜多尔项目制定降本增效措施104项，执行101项，实现降本408万元。秘鲁项目制定降本增效措施33项，执行33项，实现降本185万元。合计实现降本593万元。

【科技创新】 技术保障措施。2022年，项目部同国内二级单位建立沟通机制，整合国内的技术优势、人员优势及创新成果，了解甲方的要求，进行技术创新和设备升级改造，以客户需求为最终目的，更好地推广新技术，开拓新领域；加大甲方沟通力度，主动出击，定期拜访，推广新的项目和技术，对于甲方抱怨及时反馈解决；推广项目自主维修，提高设备工具重复使用利用效率。

新技术推介应用及效果。秘鲁向UNNA、Olympic等客户进行地化荧光和元素录井（老井挖潜）等技术推介，UNNA将该2项服务纳入4区录井服务招标服务内容，并计划纳入3区业务招标，Olympic正在讨论应用该技术可能性；向CNPC PERU 58区推介岩屑不落地技术，并配合秘鲁环境认证机构CENACE进行技术说明；应CNPC PERU 10区需求，在国际事业部协调下，在辽河油田钻采院支持下进行井筒管柱优化设计调研；配合国际事业部进行重复压裂技术调研，并在中油技服研讨会进行推介。

厄瓜多尔对安第斯、中国石化、川庆、ORION等客户推广井下化学驱油、小井眼侧钻等新技术和新工艺，进行线上推介6次，线下推介2次；加大钻头设计及工艺改进力度，新钻头性能显著提升，单只钻头的重复下井次数提高，大量节约钻头维修成本；全力争取100口老井增产总包项目；持续跟踪堵水调剖稳油控水项目；推动油水界面工具；在厄瓜多尔国家石油公司进行电潜泵业务资审注册，做好投标准备。

项目部以长城钻探工程公司统筹布局为依托，多次向厄瓜多尔ANDES甲方和秘鲁CNPC PERU甲方进行EISC的推广和推介，鉴于两国暂无长城钻井队的特点，EISC系统的推广困难重重。通过项目领导线下沟通、EISC在其他项目的应用效果介绍、邀请国内专家在线答疑等方式，为安第斯甲方2个钻井平台提供钻井数据实时传输服务，并将数据接入长城钻探EISC数据库，实现与CNODC总部的数据共享；秘鲁甲方计划将EISC建设纳入58区招标内容。通过推广使用EISC系统，给项目带来实质性成效，数据的高效共享，前后方多专业的协作，工作模式的显著转变，EISC系统自动识别钻井参数，实现每日岗位资料填报量减少50%以上，提质增效的显著成果。提供9井次EISC服务，创收28.7万元人民币，节约跑井运输费等费用2万余元。

【质量安全环保】 疫情常态化防控工作。2022年，项目部始终坚持分级分区差异化管理，坚守中方人员零感染、当地雇员无群发性感染底线。坚决执行100%注射加强针政策，中方人员不注射不立项，从源头把控，靠制度落实；推进外方雇员疫苗注射工作。有序开展人员倒班。制定多项措施，高标准、严要求，将长时间的旅途风险降至最低，共组织6批次中方人员倒班，无一人感染。三步消杀措施完成后，物资方可进入安全岛内部。注重隐患排查和风险识别工作，制定三重检查制度：专业内部自查自改，专业间互查互纠，QHSE部不定期巡检。打通多条疏散通道。经过实地踏勘，制定详细的应急转移和撤离方案。

HSE工作计划完成情况。实现项目安全生产，无安全事故、环保事件和职业健康事件发生。项目部各专业基层队伍标准化达标率100%；上报百万工时总可记录事件率达到公司要求；环境保护全面完成集团公司下达的考核指标，废水、废气、固体废物全部实现规范处置，达标率100%；职业健康体检率、职业病危害因素检测率和健康体检率均达标；中方人员防恐有效证件持证率100%。物理安保措施到位，应急保障到位，防恐应急撤离演练到位，无中方人员被抢劫和重大财产损失等社会安全案件发生。

QHSSE管理总体情况。加强社会安全体系建设，更新完善社会安全突发事件应急预案工作。贯彻落实长城钻探工程公司和中国石油各级对疫情防控工作的决策部署。完善和升级疫情防控方案并及时更新；组织多次应急演练，打通空中及陆路应急医疗转运通道；建立以中方员工公寓为依托的"安全岛"。签订包机协议、寻找到直升机资源等，全面保障疫情防控和社会安全管理万无一失。在HSE管理方面，完善项目部月度HSE绩效考核制度，坚持"党政同责、一岗双责、齐抓共管、失职追责"，严格落实安全生产责任制，明确谁主管谁负责的原则，改变HSE管理思路，HSE工作需要全体员工的共同参与。加强监督管理，推进HSE监督当地化，对存在的重大风险和隐患问题，施行月度督办制度。关注健康管理，在项目人员体检合格率100%。

项目部严格执行各项安全管理规定，做好疫情防控、生产安全和社会安全管理工作，重点关注特殊敏感时期、重点项目，未发生雇员群发性感染。顺利完成中油技服秘鲁联合项目部体系交叉审核工作，审核组和3家单位克服经验少、人员分散、时间紧等困难因素，按期完成交叉审核工作，并得到中油技服和项目部领导的认可。

【党建工作】 2022年，项目部党工委积极营造迎接党的二十大顺利召开，并把这种氛围和干劲热情应用在实际工作中，在严峻的经营和防疫形势下，始终秉承干字当头和勇于担当、敢于负责的工作作风，推动党建工作与生产经营相融合，提升党组织的凝聚力，发挥党组织在疫情防控，生产经营，市场开拓，管理体制改革过程中的核心作用，同时坚持做好党风廉政建设工作，打造风清气正的工作环境。以优异的成绩迎接党的二十大召开。

坚持推进"安心工程"建设，稳定队伍。对于海外项目员工的身心健康管理和队伍稳定管理至关重要，尤其是在出现疫情以后，面对秘鲁极其严重的疫情形势，倒班休假时间延长，员工的身心和身体都经受比通常严峻的考验。项目部党工委及全体党员干部落实长城钻探工程公司职工安心工程建设，党工委书记定期组织谈话活动，定期组织集体沟通交流活动，了解员工心理情况和情绪动态，了解生活和家庭存在的困难，及时给予关心解决。

【管理创新】 提质增效和成本管控工作开展情况。2022年，项目部转变市场开发思路，继续以开辟新市场和合同内增收为主，其他形式为辅的思路，巩固现有业务，拓展新业务。在确保合同中标或续签的前提下，实现合同价格上涨和合同份额增加。开拓新业务并取得突破，实现项目开源增收。

资产管理创效。持续以修旧利废、"内内外"修理原则和大修议价为3个主要切入点积极推进提质增效，实现秘鲁固井灰库立罐自主维修6个、下灰车2辆，秘鲁定向井螺杆维修33根、脉冲维修12根次和震击器3根次，录井修复压缩机、压力传感器、电托等，并完成营房自主大修，厄瓜多尔固控自主维修离心机5台次。

成本精细管理创效。对成本要素构成进行分析，重点对非生产性支出可控部分进行压减，并结合其他行之有效的管理措施实现创效，如非关键点的安保门卫换为自雇门卫，前线基地改造临时住宿用于作业隔离，自采检测试剂盒用于疫情防控，减少总检测费用等。

激发基层活力。年初对服务质量控制进行量化结果考核，下指标、定基调，给每个专业下达全年NPT考核指标，如秘鲁定向井在井下安全作业方面至全年NPT不超过50小时。通过考核激励措施，各专业作业表现高于预期。

【风险防控】 市场风险。驻在国和国际政治经济局势风云变幻，市场环境复杂，挑战日益严峻。国际油价虽有回升，现有CNPC甲方的作业计划较往年并没有增加，项目部队伍复产率没有达到疫情之前的水平。非CNPC市场形成大油服公司和当地小公司交互合作和竞争的局面。项目部全员参与市场，紧盯甲方作业计划，提高服务意识，增加客户拜访（电话远程）频次，重点关注客户项目招标计划，稳固现有市场的基础上，实现项目新业务拓展。

税筹风险。拉美国家税收法律严苛且更新频繁，税务风险较难把控。针对税筹风险，项目部建立健全跟踪所在国税收政策变化的渠道和机制，根据税收环境变化及时调整税收筹划方案，规避税筹风险。

海关风险。驻在国海关关税及相关规章制度较为严格，项目部清关工作开展存在一定海关风险。针对海关风险，需要及时跟踪掌握所在国海关规章制度，总结清关经验，疏通清关路径，避免海关罚款和罚没，规避海关风险。

贸易风险。近年来大力发展贸易业务，存在供货周期计划外延长、价格变动、投标分析不充分的风险。项目部在开展贸易之前，加强对所在国贸易管控相关法律法规的钻研，充分考虑整个采购、运输、清关等过程中的各项风险，积累贸易经验，建立健全适用于贸易类服务的管理机制和风险管控机制。

亏损项目扭亏，围绕公司"管理提升年"的定位，加快项目向经营型转变，推行全面预算管理和目标成本管理，召开月度经营分析会，全力保障扭亏为盈。通过开源节流，降本增效等一系列举措，项目部下属秘鲁和厄瓜多尔2个存量亏损企业当年分别实现扭亏为盈。

税收筹划，在遵守厄瓜多尔和秘鲁财税法律法规的基础上，综合考虑经营实际和经营风险，以项目上一年经营数据为依据，对次年损益进行预算，按时确定和上报项目税收筹划方案，建立内外账衔接程序，健全财务管理内控机制。通过灵活调整材料出库、分摊总部管理费用等方式，增加外账成本，降低外账利润，节约所得税费用，做好税收筹划工作。

（路进平）

阿尔及利亚项目部

【概况】 2022年，阿尔及利亚项目部（以下简称"项目部"）下设4个部门，1个前线基地，23支作业队伍（其中钻修队11支，顶驱4支，录井5支，固井1支，测试1支，定向井1支）。截至2022年底，有中外员工66名，其中中方27人，当地员工39人，当地化率为59.09%。全年项目定向井作业7井次。

2022年，项目部完成产值848万元，其中钻、修井队伍收入301万元，测录试队伍收入405万元，定向井队伍收入142万元。2022年收入指标10400万元，实际收入比指标收入减少9552万元，完成全年收入指标的9%。

【市场开发】 自2022年初俄乌军事冲突爆发以来，地缘风波再起、极端天气频发，能源供需矛盾的加剧，天然气等能源价格快速上涨，欧洲天然气、电价屡创新高。相较能源对外依赖度较低的美国，欧元区能源体系更为脆弱，受到的冲击也更为严重。欧洲面临着前所未有的能源危机，全球能源供应安全受到了严重威胁。在欧洲，除了拥有充足天然气储量的挪威和相对较小储量的荷兰以外，所有其他欧洲国家都试图从包括非洲在内的其他产区寻找稳定的替代能源供应方。而来自中东、阿塞拜疆或美国的额外供应无法完全满足欧盟对天然气的紧迫需求。

阿尔及利亚是世界第七大天然气出口国，其储量为非洲第一。且与欧洲隔海相望，拥有直通欧洲大陆的海底输气管道网络，生产及输送配套设施齐全。欧洲国家迫切希望阿尔及利亚增加天然气及石油的供应，保障欧洲在后疫情时代的能源需求，助力欧洲经济复苏。

项目部秉持"有限市场、无限开发"的市场开发理念，以市场为导向，确立"一个目标、多个方向"的市场工作指导方针。密切跟踪并将充分抓住阿国急于油气开发上产和SONATRACH钻修井机需求的良机，积极主动出击，尝试新的合作模式，同时持续加大专业化服务市场的开发力度，在市场扩容上做文章，并取得一定的效果和收获。在SONATRACH钢丝及测试服务项目竞标中，在公司领导的指导下、在项目部领导的带领下，项目部主动出击，多渠道入手，广泛收集相关专业市场信息、精细分析、精准定位、审时度势、确定明确的投标策略，最终在 Lot 1.5、Lot 2.5 两个标段的竞标中，战胜 HLB、SCHLUMBERGER、EXPRO、NPS、OIL SERV 等强劲对手，顺利中标并签约，打破国际油服公司对测试服务专业领域的长期垄断，实现 SONATRACH 高端市场的重大突破。

2022年10月5日，完成SONATRACH钢丝与测试服务项目作业合同签署工作，合同额3000美元，合同期3年。

【主要措施和成果】 2022年，项目部以价值提升为核心，制定提质增效实施方案，确定10项工作目标及11项具体行动方案，涵盖市场开发、生产运行、物资采购、安全环保和经营管理等环节。制订工作时间计划表，加强组织协调和跟踪督导，通过过程管控和专项目标跟进，保证方案有效落实。在当年营收无实质性增长的情况下同比2021年减亏2496万元。

【科技创新】 2022年，项目部有1支定向井队服务于SONATRACH石油公司钻井局，为其提供螺杆提速和定向井技术服务，并于本年度完成1口水平井施工服务。该水平井设计使用油基泥浆，泥浆设计密度大（2.1—2.3克／厘米^3）、固相含量高（37%），且地层温度高，循环温度最高达到126摄氏度，施工难度较大。定向井项目组使用长城钻探自主研发的GW-MWD+GAMA仪器，结合理论计算和实际施工经验，优化仪器配置，克服高温高密度等不利因素，其中三开井段仅用一趟钻就完成施工任务。定向井项目组通过高质高效的服务，赢得甲方的认可。

【质量安全环保】 2022年，项目部贯彻落实公司安全生产的年度计划，以"落实责任、强化监督、控制风险、持续提升"的管理思路，强化HSE监督管理，不断夯实HSE管理基础。严格落实风险管控措施，做好疫情防控、社会安全、消防、交通、环境等风险管理工作和安全隐患治理，降低项目生产经营风险，全年无责任事故发生，各项生产经营活动安全平稳运行，实现项目安全管理目标。

【党建工作】 2022年，阿尔及利亚项目部按照党风廉政建设责任制和"一岗双责"实施意见的要求，层层签订《党风廉政建设责任书》。落实领导班子党风廉政建设责任，推进项目部党风廉政建设工作，切实履行党风廉政建设第一责任人的职责。组织广大党员干部职工深入学习党的二十大会议精神和新党章，学习领会习近平新时代中国特色社会主义思想，牢固树立"四个意识"，坚定"四个自信"，在政治立场、政治方向、政治原则、政治道路上同以习近平同志为核心的党中央保持高度一致，保证公司总部的各项决策部署落到实处。

【企业管理】 2022年，项目部优化项目管理架构，部门职责深度融合，职能从8个缩编至4个，中方管理人员定编13人，压降人工成本743万元，同比降幅63%。利用闲置资产，向哈里伯顿/BJSP提供测试设备租赁服务，开源增收412万元。精细成本管控，削减一切非必要支出，非生产性支出同比减少330万元。同时项目部在疫情防控取得良好效果全年组织16人出国和15人回国，在外部环境异常恶劣的情况下，全员没有出现感染新冠肺炎病例，实现"零感染、零输入、零输出"的防疫目标。

（余　涵）

乍得项目部

【概况】 2022年，乍得项目部有钻修井机19部，全年累计动用12部，动用率60%，累计开钻48口，完钻49口，完成钻井总进尺82381米，修井92口。技术服务队伍68支，2022年累计动用38支，动用率56%。累计完成测试224层/86井，录井63口/1563日，钻井液服务47井次，固井施工121井次，废弃物24井次，定向井服务22口等。

【市场开发】 2022年，乍得项目部完成乍得分公司在其Savannah公司伦敦总部的承包商入网注册和招标前的承包商预审工作，是乍得境内唯一完成相关工作的钻修井机承包商。与佩朗科公司在2023年2个油田的修井机服务和射孔服务方面做充足的沟通，并应业主要求提供相关技术细节和报价。继续开拓乍得周边市场，同中非PTIAL公司（延长石油位于中非共和国的项目）完成初步沟通。油田化学品市场工作有条不紊继续开展。油田堵水推介也进入到快车道，4月完成和CNPCIC现场试验合同的签署。同各钻修井和技术服务负责人宣讲服务理念，灌输甲方思维。通过优质的服务，赢得业主的认可。2022年，收到甲方表扬信75封，比2021年同期增加87.5%。客户满意度的不断提升。物资贸易市场实现突破，2022年8月，中标CNPCIC钻头代采购服务订单，为项目部历史首次。在2021年油藏精描和优化布井合同业务扩容增项的基础上，协同地质院完成同CNPCIC签订5+5年的MSA框架协议，为以后地质院的相关业务提供可能性。

【主要措施和成果】 2022年，乍得项目部优化生产协调流程，生产协作效率得到提高。发挥生产协调指挥中心管理纽带作用，通过生产协调例会制度，畅通队伍之间、基层与各部门之间的沟通渠道。有效促进队伍的稳定发展，节约各生产队伍的时间。根据长城钻探工程公司从"管理型"向"经营型"转变，首先各队缩减搬家车次、完善搬家方案，然后各钻修井队进一步拿出搬家瘦身方案，将本队瘦身下来的设备寻找合适地方存放，以提高搬迁速度。努力压降中方人员，落实公司对境外项目部人员编制动态管理的精神，逐步削减管理人员。通过强有力的管理人员压降，管理人员更加精干。同时结合外围队伍生产现状，第一时间将等停雇员进行遣散，只保留部分中方人员进行后续设备封存工作。

【科技创新】 2022年，乍得项目部推行新工艺、新技术的应用。EISS、DRILLING ANYWHRER系统在CNPCIC项目7支队伍成功安装，长城GW40等6支队伍以及中原SIPSC919队正常填报数据。通过液压尾管悬挂、膨胀管完井等新技术的运用使得完井速度、完井质量提升明显。井队、钻井液、定向井等单位联合制定"一段一法"施工步骤，利用PDC+螺杆的组合，达到在上部地层高速贯穿、中部地层规律行进、下部地层稳定钻进的效果。其中GW211队实验效果显著，在Kapok-10井作业中机械钻速较往年提升20%，并创该区块新纪录。

【质量安全环保】 2022年，乍得项目部坚持"封闭管理、网格化管理、个人防护、环境消杀、定期检测"不动摇，项目配备4台核酸检测设备，定期开展核酸筛查，对检测异常人员立即在专门隔离点隔离、治疗，确保防疫安全。针对现场高风险作业，例如钻机拆装、井架和底座起放、固井等关键作业，严格落实JSA,PTW和Lifting Plan，高风险作业"旁站监督+驻队干部"双盯。提前筹划、积极部署，提前踏勘外围路线，形成踏勘报告并进行风险评估，制定风险防控方案，确保人员和设备的安全动迁；提前开展人员培训，确保人员"能、岗、责"相匹配；提前进行井架、天车、封井器等关键设备检测，确保设备状态良好。首都办公室和前线基地所有的摄像头全部更换完毕，新增10个点位的监控摄像头，使整个监控系统覆盖办公和生活区域内外；项目部配备有30部卫星电话，定期进行检查、测试，前线基地配备有一部Bgan卫星电话，作为24小时应急电话，由白班+夜班安保官24小时值班值守；储备充足的应急物资，应急物资实行动态管理；加大应急演练，通过演练检验应急预案的有效性，让员工形成"警报一响、立即撤离"的意识。

【党建工作】 2022年，乍得项目部通过集中学习和自学的方式强化学习教育。组织集中学习党的二十大精神，利用每周周会组织在岗人员学习《中国共产党二十次全国代表大会全文》《新修订的中国共产党党章》《十九届中央纪律检查委员会工作报告》等，把党的二十大精神和党的制度学通学懂，增强党员干部的党建责任意识。

充分发挥《长城乍得风采》宣传的引导激励作用。在项目部范围内形成浓厚集体氛围，稳定队伍，稳定人心，通过宣传各基层队在疫情防控、提质增效、坚守岗位过程中涌现出的先进事迹和先进典型，激励先进，鼓舞后进。2022年，项目公众号上发布稿件36篇，有15篇同时在长城钻探公众号、长城微博、长城主页等平台上刊登发布。《长城乍得风采》已成为项目抓宣传、抓思想、抓稳定工作的主阵地，也成为国内领导和各二级单位及时掌握乍得动态，了解项目发展的有效载体和信息窗口，得到项目员工及公司各界的一致好评。

【企业管理】 2022年，乍得项目部严格按照长城钻探工程公司精细化管理要求，强化顶层设计。分别对项目部的机构编制、制度完善、人员调整、应急管理和后勤保障等方面进行全面梳理，坚持以规章制度、工作流程、标准规范等作业文件为抓手，以项目部周例会为平台，确定各体系管理目标和责任，持续推进管理制度不断完善。出台、修订文件15份，项目部9个机关部门和基地重新梳理工作职责。

落实公司三项制度改革精神，推动部门改革。将生产协调指挥中心和作业部合并、后保部和装备部合并，使项目在编部门机构从11个减至9个，合并两个基地的管理职能，精简部门设置，有效优化业务流程，提高管理效率。

落实管理人员编制动态调整机制，逐步核减管理人员。为2名基层正职领导人员办理因龄改具手续，并从基地挂职锻炼的管理人员中选拔2名优秀干部进行补充，再通过借调、交流回国、补充到基层队等措施逐步消化基地管理人员8人，使项目部机关、基地管理人员总数压减20%。

（宋　川）

尼日尔项目部

【概况】 尼日尔项目部机关设置综合办公室、市场部、后勤保障部、财务部、HSE部、作业部、装备部、工程技术部，前线设置AGADEM基地。2022年，有中方人员207人，当地雇员796人，中方劳务工3人，国际雇员35人，员工总数1041人。尼日尔项目部有各类服务队伍61支，其中钻井队9支、修井队4支、固井9支、泥浆9支、顶驱9支、定向井7支、录井10支、测试2支、钻具1支、地面1支。

2022年，钻井累计完井55口，进尺109552米，同比2021年全年减少18口，进尺减少28233米；修井完成59口。项目部实现收入78466万元，同比2021年减少7383万元，减幅8.6%，主要原因是甲方钻井投资计划同比减少，工作量减少，完钻同比减少18口，减幅24.66%。完成年度预算指标55100万元的142.4%，完成奋斗目标56100万元的139.9%。超额完成预算指标的主要原因是开钻55口，比原年初计划39口增加16口。进尺10.96万米，同比减少2.82万米，减幅20.46%。

【安全生产】 疫情常态化防控工作情况。2022年，尼日尔项目部在疫情防控工作中周密部署、抓早抓细抓实，精准高效地推进疫情防控措施落地执行，严格落实"五个到位"，全力以赴打赢疫情防控阻击战，确保生产经营各项工作平稳有序，全年未发生聚集性疫情和因疫情亡人事件。逐级签署防控责任书，压实各负责人的责任，有效传导压力、压实责任、推动工作。及时系统研判、统筹部署安排，落实公司要求，定期更新防控方案预案，抓紧抓实抓细各项防控举措落地执行。建立疫情防控周分享制度，各单位分享疫情防控优秀做法，分析存在的漏洞，取长补短。第一时间转发集团公司、长城钻探工程公司疫情防控相关文件、指引、资料等，编制防控知识培训材料7份、视频1份，组织培训中外员工2000人次，引导中外员工重视疫情危害，强化防护意识，自觉做好个人防护。从实战出发，模拟员工出现疑似症状、员工返岗倒班等情境，开展方案预案演练或桌面推演3次，及时发现问题不足，检验和完善应急预案的实用性、可操作性，确保员工熟悉应对流程、掌握处置规范，有效增强项目疫情应急处置能力。树立持久战思想，按照6个月用量储备疫情防控物资，及时完成新冠药品、核酸试剂盒、抗原抗体检测试剂、防护服等补充储备，奠定坚实的物资基础。2月采购2台核酸检测仪，增加检测能力。储备充足的肺炎1号、阿比多尔、连花清瘟胶囊、辉瑞、阿兹夫定新冠特效药等。持续做好项目人员倒班计划安排，一对一落实人员倒班计划执行情况，确保生产作业、人员休假两不误。

安全生产管理。加大隐患排查治理，消除现场安全风险。现场安全巡检按照2个"四重覆盖"方式检查；现场HSE监督每日持表、持标检查；持续开展安全生产检查"回头看"活动，检查出各类问题548项，重复验证整改措施的长期性和有效性，夯实基础管理；坚持按照甲方"红黄绿牌"制度，对标排查现场隐患，并对检查的问题及时整改反馈甲方；开展项目HSE体系内审工作，加大现场隐患排查治理力度，有效地消除现场安全生产风险。

强化敏感时段升级管理，确保安全生产平稳运行。按照敏感时段期间安全生产管理升级的要求，为了确保特殊敏感时段安全生产形势稳定，项目突出高风险作业管控，压实安全生产责任，实现对安全生产风险超前预控，有效防范和遏制重大事故的发生。

加强"四防"建设 从容应对社会安全风险。多渠道收集信息，及时评估预警。通过部落、甲方、大使馆等渠道了解项目经营区域社会安全动态，及时组织研判评估、发布预警等安全提示，及时发布安全提示并采取防范措施。

部队士兵武装安保驻防。项目部所有作业现场和基地都布置武装士兵持枪驻防，项目强化国际旅程和油区出行的风险管控，做好安保护卫和出行审批工作，杜绝发生未经审批或无安保护卫出行，全年未发生社会安全事件。

巩固安防设施。各钻修队严格按照"境外高风险以上国家（地区）项目物理安防设施配备标准"要求进行配备，强化物理防御能力。重点对井队的围网、大门、S弯、破胎器进行更换和升级，完成井队第二个应急避难所的改造。

建立多渠道应急通讯。所有中方人员配备当地手机卡，中国手机开通国际漫游，建立QQ、微信通讯联络群，配备卫星电话室外天线；新采购40部海事卫星电话，充实应急通信设备；7月将钻井队和基地摄像头并入集团公司应急平台。

开展应急演练，提升处置能力。现场通过开展井场遇袭、旅途遇袭、应急撤离等不同场景模拟演练，使得现场员工掌握不同紧急情况下的应对措施，提高应急处置能力确保员工熟悉应急程序和要求，全年累计开展应急演习11次。

【生产运行】 2022年，尼日尔项目部水平井建设顺利开展，为甲方油田二期增产奠定坚实基础。按照"水平井地质工程一体化"工作协调机制，将油藏地质、钻井工程、地质导向与随钻测量、轨迹控制和完井工程等信息整合到地质工程一体化平台，为做好尼日尔首次水平井施工的各项保障工作，项目部从顶层设计、设备保障、人员优化、后勤服务保障、技术支持等各方面统筹安排和部署，制定详细的施工准备方案和进度跟踪表，与甲方、国内积极对接，组织召开启动会、技术交流会等4次，全力保障水平井按期施工。

气井投产作业平稳，为甲方二期燃气发电提供坚实保障。气井投产是甲方二期完井重点工作之一，为配合甲方做好该项工作，项目部投资采购气密油管上扣扭矩仪，首次引进气井完井工艺，完井管柱为长期气井生产设计，井下工具采用防腐材质与油管连接气密封，采用钢丝投捞堵塞器的工艺技术验证井下管柱密封性，同时用堵塞器完成封隔器的坐封实现油套的封隔，完成整套工艺最核心的技术难点。该管柱同时具有地面自动控制井下安全关井，可长期有效的保障气井生产安全。该工艺可在后期生产过程通过钢丝操作建立循环洗压井作业，兼顾整个工艺生命周期的井控安全，为气井完井投产提供坚实保障。该工艺在2022年已成功应用3口井，为后续应用奠定基础。

高效完成4部修井机复产，为保障甲方全年作业任务奠定基础。GW105队在完成新沙漠修井机国内动员基础上，克服2014年以来长期封存带来的各种困难，于10月22日复产。GW218队在2019年封存基础上，于2022年9月30日复产，为确保完成甲方下半年新井投产任务提供坚实保障。

强化探井服务保障意识，发挥甲乙方一体化保障优势。2022年1月，Blima区块最后2口探井施工结束，标志着探井区块工作量圆满结束。二期以来Bilma区块累计实施探井27口，评价井2口，勘探成功率100%，资料获取率100%，完成勘探期施工任务。

急甲方之急为所急，解决生产实际难题。2022年，CPF原油卸油台因罐内杂质覆盖电加热器导致原油加热失效的原因无法正常使用，项目部紧急提供固井沙漠车，通过搭建临时流程往系统打液，保障回注工作；第一时间解决CPF站第一注水泵因故障无法运转的应急保障以及Gololo W-1区块紧急投产等紧急任务，获得甲方的高度认可并得到书面表扬。

提升服务保障意识，保障油田生产运行。2022年10月，利用CPF站外输管道下游津德尔炼厂停产检修机遇，组织对Agadi油区33千伏供输电系统进行大规模检修作业，面对工期紧、任务重、高空作业难度大、劳动强度高以及风沙酷暑等诸多困难与挑战，贵部提前优化检修方案、统筹协调组织生产，采取分组、分工以及人工检修与工程车检修的"双向双检"模式，确保架空线路检修与电气试验同步推进。经过 23 天连续作战，完成 33.8 千米全线 388 基杆塔架空线和 2 座 33 千伏 /11 千伏变压站的全面检修与维护，实现检修后一次恢复送电，有效保障 Agadi 油田生产的正常运行，为 AGADEM 油田二期生产的平稳运行保驾护航。

【工程技术】 2022 年，尼日尔项目部加强技术完善工程施工管理措施。严把设计审核，拿到设计，技术部门组织施工单位共同完成设计审核，对存在疑问处积极与甲方对口部门沟通，从设计源头统一思路，规避井筒作业及质量风险；推进技术有形化，以同区块、同井型为基础，对不同井段进行分类数据统计对比分析，制定合理的实钻参数和技术措施，分专业建立并不断完善区块施工作业指导书；进一步优化 FGD、Koulele、Dibeilla 等 3 个主力区块作业指导书；落实"两策一审"制度，突出工程技术方案总体把控。以设计为基础，以邻井资料为参考，明确关键控制点和预防措施，做到"一井一策"；结合地层特点、岩性特征制定不同井段技术措施和参数，落实"一段一策"；固井、泥浆、定向井等技术服务专业施工方案经过部门审核，强化"一案一审"。全年审核各类设计 196 份、施工方案 374 份；坚持质量分析会议，对存在的短板问题、质量风险和隐患进行总结分析，提出改进方案并落实控制措施，降低事故复杂发生概率。强化入井钻具、工具、仪器检测管理，定期组织钻具、工具检测探伤和仪器校验，杜绝工具和仪器因质量缺陷造成事故复杂。

加强施工过程监管，确保工程技术措施得到有效落实。落实重点井处科两级干部、专业经理驻井制度；通过技术支持专家 +EISC 远程监控模式实现对现场钻井过程的有效支持和监管。技术支持人员通过 EISC 系统实时监控施工作业及指令执行情况，发现问题及时纠偏，实现实时指挥，累计发现作业曲线异常情况 103 次，及时指导现场处理漏失、倒划憋卡等井下复杂情况 8 次。

不断固化好的经验成果，提升现场应用效果。在钻井方面，坚持钻井作业指令制度、区块模板作业及关键工序过程监管等成熟做法；钻井液方面，建立标准的完井泥浆处理模板，从排量、循环时间、性能参数进行模板化，保证完井作业顺利；固井作业方面，循环洗井时大排量循环，化学方法降粘。固井施工期间坚持连续活动套管，尽量提高固井顶替排量；在定向井作业中，采用中空螺杆提高施工排量，固化"脉冲一趟钻一保养"制度，按区块／象限总结漂移规律，降低滑动比。

【装备管理】 2022 年，尼日尔项目部有 6 支钻井队和 4 支修井队及相关配套专业作业，设备动用率 65.1%。

设备管理体系建设与制度完善。按照长城钻探工程公司和尼日尔项目部发展需求，着重做好设备基础管理工作，保证设备管理合规和高效运行，完善制度、强化培训、继续推广和使用好 PMS 系统。

设备运行管理。为保障2022年作业的6支钻井队、4支修井队及相关专业设备的平稳安全运行，项目部发挥设备管理监督指导作用，着重提高钻修井队设备维保能力，多项措施确保设备高标准维护保养，确保设备平稳运行。全年设备修理时间73.25小时，设备综合完好率99.16%。

设备检测管理。尼日尔项目部通过提高自身检测能力，并与专业公司合作，完成各项设备检测，确保设备本质安全。检测项目包括钻机检测（钻具－南阳三方）、井电检测（修保组－汉正检测）、气体检测仪校验（录井）、安全阀校验（地面工程）、吊车叉车检测（钻具）、井控设备检测（钻具）等，目前均可实现自行检测，可随时检测确保设备安全并降低检测成本。

设备维护和修理。尼日尔项目部通过建造大修厂房、增设修理工具、技术培训和远程支持，提高设备修理能力，满足设备大修需求；在Agadem基地，尼日尔项目部先后建立钻修设备修理厂房、汽修厂房、钻具管修厂房和井控车间，可满足项目多种设备的大修需求，2022年完成设备自修额度124万元，主要包括柴油机、装载机发动机、泥浆泵、橇装泵、GW89电控柜等设备大修；开展修旧利废工作，实现降本增效目的，累计完成修旧利废额116.7万元，主要包括修复废弃的叉车发动机、奔驰卡车变速箱、高压油泵等。同时加强对基层井队机械师电气师的培训，在倒班期间组织到修保组培训，参与柴油机、电机、电控系统、泥浆泵、钻机等设备大修，提高钻修井现场的设备日常检修能力。

设备封存管理。截至2022年底，尼日尔项目部有5支钻井队处于封存状态，尼日尔项目严格落实《尼日尔项目部设备封存管理实施细则》，并要求各基层单位严格落实，严格落实设备封存管理，确保设备再次启动时做到"随启随用"，同时做好封存设备的安全和环保管理。对长期封存设备进行外观进行清洁、防腐；油、水、泥浆排放干净；做好下铺上盖并定期保养；按照分类、集中、整齐的原则进行摆放。设备封存期间安排专人定期前往封存现场进行巡检，按照最新的设备封存管理规定，项目部指定各钻修井二级单位安排一名保管人，并负责并对柴油机、发电机组等设备制定定期盘动和保养，旋转部件定期盘车，确保封存设备和部件的完好。

【人力资源】 2022年，尼日尔项目部全面加强基础工作的提升，从源头上杜绝工作上漏洞，规避潜在风险；加强和当地劳动部门的流程性交流，对其提出的合理性要求给予力所能及的资金支持和帮助。深入推动岗位责任制，明确岗位责任，本地员工开始承担部分管理职责；理顺和优化与本地员工代表的关系，为本地员工队伍稳定创造良好的外部环境，多年未发生大罢工和雇员冲突事件。

定岗定编，实现人员动态管理。面对队伍频繁启停，综合办结合甲方对队伍人员资质配置要求和公司相关规定，严控复产队伍人员岗位编制、规范岗位设置，动态配置人力资源，控制用工总量，所有复产队伍启动初期只按一轮班设置岗位人员。严格执行公司关于部门设置、管理岗位编制要求，保证管理人员在公司批复的编制以内。严格按照编制控制启动队伍雇员数量，严禁超编；制定雇员晋岗晋级激励政策，按照月度打分、单位（部门）评价、年终综合考核程序严格执行；继续优化当地雇员管理工作，所有启动队伍初期均与雇员签订6个月短期临时劳动合同，合同到期后根据剩余工作量续签第二份短期临时合同。在尼日尔劳动法律框架下严格执行雇员招聘、雇员解聘程序，加强与工会、劳工部门的沟通联系，稳定雇员队伍。

压实人工成本，落实人工成本峰值管理规定。综合办严格按照项目要求和既定的部门工作计划，结合工作量、疫情附加等因素逐月测算人工成本，每月定期分析差异，精准发现较大的影响因素并找出解决办法，确保项目人工成本应准尽准；严肃人员考勤填报和审核，加强与人事处和大庆共享中心的联系，吃透相关考勤规则和薪酬制度，保证员工合法受益，确保应得尽得；推进工资关系转接。面对年中停产队伍增多且等停人员互相借调，综合办建立人员调动台账，逐人明确在岗休假时间，休假结束后第一时间将工资关系转回，坚决做到应转尽转。

重点培养，促进雇员素质提升。继续通过"十佳雇员""沙漠之星"培养计划，实现基层队关键岗位当地化，继续开展以"重点培养、选树标杆"为主题的中方员工和雇员素质提升工程，创造雇员之间、雇员与中方人员之间"比、学、赶、帮、超"的良好学习氛围，创造雇员内部"做榜样、学标杆"的良好工作氛围，创造雇员之间"技术好、收入高"的良好薪酬氛围。GW215队、GW226队、GW227队、GW218队择优选择优秀雇员进行岗位培训，先后有9名雇员走上修井队司钻、钻井队副司钻岗位，通过典型的带动作用促进雇员的素质提升和队伍的稳定和谐，提高工作质量和工作水平。要求各基层队及部门制定雇员学习计划和团队学习计划，一直坚持"尊重雇员，信任雇员，培养雇员，依靠雇员"的思路，采取一系列的措施，明确学习的理念及内涵，让尼方员工干活有劲头。尼方员工能做的工作，坚决由尼方员工来做，尼方员工不能做的，也要求通过培训来提升雇员的技术水平，以达到胜任各项工作，几年来对雇员的培训及培养，取得了较好的成绩，雇员比例直线上升，员工本土化率达73%以上。

注重人文关怀，让中方人员和雇员平等相处，发挥所长。特色节日的关怀，利用新年、斋月、宰牲节等节日，及时发放"白糖、椰枣"等慰问品，利用合适的机会表彰先进，树立榜样；疾病灾难的关怀，雇员由于平均生活水平低下，经常出现借钱的情况。充分发挥员工爱心互助基金的救助和帮扶作用和长效机制，由雇员管理委员会自主管理，形成良好的互助局面；特长能力的关怀，项目部注重员工个人特长能力和工作的结合，最大限度发挥雇员的潜能。有雇员全权负责编辑、翻译、修订、印刷的杂志《Great Wall》，已出版32期，受到尼日尔政府、油公司，尤其是员工家属的欢迎，2022年尼日尔国家《Sahel》报纸也对此杂志进行宣传，树立长城钻探的良好形象。

【市场开发】 2022年，尼日尔项目部投标26份，签订、续签合同24份，年度签订合同额达6644万美元，超额完成公司下达的6500万美元的签约指标。

尼日尔项目部以"增项扩容、技术推动、主动作为、外向发展"为市场开发的基本思路，力求在稳住钻修井一体化技术服务的基础上，尽可能地争取油田生产方面的服务及国际贸易服务。通过"力保大项目、争取小项目、突围贸易项目"的市场策略，在新市场开发、现有市场增项扩容、贸易项目发展方面取得初步成效。

挖掘市场信息，紧跟市场需求，见缝插针抓新市场。针对尼贝管道投产应急保障需求，计划钻机停产之后，利用闲置泥浆泵及配套设备为管道泵站输送原油提供保障服务，主动为甲方制定设备动员方案，编制项目预算，合同额1250万美元。合理处理与科瑞油服的竞合关系，在最大化从现有市场占据钻井工作量的前提下，基于当地市场环境向对方提供钻机检测服务，预计合同额31万美元。

利用平台资源，积极技术推介，增项扩容现有市场。针对甲方油田生产面临的问题，寻找解决方案，及时向甲方技术推介。利用固态胶联型水基修井液屏蔽暂堵技术成功解决甲方地层压力亏空问题；利用取换套工具和套管更换修复技术解决甲方大EEA一期套管损坏井的治理；向甲方推介加热电缆设备提供融蜡解堵技术服务的方案，解决甲方蜡堵井治理。搭建长城钻探开放合作的技术共享平台，引入合作伙伴开发市场。利用好项目部在尼日尔与CNPCNP甲方良好的合作关系，携其他技术合作伙伴共同开发市场，扩大公司的业务范围和油田服务能力。通过引进百勤气井完井工具，成功中标CNPCNP甲方2口井气井完井服务，为甲方提供气井完井工具和技术服务。密切跟踪甲方首批水平井施工进展，针对第一口水平井施工过程中新出现的技术需求，通过技术推介和交流，新增水平井远程平台地质导向一体化、水平井定向井段Gamma+MWD服务、水平井定向井段PDC钻头3份合同。盘活现有设备，实现增量扩容。新签Gololo-W区块地面设施维护服务及皮卡车租赁合同，续签Koulele后勤基地服务合同。

探索贸易模式，拓展资源渠道，实现贸易项目突围。探索本土化、第三国以及直接对接生产厂家等不同模式和采购渠道，降低贸易项目采购成本，提升商务竞争力。利用好专业公司技术资源，促进贸易项目发展。协调井下作业公司深度参与电气配件及工具、泡沫清管器等项目投标阶段的技术把关和执行阶段的出厂验收、组货发运以及协助甲方到货验收，保障专业化产品的合同质量与已签约贸易合同的顺利执行。

周边市场开发。伴随着尼日尔二期油田由开发期转生产期，钻井工作量将会大幅度下降。届时尼日尔项目部现存钻机及固井、泥浆、定向、测试、录井等技术装备将大量闲置。为盘活项目部设备，项目部提前筹划向尼日尔周边国家进行市场调研，提前培养市场开发人员，积极拓展周边市场。

【后勤保障】 2022年,尼日尔项目部以公司招标、物资采购、物资管理相关管理办法为准绳,结合自有管理办法,通过强化物资计划管理、强化物资清关运输、合规强化统筹协调、强化物资当地采购,打造高效务实的沙漠地区物资保障体系,助力生产工作平稳运行。

强化物资计划管理。以实际工作量和确定的作业时间为依据,滚动物资计划编制与提报,有效匹配清关运输资源,提高物资计划准确性、及时性。年底库存总额 3772 万元,比期初库存压降 8128 万元,降幅 68%,超额完成 1.1 亿元的库存考核指标。

强化物资清关运输。面对极度匮乏的清关运输资源及持续上涨的清关运输服务价格,项目精心组织,累计完成 61 批次,15240 吨物资的采购、清关、运输;组织 466 车次物资沙漠转运及验收入库,在保障 2022 年物资需求的同时,提前利用清关运输窗口期组织 2023 年生产所需物资,为 2023 年生产平稳运行提供保障并有效规避了因物资进口免税到期而增加的成本。

强化统筹协调,安全优质高效完成 GW105 队设备动员。在国际事业部的支持下,项目部克服沙漠修井机及配套设备询船、发运、转港、港口接车、临时改变国际陆运路线、转关及沙漠运输等重重困难,提前将全部设备动员至作业现场,为 GW105 队提前通过验收开钻奠定基础,保障新井投产作业计划的顺利实施。

强化物资当地采购。项目加大当地采购力度、拓展当地采购范围、加大当地采购频次,推行承包商分类考核、分级管理,倒逼服务商降低服务价格、缩短供应周期、提升服务质量。2022 年当地采购生产物资 3394 万元,生活物资 1667 万元,共计节约采购成本 468 万元。

(杨宗强)

苏丹项目部

【概况】 2022年,苏丹项目部钻修井工程修井 120 井次;钻井开钻 6 口,完井 6 口,进尺 11497 米。泥浆服务 13 口井。水平井服务 5 口井。防砂服务 3 口井。大修服务 2 口井。地质研究 3 个项目。管具 1693 根(件)。吐哈泵车工作 1666 小时。测试服务 1254 层作业。录井服务 19 口井。全年超额完成长城钻探工程公司下达的主要经营指标。

【市场开发】 2022年,苏丹项目部贴近客户需求,扩大南北市场,6 月成功签署 4 部修井机的 3+1 年合同,新增废弃物处理、防砂和定向井等技术服务内容;突出自身优势,拓展周边市场,利用合资公司 Tiger 平台,拟定市场开发策略,推动雇员赴利比亚调研、开发油气市场;稳定市场重心,夯实钻修主业,完成 GW266 钻机 3+1 年合同签署，完成 GW128、GW136 修井机服务项目 1 年期合同续签，促成合资公司 Tiger-10（GW101）修井机 2+1 年合同签署；谋求产业转型，践行多元发展，以钻修井服务为基础和平台，以井筒技术服务和为油田生产、开发提供配套特色技术服务为两翼的发展模式。全年实现市场新（续）签合同额同比增长 109%。

【主要成果】 2022 年，克服南苏丹 60 年一遇洪水对项目部经营的持续不利影响，围绕"抓防控、抓市场、抓生产"重点工作不动摇，优质高效完成生产运行组织和钻修井机启停自如，各专业服务如期开展作业。管理中心前移，优化生产组织，谋划队伍启动的各项准备工作，实现等停队伍快速启动。切实有效地运行"PDCA"循环工作方法，杜绝施工质量事故，提供优质技术服务。资源共享，跨国调剂，确保各队伍平稳运行和快速启动。测试专业重点区块捷报频传，2022 年南苏丹、苏丹 4 区块全面开工。钻井液强化现场生产管理，从责任意识、服务意识、安全意识、环保意识出发，引进技术骨干，提高钻井液服务质量，13 口完井电测一次性成功率 100%。全力推进供应链 2.0 系统上线应用，提升项目部业务信息化水平。优化和控制物资库存结构，合理处置低值无效无动态物资，完成公司年度库存考核指标。各专业获得表扬信 19 封。实现新签续签合同额 14082 万美元。

【质量安全环保】 2022 年，苏丹项目部加强井控设备的日常巡查和检维修，及时整改确保井控设备零隐患，结合项目部井控管理实际，继续采取全员积极参与、强化运行管控、定期开展演习和培训、提升应急处置能力等措施，强化对各钻修井队施工过程中的管理力度。疫情常态化防控，加强防疫物资储备，强化热带病防治工作，组织项目在岗学习疟疾（马来热）认知，未发生一起热带病，累计组织完成 11 个队次倒班、区域人员流动 40 人次、项目人员往返 74 人次，组织人员隔离 1199 人次，均未出现异常病例和感染事件，实现新冠疫情"零感染"的目标。南北苏丹社会安全可记录事件 265 起，实现零事故、零伤害和零污染"三零"目标。项目部获长城钻探工程公司 2022 年度质量安全环保管理先进单位。

【党建工作】 苏丹项目部党工委委员由 4 名班子成员组成，其中项目部经理范江任党工委书记，委员为副经理张小波、副经理兼 HSE 总监段宪余、副经理王国强。有中方员工 72 名，党员 49 名，党员比例 70%。设有喀土穆、朱巴、37 区 3 个党支部。苏丹项目部党工委按照"支部建在网上，党员联在线上"特色党建模式，深化"不忘初心、牢记使命"主题教育，开展各种专题组织生活会和中心组学习活动，完成公司党委下达的各项党建工作，为项目健康发展提供有力的思想保证、政治保证和组织保证。

【企业管理】 2022 年，苏丹项目部从长远发展角度出发，主动提出"积极作为、争当柱石、规模再上新台阶"的奋斗目标，全力聚焦"市场开发和复工复产"两项核心工作，扎实落实公司职代会的各项工作部署，完成公司下达的主要生产经营指标。结合公司"合规管理

突尼斯项目部

【概况】 2022年，突尼斯项目部没有动用设备，工作量完成为零；非洲后保基地封存2部钻机设备。突尼斯项目部组织机构包括：综合办公室、财务部、非洲后保基地，有员工11人，其中中方3人，当地员工8人，当地化率73%。

2022年，突尼斯项目部没有作业和完成的工作量，全年无收入。因疫情等影响油价上下波动较大，市场增加缓慢，市场增量不大。突尼斯市场小，受疫情及国际油价降低影响严重，钻井市场一直萎靡不振；市场零散油公司规模小，抗市场风险能力弱，而且受到当地国家钻井公司的市场保护，基本垄断当地市场。

【主要措施和成果】 完成GW265钻机的拆甩和发运准备工作。2022年，突尼斯项目部根据公司总体安排，一季度完成GW265钻机的拆甩、打包及回运国内的准备工作，最后暂缓回运，在免税区后保基地待命。

实现利比亚市场贸易销售的突破。突尼斯项目部中标NWD公司3-1/2钻具采购项目，4月收到比亚国家钻修井公司NWD3-1/2钻具采购的授标通知，合同额49.2万美元。正在协调落实NWD出具银行信用证等后续收款及订单执行事宜。

完成利比亚办公室重建准备工作。突尼斯项目部中方人员于3月24日到利比亚首都的黎波里，开展市场调研，根据公司关于利比亚租赁办公室和驻地的批示精神，完成办公室重建准备工作，待利比亚市场有突破和总部的资金到位后，即可实现办公室租赁及重启工作。

启动动员1部修井机到利比亚或突尼斯后保基地。根据公司的总体安排，和国际事业部的要求，启动伊拉克GW310修井机先期动员到利比亚或突尼斯后保基地的接收准备工作，配合井下公司做好配套方案的制订和审核，确定突尼斯后保基地可利用的修井设备，根据确定设备清单寻船，并制订设备动员计划进度图，确保年底前完成设备发运及接收工作。

制定全员当地化管理及作业方案。根据集团公司及中油技服公司的指示精神，制定利比亚新启动项目的全员当地化管理及作业方案。在当地管理团队中，设立1—2名外籍副总经理，根据项目规模设立或调整管理部门，当地化团队包括利比亚当地及苏丹项目选拔的苏丹籍高级员工组成，负责利比亚项目的日常生产运行。现场作业队伍全部实现以当地招聘、外包、寻找劳务公司等方式解决，对于当地无法找到的关键技术人员，选派有多年工作经验的苏丹籍机械师和电气师，中方项目管理人员常驻突尼斯项目，以协同办公、远程指挥的模式来强化利比亚的项目管理工作。

突尼斯项目部结合所在国疫情防控的具体形势，严格遵从集团公司和长城钻探工程公司整体疫情防控工作的督导和指导，做好员工疫情防控工作，杜绝衍生风险。严格按照集团公司《疫情防控工作指导手册》等文件防控要求，制定符合项目部疫情实际的《突尼斯项目部项目新冠疫情防控方案》《突尼斯项目新冠肺炎疫情防控应急预案》等疫情防控文件体系，确保疫情防控措施落地，实现零感染的防控目标。

【安全生产】 2022年，突尼斯项目部QHSE工作以坚持"党政同责、一岗双责、齐抓共管、失职追责"为统领，坚守"四条红线"，坚持精准施策严监管，强化标本兼治重治本，慎终如始抓好疫情防控，持续深化QHSE管理体系建设，持续防控安全环保重大风险，完成年初制定的各类社会安全和QHSE管理目标，实现全年"零事故、零伤亡、零污染"，保证项目部的安全运行。

根据集团公司及长城钻探工程公司相关要求及项目部自身的特点，加强特殊敏感时段生产经营活动的组织领导，制定细化升级管控方案，并传达到基层岗位，严格抓好落实，加强交通安全管理、消防安全管理、环境及健康管理等各项专项管理工作，杜绝各类安全及环保事故。

严格按照公司的防护措施标准，在项目部和基地采取严格的"三防"措施，在人防、物防、技防等措施到位，并对各类设施进行定期维护保养，为保护项目部人员及设备财产安全起到良好的作用。

及时完成"安全生产专项整治三年行动工作""十大高危作业清单""十大违章行为清单""大反思、大排查、大整治"活动"回头看"等项专题工作，促进及时发现项目部存在的各类实际问题并定时关闭，同时改善项目部的QHSE管理体系及提高项目部的QHSE管理水平。根据集团公司及长城钻探工程公司相关要求及项目部自身的特点，加强交通安全管理、消防安全管理、环境及健康管理等各项专项管理工作，实现杜绝各类安全及环保事故。

（王明星　阿里木江·艾合买提）

伊拉克项目部

【概况】 伊拉克项目部下辖鲁迈拉项目、格拉芙项目及测录试专业3个管理模块及阿哈代布、鲁迈拉、哈法亚、格拉芙、东巴5个前线基地，下设作业部、市场部、HSE部、后勤保障部、财务部、综合办公室6个职能部门。截至2022年12月，各类服务队伍77支：钻修13支，工程技术服务队伍64支。在动用钻修队5支（GW51/GW52/GW307/GW309/GW75308），动用率38.46%；动用技术服务队伍30支，动用率46.88%。现有员工679人，其中中方员工123人，外方565人，国际化率83%。截至2022年12月，钻井开钻10口，完井10口，进尺27197米；修井开钻34口，完井36口，作业量较去年增加2口。实现全年收入54796万元，完成全年指标的79%。

格拉芙继续执行马油修井总包项目，包括1部修井机及钻井液、下油管、钢丝等服务；继续执行马油钢丝服务合同；同时，2部70DB钻机执行ERIELL18口井钻机日费合同，该合同还包含单独下油套管服务，以及酸化、钢丝、钻头等Call Out服务。鲁迈拉2部修井机执行BP修井日费合同；同时，1部70DB钻机执行西古尔纳1#分包斯伦贝谢钻机日费合同（正在启动）。测试录井项目现有测试、录井作业队伍分布在阿哈代布、哈法亚、东巴等区域，为alwaha、petrochina、HKN、KAR group、振华石油等甲方提供测试、酸化、连续油管、录井等服务。

【主要措施和成果】 2022年，伊拉克项目部规避经营环境日趋复杂、新冠疫情持续蔓延、社会安全形势不断恶化等重重风险，各项工作均取得一定进展，实现项目持续稳步发展。累计完成新项目投标30个，其中钻修项目11个，测录试项目19个。新签续签合同11个，新签续签合同额19573万美元，完成公司年度下达指标（3.13亿美元）的63%。在执行合同15个，其中钻修业务6个，测录试业务9个。

【安全生产】 2022年，伊拉克项目部全年未发生社会安全事件、井控、环保及质量事故。返岗中方员工疫苗接种率100%，健康体检合格率100%。年度累计安全生产203.34万小时，安全行车22.7万千米，共上报STOP卡99960张、开展工具箱会议29758次、LSV251人次、各类演习1153次，使用JSA24021次、PTW20404次，发现各类问题2939个，关闭2939个，问题关闭率100%。完成公司下达的年度各项HSE指标，实现公司海外项目部年度HSE考核综合排名第五名。

【科技创新与技术改造】 格拉芙修井总包堵漏方案不断优化，结合格拉芙区块地质特征对2种堵漏剂进行实验室实验，确定堵漏配方。针对不同漏速制定相应堵漏方案，力求最短时间内完成堵漏工作；其次制定多种封隔器解封、油管切割方案，由于格拉芙区块完井采用双封隔器完井，且2个封隔器间距较短，修井时极易造成解封困难甚至难以解封的情况，结合现场情况，制定自然解封和油管切割解封方案。确定自然解封最大上提力、第一次油管切割位置及打捞方案和第二次切割及打捞方案（如果实际需要）。与甲方一起研究封隔器难以解封原因，在施工中尽量消除潜在影响因素；同时给甲方提供全套套管整形、补套方案，针对修井总包前2口井均出现 $9^{5}/_{8}$ 英寸套管变形的情况，制定2套套管整形方案：铣锥+铣柱和液压胀管器方案。按照既定方案完成3口井磨铣整形工作，获得甲方好评。

鲁迈拉油区联合甲方进行绿色压井的实验。通过地面流程的改装和重新设计，实现修井作业压井和ESP测试的零污染、零排放。2支作业井队都已经配备相关设施，不仅减少污染，同时相较于传统的燃烧方式大大增加作业的安全性。泥浆泵系统升级改造。按照鲁迈拉甲方井队能够进行打压封隔器坐封的要求，项目部对钻井泵系统进行升级，通过电动控制和参数收集能够达到甲方的相关要求，年底新设备启动后可以实现该功能。

测录试专业多措并举提升现场管理，各专业生产作业平稳高效。一是测井专业9月在鲁迈拉油田首次采用EBWG雷管射孔作业，作业过程完全符合油田作业规范，获得BP甲方认可，也标志着我方的射孔作业可以与西方公司一样满足高端客户的需求。二是测试专业形成了以常规服务带动气举完井、注水完井、酸化压裂、PVT样品分析等全产业链的服务能力，尤其在哈发亚油田完成14余井次作业，得到甲方赞誉。三是在哈发亚、东巴油田将噪声能谱测井与PLT生产测井进行组合，完成6井次作业，有力解决注水井管外分层吸水定量评价难题，弥补以往生产测井只能测量油管、套管内的流量短板，优化PLT测井系列。

项目全年实现"零"生产事故，"零"质量事故，"零"井控事件，无设备安全事故，主要设备完好率达到98%以上，累计获得甲方表扬信50封。

【企业改革与管理】 2022年，伊拉克项目部转变观念，树立"一切成本皆可降"理念。严抓闲置设备和物资调拨、人员精简、压控支出、服务和采购价格压控等工作。增收节支，通过优化生产组织、开展价格复议等成本管控等措施，累计降耗1368.51万元，累计增收697万元，累计完成全年目标的136%。价格管控，持续继续开展价格复议，确保续签新签服务合同降价5%以上。实行项目部统一招标，产生集群优势，压低价格；严肃中外方人员考勤及薪酬管理，严控外籍雇员加班天数。千方百计通过集团包机、商业航班安排中方人员倒班，年度累计安排219人次回国休假。持续抓好中方人员压减及扩大国际化用工工作，境外项目员工本土化率达到81%的工作目标。关注年轻干部培养，推进实施人才强企工程。各业务分管领导、属地分管领导作为年轻干部培养的直接负责人，负责每一位年轻干部的职业规划，加快年轻干部发现储备、培养锻炼、选拔使用和管理监督工作，加强年轻干部工作中的历练，重点关注年轻干部在压力和急难险重任务前的表现，持续提升干部专业素养。年内累计完成4名基层领导干部提拔任免工作，其中基层正职领导3名，基层副职领导1人，为项目可持续发展提供坚强的组织保障和有力的干部人才支撑。

2022年，伊拉克项目部全面理顺体制机制，打好改革攻坚战，树立危机意识、风险意识、创业意识、创新意识、竞争意识、成本意识、大局意识、责任意识、服务意识、团队意识在内的"十个意识"。锤炼"三不作风"。不找借口、不抱怨、不妥协，遇到困难不找任何客观理由，不推诿责任，提倡雷厉风行工作作风。

【党建工作】 2022年，伊拉克项目部加强理论学习，统一思想认识，提高班子成员的政治敏锐性和鉴别力。通过班子全体成员参加使领馆组织的"二十大"精神专题报告会，利用项目部周会、主题党日活动、网络学习、个人自学等多种形式，学习习近平新时代中国特色社会主义思想、习近平总书记关于国企改革发展和党建工作的重要论述以及对于石油行业发展的各项指示精神，坚持学思用贯通、知信行统一，把党的二十大精神落实到各项具体工作上。

强化民主集中制建设，做到科学决策民主决策。在日常工作和党内生活中，班子成员自觉遵守党的组织原则，能够自觉做到大事讲原则，小事讲风格，不利于团结的话不说，不利于团结的事不做。不搞一言堂，刚性执行好项目部"三重一大"决策制度，凝心聚力，自觉维护领导班子在员工中的良好形象。2022年，议定"三重一大"事项72项。

加强"三基"工作，夯实党建思想政治工作基础。一方面动态开展党员队伍调查统计；按照"三同时"原则建立健全各级党组织，项目部党支部全部完成换届选举。另一方面，加强党建管理，以党日活动为主要载体，使基层"三会一课"得到有效落实；结合实际建立健全党建思想政治工作制度。年度完成项目三重一大决策制度实施细则更新。

（马　超）

伊朗项目部

【概况】 2022年，伊朗项目部根据长城钻探工程公司《关于调整部分境外项目部业务范围和名称的通知》，原伊朗综合项目部更名伊朗项目部。项目在册员工32人，其中中方员工11人，包含6名项目管理人员和5名专业队伍人员；外籍雇员21人，当地化率66%。受多年连续制裁引起的市场萎缩影响，根据公司设备资源总体优化布局将所有钻机及主要技术服务设备调剂外运后，剩下的设备能组建5支作业队伍，包括修井队1支（GW126队），正在执行AWP油田修井机设备租赁服务；井下测试服务队伍1支，正在执行AWP油田DST服务；以及地面测试队伍、连续油管队伍和酸化队伍各1支，设备已出关到Kish港，处于无合同等停状态，正在运作盘活这些设备。固定资产原值4.45亿元，净值684万元，资产成新率2%。

2022年，伊朗项目部GW126队完成1口井修井作业。地面测试专业1支队伍于2022年1月23日完成作业合同，本年度共完成3井层作业。

【市场开发】 2021年，伊朗项目部参与市场投标5个，中标签约1个。完成合同新签和续签3个，签约合同额328万美元。因中国石油北阿2022年修井作业计划改变，年初预计的修井作业未能启动，项目部不等不靠，通过积极探索新的市场合同模式，成功签约GW126队修井机租赁服务1年期合同，签约合同额240万美元，获得近2年来的市场突破。该合同的签订解决设备临时入关许可办理需要的合同支持问题以及中方人员工作身份问题（可办理工作签）。否则，2022年会面临该修井设备因许可问题被迫出关，增加额外高额复原运费和出关清关费用。

【市场管理】 2022年，伊朗项目部利用灵活的市场模式盘活现油的闲置设备。通过对当地修井服务市场进行深入调研和积极探索，以租赁合同模式成功议标PEDEC旗下KKC公司修井项目，盘活修井设备GW126；通过跟进SAED测试服务项目，以期盘活项目剩余的闲置测试设备；通过与百勤合作，参与南方油田CTU酸化服务项目，成功签约后可盘活酸化设备；通过与KKC公司良好互动，引进我方DST服务，盘活现存DST设备和工具，同时实现修井租赁合同的合同内增值。

谋划制裁解除后的项目重启的市场机会。利用CNPC集团内部一体化优势，与甲方沟通，持续做好服务保障工作；利用中国传统节日之机拜访中石化甲方中、高层，重建市场联系，一方面了解雅达项目进展，同时让中国石化甲方充分了解项目部将变更为二期测试和酸化服务投标主体。

密切关注勘探局招标动态，为重新进入提前谋划。利用先前积攒的人脉关系和良好的作业表现，重建市场联系和客户关系，提前谋划，力争重新进入勘探局市场。主动拜访甲方高层和中层领导，重建市场关系；协调推动投标商网上信息注册和安全证书办理，寻求重新参标的可行性；加大先进技术和装备的推介工作，以此为契机力争重新进入勘探市场。

【生产运行】 2022年，伊朗项目部生产运行整体安全顺利，完成各项工作。

修井服务。因GW126队设备老化严重，自5月12日开始，项目部认真组织、周密计划、详细安排，按照该修井机租赁服务合同和甲方要求，对所有设备进行检测、维修和保养，对营房设施进行整改，确保GW126队于8月9日顺利复工复产；严格合同交底，确保项目部和井队每位员工熟悉合同条款和甲乙方职责范围；每天按时召开生产例会，分析当天作业存在的问题并及时解决，同时对第二天的工作进行计划和安排，确保作业有序进行；现场人员严格按照公司和项目部各项作业要求，在保证安全作业的同时，也保证防疫安全。

测试服务。在年初 Azar 项目测试服务施工中，现场作业全部由当地雇员实施，作业前人员进行严格的防疫培训，施工时按照现场作业防疫方案，采取积极防疫措施，中方技术专家进行远程指导，做到防疫与生产两不误。

【设备调剂】 土乌项目部酸化设备及配件的调剂工作。第一批次是从 AHWAZ 基地发运的混酸橇、液氮罐、双机双泵等 4 台酸化设备，4 台设备分别于 5 月 28 日和 5 月 30 日运达土曼项目部基地，完成调拨；第二批次为液氮泵车，于 6 月 17 日达到土曼项目部，完成调拨。

阿尔及利亚项目部测试设备及配件的调剂工作。第一批次自 Abass 港转运 KISH 港后转迪拜的设备，6 月 2 日完成海关手续办理，6 月 19 日到达迪拜，完成调拨；第二批次为 KISH 岛基地转运 KISH 港后再转迪拜的设备。5 月 15 日完成海关手续，6 月 19 日到达迪拜，完成调拨；第三批次为原 KISH 港直接转运迪拜的设备。4 月 20 日完成海关手续，6 月 19 日到达迪拜，完成调拨；第四批次为 AHVAZ 基地发运到 KISH 港后转运迪拜的设备。6 月 2 日完成海关手续办理，6 月 19 日到达迪拜，完成调拨；第五批次为 Ahwaz 基地转运 KISH 后转运迪拜的配件物资。6 月 8 日装车运输到 KISH 港，6 月 25 日完成办理原产地证和转运手续，8 月 28 日运达迪拜，完成调拨。

【改革推进】 2022 年，伊朗项目部按照公司统一部署和安排，稳步推进国际测井业务划转工作。测试、酸化等非划转专业于 3 月 29 日与伊朗测井作业区正式剥离，相关设备全部完成出关并转移到 CNPCSE 名下，德黑兰项目部办公室、公寓，Ahwaz 基地、Sheyban 基地和 Kish 基地已完成剥离和费用分摊的划分。

【CNPC 市场保障】 2022 年，伊朗项目部针对甲方提出的北阿一期作业过程中出现的问题，如地层压力系数低易漏失需要的泡沫钻井液技术和低密度水泥浆固井技术、数据传输技术、地面试油不燃烧技术、水平井筛管完井堵水技术等，协调国内二级单位准备并提交相应的技术方案；组织公司总部技术专家，多次与甲方进行线上技术推介和交流，为甲方二期项目开发方案设计提供建议，我公司服务能力得到甲方进一步认可；与甲方配合做好技术商务标评标标准和商务预算工作。

【经营管理】 管理创新工作情况。2022 年，伊朗项目部继续全面贯彻落实公司提质增效专项行动工作要求，牢固树立过紧日子的思想，层层传递压力，全员提质增效。物资减化，严格控制材料成本。严控当地、第三国采购增量；同时，全面梳理库存，调剂部分材料到周边项目部；人员精化，严格控制用工总量，控制工资水平，降低人工成本；资产轻化，调拨闲置资产，提高设备利用率，降低设备成本；千方百计将运行费用压缩至最低额度；完成与 OTS 联管剥离，大幅减少对方结转的成本分摊。

风险防控工作情况。因国际制裁，以及新冠疫情影响，伊朗已经陷入外汇来源日益枯竭和财政空前紧张的困境，项目部经营风险进一步加大。经过充分评估，存在的风险主要有劳务用工风险、工程款结算风险、财务经营风险、汇率风险、海关风险、国际制裁风险。项目部针对相关风险制定具体应对措施并严格落实，全力降低相关风险。

【QHSSE管理】 疫情常态化防控工作情况。2022年，在伊朗当地基本放开疫情管控的大环境下，项目部坚持继续推进疫情常态化管控，加强人员动迁、培训宣传、物资出入、应急响应、物资储备等方面的管理，坚持防疫"安全岛"建设，做好人员出入的隔离+检测工作，达到"外防疫情输入，内防疫情扩散"的效果，避免出现大面积感染。

社会安全管理工作。项目部时刻重视社会安全管理工作，落实各项管控措施。9月，伊朗因为头巾事件，发生大规模、全国性的示威游行，以及暴乱，引起了国际社会的广泛关注，为有效应对社会形势对我方的不利影响，升级各基地"三防措施"，加强安保巡逻，对基地的监控、照明灯、栅栏等进行检查，同时加强对信息的收集研判。更新应急预案，对应急撤离路线，应急物资等进行更新，并开展应急演练，提升人员的应急反应能力。与上级单位、地区公司、公司总部保持联系，联动机制。通过以上各项措施，有力保障项目部人员和财产安全。

QHSSE总体管理。在中秋节、国庆节、党的二十大等敏感时段，项目部下发敏感时段升级管控方案，强化对关键风险、关键作业的管控，升级作业审批流程，组织人员全面进行学习，提升员工对于敏感时段政治高度，落实管控具体措施，避免在敏感时段出现事故。截至2022年10月底，项目部QHSSE总体管理情况良好，没有发生各类重大安全事故、环保事件和职业健康事件、质量事故，没有发生中方人员被抢劫和重大财产损失等社会安全案件，没有出现中方人员新冠感染，总体HSE和社会安全业绩良好。

【党建文化建设】 2022年，伊朗项目部全体党员立足岗位，学习和贯彻习近平新时代中国特色社会主义思想和党的二十大精神，扎实开展"两学一做"以及党史学习教育活动，让学习精神融入工作和生活，融入生产经营管理中；通过制度建设使组织生活更规范，使权力运行得到合理控制，党员意识不断增强，项目部党建水平得到不断提升。

学习贯彻习近平新时代中国特色社会主义思想和党的二十大精神。在海外"五不公开"的原则下，始终把学习贯彻习近平新时代中国特色社会主义思想作为党建教育的重中之重，严格落实第一议题制度，通过多种形式全方位展开学习贯彻工作。组织党支部全体党员观看党的二十大电视直播，参加公司举办的党的二十大精神解读直播培训班，充分利用党的二十大契机，开展线上线下党史学习教育、大庆精神以及党的二十大精神等各类专题学习及讨论会4次，参加人数24人次。

开展政治思想工作和党风廉政建设。在政治思想工作方面，项目部明确工作思路，作为工作载体。通过"三会一课"组织党员定期学习，加强党员思想政治建设，形成思想的统一和合力。通过即时通群、邮件及电话会议等"互联网+"手段解决项目人员分散、聚集起来组织学习的难题,有效提高学习的便捷性与广度。在党风廉政建设方面,把全面落实"两个责任"与项目发展同部署、同执行、同考核,形成制度保障机制,盯紧党员干部和关键岗位人员正风肃纪,责任落实,逐级签订年度党风廉政建设责任书,签订率100%。

发扬党员开拓精神,坚持开展市场开发。项目部党工委带领全体员工克服当地经济社会形势恶化及疫情和制裁带来的不利影响,以资源创效保生存、拓展市场求发展为抓手,以自负盈亏为目标,以市场需求为导向,寻求修井、测试等服务的市场机会,盘活了现有的修井机和部分测试设备;谋划制裁解除后项目发展方向,提前做好北阿二期、雅达二期和勘探局等项目重启的市场调研和评估,全年拜访甲方中高层20余次,努力重建与各甲方的工作关系,确保项目部有效益、可持续发展。

全员参与经营管理,持续推进提质增效。党员干部带头进行一人多岗一多能的岗位大融合转型,逐步实现人员轻化,全年精简中方人员3人,当地雇员26人,节约人工成本443万元;以财务为龙头,各专业、部门全员参与,协同清欠,2022年收回超期应收账款(3—4年期)4224万元人民币,收回当期应收工程款141万元人民币;扎实做好税务清算工作,通过税务代理对2019年所得税进行积极沟通谈判,成功将税务部门通知的汇算清缴额度压降70%,关闭2019年所得税事项,节约税费成本534万元。

持续加强社会安全和应急预案管理。在项目部党工委的组织带领下,项目部时刻重视社会安全管理工作,落实各项管控措施。伊朗因为头巾事件,发生大规模、全国性的示威游行,项目部党工委采取一系列积极措施来应对,加强人员出行管控,升级各基地"三防措施",同时加强信息收集研判。更新应急预案,对应急撤离路线,应急物资等进行更新,并开展应急演练,提升人员的应急反应能力。与上级单位、地区公司及公司总部保持联系,联动机制,保障项目部人员和财产安全。

(席 博)

阿曼项目部

【概况】 2022年,阿曼项目部用工总量364人,其中国内派遣72人,本地招聘外籍员工292人,当地化率80%,GW67队除机电师和顶驱工程师以外岗位实现100%本地化。2022年1月将封存钻机GW75从阿联酋动员到阿曼,此次动员安全高效,在甲方要求的时间内完成运输、整改、检测、人员招聘培训、甲方验收,于2022年3月11日开钻,创长城钻探工程公司跨国动员50D

钻机时间最快纪录。2022年4部钻机开钻66口，交井64口，进尺172915米，比2020年增加22.4%。2支热采队2口蒸汽驱井年注汽量72237.8吨。

【安全生产】 2022年，阿曼项目部实现无损工时事件，总可记录事件百万工时发生率0.77。2022年，阿曼社会局势总体平稳，项目部未发生社会安全事件。全体员工100%完成健康体检和职业健康体检。中方人员没有发生新冠肺炎感染，无超期工作人员。

【提质增效】 2022年，阿曼项目部深化实施提质增效专项行动，主要包括劳动竞赛、合同复议以及减员增效等内容实现项目利益最大化。在生产运行协调上密切联系现场和甲方钻井部，全力保障作业队生产运行。平均建井周期在2021年的基础上进一步缩短，非生产时间比2021年显著减少，由3支井队14.04天减少到4支井队9.45天。GW19队最快搬家速度减少到0.96天。

优化人员配置，深挖人工成本潜力。利用新启动队伍的契机，优先从原来的3支井队调剂冗余人员补充到新队伍，帮助3支井队压降雇员18人。

【降本增效】 2022年，阿曼项目部劝说甲方同意使用GW193未运回国的钻具替换GW19/GW67的部分钻具，减少新购钻具支出270万元。劝说甲方同意使用GW193未运回国的SWACO振动筛替换GW19队甲方要求换掉的DERRICK振动筛，此举显著节约筛布成本。

【党建工作】 2022年，阿曼项目部党工委坚持以习近平新时代中国特色社会主义思想为指导，深入学习领会和贯彻落实党的二十大会议精神，聚焦全面从严治党的核心工作，将党建工作和项目生产经营有机结合，推动党建工作落地见效，完成公司下达的生产经营任务。做好党员发展工作，2022年项目部转正1名预备党员。

（唐　波）

巴基斯坦项目部

【概况】 2022年，巴基斯坦项目部（以下简称"项目部"）成功实现从生产性企业转变为经营性企业，改变以往单一测试服务的现状，在继续垄断巴基斯坦的测试服务的条件下，开展国际劳务派遣业务，参与当地国家石油天然气公司的加重钻杆、振动筛、采油树等等国际贸易的招标，参与甲方PPL的油田化学堵水招标，参与甲方OGDCL的页岩气项目的招标，拓宽市场。截至2022年底，测试12套设备（6套地面设备，4套APR，1套橇装钢丝设备和1套车载钢丝设备）。2022年6月30日，测井专业2套IQ设备和井下仪器从项目部成功剥离，在规定时间内，完成中油技服和长城钻探工程公司下达的测井专业剥离工作任务。项目部与川庆钻探巴基斯坦分公司（以下简称"CCDC"）

在巴基斯坦成功顺利实现资源有效和有偿共享，包括但不限于共享卡拉奇前线基地、共享伊斯兰堡的生活基地、共享伊斯兰堡的办公室、共享伊斯兰堡基地的吊车服务、共享伊斯兰堡基地的机械加工服务等等。作业区在卡拉奇通过租赁场地建立第二基地，满足联合能源UEPL测井要求。项目部中方人员共3名，当地员工有102名。

2022年，项目部测试专业的工作量101层次，实现收入1168万元人民币；国际劳务派遣雇员308人次，实现收入455万元人民币，在2022年第3季度，巴基斯坦多地遭遇暴雨袭击、洪涝灾害、泥石流灾害等等极端天气，同时，2022年度，新冠疫情持续四轮施虐巴基斯坦，但是，项目部广大中外方员工众志成城、逆流而上，克服重重困难，在年度综合业绩考核中，超额完成公司下达的任务指标。

【市场管理】 2022年，项目部充分发挥市场龙头作用，保障市场签约额，引领项目高质量发展，续签往期合同2项，新签合同4项，签约合同额587万美元。所有老合同都得到延续，夯实项目发展基石，首次签约巴基斯坦油气开发有限公司（OGDCL）地面测试合同、KUC-1井除砂器服务合同，拓宽业务范围，有利于项目可持续发展。2022年，技术服务类投标7项中标3项，包括巴基斯坦油气开发有限公司（OGDCL）10K 井下测试、除砂器，巴基斯坦石油有限公司（PPL）地面，均形成产值；待评标1项，是巴基斯坦油气开发有限公司（OGDCL）3年钢丝标，商务评审中。

【HSE管理】 2022年，项目部未发生损工时事件及人员伤害事故，没有发生中方人员和当地雇员新冠疫情感染事件，没有发生环保污染事故和健康事件，做到全年安全生产无事故，各项HSE指标均控制在公司总部下达指标之内。

（黄志刚）

阿联酋项目部

【概况】 2022年，阿联酋项目部完成各项指标，被评为长城钻探工程公司2022年度生产管理先进单位，党风廉政建设工作先进单位、2021—2022年度财务资产管理先进单位，境外项目部年终考核综合排名第二。员工总数11人，其中项目部中方员工8人（含西部钻探1人），外籍雇员1人；井队设备看护中方2人（含西部钻探1人）。下设综合办公室（兼管QHSE业务）、市场部（兼管作业业务）、财务经营部（兼管后保业务）3个部门。资产包括GW65队1部1500马力钻机设备（含顶驱）和GW75队部分留存资产，资产原值总额1.61亿元，资产净值总额1117万元。

2022年是阿联酋项目发展过程中非常重要的一年，具有承前启后的作用。一方面经过10年的积累以及3支钻井队两次重启两次封存,项目部遇到阿布扎比国家石油公司(ADNOC)从日产400万桶上产到500万桶的重大机遇,有望实现钻机服务的规模发展;项目开始实施转型发展,重点转向油田生产开发服务,以保障项目的可持续发展。

2022年,阿联酋项目部累计实现考核收入7652万元,完成收入考核指标3000万元的225%,较2021年的3013万元增加154%。

【指导方针】 2022年,阿联酋项目部坚决贯彻长城钻探工程公司新发展理念,聚焦高质量发展,最大限度发挥阿联酋优势,根据ADNOC市场的实际形势,项目部提出由以钻井为主向以油田生产开发技术服务为主的转型发展要求。结合市场补缺者的竞争定位,确定2022年市场开发策略,钻井服务搭台,油田开发生产服务唱戏,借助钻机服务提供的空间助力油田增产上产服务的突破。积极实施合作、分包模式,通过合作共赢,进一步扩大技术服务市场份额。通过竞争、合作来深入学习国际油服的先进技术和管理经验,打造一支适应高端服务市场的有战斗力的队伍。

【市场开发】 2022年,阿联酋项目部在市场开发方面取得显著的成绩,实现合同签约额3495万美元,完成年度合同额指标3100万美元的113%;中标待签合同额2.55亿美元。

完成境外项目第一次钻机销售,实现可观效益。2019年ADNOC Drilling上市后调整钻机使用策略,由"自有为主、租赁为辅"调整为"只买不租",使得自2020年10月始封存的3部钻机重启无望。在甲方多次询问是否出售封存钻机的情况下,作为联管方的西部钻探公司决定出售其名下GW164钻机。销售谈判从2022年1月开始,经过数轮次艰难博弈,于9月正式签署出售合同,销售合同额868万美元。这是长城钻探工程公司境外项目首次实现钻机销售,为大额资产销售积累经验。

中标一部550HP沙漠修井机,这是项目部成立以来除钻机服务外中标的第一个技术服务项目。在修井机、测试等专业为主导的油田开发生产服务为市场主导开发方向的策略指导下,项目部密切跟踪相关市场信息。在2月550马力修井机招标时,提报公司最先进的550HP沙漠自走车载修井机。经过近10个月的不懈努力,在11月签署2年"服务+销售"合同。这是在甲方购买为主导模式的情况下艰难开创的"服务+销售"模式,该合同也是自项目部成立以来除钻机服务外第一次中标新的服务项目。

实现GW65钻机捆绑式重启。捆绑式钻机重启是项目部打破常规,创新市场开发思维的成果。面对钻机长期等停的严峻现实,项目部以目标和问题为出发点,解放思想,根据甲方对修井机迫切需求为契机,要求将封存的GW65和修井机一起捆绑启动,最终GW65钻机在封存2年后实现重启。

抓住油田提前上产的重大市场机遇,成功中标多部钻机。2022年9月,阿布扎比国家石油公司宣布将"2030年实现日产500万桶"的计划提前到2027年实施,导致急需新增陆上钻机21部。在公司总部支持下,项目部在最短时间内为甲方提供包括长钻4部新钻机、11部旧钻机以及西钻1部旧钻机等16部钻机的大名单。在甲方"只买不租"的大原则下，项目部充分利用以往良好作业业绩和与甲方建立的关系，经过4个月多轮次的技术和商务澄清及谈判后，终于在12月收到甲方签发的4部2000马力新钻机的意向函（LOI），同时旧钻机的启动也在谈判中。

【生产运行】 2022年，阿联酋项目部全年钻机封存，没有钻井服务。密切跟踪甲方在合同增值服务方面的需求，预判甲方需求，提前落实资源，确保充足供应和及时报价。本年度储备罐和泵的在租数量149个，比2021年同期的78个增加191%。在因战争导致油田大宗化学材料大幅涨价、供应紧张的情况下，项目部敏感抓住甲方的需求，先后取得黄原胶和氯化钙供应订单，为甲方提供200吨黄原胶和4000吨氯化钙的采购服务，实现物资贸易服务的突破，当年实现合同额347万美元。同时，在2022年1—2月，协助阿曼项目部实现GW75钻机跨国快速调拨。

【安全管理】 2022年，阿联酋项目部全年未发生任何社会安全和HSE事故事件，可记录事件率为零，交通事故率和违章驾驶率为零，各类整改措施关闭率100%，防恐取换证率100%，健康评估合格率100%，疫苗接种率100%，未发生疫情感染事件，各项QHSSE指标均保持较好水平，阶段性完成公司下达的工作指标和年初制定HSE工作目标。

全面落实安全责任制，坚持以责任落实为抓手，全面落实"领导责任、部门HSE管理责任、HSE部监管责任、属地管理主体责任和员工岗位HSE责任"，全力推进安全生产责任落到实处。

抓牢常态化疫情防控，严格执行疫情防控政策措施，全年累计召开疫情防控会议12次，签订疫情期间健康承诺书9人次，累计防控巡检9场次，发现整改问题21项，疫情防控培训29期136人次，组织检测121人次全部为阴性，全年未发生中外员工感染病例。

从严开展隐患排查治理，以安全生产专项整治三年行动收尾总结为契机，开展安全专项检查"回头看"，对排查的设备封存场地安全隐患16项问题和交通消防安全隐患6项问题，逐一对照检查、整改和关闭，形成闭环管理。

【党建工作】 2022年，阿联酋项目部面对复杂多变的宏观形势和诸多问题挑战，落实集团公司和公司总部要求，将学习宣传贯彻党的二十大精神是当前和今后一个时期的首要政治任务，项目全体党员和干部员工完整准确全面地贯彻新发展理念，不断提高政治判断力、政治领悟力、政治执行力，深刻领悟"两个确立"的决定性意义，坚定自觉做到"两个维护"，把智慧和力量凝聚到实现项目高质量发展上。通过组织观看中国共产党二十次代表大会，制定下发学习宣传贯彻党的二十大精神实施方案，不断加强自身建设，筑牢思想防线，政治立场坚定。加强作风建设和纪律建设，开展常态化警示教育，组织全体管理人员开展党风廉政建设责任状和承诺书签订工作，贯彻落实元旦、春节、五一、端午等重要节点正风肃纪，党员干部自觉接受群众监督，以此筑牢拒腐防变防线，巩固风清气正的良好政治生态，2022年未发生发放现金、实物以及用

科威特项目部

【概况】 2022年，科威特项目部中方编制定员11人，实际10人（1人离岗）。修井机4部GW102、GW103分别在2019年5月22日、26日提前通过验收，2020年连续作业；GW301、GW302于2021年11月末运达科威特，于2022年1月20日通过验收，顺利开钻，正常作业。科威特项目部完成营业收入19270万元，完成年初收入指标20000万元的96.4%；总成本成本17369万元。

【市场工作】 2022年，科威特项目部超前研判市场，投标3个，中标2个项目，共计7个合同，其中钻机中标3部，含1部2000HP钻机，2部1500HP钻机，修井机中标4部，含1部750HP修井机，3部1000HP修井机，KOC录井浅井服务项目尚在评标中。

科威特项目部对甲方投资计划以及竞争对手价格精准分析，一锤定音报价，以合理的市场价格脱颖而出，合同期均为5+1年，合同签约额3.73亿美元，2023年新增7支钻修井队伍，实现公司利益最大化。

2022年，科威特项目部新增投资计划1项目，完成率100%；2021年度结转至本年执行计划0项。在投资执行过程中项目部经营市场部负责对投资计划的执行情况进行跟踪和监督。

【生产运营】 钻修井业务。2022年，科威特项目部有4部修井机，正常作业；9支录井队，6部工作，3部等停。全年4支修井队开钻91口，完井89口，均超额甲方KPI要求。4支队伍平均搬家时间为0.91天，比2021年同期降低8%，4支队伍的满日费率分别为106.01%、106.62%、106.60%和105.06%。

录井业务。2022年，科威特项目部有录井9支队伍，实际作业5—6支队伍，到12月底，有7支队伍作业，完井55口，累计进尺81625.75米，录井天数1365天。2021年完井43口，累计进尺64527.43米，录井天数1715.484天。

【提质增效和成本管控】 2022年，按照长城钻探工程公司和科威特项目部提质增效专项行动工作部署，根据科威特项部目部提质增效工作实施细则，项目部上下联动，全力推动提质增效各项工作。制定人工提质降本方案，稳步推动减员降薪工作；安排与各服务商商谈价格复议，最大限度传递经营压力，推动降价工作；制定专业提质增效工作计划，深挖潜力，厉行节约，逐项跟踪推动。科威特项目部在长城钻探工程公司提质增效的指导思想下，深入挖潜，制定多项提质增效细则，从细节出发，落实提质增效方案。实现目标完成增效282万元，降本551万元。截至12月底，收入提高484万元，成本压降657万元。

提质增效方案细则。通过对现场的严格管理，有效监督落实责任，提高搬家速度，提高满日费率，通过安全无事故的良好业绩，提升甲方满意度。提高修井专业搬家速度。精心筹划，周密部署，在保证全程安全无事故的情况下提高搬家效率；修井平均搬家时间为0.91天，4个队伍合计增加收益21.28天，增加收入247.66万元。提高修井满日费率。在公司要求的全年作业天数在300天以上且钻机日费率在96%基础上，通过甲方沟通、项目协调，队伍精心准备，提高搬家效率，减少等停或者NPT时间；截止到12月底，四支队伍满日费率为104%以上，提高收入109万元。通过良好的HSE管理，严格执行公司及甲方的HSE体系，保证安全生产。科威特项目已取得甲方LTI free奖励，得到了甲方高度评价。按照合同规定，额外安全无事故奖励127万元。

降本增效方案细则。从细节入手，从井队服务至项目部非生产支出，深入挖潜，压缩成本。压降生产水合同价格，减少车辆租赁成本。在保证正常生产需要的情况下，减少租赁车辆，尽可能2队共享租赁车辆；减少2台生产水罐和1台生活水罐车，成本降低96万元。加强计划精准性，不多报，不浪费，加强修旧利废，节约挖潜。采取多家询价对比，降低采购价，服务及采购价格降低35万元。增加自主修建井场数量，减少外包服务费用。要求承包商降价；尽可能多的自修井场，承包商价格单口井降低170第纳尔，4支队伍61井次为自我修建，成本降低188万元。录井专业优化人员倒班计划，减少雇员公寓租赁套数，使用修井大营地，资源共享，减少费用2.7万元。核酸检测改为采购抗原快速检测试剂进行，降低核算检测成本，成本降低14.4万元。通过减少科籍雇员招聘数量，将外聘司机及护士转为自聘，压降人员手续费用，完成成本缩减321万元。

【风险防控】 2022年，科威特项目部为实现对科威特项目部重大风险的管控，全面梳理劳工、海关、财税、采购贸易等方面的潜在风险，制定措施，明确责任，坚决止住经营效益"出血点"。加强安全风险管控：对每个岗位、每道工序、每个环节、每项工作进行安全风险分析和隐患排查整改，严守安全生产"四条红线"。加强合规风险管控：完善合规管理体系建设，提高全员遵章守纪的自觉性和责任感。加强廉洁风险管控：贯彻执行"三重一大"决策制度，修订下发《重大事项决策制度实施细则》，确保权力运行、物资管理、资金管理、干部管理全面受控。

【党建工作】 2022年，科威特项目部成立科威特党工委包括录井和GW102、GW103、GW301、GW302四个党支部，党建工作做到全覆盖。项目部班子成员分别参加长城钻探工程公司组织的培训学习，并与自我学习相结合，深入系统学习党的理论知识和最新要求，全年围绕"不忘初心、牢记使命"的要求开展工作。日常工作中，自觉遵守廉洁自律和廉洁从业有关规定，增强廉洁自律意识，规范廉洁从业行为，正确履行职责，严格履行《廉洁从业承诺书》的相关内容；全体党员认真履行党风廉政建设职责，领会中央八项规定精神实质，牢固树立好"四个意识"；持之以恒、一以贯之加强自身廉政建设，做到切实将规矩纪律内化于心，外化于行。项目部党风廉政建设始终坚持把贯彻落实党风廉政建设责任制作为反腐倡廉的重要举措和有效途径，放在突出的位置去抓，坚持严以律己，廉洁勤政，拒腐防变，以案示教，充分发挥表率作用。

【"亮点"工作】 2022年5月，2支修井队伍均达到LTI FREE 3周年纪录，通过良好业绩表现，获得甲方两封表扬信，提高GWDC的良好国际声誉。2022年2月，GW103队在科威特KOC中正在工作的126钻修井机的评比中排名第三，收获甲方签发的表扬信。2022年9月，在其他公司（中石化、渤海、其他西方公司）都拒绝比较困难的台子井工作情况下，GW103队克服不利因素，认真研判，精心准备，多次前往现场踏勘，制定符合甲方要求的方案，安全顺利完成2口台子井的工作，获得甲方高度赞扬并签发表扬信。

修井专业属于作业日费、搬家大包的合同，如何提高搬家速度、提高满日费率，是增加项目收入的主要途径之一。项目部精心筹划，周密部署，汲取公司及其他兄弟单位经验，通过甲方沟通、项目协调，研究并制定详尽的搬家计划。2022年8月18日，GW103队从BG-0474井搬迁至MG-0444井，搬迁距离40千米，仅用9小时完成设备搬安和甲方验收，顺利开钻，再次刷新科威特市场修井搬迁纪录。2022年9月20日，GW102从BG-0144搬家至BG-0122井，搬迁距离10千米，搬家时间7小时，创造中国石油同类型钻机在科威特市场的纪录。2次搬迁纪录均获公司认可的劳动竞赛创纪录奖。录井专业狠抓质量管理和客户满意度，全员践行服务质量是生存之本的理念。项目坚持每季度对全员进行考核，以考促学，促进能力和服务质量的提高，2022年收到7封甲方表扬信。

【项目管理】 2022年，科威特项目部坚持定期例会、周会制度，通过月度安全例会和经营分析会，总结前段时间的安全生产和生产经营，安排下部的工作，指标分解，责任到人，明确时间节点，使项目良性发展。各专业队伍严格每天班前班后会，严格安全工具使用。实时更新各种应急预案，坚持演练和演习，根据演习计划，每周定期进行消防、井控、硫化氢、急救、撤离等演习，并对演习中发现的问题制定针对性的措施，并根据工况额外增加演习频次，确保所有人员都能够熟悉自己的工作职责。重点加强井控管理，不同岗位，不同经验的雇员进行提示和要求，演习中能够快速安全的关井，并组织压井作业，保障施工作业安全，获得甲方的高度赞扬并签发表扬信。

（马秀江）

哈萨克斯坦项目部

【概况】 2022年，哈萨克斯坦项目部员工总计655人（钻修571人、测录试65人、化学助剂16人、阿拉木图3人）。其中中方员工41人，当地员工614人，当地化率93.7%。用工总量比年初减少71人。有钻修队伍15支；测试服务队13支；录井服务队13支；固井队2支；钻井液队5支；定向队2支；酸化队1支；井控服务队1支；管具服务队1支。

2022年，哈萨克斯坦项目部有钻修井机15台，其中租赁油气公司钻机12台，平均新度系数0.02；托管钻机3台，平均新度系数0.14。其他顶驱2台；固井设备2套；定向设备6套、取芯设备3套。测试设备13台套，新度系数0.04；录井设备13台套，新度系数0.05；化学试剂设备一套4组，新度系数0.19。

【市场开发】 2022年，哈萨克斯坦项目部签约2100多万美元，较2021年减少27%。2022年开钻12口、交井12口，进尺33.8万米，同比2021年少开钻8口、少交井6口、少进尺2502米。录井完井61口，较2021年减少9%；测试536层，较去年减少28%。2022年生产化学药剂1055吨。

【科技创新】 2022年，哈萨克斯坦项目部通过分井型、分区块编制口井技术方案，分井段确定技术参数，制定专层专打技术措施，集成应用个性化PDC钻头，落实一井一策和专家驻井等要求，制定区块技术模板并推广，现场技术指导方式有效落实施工方案，钻井提速效果显著，施工周期轮番创造新纪录，接连收到甲方书面表扬。2022年在同比2021年平均井深增加90米情况下，平均机械钻速提高22.3%，平均钻井周期缩短14.8%，平均完井周期缩短19.1%。953井以钻井周期38.19天、完井周期44.65天创造在同区块、同井型最快施工纪录，实现甲方2022年第一轮首口井的钻井提速目标。5154井以钻井周期41.69天、完井周期49.38天创造同区块、同井型的历年来最快施工纪录。AK10预探井以钻井周期33天、完井周期45.71天创造在探区施工的最快钻井纪录。

【管理提升】 2022年，哈萨克斯坦项目部转型业务取得突破。积极和AMG技术对接，收集8项采油、油田增产和钻修井等技术攻关难题和9项科研课题，准备技术方案，推进2023年转变合同额收入。

钻井工作量超出预期。克服AMG钻井计划萎缩和同行竞争，2022年钻井签约额比年初预期增加3口井。

贸易业务实现零突破。克孜公司中标PK油田氯化钾和TMG油田"冷凝液"采购，实现物资贸易零突破。

克孜公司12项资质增补和录井测试业务全面划转，开始以克孜公司进行录井测试业务的独立投标。

推动市场经营管理向效益型、创新型和低碳型转变。

加快培训+服务中心和修保基地建设作为业务转型重要抓手。利用报废钻机建立1∶1实训站，具备井控、安全、技能、新技术新材料新工艺等现场实训和资质取证创效能力，全年盘活资产540万元。

利用和完善Drilling AnyWhere软件信息系统。挖掘中哈公司过去20多年承钻300多口井的宝贵经验，建立油田区块地质油藏模型。

推进电代油服务，抢占哈萨克斯坦低碳市场先机。加大减排工业变电站升级改造。租赁全井变电站在扎纳若尔的3368井、5154井和肯基亚克的7031A1井进行钻井作业。口井可节约燃料成本支出33万元，年度降本100万元。

建立全要素提质增效机制，实现降本增效最大化。全力应对日益萎缩的市场危机，千方百计快打井打好井。953井、5154井、AK10预探井均创造在同区块、同井型最快施工纪录，获得甲方书面表扬。全年累计提质增效2453万元，主要体现在套管销售、钻具租赁、多渠道设备大修、电代油项目、精简人员、泥浆回收利用、盘活钻机建设培训中心等方面。

【精准项目管理】 2022年，哈萨克斯坦项目部实施大部制改革，优化项目部管理机构，项目部管理部门压缩至5个部门。优化钻修井队和后勤机关部门业绩考核制度，提升全员生产效率。克服停工停产影响，力保员工队伍稳定。一方面近4个月中哈公司没有工作量收入，州政府又要求按时支付员工等停期间50%工资，另一方面当地盛传中哈公司清算的谣言带来员工人心惶惶的压力，经过多方资金筹集和反复沟通解释，确保员工队伍稳定。应对政府检查，帮助甲方解决困难。2月4日起历时5个月，州检察院和劳动监督局对所有中资企业就劳动用工、薪酬待遇和劳动条件等进行前所未有的针对性大检查。兄弟单位和甲方一些中方员工纷纷被审查不合法的情况下，中哈公司不仅中哈方用工基本没有重大问题，而且承担AMG公司扎那诺尔前线中方员工用餐服务，为甲方规避被政府处罚风险。

2022年，在哈萨克斯坦1月恐怖事件中，中哈全体员工无一人参与任何集会、堵路、破坏设施等活动，受到哈萨克斯坦州政府的广泛赞誉。2022年5月6日，集团公司中亚公司总经理卞德智一行现场检查中对中哈公司在主题教育、三重一大和安全生产等工作给予高度评价，要求各单位认真学习借鉴。

【安全环保】 2022年，哈萨克斯坦项目部无重大（人身伤害、安全生产、交通、环境污染、井控）事故，社会安全方面未发生中方人员绑架、致死责任事件，完成公司各项QHSE任务指标。未发生重大突发事件、绑架、罢工、游行等社会安全事件；井控安全、重伤及以上HSE事件为零。

（郑连国）

泰国项目部

【概况】 2022年，泰国项目部有员工299人，其中中方员工56人，泰国当地员工243人。项目部中方人员6人，基层队中方人员50人，中方人员多数都是专业技术型人员，在整个项目中起到主导作用；当地员工多数为一般性专业人员，其余是后勤服务人员。项目当地化率81.27%，其中GW80队、221队和GW103队3支钻井队的当地化率达到86.78%。

项目部有作业队伍13支，其中钻（修）队伍5支，GW80、GW221、GW229、GW158、GW103（修）；技术服务队8支：录井、固井、定向、钻井液小队及4支顶驱服务队。GW80队、GW221队、GW158队及3支顶驱服务队服务于泰国国家石油公司（PTTEP）的钻修井项目。GW229队一体化日费项目为中油香港（CNPC-HK）公司提供包括钻井、定向、泥浆、固井、录井一体化服务，2022下半年完成3口井钻井任务，设备封存。GW103（修）等停封存状态。代管CPL测井项目。

【生产经营】 2022年，泰国项目部收入预算指标20000万元，实现账面收入为18824万元，完成收入考核指标的94.12%。

疫情期间设备启动周期滞后。新启动GW158队于7月9日正式开钻，原计划于5月中旬开钻，实际开钻比原计划晚2个月，减少2个月工作量，收入减少约550万元。

甲方中油香港缩减投资，工作量不饱和。2021年底甲方CNPC-HK给出五年的投资计划为"56888"，但实际GW229队9月22日复工复产，工作量原定5口井实际仅有3口井，比原投资计划减少2口井，收入减少约600万元。

甲方PTTEP作业计划调整，大包作业模式转型较晚。GW80队7月15日开始日费转大包，原计划于4月1日实施大包作业，但因甲方顾虑GW158队不能按期启动，时间点推迟约3个月，日费相比大包收入减少约1500万元。

工作量完成情况。截至2022年12月31日，泰国项目部钻井项目累计开钻75口井，完钻74口井，累计钻井进尺227910米，修井2口。进尺同比2021年增加52170.2米，增幅29.68%。进尺指标上升主要原因，一是GW80队7月开始由日费转为总包业务，钻井时效提升；二是GW158新队伍7月启动进尺增加45414米；三是GW229队一体化日费项目下半年复工复产完成3口井钻井任务，进尺8117米（见表10）。

【市场开发】 2022年，泰国项目部累计参与投标8个，包括GW221队钻井一体化大包服务、FLUSHBY UNIT洗井机服务、抽油机设备及服务项目、抽油杆服务贸易项目、抽油杆泵服务贸易项目、缅甸尾管悬挂器项目、缅甸

表10 2022年工作量数据

队伍	GW80队		GW221队		GW158队		GW229队	
年份	2022	2021	2022	2021	2022	2021	2022	2021
开钻口数（口）	31	20	24	48	17	新启动项目	3	复工项目
交井口数（口）	31	20	24	48	16		3	
进尺（米）	108106	65289.5	66273	110450.3	45414		8117	
搬家（次）	6	6	8	6	4		0	
平均搬家时间（天）	2.12	3.8	2.83	1.72	2.85		0	
最快搬家时间（天）	1.5	1.06	1.45	1.46	2.00		0	
修井（口）			2					

下套管服务项目、缅甸海上钻头服务项目。

2022年，新中标项目2个，在执行延期项目3个，新设备测试项目1个，增加工作量项目1个。待开标项目5个。全年完成市场签约额6225万美元，完成全年签约指标5900万元的105%。其中GW80队中标PTTEP IDC大包项目合同额3800万元；GW158队钻机日费项目合同额690万美元；新增18台抽油机采购订单合同额98万美元；GW221队两次合同延期新增合同额636万美元；中标往复式电潜泵测试项目合同额25万美元；GW229队一体化日费项目合同延期712万美元；ELINE套管测井项目延期1年，合同额260万美元。

市场形势与特点：一是市场相对活跃，PTTEP陆上海上采购项目较多，尽管没有大规模的工作量，但相对比较连续，范围也比较广；二是受外部因素比如油价起伏等对服务价格的影响不大，所有服务价格已经处于全球最低位；三是竞争激烈，低价胜出成为常态，优越的地理位置和较好的营商环境以及陆海相结合，使得各家服务公司争相进入；四是对服务质量、服务价格、管理能力、技术和装备能力要求较高，这些能力最终体现在市场竞争能力以及服务公司的核心竞争力上。

2022年，泰国项目部在执行合同9个，其中50D钻机4部，GW80在7月合同结束后执行IDC一体化大包项目，GW221合同到期后顺利延期，新增GW158队50DBS钻机于7月启动，等停3年的GW229队于10月启动；服务贸易2个：抽油机和抽油杆，执行正常，PTTEP套管井测井服务1个，4台测井设备运转正常。LESP电潜泵测试项目，正常运行。

2022年，泰国项目部结合项目发展实际，明确项目市场开发思路：坚持低成本发展，稳定钻修井市场，向技术转型、服务贸易多元发展，力争海上和周边市场实现突破。

市场开发工作亮点。主动与西方油服公司交流合作，取长补短，互补共赢，中标IDC二期1年11个月的钻井一体化大包项目。中标一部50DBS钻机1年5个月的钻井日费合同，盘活封存的GW158队钻机设备，泰国项目实现4部50DBS钻机的市场规模。

【提质增效和成本管控】 2022年，为全面贯彻落实长城钻探工程公司2022年提质增效价值创造工作部署，泰国项目部召集平台经理以上人员召开专题会议，结合疫情及整个钻机服务市场的实际情况，各相关部门根据本部门的工作性质，按照总部提质增效价值创造方案要求结合项目实际，以"四精"管理为工作遵循，以"质""效"双增、价值创造为主线，坚持"安全、合规、效率、效益"方针，持续打造提质增效"升级版"。以科学严谨、实事求是的工作态度为前提，本着举措得当、可操作、可量化、可考核的方式方法，制定泰国项目部2022年提质增效价值创造行动实施方案。截至2022年12月，开源增收4159万元，降支降耗659万元。

【措施及实施效果】 开源增效，面对新形势、新情况，正确研判，统一思想，明确项目市场发展思路，优化市场竞争策略。2022年1月，泰国项目GW80队中标泰国石油PTTEP 1年11个月的大包合同，合同总金额3800万美元。GW158队在随后的日费竞标中脱颖而出，战胜ELITE和中国石化公司，中标泰国石油PTTEP 1年5个月的日费项目，合同金额690万美元。GW229队顺利延期1年合同，合同金额712万美元。2022年6月，泰国项目GW221队顺利延签至2023年9月，延期合同金额636万美元。

狠抓应收账款清收，加快资金回笼。牢固树立"现金流比利润更重要"的理念。泰国项目重点清收单位是 ISTECH ENERGY EP-5 PTE. LTD，是唯一一家应收账款账龄超过3年的单位，已通过缅甸MOGE和新加坡律师事务所解决拖欠问题，超期欠款在2022年1月清收完成。泰国项目部2022年初甲方欠款2240万元，本年应结算工程款12938万元；本年已收回工程款11583万元；期末应收账款余额3595万元，以前年度回款率为100%，综合回款率为76.31%。

加大税收筹划力度，实现财税运营创效，不断完善税收筹划方案。2022年10月，通过设备租赁、材料和设备进口方式（从GW103队、GW221队开始，外账把进口设备列为固定资产）、路径设计及调整报关价格等税收筹划方法，增加外账成本765万元，预计为项目节省企业所得税153万元。

持续深化制度改革，有效管控人工成本。严格按照公司薪酬文件要求管理等停队伍员工薪酬，因受到疫情影响，泰国项目GW229队甲方CNPCHK预计9月开钻，根据公司要求，将等停人员工资关系转回二级单位。截至2022年10月，措施减员GW229队同比2021年节约人工成本40万元。持续推进员工当地化，多举措压降人工费用：带班队长以下岗位实现当地化；机械师、电器师部分实现社会化，GW229队工作量不足，要实现资源共享和快进快出，2022年3月GW221队调整1名中方司钻回国。2022年，项目人员调整回国节支25万元统筹协调中方人员倒班，减少人员滞留开支排定倒班计划，统一调度。项目部统筹协调并制定2022年项目员工倒班计划，减少新上项目人员和回国倒班人员因疫情导致的滞留时间，为项目节约重合滞留所造成的人工成本40万元。

强化精益成本管理，推进成本管控创效。项目部发挥表率示范作用，从节约一滴水、一度电、一张纸入手，厉行节约，削减一切一般性支出，严控非必要支出，合理规划办公用品采购，从月度集中采购调整为2个月集中采购一次，降低采购频次和成本，完善办公用品台账，加强对现有办公设备维护，实现总部下达的预算总指标。2022年，剔除人工费和折旧费的影响，非生产支出同比2021年下降11万元，其中五项费用同比2021年下降1万元。

加强设备日常维护保障，优化采购渠道降低采购成本，多措并举减少维修费用，降低租赁费用，做好生产保障工作。优化采购管理创效，优化供应链管理创效：直接从卡特柴油机滤芯供货厂家唐纳森采购滤芯，节省成本30%。2022年，节省成本1.2万。调剂资产创效，GW158队启动调剂GW103队野营房6栋，调剂节流管汇、封井器、值班皮卡车等节约投资280万元。截至2022年10月压降投资减少折旧摊销费用27万元。其他资产管理创效，利用高效凡尔体和凡尔座，使用时间是原来效果的3倍，2022年10月节省成本6万元。GW158队启动时在当地租赁钻具和泥浆罐2项资产，如采购新钻具需320万元，新泥浆罐需350万元，在当地租赁设备费用和新增资产的摊销费用基本相同的情况下，节省动员时钻具和泥浆罐的海运费用约100.8万元。项目部在前线基地成立设备保障小组，鼓励在项目内部开展修造工作，采取内外修相结合，内修创效、外修练兵的模式，2022年减少修理成本235万元，减少投资100万元。充分利用GW80队和GW221队顶驱库存配件，在基地内修TDS-11SA顶驱1部，节省大修成本约160万元。保障小组在当地采购钢材，在当地焊接制作高架猫道1套，并配套自动举升系统，节省投资和运费约45万元。创新大修模式，GW221队柴油机大修邀请外修工程师来基地维修，对外部设备进行检测鉴定，满足技术要求的外围设备继续使用，大修2台柴油机共节省材料消耗30万元。GW158队启动，在基地对2栋餐厅进行改造；并对2栋野营房进行改造；利用6米集装箱改成营地洗漱间1栋；完成泥浆工程师办公室改造1栋，节省资产投资约100万元。每年减少长摊费用约20万元。

【新冠疫情防控】 2022年，泰国项目部强化领导责任落实。项目领导班子落实包干制，实施分片负责，对口联系，严格落实境外新冠肺炎防控九项规定。树立防范胜于救灾和全员、全过程、全天候、全方位"四全"理念，做好"双

稳"工作，稳在当地，稳住人心，确保作业现场疫情防控和生产作业平稳安全可控

做到疫情常态化防控"五到位"。在疫情暴发初期，项目部高度重视这场突如其来全球性大瘟疫，组成以项目经理为组长的抗疫战斗小组，严格执行集团公司和长城钻探工程公司抗疫政策，令行禁止，不折不扣完成上级命令指示。项目部制定《泰国项目部新冠肺炎疫情常态化防控案（第十版）》《长城泰国项目疫情防控方案及应急预案（第七版）——中、英、泰》，做到思想认识到位，方案调整到位，统筹协调到位，领导班子作用发挥到位，衍生风险防范到位。

人员倒班有序推进。项目部紧密跟踪国内和泰国疫情期间出入境政策变化，制订并及时调整倒班计划，统筹协调，及时调整倒班计划，推进倒班正常化。

强化医疗资源保障工作。虽然泰国医疗条件较好，政府疫情防控有效，但是项目部不等不靠，积极联系并搜集作业区附近的有效医疗资源，以彭世洛的医保医院和作业区的县医院为依托，同时清查各作业队的医疗资源：驻队医生、常备药品、医疗器械。按照集团公司《新冠肺炎防治药品储备指导清单》储备充足防疫药品。同时充实采购制氧机、医用氧气瓶及指氧仪作为急救医疗设备，全力保障项目部防疫工作。储备3个月以上的防疫物资和生活物资。

关注中方员工身心健康。受疫情影响，员工倒班进度推进缓慢，在岗部分人员超期工作，身体已经到达极限疲劳状态，项目领导定期到现场和员工座谈答疑解惑，按照规定发放超期补助，并组织超期员工在基地轮休、健身、走路、打篮球的方式进行解压放松，缓解员工疲劳。

及时有效调整防控措施。坚持重点精准施策，重点对8类人员、4类场所加强管控，按照"四早"要求，确保人员排查全覆盖，人员流动全网格；10月1日起取消所有与新冠肺炎相关的入境政策，入境政策恢复到新冠肺炎疫情前。随着政府及甲方防控政策变化，管控难度增加，项目也在不断调整防控政策：一是不发生项目聚集性疫情，不发生因疫情导致员工死亡病例；二是根据甲方要求、员工诉求，不断调整防控政策，缩短隔离周期，增强个人自我防控意识，由被动防控变员工自我防控为主；三是不断修订应急预案，增强队伍自我处置能力，确保预案清晰、有效、实用，以适应常态化下的疫情防控要求。

加强对疫情衍生风险防控。疫情以来，泰国总体社会治安良好，但2022年在曼谷及周边省府仍延续疫情以来抗议示威活动，安全局势趋紧，需要做好进一步恶化的准备工作。

【质量安全环保】 2022年，泰国项目部落实长城钻探工程公司"党政同责、一岗双责、齐抓共管、失职追责"HSE管理要求，坚守"四条红线"，增强底线思维，全面提升项目HSE管理水平，确保现场作业安全平稳运行。2022年未发生可记录HSE事件和健康、安全、环保违法事件，员工健康体检及评估率100%。制定《2022年泰国项目部社会

安全和 HSE 管理方案》，并编制管理方案运行计划表，严格按照时间节点落实各项工作。落实领导干部个人安全行动计划及项目部安全生产承包点制度。项目部领导参与制定领导干部安全行动计划并认真履行，在项目工作期间，落实领导干部安全生产承包点制度，加强和属地单位的沟通，及时了解并协助解决属地单位存在的问题。项目部修订调整泰国项目部领导干部安全生产承包点，对领导班子和部门负责人的安全生产承包点重新划分，并定期开展现场督导检查工作。

强化风险识别，严格落实隐患排查及治理制度。严格落实项目部、巡视监督及基层队伍三级隐患排查制度。2022年通过项目部检查累计发现并整改问题43项。HSE 部每周到各基层作业队伍进行巡检，累计发现问题296项，并编制《泰国项目巡检周报》下发到各基层单位。每月由基层队伍平台经理及甲方现场监督组织现场人员和第三方作业人员开展1—2次隐患排查，发现并及时整改隐患。所有安全隐患排查及整改都上传 OMS 系统。

完成项目部质量、社会安全及 HSE 子体系修订及审核。根据公司文件要求及项目部实际情况，及时修订项目部的 HSE 和质量子体系，子体系经各级领导审核后上报公司备案，下发各基层单位并组织相关培训。3月和8月依据《2021年境外单位 HSE 体系运行评估标准》和《中油技服海外 HSE 审核标准》开展项目部体系内审，设施完整性、运行控制和应急管理与响应等3个要素有待进一步提升，通过评估后审核组一致认为项目 HSE 管理体系运行充分、有效、适宜。9月17日，中油技服审核组按照量化审核标准对泰国项目部和2个作业现场进行 QHSE 体系审核，发现问题5个，制度规程、能力培训和意识、道路交通、生产运行4个要素有待提升，通过评估后，审核组一致认为项目 HSE 管理体系运行充分、有效、适宜。

质量管理。项目部高度关注质量管理建设工作，始终将提升作业质量作为维护市场和拓展企业品牌内涵的最为重要的手段之一。2022年，各专业以自身高质量的服务赢得各甲方的认可。根据"以用户满意为宗旨"的质量经营理念和"以用户为中心"的市场开发理念，主动了解客户对服务质量的意见和要求，将客户的意见和要求作为提升服务质量的目标，这一做法得到各甲方油公司的充分认可。面对设备老旧、长年高负荷作业及备件采购周期长等不利因素，同时也为减少设备在施工中出现故障造成停工，各施工队伍狠抓设备的日常维护和保养，未雨绸缪，及早发现各种可能出现的问题，对设备情况进行梳理，填写设备运行及维护情况日报，关注问题设备的维修进展，督促所需备件的采购，在设备日常维护与保养工作上的到位，保证各个基层队伍施工作业的顺利开展，奠定提供高品质作业服务的基石。项目部每月召开月度安全会和设备例会，及时了解作业现场质量管理情况，对发现的问题及时处理解决，保障项目高质量服务品质，强化长城钻探品牌。项目部对采购的生产物资进行验收检查，对抽油机、抽油杆做好采购验收质量把关，及时跟踪甲方后期使用维护环节的意见反馈，提供服务保障。

社会安全管理。泰国是中等社会安全风险国家，疫情对经济影响严重，2022年初以来延续2021年在首都曼谷及周边持续爆发的反政府抗议示威活动，与此同时在激进组织的参与下暴力事件及警民冲突事件增多，安全局势趋紧。项目部密切关注局势变化动态，及时更新项目安保方案。针对疫情以来面临的社会安全形势改变，项目高度重视并采取相应应对措施：作业/HSE部密切关注社会安全形势，及时搜集分析对项目运作带来的风险；严格执行外出审批制度；在曼谷工作及差旅人员，除因公业务以外，避免前往政府部门、标志性建筑、广场等人员密集场所；差旅前做好信息收集和路线规划，期间如遇集会、示威游行等活动，尽快远离现场绕道而行；不和当地人谈论政治、宗教等敏感话题，避免发生冲突（泰国允许私人持枪）；外出保持低调、不露财，如遇偷盗、抢劫等事件及时报警并报告给作业/HSE部。

环境保护。学习《关于切实加强特殊敏感时段安全环保升级管理工作的通知》，修订完善《泰国项目部环境管理办法》，6月5日环境日开展环境日活动，宣传环境保护；定期开展垃圾分类培训，提高环保意识；聘请专业检测机构，对井场的噪声、温度等危害进行监测；每周开展SPILL DRILL演习，演习作业现场油污突然泄漏等环境污染事件的快速反应能力。

员工健康管理。严格落实公司关于中方员工健康体检及评估制度。项目在岗45人，受疫情影响，部分人员体检评估已经过期，将在休假期间安排体检；休假人员必须完成健康体检和健康评估后方可安排出国。按照国际事业部要求严格基础病筛查，项目每月对在岗重点人员健康进行监测，由队医组织对井队员工进行体温、血压、血糖等监测。关注超期在岗员工的心理健康。严格泰方当地员工健康管理。新招聘的当地员工必须健康体检合格后才可以上岗，上半年完成当地雇员进行年度职业健康体检，体检后由体检医院出具体检报告及结论，并给出是否适合继续从事本岗位工作的建议，项目部根据医生的建议，对不适合继续从事本岗位工作的人员进行调岗或有偿辞退。GW158新队伍启动全部完成员工健康体检及出具结论。同时加强在岗员工的健康监测，每天由井队医生对全员进行体温监测，定期进行血压和血糖等监测。

能力培养。严格按照年初制订的培训计划，通过内外培训相结合，提高员工危害辨识和风险管控能力。防恐应持证人员48人，实际持证人员48人（1人过期，休假期间完成培训取证）；HSE应持证人员48人，实际持证人员48人（8人过期，休假期间完成培训集团HSE取证）；井控应持证人员46人，实际持证人员46人（1人过期，休假期间完成培训取证），泰国当地司钻及以上岗位都持有有效井控证。疫情期间各项培训取证都有所滞后和延误，项目部组织协调通过网络培训的方式参加在线取证培训班如防恐、IADC等。组织当地员工消防、急救、叉车作业、吊装作业等培训合计12期，培训人员320

人次；利用班前会、周例会组织微培训30次，培训450人次。健全完善泰国项目部当地员工晋级评价体系，对关键岗位人员上岗前进行能力评估与测试，经过考核确定是否胜任该岗位。制定项目管理提升激励机制，对优秀STOP卡、修旧利废、重大危害因素辨识、项目管理提升、业绩提升五个方面进行激励，促进项目健康发展。

承包商安全管理。项目部将承包商纳入项目部安全管理中，对安全生产作业进行管控。项目原有承包商SP运输公司参加月度安全会议。GW80转大包作业后新增三方服务公司：斯伦贝谢（提供定向、钻头、固控）、APDE钻井液公司、MML废弃物处理公司、安保公司，在口井总结会时进行安全工作汇报。

【党建工作】 2022年，泰国项目部通过多种方式组织宣传学习党的二十大精神以及习近平总书记一系列讲话精神，坚持四个自信，牢固树立四个意识，不忘初心，牢记使命，坚定维护以习近平同志为核心的党中央权威和集中统一领导。根据长城钻探工程公司《党风廉政建设责任制实施细则》《落实党风廉政建设主体责任实施细则》等相关规定，与项目部科级以上干部签订《泰国项目部2022年度党风廉政建设责任书》。传达学习《关于公司党风廉政建设追责工作规定》和公司下发和转发的有关违规违纪通报，根据公司下发的《学习资料汇编》开展"以案为鉴，不忘初心"为主题教育的学习活动，进一步增强项目部党员和干部的反腐、拒腐意识。分析党风廉政建设风险点，并制定化解风险的有效措施。将物资采购、三公费用支出等作为主要管控的风险点，规范管理制度和审批流程，发挥财务部的监管职能，建立监督管理机制。为进一步提高科学决策水平、防范决策风险，依据长钻公司党〔2018〕40号和54号文件，结合项目实际，完善项目部"三重一大"决策制度实施细则。

【企业管理】 2022年，泰国项目部坚持以习近平新时代中国特色社会主义思想和党的二十大精神为指导，深入贯彻落实长城钻探工程公司2022年总体部署，坚持以低成本发展战略，进一步强化精细管理和降本增效措施的实施，全面提升市场竞争力；以市场为导向，多头并举，在稳定现有市场基础上，寻找扩大市场规模的机会，实现开源目标；加强项目经营风险管控，提升项目管理水平，完成2022年经营考核指标。以"高质量推进典范企业建设，全力保障勘探开发"为主题开展劳动竞赛；为打赢疫情阻击和效益实现保卫战，开展2022年提质增效专项行动。

2022年，泰国项目部坚持低成本经营理念，深化降本增效措施，增强市场竞争力。进一步加强项目经营精细管理，在总结和梳理降本增效工作成绩的基础上，针对项目经营面临的严峻形势，深挖管理潜力，拧干"毛巾"里最后一滴水；强化项目经营管理责任制的落实，完善项目经营管理部门和基层队的绩效考核机制，进一步激励员工的降本创效激情，促进各部门工作效率和基层队作业绩效的不断提高。以市场导向，固本开源，加大多层次开发市场力度，实现市场规模效益。推进HSE体

印尼项目部

立"四个意识",把握发展方向,进一步增强支部的凝聚力和战斗力。

（张伟东）

【概况】 2022年,印尼项目部用工总数为285人,其中中方人员27人,当地雇员258人(直雇83人,人力资源公司175人);设有4个部门;有70钻机(自有)4台(GW16/GW18/GW121/GW123),钻完井液服务(自有)队伍7支,固井(自有)队伍2支,顶驱队伍2支;主营业务涉及油气总包、地热总包、钻井管理输出和钻井液及固井服务等。

2022年,印尼项目部完成油气日费井1口,累计进尺2700米;完成钻井液服务53井次,固井服务6井次,筹备启动印尼国家石油公司PHSS日费项目两部钻机、中信Lofin-2井总包项目、Mahato11口固井项目。全年实现收入1.1亿元。

【市场管理】 2022年,印尼项目部坚持市场开发总体目标:必须在确保已有中资客户的基础上,扩充潜在客户;稳定现有市场,突破进入印度尼西亚主流市场。截至年末,新签合同6821万美元,完成本年市场开发指标147%,同比增加6471万美元;注册投标35个。

围绕市场开发总体目标,依据甲方开发计划,制订年度客户梯队开发计划,确定重点开发客户。2022年重点目标客户第一梯队PHSS,PHM,PHR,第二梯队Petrogas,Medco油气和MKI项目等。PHSS项目是市场开发的重中之重,2022年针对PHSS进行技术推介2次,邀请技术团队现场考察3次,通过深度接触,了解客户需求,主动出击;Petrogas作为第二梯队重点客户,通过联合当地资源,推介IDS的优势及成功经验。

针对特定客户,全员参与,联络资源,确立最佳开拓方案。全员参与市场开发,增加市场开发人员力量,借助合作伙伴、分包商等,建立攻守同盟,广泛搜集特定市场信息。

"内修武功、外联资源",内外兼顾,提升核心竞争力。项目部强化设备管理,出台设备维护保养管理办法,适用于热带海港等极端存放条件。同时为迎接PHSS甲方现场考察,项目部组织人力将两部钻机重新保养、喷漆等,老旧设备换新颜,给甲方留下非常好的印象。转换观念,针对"先投入还是先中标",在合理的范围内,提前布局谋划,进行钻机三类检测及DNV三方检测。良好的设备形象、专业的设备管理流程是PHSS项目技术标评标中受到甲方力挺的最关键的因素。拓宽资源,降低运行成本,提升商务竞争力。首先从管理层面做起，作业团队仅保留一名中方人员，抓商务、控成本，其他岗位全部当地化。前线钻井作业队伍仅保留机械师、电气师2个关键岗位，将当地化率提升至95%以上。超前谋划，拓展当地服务商资源，引入合理的竞争机制，降低第三方服务价格。通过提高当地化率及拓展当地资源等措施，钻机的整体运行成本大幅度下降，投标商务底线进一步下探，为项目中标争取极大的优势。

锚定目标，持续改进，做好投标前、中、后期工作。获取甲方内部预算，了解甲方底线，跟踪招标进展，随时沟通信息；分析竞争对手报价策略及投标意愿；获取甲方标书以外的技术资料，从而做出最优的差异化报价。在PHSS钻机标中，不间断跟踪招标进展，获取甲方内部预算和标书以外的技术资料，分析竞争对手过往报价情况，推演其作业成本及报价区间，研判其报价策略及投标意愿，做到精准差异化报价，一举中标。

【经营管理】 2022年，印尼项目部加强合规管理，优化采购方案，降低采购成本。严格执行项目部招投标管理流程，针对每项服务制定专项的招标方案、通过市场调研、服务准入、招标、议价等方式，有效把控价格，全年PHSS项目的重型车辆运输成本节约330余万元，降低18%，设备和钻具检测服务通过招标与检测公司签订一年合同，提高检测效率的同时，价格整体下浮了10%。

工程师和精算师双模切换，懂技术又要会算账。项目部分阶段（启动、执行和结束）进行运行成本分析，复盘设备动员和复原全过程，分析影响时效的原因，靠实项目运行中分包商和材料消耗实际成本，与投标成本测算对比差异，总结项目执行过程中NPT和材料及配件供应等方面出现的问题，总结经验和教训，不断梳理完善管理制度，查找成本压降空间，提高项目运行效率。Saka项目结束后，项目部组织财务部、作业部、后保部、综合办和基层队，分别对动复员、运输、材料、人工等全要素进行经营分析；固井项目召开专项经营分析会，查摆利润"出血点"，制定应对措施，在Mahato项目执行过程中落实执行，见到明显效果。

压减非生产性支出，严控制造费用。搬迁办公和住宿地点，年租金下降40%，全年节约房租50万元；加强对招待费的管控，严格审核招待费申请和报销流程；中方人员自我加压，降低倒班频次，节省高额差旅费约108万余元。

税收筹划方面。夯实规范外账核算，按时申报纳税，定期进行外账核查和审计。2020年前的退税工作已完成，2021年增值税和代扣税返工作预计2023年完成。

【QHSSE管理】 强化防疫管控，打赢疫情防控阻击战。2022年，印尼项目部严格落实"两个不"目标和抓紧、抓实、抓细常态化疫情防控工作要求，1—10月组织回国休假6人次，返岗17人次，复产防控、旅程防护、常态化防疫等培训率100%；中外方员工疫苗接种、加强针接种率100%；开展防疫应急演练2次。健全完善防控工作责任制度和管理制度。制定疫情防控常态化工作方案，明确应急响应处置流程。每周召开疫情防控专项会议。保持动态补充防疫物资和生活物资，储备量不少于90天；落实新冠定点医院、医疗救治和转运机构。

常抓不懈，持续加强HSE管理。更新《印尼项目HSE管理体系手册2022版》，质量、安全健康和环境体系通过了当地认证机构年审。9月，按照中油技服统一安排进行HSE交叉内审，发现问题15个，全部整改完成。持续完善和修订《印尼项目社会安全管理体系3.1》。

【生产组织】 2022年，印尼项目部高质量编制技术标书，打响PHSS项目投标"第一枪"。PHSS项目是印尼项目成立以来，首次投标印度尼西亚国家石油公司的钻机日费项目，为了通过甲方严苛的技术标要求，作业部组织平台经理和印尼技术人员，连续奋战几个昼夜，逐条详细研读甲方招标文件，分析技术需求；安排专人收集整理甲方要求的所有设备和工具的出厂证明、合格证明、检测证明和实物照片，斋月假期期间项目部克服重重困难，完成共计50GB的116个文件夹、1000多份文件的技术资料收集整理工作；同时组织现场接受甲方指定的第三方DNV检测，并对钻机设备进行三类检测。完整翔实的技术标书高分通过甲方评审，为顺利进入商务标评审阶段并成功中标打响"第一枪"。

精准统筹三钻"两栖"动员，高效复工复产。8月，项目部相继中标的PHSS和中信2个项目，3部钻机海陆"两栖"大规模动员拉开序幕。项目部提前部署，在投标尾声，就已经先后与10个印尼运输商开始接触，模拟推演多次，最终从15个方案中优选出能够解决船只供应困难、中信孤岛无重型车辆、动复员费用高和动员时效低等问题的最佳方案。3部钻机"六地十六点"的陆—海—陆联运，涉及6个港口，16个作业地点，动用各类型船只10艘，车辆80多台，总运输设备海运4.8万立方米，陆运780车次，累计海运距离5100千米，陆运距离300千米。印度尼西亚国家石油公司PHSS项目，GW16队、GW121队设备平均提前40天到达作业现场，动员效率受到甲方高度认可。

未雨绸缪，分包服务高效衔接。PHSS项目2部钻机和中信项目1部钻机同时启动，分包服务专业多、工作量大、地域跨度大、战线长，项目部在投标期间，就提前联系分包商，采用"捆绑销售"模式，引入竞争机制，优选服务效率高、资源广、价格低、保障到位的服务商准备参与投标，3部钻机中标后1个月内完成分包服务招标工作，并与分包商签订战略合作协议。在重型车辆组织方面，项目部提前组织路线踏勘，按照"7C5M2R"的要求制定搬迁组织方案，作业7天前通知服务商，5天前确认进展，2天前设备全部就位；3部钻机同时海陆联运，装船、卸船、海运、陆运、安装、摆放等一气呵成，最多时一天同时动用10台吊车，42多台卡车和8台叉车；现场处于丘陵地带，运输车队采用"5+1"队形，每5台板车配1台引导车开路，遇崎岖复杂路况，引导车立即发出信号和指令，大大降低交通安全风险。关于人力资源方面，PHSS项目的Mutiara和Sambrah

两个区块，贯穿4个行政乡镇，当地政府和非政府组织关系复杂，本着"彼此尊重，合作共赢"的理念，项目部首先寻求政府支持，派出军警确保井上人员和物资安全，同时，通过政府协调，先后与4个社区召开8次沟通会议，澄清项目的岗位和人员配置、技术水平要求等，招聘当地社区人员担任协调员，沟通协调解决社区、项目和甲方之间的问题，避免现场受到干扰，生产作业平稳推进。后勤餐饮服务方面：兵马未动，粮草先行，餐饮公司先于作业单位5天到达现场，将衣食住行等资源、设备安置妥当，每周从甲方、中方员工、当地员工等不同层面征求意见，不断改进服务水平。

拓宽后保供应链，提升后勤保障效率。全力保障生产运营物资供应，签订采购（含物资和服务）合同及订单221份，其中采购合同72份，采购订单149份。通过市场价格预判、加大价格谈判力度、传递经营压力等措施，节约采购金额157万元。完成《印尼项目部当地物资、工程及服务类采购管理实施细则》的制定。研究海关清关政策，充分利用东盟贸易优惠协定（Form E）零关税条款节约清关成本89万元。优化运输路线，共节约运费70万元。梳理作业单位自购物资审批流程，确保急购物资从计划申报、采购执行、物资验收入库、费用核销等全过程合规、高效。

Mahato8口固井项目执行期间，作业现场邻井修井作业缺少桥塞，PB-21井作业卡钻，需要固井设备打酸作业，虽然这些工作并不在合同范围内，但项目积极应对帮助甲方解决问题，为甲方解决燃眉之急。长城钻探工程公司"从甲方角度出发、从大局出发，合作共赢"的服务理念赢得甲方后续泥浆服务的直接授标，"实力＋理念"不仅使甲方与我们签订后续Mahato11口井固井服务合同，还因我们帮助甲方优化固井方案，提高固井质量，甲方主动提出今后固井方案设计按照GWDC的标准执行。

员工队伍、制度建设双双提升当地化。为压降人工成本且适应当地作业队伍人员结构惯例，项目部中方人员从生产组织和作业执行转变为设备和技术支持，钻机仅保留机械师、电气师和顶驱工程师，固井仅有机械师。当地化率钻井队达到97%，固井93%，钻井液100%。同时制定修订中英文双语版作业管理办法、成品油管理办法等管理制度4项，材料采购、现场分包服务、现场加油等10项SOP。在钻井日费项目和泥浆服务项目推行KPI考核，激励员工积极性，以提高项目收入和作业效率。

低成本高效率复原钻机。萨卡项目结束，仅历时1个月完成离岸孤岛中GW121队的复原工作，节约成本200多万元。项目提前筹划GW121队复原方案，研读项目合同中利我条款，利用甲方连续油管完井作业需要我方提供重型车辆服务支持的机会，与甲方交换条件，互助互利，促使甲方同意将其长租的LCT船用于我方设备离岛搬迁；为降低作业地港口受潮汐影响，解决装船窗口期短的困难，项目部实施车辆装载复原设备直接上LCT船，到达目的港口直接开下船的运输方案，同时大幅降低港务费的支出。

科学创新泥浆体系，规避材料价格风险，甲乙方实现双赢。由于俄乌冲突及持续恶化影响，氯化钾、聚阴离子纤维素PAC-LV与PAC-R、黄原胶等钻井液材料价格急剧上涨，其中氯化钾价格增长近2倍，严重影响氯化钾聚合物体系的效益，项目部与甲方积极沟通，迅速抓住时机向中国石油甲方创新提出在JABUNG区块首次引入高性能水基钻井液＋氯化钾的全新钻井液体系的建议。经过针对性采集各区块岩屑样品，在有限的时间内进行大量密集室内试验优选，形成可行性报告后，向甲方做出详尽的推介并验证实验成果，取得了中国石油甲方及印度尼西亚石油部现场作业许可。在Jambung区块进行4口井现场应用，性能表现稳定，作业效果显著，不仅氯化钾用量大幅降低，平均钻井周期环比减少10%，实现甲乙方双赢，得到甲方高度肯定和赞扬，当即决定准备2023年在该区块大力推广GWDC高性能水基钻井液体系，同时也为项目部深化拓展印度尼西亚全境钻井液市场夯实了基础。

【党建文化建设】 2022年，印尼项目部深化党风廉政建设，以反面案例警示教育、强化合规流程为抓手，严以用权，合规用权；扎实贯彻民主决策制度，制定出台"三重一大"实施细则，强调班子会及民主科学决策，通过"三重一大"决策20次；采用灵活适当的形式开展"三会一课"、主题党日、民主生活会和组织生活会等规定动作；党工委书记上党课，开展形势任务教育，统一思想，凝聚干劲；领导班子成员到基层队开展谈心活动9次；利用经营管理例会、生产例会，组织学习上级文件21次；加强思想文化引领，年初对中方员工开展形势任务教育，不定期组织当地雇员开始企业文化教育，组织员工欢度中国与印度尼西亚当地的传统佳节，通过文化交流，凝心聚力，引导员工以长城钻探为荣，以长城钻探为傲，同发展共成长。

（高　坤）

土库曼和乌兹别克项目部

【概况】 2022年，土库曼和乌兹别克项目部（以下简称"土乌项目部"）在中亚国家土库曼斯坦和乌兹别克斯坦提供服务，主要服务地点为土库曼斯坦东部和乌兹别克斯坦西部，作业区块集中在阿姆河流域，提供修井、测试、射孔、定向井、酸化、气举、科研和贸易等服务。有自有队伍22支，其中土库曼斯坦有7支测试队伍；乌兹别克斯坦有13支测试队伍、1支定向井队伍、1支修井队（见表11）。

截至2022年10月末，土乌项目部有员工196人，其中中方人员31人，当地雇员165人，本地化率85%。

表11 2022年10月土乌项目部固定资产汇总表　　　　　　　　单位：万元

资产所属单位	原值	累计折旧	净值	月折旧额
土库曼斯坦测试	5688.33	5411.67	276.66	0.31
乌兹别克斯坦测试	13365.10	11368.94	1996.15	41.42
土库曼斯坦公共	290.07	247.65	42.42	0.42
乌兹别克斯坦公共	159.64	101.99	57.65	0.88
GW35	1688.66		84.8	0
固定资产合计	21191.80	18734.11	2457.68	43.03
乌兹别克斯坦公共	28.06	7.77	20.29	0.5
土库曼斯坦公共	293.16		0	0
土库曼斯坦测试长摊	832.42	747.97	84.45	2.48
乌兹别克斯坦测试	2078.45	1993.28	85.17	2.52
乌兹别克斯坦定向井	1226.39		0	0
乌兹别克斯坦修井	631.49	605.61	25.88	1.85
长摊资产合计	5089.97	4874.18	215.79	7.35
总计	26281.77	23608.29	2673.47	50.38

土乌项目部自有设备21台套，其中土库曼斯坦有地面测试设备2套、井下测试设备2套、钢丝设备3套。乌兹别克斯坦有地面测试设备4套、井下设备2套、钢丝设备2套、连续油管设备3套、修井机1台、定向井设备2套。资产原值26281.77万元，净值2673.47万元。设备新度系数0.10。

【市场开发】土乌项目部2022年已投和准备投标项目34个（贸易项目20个），其中9次中标，4个标正在评标，6个标准备投标，8个贸易标价格或品牌原因未中标，7个标甲方废标。贸易标失标的主要原因是国内供应商报价过高，导致我方报给甲方的报价较高。投标数量与2021年相比增长89%，主要原因是加大贸易项目的开发力度，贸易标占投标总量的59%。由于乌兹别克斯坦LUKOIL公司受预算影响多次废标、6个标还在准备中未投出、贸易项目投标数量较多等多个因素影响，造成整体中标率较低，仅为26.5%。按照长城钻探工程公司下达的目标指标，2022年底，完成新签市场合同额1423万美元，完成考核指标进度63%。

内部市场。

土库曼斯坦CNPC阿姆河天然气公司，公司有井140多口，年产量145亿立方米。项目部高度注重合同内增值，通过持续的客户拜访、高质量的作业，取得明显成效。钢丝测压密集作业、完井地面测试、酸化地面测试等工作量明显高于2021年，2022年阿姆河市场保持稳中有升的良好势头，作业量比2021年同期增长明显。阿姆河公司在开发阶段稳产增产是其首要目标,随着气井多年的开发,地层出水比较严重,项目部提供排水采气等方面的技术支持,为后续市场开发做铺垫。

乌兹别克斯坦CNPC新丝路合资公司,日产维持在200万立方米左右,产量递减速度较快。2022年3月,公司中标102井复产测试大包项目,根据甲方对稳产的迫切要求,实现当月中标、当月开工,高效组织和高质量作业,机械堵水效果显著,获得甲方的充分肯定。克服来自内部和外部的竞争压力,再次中标西吉2井和西沙104井的复产大包合同,带动西探、CPL等兄弟单位整合资源,合作共赢。

外部市场。

土库曼斯坦ENI公司。自2017年将土库曼斯坦西部各油公司定位为外部市场攻坚单位开始,围绕着一系列针对性的技术推介、持之以恒的沟通交流、策略明确的参标竞标,加大前期的市场培育工作力度,充分掌握ENI公司市场规则,2022年3月,项目部中标连续油管和氮气泵送2年服务合同,非CNPC市场取得突破。后续将以此为契机,努力争取完井、打捞服务以及贸易等项目。

乌兹别克斯坦SURHAN公司,2022年勘探期结束,钻探井2口,生产井8口。由于H_2S含量比较高,综合测试难度较高,是我方近两年外部市场收入和利润的主要来源。虽然2022年ERIELL进口两套地面设备,分流部分测试工作量,但是项目部积极维护市场,100%占有井下测试服务,同时获得地面测试作业机会。以甲方技术需求为导向,继续维护好综合测试方面的工作量,跟踪钢丝测压、溶硫剂贸易、喷砂射孔等项目的推进。

2022年,由于气价问题仍未解决,乌兹别克斯坦LUKOIL卢克公司虽然恢复招标,但是投资迟迟不到位,造成废标率极高。项目部在前期良好合作基础上,保持沟通渠道、交流频率和维护力度,稳固现有服务项目,成功续签1年连续油管服务合同,保持市场稳定。

乌兹别克斯坦EPSILON公司融资和天然气出售进展仍然较为缓慢,导致其规划无法按时实施,且资金链出现问题。项目部跟踪其资金状况和融资进展,继续稳扎稳打,除现有服务项目之外,积极推进钻井液、定向井技术服务,推进泥浆材料、化学药剂等的贸易。及时确认发票,确保债权,并加大回款力度。保持与甲方人员的良好沟通,为后续复工做好准备。

坚持不懈,ENI市场终获突破。土库曼斯坦里海沿岸的几家外国油公司一直以来是土乌项目部外部市场开发的重点,项目部自2015年以来就将土库曼斯坦西部市场定位后续市场的增长点,认为其可以成为内部市场的有力补充。这期间,项目部安排多次调研和推介活动,为摸清ENI石油公司的招标要求和评标规则,突破市场,项目部参与其招标活动近20次,为本次中标积累经验。不断适应其市场规则,多种渠道沟通交流,紧跟市场需求,持之以恒并不失灵活是本次中标的关键。本次中标对外部市场开拓有重要的意义,并且立足ENI连续油管服务,对后续开拓的测试、完井、酸化、堵水，以及贸易等奠定了基础。第二季度，在公司领导、国际事业部、测试公司的支持和协调下，3个月内完成从国内、乌兹别克斯坦、伊朗等4国5地的设备调拨，20天内完成设备清关、保养调试、附属设施改造及配套，30天完成新雇员招聘、上岗培训，顺利保证作业。

精心谋划，新丝路老井复产一体化大包项目连续中标。自乌兹别克斯坦新丝路合资公司成立以来，土乌项目部持续跟踪甲方各方面需求，利用公司全产业链的优势，在对相关服务项目进行推介中突出我方在"高压、高产、高含硫"三高气田储层改造、诱喷、测试、完井等井下技术的优势，努力争取一体化项目。由于土乌项目部没有钻修井服务，因此在日常的技术推介中，特别是投产、复产项目中，强调井下技术决定作业成败，工艺质量决定产量高低，修井机在过程中只是配合施工不是关键要素。2022年3月，项目部顶住来自中、乌、俄的多家油服公司的竞争压力，成功中标西沙102井复产大包项目，包括修井、射孔、测试、酸化、完井等专业，成功获得老井复产一体化合同，进一步完善在乌兹别克斯坦的产业链，为下一步的发展打下了基础。由于102井的良好作业业绩，得到甲方和乌兹别克斯坦国际石油公司的高度认可，后续又连续中标104井和WKISH-2井的复产大包服务项目。

【生产运行】 2022年，土乌测试专业总体完成141层次作业，较2021年同期完成123层次作业上升14.6%；其中主要是土库曼斯坦项目因阿姆河钢丝作业量的提升和新增Eni连续油管项目作业量上较2021年同期上升52%，乌兹别克斯坦方面因Surhan项目和卢克连续油管项目作业量的下降，作业量较2021年同期下降11%。

土库曼斯坦内部市场阿姆河项目完成54井次钢丝测压作业，1口评价井综合测试作业、2口开发井测试作业；外部市场Eni连续油管项目完成10井次冲砂作业，3井次酸化作业。

乌兹别克斯坦内部市场新丝路项目完成西沙102井的修井与堵水大包作业，正在进行西沙104井修井大包作业中。外部市场Surhan综合测试项目进行4口探井测试作业，其中完成井下测试16次，地面测试3次，钢丝作业6次；卢克连续油管项目，完成5井次酸化和气举作业。GW35队开始复工，作业天数75天。

海外项目生产运行总体情况、取得的业绩、亮点。乌兹别克斯坦Surhan测试项目全年继续保持工作量稳定，新丝路项目复苏，卢克连续油管项目按年初预期平稳运行。土库曼斯坦阿姆河测试项目继续保持稳中有升的态势，同时伴随着新增Eni连续油管项目的顺利运行，为项目部带来新的活力和增长点。土库曼斯坦Eni连续油管项目开辟项目高端市场作业新篇章。项目部一直致力于土库曼斯坦西部市场的开发，因疫情因素的影响Eni连续油管标前后历时超过2年，项目部对该项目持续跟踪和不放弃，通过不懈努力最终于3月14日成功中标并获得该合同；中标后，面对设备和人员动员周期短、设备来源分散的不利因素，项目部积极协调测试公司、YL 项目部，以及土库曼斯坦当地各方资源，一方面使资源优化配置最大化，另一方面在成本控制方面起到了很好的效果；对于动员期间液氮泵设备到达时间晚于预期的问题，项目部不等不靠，做好后备方案，同时也与甲方做好沟通，平稳做好项目启动工作，6月底该项目顺利开始首口井作业。

新丝路老井复产一体化大包项目高难度作业。西沙 102 井复产作业中完成高难度钻磨和打捞作业、3 井次连续油管气举酸化作业、2 井次井下测试作业、3 井次地面作业、1 井次射孔作业、3 井次钢丝测压与 PLT 作业、1 井次机械堵水完井作业，累计用酸量 80 方。经过前后 75 天的连续奋战，该井日排液由原先的 60 立方米，降低至 15 立方米，日测产气量达到 6 万—8 万立方米，实现成功投产，完成甲方计划的预定目标，获得甲方的高度赞扬。西沙 102 修井作业需钻磨封隔器与桥塞，打捞球座与球以及各类金属碎屑等，需用到大量的非常规修井工具，项目从当地协调各类资源以满足作业顺利进行；同时针对封隔器坐封用球常规修井管柱难度把握下压吨位，导致球卡在井底难以打捞的问题，考虑电缆打捞钢球的便捷性与高效性，协调第三方测井队伍用电缆带强磁成功打捞出坐封用球。此次高难度的修井作业在短时间内完成超出甲方预期，获得现场甲方领导的高度评价。

乌兹别克斯坦 Surhan 测试项目高质量完成三高井测试作业。项目部一直重视设备管理工作，对于 Surhan 项目的三高井测试作业，设备管理工作尤为重要。Surhan 测试队切实做好 APR 井下工具、地面测试设备的维护保养工作，按年度计划对测试设备进行探伤检测，确保设备和工具本质安全，对于作业所需工具配件，项目部克服疫情造成物流运输延迟的不利影响，多方落实运输渠道，确保项目的生产保障工作。良好的工具状态使得项目平稳运行，100% 占有井下测试服务市场，8-O 井第四层作业，也创下 APR 井下工具在井底正常工作 49 天的作业纪录。

卢克连续油管项目队伍建设当地化成果显著。项目部继续加强队伍建设和人员当地化工作，以卢克连续油管项目为重点，通过中方工程师的"传、帮、带"，已经涌现出连续油管当地主操、酸化作业当地主操，为全面当地化打下了坚实基础，连续油管项目中方人员数量也由从最初的 4 名中方人员压减到 2 名，使人员降本工作得到落实。

物资管理方面逐步转向精细化管理。严格成本管控、节流降本，严格物资申请和审批程序，并对项目库存动态进行密切跟踪，确保项目部库存处于健康和动态平稳的状态；同时积极整合当地资源、加强物资本地采购力度，以及重视修旧利废工作，进一步降低物资材料成本。

CNPC 市场生产保障情况、取得的业绩及亮点。土库曼斯坦阿姆河项目克服疫情不利影响，测试项目工作量占有率创新高，为甲方产量目标贡献力量。因新冠疫情的持续，土库曼斯坦项目的人员倒班主要依靠甲方组织的包机，人员上项目和休假很不顺畅，项目部年初提前进行人员计划，确保项目人员的顺利倒班，使得在阿姆河的市场维护工作得到持续巩固，积极主动的态度使得全年的钢丝测压工作量占比我方为65%，较往年上升15%，同时高质量的作业也得到甲方的书面表扬；另外项目部积极介入阿姆河贸易项目，为阿姆河甲方的145亿立方米产量目标贡献力量，截至目前获得3个贸易标，并且已基本执行完毕，一方面为项目部积累宝贵的贸易项目经验，同时也为项目部创造约30万美元收入。

乌兹别克斯坦新丝路项目紧扣甲方迫切需求，为甲方解决堵水难题，项目修井测试大包业务持续发力。甲方新丝路公司的西沙102井因出水而关停近一年，因关停造成的气田产量下降让甲方面临不小的压力，项目部急甲方之所急，积极协助甲方推动该井的修井堵水的实施，由于该井井底情况复杂，另外产层水淹情况严重，项目部组织国内专家对该井进行会诊，最终历时70天完成该井的大修和堵水作业，该井堵水成功且复产日产气6万—8万立方米，得到甲方的书面表扬。项目部已经组织开始西沙104井的修井大包作业，作业正在平稳进行中。预计2口井为项目部带来215万美元产值收入。

【工程技术与井控工作】 井控管理工作。2022年，项目部对照公司月度及季度井控检查表，对各施工队伍开展井控检查工作，按照计划组织实施了上半年及下半年井控自查自改活动，以及10月井控警示月活动自查自改活动，全年查找隐患35项，全部完成整改。

强化井控风险识别，严控井控风险。项目部2月组织测试、修井专业井控风险识别活动，针对各项风险指定相应措施，开展针对所有专业及工况，按工序开展危害因素识别活动，更新危害因素清单，使全体员工熟知处置步骤，并及时录入OMS系统。按照公司井控风险级别划分，落实井控风险管控措施，重点项目升级管控措施，比如土库曼斯坦ENI项目启动，首口井施工设计进行详细的井控风险分析，制定具有针对性的风险削减措施，组织协调国内二级单位审核审批。土库曼斯坦、乌兹别克斯坦所有作业井，特别针对阿姆河高压高含硫井作业，严格落实施工设计及单井计划书审批程序，从源头把控井控风险管理。

开展井控培训，确保员工持证上岗。项目部以提高井控装备的管理和操作技能为重点，落实"三个一"培训要求，开展针对各专业及各岗位井控培训工作，年度完成井控知识培训13次，内容涉及井控基础知识，井控细则，井控装备及操作，井控风险管控，应急操作卡等。按照公司井控管理规定，开展和跟踪井控取证培训，动态跟踪井控证书有效期，及时提醒各专业参加公司组织的井控培训，土乌项目部作业中方人员21人，当地雇员135人，持证上岗率100%。

强化井控装备管理，确保井控设备完好率。按照年度设备探伤计划，项目部联合第三方国际化探伤公司，完成对土库曼斯坦、乌兹别克斯坦的修井机、钢丝、地面、井下、酸化及连续油管设备的探伤检测，对照探伤报告，逐项对问题设备设施进行整改，确保井控装备完好。卢克连续油管项目、阿姆河及

ENI 项目、EPSILON 修井机租赁项目等，利用作业间隙和等停，对所有井控设备进行保养检查，按照标准试压。上半年发现 1 套钢丝 BOP 上闸板密封不严，经检查发现原因在于上闸板腔体腐蚀，及时从其他项目调拨 1 套 BOP 进行更换，保障 10 月钢丝密集作业的安全顺利实施。

【技术保障】 2022 年，项目部作业部成立由各专业业务骨干组成的工程技术专班，协调内部技术力量，利用每周项目部生产周会时间，第一时间沟通和分享生产和市场等各方面技术难点，集合各专业的建议，及时为甲方解决技术难题。

国际事业部协调各二级单位，组织技术专班，攻克现场生产难题。2022 年度项目部与国际事业部分别组织土库曼斯坦 ENI 项目连续油管作业技术支持小组、乌兹别克斯坦新丝路西沙测试修井大包项目技术专家组，在技术专家团队支持下，ENI 项目顺利完成第一期施工，为长城钻探工程公司在土库曼斯坦外方市场拔得头筹。西沙项目作业顺利完成，助力甲方稳产增产，通过规模应用降低单井投资成本，提高项目整体经济效益奠定坚实基础。

项目部组织各区块负责人，根据实际作业特点，完善原有技术方案，固化标准作业程序，提高队伍整体技术实力。2022 年度完成《ENI 连续油管各作业类型 SOP》《苏尔汗区块高温高压高产高含硫井地面测试作业规范》和《苏尔汗区块井下 DST 作业规范》编制，一区一策，把控操作细节，保障作业顺利进行。

西沙 102 井测试修井成功实施为甲方稳定产量，同时也制定西莎区块最优控水采气方案，该井主要作业为起出完井管柱，处理完井管柱下部桥塞以上落物，钻磨桥塞等修井作业，然后进行补孔并采用机械堵水方式来封堵上部主力出水层，最后进行测试、完井及酸化气举投产。本井采取机械堵水方式来封堵上部主出水层，仅开采下部产气层的方式来实现复产。由于修井时暂堵剂漏失严重，气举过程初期返排出大量的水，通过连续气举的方式来快速返排，期间实时调节气举深度，小排量泵注表面活性剂，防止管柱遇卡和提高返排效率。经过多天的连续气举，累计排液 370 立方米，日排液由原先的 60 立方米，降低至 15 立方米，日测产气量 2 万多立方米，满足投产要求，获得甲方书面表扬。

【QHSSE 管理】 2022 年，土乌项目部达到"杜绝社会安全、工业安全、职业健康事故，杜绝环保违法事件"的工作目标；达到"不发生项目聚集性疫情，不发生因疫情导致员工死亡病例"的疫情防控工作既定目标。环境保护全面完成公司下达的考核指标，废水、废气、固体废物全部实现规范处置，达标率 100%；健康体检评估率 100%；计量器具检测率 100%；开展现场 HSE 应用研究，发表 HSE 论文 3 篇，获奖 2 篇；公司 QHSSE 考核名列前茅，达到各项先进指标。

【经营管控】 开辟新市场增收方面。Surhan 项目内部挖潜，针对甲方井筒问题，适时提高钢丝 PLT 作业，完成 3 井次，实现合同内增值增收约 4 万美元；积极进行市场开拓，提升生产效率和资源调配力度，将 Surhan 项目钢丝设备短时间调出前往 Eriell 其他区块进行作业，完成两井次作业，创收约 3.5 万美元。

（曹悦贤）

阿塞拜疆项目部

【概况】 阿塞拜疆综合项目部（以下简称"项目部"）员工总数 31 人，中方员工 23 人（项目部中方管理人员 8 人，基层队中方 15 人）；当地雇员 8 人（项目部外方管理人员 3 人，基层队外方员工 5 人）。钻修井队 4 支，顶驱队伍 2 支，隶属钻二 GW69 队 70D 钻机 1 支、隶属国钻 GW82 队 30C 钻机 1 支、隶属钻三 GW25 队 650 钻修机 1 支、隶属钻三 GW146 车载 40 钻机 1 支（正在动员中）。

2022 年，项目未发生井喷失控和着火事故；未发生重大工业生产火灾、爆炸事故；未发生生产安全亡人事故；未发生环境污染、生态破坏及放射性污染事故；未发生重大急性职业病危害事故。未发生恶性传染病危害事故和由心理问题引发意外伤害事件；废水、废气、固体废物处置符合当地法律法规要求，未发生环保和生态破坏事件，项目未发生任何我方责任的重大质量安全事故发生，工程质量方面各专业施工作业的质量控制指标均达标。实现项目年初 QHSE 工作目标。

【市场开发】 2022 年，国际油价受俄乌冲突的影响起伏走高，阿塞拜疆石油天然气欧洲市场火爆，但受疫情和阿塞拜疆纳卡冲突后期大力重建的影响，整体经济增长低迷，国内通货膨胀严重，钻井市场依然存在较大的不确定性。

阿塞拜疆项目部累计拜访客户 35 次，技术推介 5 次，收集客户需求 20 项，投标 6 个（含给甲方的初步报价或为甲方做的预算），成功议标签约合同 6 个，累计签约合同额 1678 万美元，完成公司下达的合同指标 500 万美元的 335.6%，同比增加 146.76%。在应对甲方日费价格变化方面，项目通过"以守为攻"的市场战略思想，将钻机带人员服务的日费每天增加 500 美元，钻井业务全日费通过多种渠道与甲方进行过沟通，力争将日费恢复到疫情之前的水平；合同执行方面，钻机带人员服务合同完成率 100%，受俄乌战争的影响，甲方全日费钻井业务合同完成率 50%（见表 12）。

【生产经营】 2022 年，阿塞拜疆项目部制订作业计划，实施差异化过程管控，树立长城品牌形象。项目部以"为甲方谋"为主旋律，与甲方"双赢"为目标，按照设备与人员的启动情况分为"全面封存、钻机带人员服务、日费钻井、海上作业"4 个不同阶段的特性，实施差异化的作业管理措施以提升

表 12 2022 年新签合同额统计表

业务	甲方名称	合同名称	合同额（万美元）
钻井	KAOC	GW82 队 KAOC 公司钻机带人员服务合同	66
	AOC	GW82 队 AOC 公司钻机带人员服务合同	105
		GW69 队 AOC 公司钻机日费服务合同	225
	SOCL	GW82 队 SOCL 公司钻机带人员服务合同	176
		GW25 队 SOCL 公司钻机带人员服务合同	106
		GW146 队 SOCL 公司钻机带人员服务合同	1000
合计			1678

作业管理水平。制订作业计划，保障设备平稳运行，2022 年初实现 10 天完成 GW82 队的启动，15 天完成 GW69 队的启动，再次赢得甲方的高度赞扬。建立甲乙方现场办公周例会机制、项目领导与各部门和甲方现场周会，靠前指挥，周巡检促进作业管理提升。

2022 年，阿塞拜疆项目部在 CNLC 业务人员不到岗的情况下，项目克服特殊危险品的各类许可申请，沟通协调阿塞拜疆紧急情况部、海关、银行和甲方，由项目部专人负责将 2003 年进口的 4 枚放射源回运到中国；将 2010 年进口的测井仪器按中油测井的要求发往迪拜。

【提质增效】开展人工成本压降工作。2022 年，精简项目部中、外方管理人员，精简项目部管理人员 2 人，当地雇员签订短期合同（合同期限 3 个月），能够做到及时调整。2 月 10 日 GW69 队作业结束，在 3 月初完成雇员调整，雇员由 56 名减少到 15 名，节约人工成本。根据甲方作业计划，GW69 队只保留 3 名雇员。当地雇员多次降薪。项目部当地雇员取消伙食补助、交通补助；看井雇员取消现场津贴，降低岗位工资标准；保留的当地雇员等停期间只发放基本工资。压降中方人员人工成本。境外在岗人员"一人多岗，一岗多责"，合理安排倒休，减少中方管理人员境外出勤。充分利用当地雇员及远程摄像监控，减少中方看井人员数量。

开展历史欠款清收工作。推动香港石油公司案件审理工作，重点对全球能源公司历史欠款开展清欠工作，2022 年收回 AOC、AQS 公司历史欠款 121 万美元。通过向阿塞拜疆国家石油公司新任总裁去函投诉等措施，收回 AQS 公司 2015 年、2016 年历史欠款 6.64 万美元。

梳理合同执行中的设备短板，做好分析总结工作。充分考虑甲方对设备的反馈意见，最小投入完成设备维修整改工作；项目部各业务负责人以及基层队负责人分别对 3 部钻机（GW69、GW82、GW25）近几年的作业进行总结，包括完成的工作量、时效和经营分析、生产组织工作、存在的问题、取得的经验教训、下一步复工重点工作等，进一步稳固全球能源（GEA）钻修井市场，做强钻机服务精品工程。

降低项目非人工运营成本工作梳理项目车辆，对部分车辆进行封存。暂停钻机设备和测井业务各类车辆手续办理。梳理存放在基地的设备、材料，合理规划安放，节约占地面积，与业主协商减少场地租赁费用。

控减管理性支出。与阳光公司解除服务合同，厨师由项目部人员兼职；合理安排人员倒班计划，减少倒班频次；安排专人加强水、电、办公用品管控；严格执行招待费用事前审批制度，无审批不予核销；控制通信费用。梳理减少现有上网卡、电话卡数量，重新制定电话费限额，关停在国内人员电话卡；采取措施，从节约一张纸、一支笔、一度电、一滴水做起。

香港石油公司工程欠款案件。2013—2014 年 GWDC 和 CNLC 为香港石油公司施工近 1 年，香港石油公司应支付 GWDC 工程款 538 万美元，应支付 CNLC 工程款 81 万美元，均未支付。多次催款均无结果，只有诉诸法律。7 月 7 日 GWDC 和 CNLC 两个案件二审开庭，最终二审法院判项目部胜诉。项目已经收到对方上诉的通知，项目部积极准备应诉对策。同时，CNLC 的案件香港油田也提出上诉，项目部已经邮件通知 CNLC，积极配合 CNLC 的应诉方案。

（颉小峰）

爱国　创业　求实　奉献

长城钻探工程公司钻井一公司
GWDC Drilling NO.1 Company

2022年4月25日,钻井一公司70236队实现"GoalZero"两周年之际,该队HSE绩效考核中跃居壳牌2022年一季度全球第一,继2021年摘下壳牌KPI考核全球第三后再次创下佳绩

2022年7月25日17时36分,从内蒙古巴彦淖尔传来喜讯,钻井一公司新疆项目部50640钻井队承钻的兴华1-15x井钻进至井深4498米时,年累计进尺突破3万米,成为长城钻探工程公司首支进尺上3万米的钻井队

钻井一公司首部90DB电动钻机联调成功

钻井一公司钢丝绳吊索班组获 2022 年辽宁省信得过班组一等奖

钻井一公司举办 2022 年技术员柴油机工岗位技能大赛

钻井一公司与辽河油田基层单位开展井喷联合演练

长城钻探工程公司突尼斯项目部
GWDC Drilling Turnis Project

中国驻突尼斯大使汪文斌及突尼斯能源部人员视察突尼斯项目部后保基地

突尼斯项目部领导到后保基地视察工作

突尼斯项目部当地雇员带领有合作意向的油公司人员视察钻机

突斯项目部在非洲后保基地进行钻机整改配套

 突尼斯项目部非洲后保基地完成3部钻机整改

 突尼斯项目部非洲后保基地完成3部钻机整改

长城钻探工程公司泰国项目部
GWDC Drilling Thai Project

泰国项目部副经理和甲方 CNPC-HK 一起在邦亚基地迎接中国石油亚太大区总经理蒋奇视察指导工作，并视察 GW229 一体化项目设备封存现场

泰国项目部 LANKRABUE 基地过新年。和当地员工一起张贴对联，贴福字，挂灯笼，放鞭炮，喜迎新年

泰国项目部 GW221 队平台经理组织带班队长、副司钻等关键岗位人员开展周巡检工作。作业队每周开展一次内部巡检，排查安全隐患，做到隐患早发现早关闭，确保现场作业安全

夜间搬家放井架作业，井场灯火通明，工地热火朝天

泰国项目部获《2022年度连续两年CEO SSHE 卓越成就奖》

泰国项目部 GW80 是中国石油金牌队伍，年进尺突破 10 万米，累计进尺 198 万米。图为泰国项目部 GW80 作业现场

建设国际一流
石油工程技术总承包商

中国石油集团长城钻探工程有限公司
CNPC GREATWALL DRILLING COMPANY

第十三篇

附 录

规章制度索引

长城钻探工程公司"三重一大"决策制度实施细则（2022年修订）
　　　　　长钻公司党〔2022〕30号

长城钻探工程公司人力资源价值评价办法（试行）
　　　　　长钻公司党〔2022〕38号

长城钻探工程公司涉密计算机及涉密移动存储介质保密管理实施细则
　　　　　长钻公司党〔2022〕11号

长城钻探工程公司落实巡察工作责任实施细则
　　　　　长钻公司党〔2022〕19号

长城钻探工程公司党组织书记抓基层党建工作述职评议考核办法
　　　　　党建〔2022〕2号

长城钻探工程公司党建工作责任制考核评价实施细则
　　　　　长钻公司党〔2022〕63号

长城钻探工程公司中层领导人员任职回避和公务回避管理实施细则
　　　　　长钻公司党〔2022〕39号

长城钻探工程公司党委大力发现培养优秀年轻干部实施细则
　　　　　长钻公司党〔2022〕37号

长城钻探工程公司后备干部管理暂行办法
　　　　　组织〔2022〕7号

长城钻探工程公司干部人才双向挂职管理办法
　　　　　长钻公司党〔2022〕57号

长城钻探工程公司党风廉政建设和反腐败工作协调小组工作规则
　　　　　长钻公司纪〔2022〕18号

长城钻探工程公司新提职中层领导人员廉洁从业"六个一"教育实施办法
　　　　　长钻公司纪〔2022〕14号

长城钻探工程公司中层领导人员廉政档案管理办法
　　　　　长钻公司党〔2022〕12号

长城钻探工程公司两级纪委监督做实日常监督工作实施细则（试行）
　　　　　长钻公司纪〔2022〕17号

长城钻探工程公司所属各单位纪委向公司纪委请示报告工作办法（试行）
　　　　　长钻公司纪〔2022〕19号

长城钻探工程公司纪委执纪审查案卷归档管理办法（试行）
　　　　　长钻公司纪〔2022〕8号

长城钻探工程公司荣誉表彰管理办法
　　　　　长钻公司党〔2022〕47号

长城钻探工程公司专项奖励管理暂行办法
　　　　　长钻公司制〔2022〕33号

长城钻探工程公司工程建设项目审计管理办法
　　　　　长钻公司制〔2022〕35号

长城钻探工程公司风险管理办法（试行）
　　　　　长钻公司制〔2022〕49号

长城钻探工程公司国内市场管理办法

　　长钻公司制〔2022〕15号

长城钻探工程公司工程技术服务企业及施工作业队伍资质管理实施细则

　　长钻公司制〔2022〕16号

长城钻探工程公司承包商管理办法（试行）

　　长钻公司制〔2022〕36号

长城钻探工程公司运输管理办法

　　长钻公司制〔2022〕4号

长城钻探工程公司生产用成品油使用管理办法

　　长钻公司制〔2022〕8号

长城钻探工程公司物资贸易管理办法

　　长钻公司制〔2022〕26号

长城钻探工程公司货物进出口管理实施细则

　　长钻公司制〔2022〕50号

长城钻探工程公司吊索具使用管理规定

　　长钻公司制〔2022〕31号

长城钻探工程公司设备修造管理办法

　　长钻公司制〔2022〕46号

长城钻探工程公司井控管理规定

　　长钻公司制〔2022〕21号

长城钻探工程公司井控专家管理办法

　　长钻公司制〔2022〕34号

长城钻探工程公司井控装备管理办法

　　长钻公司制〔2022〕9号

长城钻探工程公司井控事故事件责任追究管理实施细则

　　长钻公司制〔2022〕43号

长城钻探工程公司承包商井控管理办法

　　长钻公司制〔2022〕10号

长城钻探工程公司职业卫生和员工健康管理办法

　　长钻公司制〔2022〕11号

长城钻探工程公司生产安全风险防控管理办法

　　长钻公司制〔2022〕12号

长城钻探工程公司钻（修）井作业现场临时用电安全管理实施细则

　　长钻公司制〔2022〕22号

长城钻探工程公司HSE审核管理办法

　　长钻公司制〔2022〕14号

长城钻探工程公司安全生产监督管理办法

　　长钻公司制〔2022〕19号

长城钻探工程公司工程造价管理办法

　　长钻公司制〔2022〕5号

长城钻探工程公司油气风险作业业务管理办法

　　长钻公司制〔2022〕54号

长城钻探工程公司境外佣——管理办法

　　长钻公司制〔2022〕37号

长城钻探工程公司境外承包商管理实施细则（试行）

　　长钻公司制〔2022〕47号

长城钻探工程公司海外作业管理系统运行管理实施细则

　　长钻公司制〔2022〕42号

长城钻探工程公司境外项目启动管理实施细则

长钻公司制〔2022〕32号

长城钻探工程公司境外卫星电话使用管理办法

长钻公司制〔2022〕28号

长城钻探工程公司境外项目工程及服务类采购管理实施细则

长钻公司制〔2022〕45号

长城钻探工程公司境外项目基层队出国人员资质审核管理实施细则

长钻公司制〔2022〕17号

长城钻探工程公司派出境外财务人员管理办法

长钻公司制〔2022〕44号

长城钻探工程公司网络培训工作管理办法

长钻公司制〔2022〕48号

长城钻探工程公司机关专业管理人员职业晋级培训实施细则

长钻公司制〔2022〕57号

长城钻探工程公司中层级专业技术岗位人员管理办法

长钻公司制〔2022〕30号

长城钻探工程公司职称评审管理办法

长钻公司制〔2022〕29号

长城钻探工程公司职业技能等级认定管理办法

长钻公司制〔2022〕38号

长城钻探工程公司中层领导班子和领导人员综合考核评价办法

长钻公司党〔2022〕36号

长城钻探工程公司授信业务管理办法

长钻公司制〔2022〕56号

长城钻探工程公司担保管理办法

长钻公司制〔2022〕55号

长城钻探工程公司研发费用加计扣除实施细则

长钻公司制〔2022〕27号

长城钻探工程公司采购管理办法

长钻公司制〔2022〕23号

长城钻探工程公司招标评审专家管理细则

长钻公司制〔2022〕40号

长城钻探工程公司工业品电商采购管理实施细则（试行）

长钻公司制〔2022〕24号

长城钻探工程公司第三方电商采购管理实施细则（试行）

长钻公司制〔2022〕25号

长城钻探工程公司统购物资结算管理办法

长钻公司制〔2022〕13号

长城钻探工程公司国内生产设备租赁管理实施细则

长钻公司制〔2022〕7号

长城钻探工程公司科技计划管理办法

长钻公司制〔2022〕53号

长城钻探公司科技项目经费管理办法

长钻公司制〔2022〕51号

长城钻探工程公司科技创新奖励实施细则

长钻公司制〔2022〕52号

长城钻探工程公司信息化管理办法

长钻公司制〔2022〕41号

长城钻探工程公司网络安全管理办法

长钻公司制〔2022〕39号

长城钻探工程公司法律实体管理办法
长钻公司制〔2022〕3号
长城钻探工程公司合同管理办法
长钻公司制〔2022〕18号
长城钻探工程公司法律纠纷案件管理办法

长钻公司制〔2022〕1号
长城钻探工程公司公文处理办法
长钻公司制〔2022〕2号
长城钻探工程公司工程事故复杂管理办法
长钻公司制〔2022〕6号

（吴　雪）

报刊文摘选录

长城钻探古巴项目加强质量管控

中国石油报

发表日期：2022年1月11日

中国石油网消息（通讯员张明昭　金敏　孙茂才）截至2021年12月31日，长城钻探古巴项目部全年实现"一次交井合格率100%、完井电测一次成功率100%、井眼轨迹符合设计要求100%、现场服务及时率100%、油气显示发现率100%"5个工程质量服务的100%，赢得了综合用户满意度99.87%的高分，38封甲方的表扬信接踵而至。"长城公司是我们可信赖、可依靠的优秀承包商。"古巴石油总裁表示。这是古巴项目部以市场为导向坚定不移落实提质增效"升级版"的成果体现。

去年，古巴项目部牢固树立"以客户为中心"的理念，按照"井筒质量问题零容忍"总体要求，完善质量责任链条、规章制度、质量标准和保障机制，加大质量监督力度。先后组织项目各职能部门开展现场检查12次，发现问题35个，确保防控措施落实到位，及时消除事故隐患和苗头，整改率达到100%。

面对市场低迷态势，古巴项目部聚焦服务质量提升，引进热脱附技术作为含油钻屑的处理手段，持续深挖油基钻井液的发展潜力，加快旋转导向投入使用，有效解决了定向作业时摩阻大、耗时长等螺杆难以解决的问题，在工程技术服务质量方面取得了丰硕成果。古巴项目部以优质的服务质量赢得了甲方信任，在逆境中一次又一次敲开了市场大门，全年实现综合提质增效1623万元。

长城钻探乍得旱季首口井完工告捷

中国石油报

发表日期：2022 年 3 月 1 日

中国石油网消息（特约记者吴丹　通讯员李沅泽　李楠楠）2 月 22 日记者获悉，由长城钻探钻井一公司 GW58 队承钻的 KapokS1 井顺利完井。该井建井周期 18.96 天，较设计周期提前 2 天 1 小时，是进入乍得旱季以来长城钻探完工的首口井。

去年年底接到甲方复产施工令，长城钻探钻井一公司迅速行动，克服海外疫情蔓延带来的重重困难，以最快速度赶在元旦前完成钻机设备检查、保养、搬迁，并提前两天开钻，受到了甲方好评。

因雨季停产时间较长，复产之初，GW58 队面临设备故障多、修理时间长等诸多情况。开钻前，平台经理带领机械师严格检查，精心保养，确保设备健康上岗。开钻后，GW58 队全体员工加强岗位巡检，合理安排顶驱、泥浆泵等设备的检修时间，坚持以保代修，坚持全员参与，及时排查解决问题，确保设备完好运行。由于设备管理得当，KapokS1 井作业时间 18.96 天，修理时间仅为 0.06 天，无停工期。现场甲方监督对该队设备管理工作给予高度肯定。

在本轮井施工中，长城钻探钻井一公司再次提高 GW58 队员工当地化率，副司钻岗位由当地雇员承担。GW58 队变被动为主动，坚持"以中带乍，以老带新"，加大上岗前培训力度，丰富培训内容。这个队利用开钻前设备整改及安装等时间，加强理论知识和现场操作培训，让新岗位雇员迅速适应新角色。在后续生产过程中，中方员工带领当地员工进行设备检查、保养、故障判断及简单维修，尽快培养出可以胜任的岗位操作能手。

目前，GW58 队承钻的年度第二口井 Kapok13 井也已二开施工完毕。

长城钻探压裂公司打出低碳节能组合拳

中国石油报

发表日期：2022年3月16日

中国石油网消息（通讯员孟翠茹 刘芳）3月10日，在四川阳101H4钻井平台，6台电驱压裂橇排列整齐，开足马力向地层注入压力。"自从使用了电力驱动，水平井压裂时的噪声明显减弱了。"正在YS69025队施工的技术员李博学高兴地说。

使用电力驱动仅是长城钻探压裂公司为推进绿色作业、节能减排的一个缩影。这个公司坚持环境保护优先，以打造绿色企业为目标，打出低碳节能组合拳，全力推动绿色低碳发展。

结合长城钻探下发的环保目标，全方位排查压裂公司的减排点源，积极推进减排项目实施。长城钻探在四川地区推进电驱泵"电代油"项目。该项目主要围绕压裂智能化、自动化、信息化，从配套装备、集成控制、数据采集、施工工艺、操作模式等不断对电驱压裂模式进行升级改造。2021年降低用柴油2196吨，减少二氧化碳排放量为6907吨，与原有压裂方式相比噪声污染降低了30%。

实现废液再利用。这个公司积极倡导清洁生产，生产实现了油水不落地、不外排、零污染，因地制宜对返排液进行回收再利用。在四川地区，采用耐盐变压裂液体系，通过区域网管实现利用率100%。在长庆地区，采用生物胶和速溶瓜胶压裂液体系，苏里格致密气区块返排液重复再利用液量18.06万立方米，返排液重复再利用率达到54%，合规处置返排液39.98万立方米，合规处置率达100%。

为保障员工日常生活安全，长城钻探压裂公司遵循"宜电则电、宜气则气"的原则，在长庆地区，推进生活区燃气灶"气改电"。改造21台燃气灶，年降低使用天然气6.5吨，减少二氧化碳排放量19.2吨。

长城钻探压裂公司狠抓生产运行中的浪费，推进工艺控制精细化和节能技术攻关，通过开展日清月结、北斗里程核查、重点车辆监控、施工机具测试和应用油料监控系统，累计实现降低柴油使用量392吨；减少二氧化碳排放量1233吨。

目前，长城钻探压裂公司正着力于清洁压裂液的配方的设计，为节能减排把好源头关。

长城钻探钻井一公司延伸市场战线提质提效

中国石油报

发表日期：2022 年 3 月 17 日

中国石油网消息（特约记者吴丹）3 月 16 日，中标道达尔苏里格南一体化项目的长城钻探钻井一公司 50640、50500 两支钻井队已经搬迁至苏南区块，在马不停蹄地进行最后的整改落实工作，即将开钻。

今年年初以来，长城钻探钻井一公司变被动为主动，以市场优化、技术创新双轮驱动钻井提速提效，实现发展突围。

持续优化市场布局。钻井一公司紧跟集团公司战略部署和甲方个性化、多元化需求，立足东部辽河、西部苏里格、西南威远三大市场"根据地"，按照先算后干原则科学研判、有序推进市场战线延伸，不断提升市场质量效益。凭借优异施工业绩，中标道达尔苏里格南一体化项目，两部钻机从苏里格自营区块搬迁至苏南区块施工。辽河 40609 队施工完曙 2-04-012 井后将进行浅层气井施工，确保钻机工作量的连续性。截至目前，辽河市场钻机全负荷运转，国内外部市场施工人员已全部安全返回施工地，公司国内市场钻机复工复产率达到 95%。

强化技术提速提效。钻井一公司持续推进技术方案精细化，推广应用施工前"纸上钻井"、数值模拟、EISS 等大数据手段，充分发掘每一个可以提速创效的技术细节。面对川渝页岩气机械钻速低的难题，加强钻井与钻头、录井、泥浆等协作方合作，形成提速提效合力。不到 2 个月时间，连续改写威 204 区块单日进尺纪录。

长城钻探人在毛乌素沙漠 17 年坚守结硕果

中国石油报

发表日期：2022 年 4 月 8 日

中国石油网消息（通讯员 尉晓文 高重阳 张明昭）3 月 30 日，从长城钻探公司传来好消息，截至当日 13 时 57 分，这个公司致密气累计产量达到400亿立方米。长城钻探人在毛乌素沙漠17年的坚守，结出了硕果。

"苏10速度"：掀起合作开发热潮

2000年，中国最大的陆地整装气田——苏里格气田被发现。作为典型的"三低"气田，急需解决从"磨刀石"中高效开采天然气这一世界级难题。集团公司作出"引入市场竞争机制，加快苏里格气田开发步伐"的战略部署。2005年9月，长城钻探人来到了毛乌素沙漠，和其他4家钻探企业、一家油田公司共同加入开发热潮中，形成了"5+1"的合作开发模式，拉开了"开发苏里格，建设大气田"的帷幕。

创业初期，长城钻探人住帐篷、啃干粮、定坐标、垫井场，克服了采气经验少、辅助设备少、生活环境差等困难，在2007年底提前两年完成苏10区块10亿立方米产能建设任务，成为苏里格低渗气田开发的先锋，创造了为人称道的"苏10速度"，取得了"六个率先"的骄人业绩。

技术创新：攻克致密气藏开发难关

"在保证气田开发经济性高效性的前提下，我们针对3个区块不同地质条件和开发阶段制定了差异化的开发方案。"长城钻探苏里格气田分公司副总地质师唐钦锡介绍说，"最早开发的苏10区块以直井开发为主，现在通过侧钻水平井技术动用区块剩余气；苏11区块以直丛井开发为主，累计节约土地3306.24亩；苏53区块水平井整体开发，区块承担的集团公司'工厂化大平台'示范项目取得'六个当年'突出业绩，投产初期日产量达124万立方米。"

17年来，长城钻探在苏里格形成了一系列支撑气田高质量开发的特色优势技术，工厂化作业、体积压裂、地面节流、生物胶压裂液等一批新技术、新工艺、新材料在气田勘探开发领域推广应用。在"5+1"合作开发模式下，公司对标兄弟企业先进生产管理办法，推进"油公司"模式改革创新，实现了"组织机构扁平化、辅助业务专业化、运行机制市场化、生产管理数字化"，管理水平稳步提升。

绿色低碳：为实现"双碳"目标贡献力量

"通过陕京线，我们生产的天然气在2008年保障了北京奥运会，今年又再次为北京冬奥会提供了清洁能源保障。"长城钻探苏里格气田分公司生产协调科科长李思文说。

长城钻探坚持高效开发与绿色发展并重的发展理念，在苏里格区块规模化应用气井井场太阳能供电、放喷气回收、压裂返排液重复利用、"气代油"钻井等绿色环保节能技术。如今，公司还制定了包含集气站余热发电、集气站太阳能集中供电等节能瘦身、清洁替代项目的绿色低碳发展计划，使发展迈上绿色低碳的快车道。公司还积极履行社会责任，在毛乌素沙漠中累计绿化面积达2.6万亩，为当地省道和社区绿化种植树木8万余棵，昔日荒凉的大沙漠如今满眼绿意盎然，绿树环绕的作业区和集气站为采气人提供了舒适的工作环境。

长城钻探尼日尔项目一季度累计进尺同比增长 315%

中国石油报

发表日期：2022 年 4 月 19 日

中国石油网消息（通讯员高重阳　张明昭　陈亮）一季度，长城钻探尼日尔项目年累计进尺超过 4 万米，同比增长 315%。

尼日尔项目以生产经营分析为抓手，层层分解生产经营指标，全体干部员工主动前移工作重心抓管理、抓细节、抓落实，"一切围绕转盘转"的宗旨得到落实，全年井下事故复杂率降低 87%，固井优质率达到 98% 以上。

尼日尔项目全面开展向管理创新要效益活动。在保障现有市场的同时，拓展周边尼日利亚等国家市场；创新人力资源管理，克服疫情困难引进巴基斯坦、苏丹等国高水平国际雇员 30 余人参与项目作业，引导、带动、激励当地员工自我提升，实现人员本地化率达大幅提升；创新生产组织，一井一策、一段一策，提升大包井搬迁时效、钻完井作业时效，平均钻井周期缩短 3%，平均完井周期缩短 6%。

依法合规，营造高质量发展的清风沃土。项目深入分析尼日尔当前生产经营环境，精细研究尼日尔法律法规，对标分析项目当前生产经营现状，定期梳理并"回头看"，主动整改完善；积极主动与尼日尔政府部门建立良好沟通机制，多维度、多层次增进互信；借助中油国际尼日尔分公司大外联平台，营造良好外部环境。严格执行长城钻探各项规章制度，确保项目各项工作有章可循、有据可依。

长城钻探首口储气库大尺寸水平井完井

中国石油报

发表日期：2022 年 4 月 21 日

中国石油网消息（特约记者吴丹　通讯员刘亚峰）4 月 11 日，长城钻探钻井一公司承钻的辽河油田储气库首口大尺寸水平井双 6-H4331 井顺利完井。该井是长城钻探运用储气库大尺寸井技术完工的首口井，揭开了辽河油田储气库大尺寸水平井勘探开发的序幕。

为进一步提高储气库群的采气能力，辽河油田储气库公司于去年底开始部署大尺寸水平井施工。长城钻探协调统筹钻井、技服、固井等各方力量，全力以赴保障双6-H4331井优质、高效施工。

施工中，针对四开轨迹调整困难等技术难题，技术人员采用高性能旋转地质导向仪器，实现四开一趟钻完成增斜段和水平段钻进，大幅提升了机械钻速和油层钻遇率。长城钻探创新应用大尺寸井下工具，在第一道工序导管钻进阶段，使用914.4毫米牙轮钻头钻进，并下入直径720毫米无接箍套管，两种井下工具均属在辽河油区首次应用，有效保障了井口稳固。在固井阶段，大胆使用339.7毫米分级箍实施中完作业。该工具属国内首次应用，大大提高了固井质量。

长城钻探密闭取心刷新3项纪录

中国石油报

发表日期：2022年4月19日

中国石油网消息（特约记者王明伟 通讯员高重阳 张明昭）4月19日，记者从长城钻探工程院了解到，这个院取心技术研究所圆满完成吉林油田黑91-2井保压取心施工任务，岩心平均收获率达99.6%，综合密闭率达97%，保压成功率达100%，获吉林油田高度评价。此次取心作业创下吉林油田单井岩心收获率、密闭率、保压成功率3项新纪录。

黑91-2井的钻探目的是通过密闭取心和保压密闭取心方式获取岩心资料。取心施工的成功与否对准确评价区块油气储量及含油分布特征具有重要意义。

据悉，这是取心技术研究所保压密闭取心技术第一次亮相吉林油田。此次取心成功，不仅解决了非常规油气储层物性和资源规模难以准确评价的技术难题，同时为后续拓展吉林油田取心市场奠定了良好基础。

长城钻探工程院一项科研成果达国际先进水平

中国石油报

发表日期：2022 年 6 月 17 日

中国石油网消息（特约记者王明伟 通讯员王西贵 王晓军）6月15日，从北京传来好消息，长城钻探工程院牵头完成的《强封堵恒流变油基钻井液及其性能自动化监测技术》通过中国石油和化学工业联合会科技成果鉴定。孙金声院士等9名知名专家组成的鉴定委员会认为：该成果总体达到国际先进水平，油基交联封堵剂和油基低温流变性改进剂性能指标处于国际领先水平。

长城钻探工程院潜心研究新型抗高温油基钻井液核心处理剂等多项技术，努力提升深井超深井钻井液技术及管理水平。截至目前，已形成四大技术创新点：一是通过对带正电荷 Al-Fe-Mg 纳米材料表面改性修饰，发明油基交联封堵剂；二是发明油基低温流变性改进剂，改善有机土的分散及与其他处理剂的相互作用；三是研发高温高密度强封堵恒流变油基钻井液体系，推动国产化替代。四是研制油基钻井液性能自动化监测系统，实现钻井液性能的实时监测与优化调整。

据了解，此项成果已在塔里木和辽河等油田现场应用96口井。塔里木博孜8井完钻井深达8235米，创国内油基钻井液完钻井深纪录；在气温达零下25摄氏度的辽河油田沈页1井成功应用，经济和社会效益显著，推广应用前景广阔。

长城钻探统一思想聚合力 管理强企推进效率效益双提升

中国石油报

发表日期：2022 年 8 月 15 日

本报讯（通讯员徐珠元）"守法诚信、合规经营始终为我们护航，战胜一次次艰难险阻，这是企业的安身立命之本……"集团公司领导干部会议召开后，长城钻探公司立即明确六个方面 18 项工作措施，强调把依法合规治企和强化管理作为当前和今后一个时期的主要任务，坚定不移推动公司高质量发展。

深入推进依法合规治企。长城钻探将合规要求内嵌到工作全过程，严格执行"三重一大"决策制度，健全合规风险管控机制，扎实开展七个方面专项治理，严格落实合同审查责任制度，开展财会质量综合治理等行动，筑牢合规风险防线。同时，公司高质量提前完成国企改革三年行动任务，大力推进国际业务管理体制改革，深化领导人员任期制和契约化管理改革，探索建立中长期激励机制。

全面提升精益管理水平。长城钻探以提升规模效益为主线，着力打好市场进攻战，稳准推进科技创新、提质增效、信息赋能等工作；深入推进管理流程简化优化、效益质量全面提升"两化一升"工程，围绕业务价值链优化，再造管理流程；精益生产组织、经营管理和要素支持，推进国内区域化统筹和境外生产作业全过程管控，完善投资效益评价体系和标准，健全预算管理机制，深化亏损企业治理，圆满完成海外管理人员国际化、操作人员当地化任务。

长城钻探将"管理强企"理念深植生产经营全过程，扎实推进效率效益双提升。公司加强领导干部治企兴企能力建设，持之以恒抓好作风建设；深入推进基层党建"三基本"建设与"三基"工作有机融合，提高基层党组织领导管理企业的能力；加强企业文化建设，发挥思想政治工作优势，将守法合规、精益管理融入新时代石油先进文化，凝聚全员发展合力。

（孙庆华）